“十三五”职业教育
国家规划教材

国家精品课程、国家精品
资源共享课程配套教材

全国优秀教材二等奖

电子商务

基础

第 5 版

万守付 罗慧／主编

谢嘉宾 张春燕／副主编

Foundations of
E-commerce

人民邮电出版社

北京

图书在版编目（CIP）数据

电子商务基础 / 万守付，罗慧主编. -- 5版. -- 北京：人民邮电出版社，2019.6（2023.6重印）
ISBN 978-7-115-50930-7

Ⅰ. ①电… Ⅱ. ①万… ②罗… Ⅲ. ①电子商务
Ⅳ. ①F713.36

中国版本图书馆CIP数据核字(2019)第040004号

内 容 提 要

　　本书系统地介绍了电子商务的基本概念、基本理论和方法，以及初级业务操作流程。全书共10个课题，包括电子商务概述、电子商务系统、电子商务安全、电子商务支付、电子商务物流、网上贸易、网络零售、网络营销、跨境电商、客户关系管理，每个课题都包含案例与分析、课题学习引导以及课题实践页3部分。本书提供配套的电子课件、实训组织方案、实训操作指导等资源，同时在国家精品资源共享课程网站还可免费下载其他相关学习资源。本书在编写时参考了新的国内外电子商务发展资料，对国内电子商务行业的最新现状也进行了介绍。理论和实训教学考虑到"教、学、做"一体化的要求，推荐采用信息化教学手段组织实践教学，以符合高职高专电子商务专业课程教改方向，满足学校对高素质技术技能人才培养的要求。

　　本书注重理论与实践相结合，内容新颖、重点突出、图文并茂、实例丰富，既可作为高等院校、高职高专院校电子商务相关专业的教材或教学参考书，也可作为社会各界人士继续教育的培训教材或自学参考书。

◆　主　　编　　万守付　罗　慧
　　副主编　　谢嘉宾　张春燕
　　责任编辑　　刘　琦
　　责任印制　　马振武

◆　人民邮电出版社出版发行　　北京市丰台区成寿寺路 11 号
　　邮编　100164　电子邮件　315@ptpress.com.cn
　　网址　http://www.ptpress.com.cn
　　山东百润本色印刷有限公司印刷

◆　开本：787×1092　1/16
　　印张：16.5　　　　　　　　2019 年 6 月第 5 版
　　字数：457 千字　　　　　　2023 年 6 月山东第 13 次印刷

定价：49.80 元
读者服务热线：(010)81055256　印装质量热线：(010)81055316
反盗版热线：(010)81055315
广告经营许可证：京东市监广登字 20170147 号

第5版前言

互联网在现代社会经济发展中发挥着越来越重要的作用。互联网商务迅猛发展所引起的商贸环境的深刻变革，给社会和企业带来了巨大和深远的影响，互联网已成为21世纪重要的商贸活动手段和推动全球经济增长的重要动力，其作用甚至可以与200多年前工业革命对人类社会经济发展的促进作用相提并论。党的二十大报告明确提出要加快建设"数字中国""网络强国"。中国数字经济发展进入了新阶段，数字经济与实体经济深度融合，有力地促进了供给侧结构性改革。电子商务是数字经济的重要组成部分，是数字经济最活跃、最集中的表现形式之一。

互联网在我国的普及推广已有二十多年，我国网民人数超过8.3亿，居全球第一，我国已成为全球互联网应用大国和最大的网络零售市场。我国的互联网电子商务正在高速发展，整个互联网商务环境和商务模式都趋于成熟。电子商务是我国企业降低成本、提高效率、拓展市场和创新经营模式的有效手段，是满足和提升消费需求、提高产业和资源的组织化程度、转变经济发展方式的重要途径，对于优化产业结构、支撑战略性新兴产业的发展和形成新的经济增长点具有重要作用。

近年来，在我国政府的推动下，电子商务在各行各业都得到了较快的发展，传统企业也正逐渐成为电子商务应用的主角，重组业务流程迎接新时代的挑战已成为必然趋势，这就要求企业从事商务活动的人员必须更新已有的知识和改变能力结构，掌握互联网电子商务新技能。但是，目前各类企业普遍遇到电子商务人才短缺的难题，尤其是对有实践能力的电子商务运营人才的需求量更大。

本书是为电子商务及相关专业的学生学习电子商务知识而编写的基础入门教材，力求在系统介绍基本理论知识的同时，兼顾技能训练，并提供相应的应用案例。考虑到高中毕业生已具有一定的计算机应用能力，本书以互联网的主流应用为入门训练的起点，首先把学生培养成合格的网上消费者，进而将其向电子商务从业者方向引导，为学生学习电子商务运营方向的后续专业课程打牢基础。实训项目内容经过系统性优化设计，学生可以方便地利用互联网免费资源进行实训以提升实践能力。例如，考虑到多数公司都把电子邮件作为开展电子商务业务的入门应用，要求商务人员规范熟练地掌握电子邮件操作技能，以减少信息泄露的风险等情况，我们把对学生正确使用电子邮件能力的培养贯穿在教材的整个实践能力训练体系中。训练项目从电子邮箱系统开通客户端支持功能、邮件的规范性及垃圾邮件过滤等初级应用开始，到微软Outlook等事务集成类邮件工具的中级应用，再到具有法律效力的数字签名和防止信息泄露的邮件加密等安全电子邮件操作，以及邮件群发器工具等高级应用，让学生循序渐进地掌握商务人员应具备的邮件高效收发技能，同时也为后续电子邮件营销（EDM）等网络营销推广技能训练打下良好的基础。全书内容跨度较大，不仅涉及计算机技术、网络通信技术和信息安全技术，还涉及经济学、管理学、营销学、物流管理、国际贸易以及法律等领域的内容，因此这是一本学科综合、文理渗透、理论与实践相结合的教材，既可以作为文科类、理工科类专业学生学习电子商务基础知识和技能的入门教材，也可以作为社会各界人士自学电子商务知识的参考材料。

本书编写组成员都是多年从事电子商务课程教学的一线教师，对电子商务理论和实践都有深入的研究，具有丰富的课堂教学组织和课程教改经验，多次参与与企业合作的电子商务项目；多数人员曾作为骨干力量参与过国家骨干高职院校电子商务重点专业的建设，参加过2006年国家精品课程和2013年国家精品资源共享课程——"电子商务基础与实操"的建设。

本书是深圳信息职业技术学院国家精品课程、国家精品资源共享课程建设的成果之一。自2004年第1版出版以来经过5轮对内容体系的修改完善，在全国各类院校师生和读者的大力支持下，已取得良好的市场效果。我们会继续努力编写优秀的精品教材回馈广大读者。本书由万守付、罗慧担任主编，谢嘉宾、张春燕担任副主编。本书内容编写分工如下：课题一和课题三及辅文部分由万守付副教授负责；课题二由张春燕负责；课题四由罗慧负责；课题五由邓之宏教授负责；课题六由符静波副教授负责；课题七由吴月瑞博士负责；课题八由纪幼玲副教授负责；课题九由邓志新副教授（博士）负责；课题十由金路欣博士负责。全书的体系策划、统稿等工作由正、副主编分工完成。温冬灵、沈德伟两位同学也参加了文稿的校对和实训项目验证工作。

为了提高学生对电子商务课程的学习兴趣和提高教师教学效果，建议有条件的院校尽可能利用自己所拥有的互联网资源或信息化模拟软件系统来组织教学。课堂教学建议安排64至72学时，尽可能采用理论与实训相结合的"教、学、做"一体化教学组织形式，注重实效，实施过程性考核，以提高学生的学习兴趣和能力。各开课院校的任课老师可以根据自身实际情况选择课堂教学与实训的组合比例，实训课时至少要达到总学时的50%以上。同时安排好学生的课后自主学习和开放性的实践任务，以提升学生的实践应用能力。本书相关教学资源可在人邮教育社区（www.ryjiaoyu.com）上获取，也可以加入QQ群（QQ群号为201336664）下载相关资源。我们会及时更新教学资源，为教材使用单位的师生们提供支持和帮助。

在本书编写过程中我们得到了深圳信息职业技术学院、百色职业学院、深圳市电子商务协会、深圳市头狼电子商务有限公司等单位的大力支持，在此对上述单位表示衷心的感谢！我们在写作过程中参考了国内外大量的专业研究报告、图书杂志和网站资料，在此向有关作者表达我们诚挚的谢意！

由于编者的水平有限，本书尚有许多遗漏、不足之处，恳请读者批评指正；也恳请各院校授课老师在教学的过程中参照本书提供的数据源链接及时更新补充最新信息。

编者

2023年6月

目　录

课题一
电子商务概述

知识目标

- ➤ 了解电子商务的基本概念
- ➤ 了解电子商务的功能和优势
- ➤ 了解电子商务的发展现状
- ➤ 了解电子商务产生的影响

技能目标

- ➤ 掌握搜索引擎应用的操作技能
- ➤ 掌握商业信息检索的操作技能
- ➤ 掌握 POP3/SMTP 协议启用技能
- ➤ 掌握各类二维码的制作技能

建议学时

8 学时

第一部分 | 案例与分析

案例 1-1 思科公司的电子商务应用

总部位于美国加利福尼亚州的思科公司（Cisco）是全球主要的互联网设备供应商和互联网解决方案提供者，其主页如图 1-1 所示。思科向客户提供端到端的网络方案，使客户能够建立起自己的统一信息基础设施或者与其他网络相连。思科的年营业额已从 1990 年刚上市时的 6 900 万美元上升到了 2017 财年的 480 亿美元，成为美国最成功的公司之一。那么，思科是如何成为"全球网络经济"模式受益者的呢？

图 1-1　思科中国主页

案例分析

1. 思科的网上业务

思科自身就是"全球网络经济"模式的受益者，是成功应用电子商务的典范。公司利用互联网以及内部网来处理与客户、潜在客户、合作伙伴、供应商及员工的业务关系，减少了用于生产、配送、销售、客户服务等环节的费用，从而降低了运营成本，为公司带来了巨大的经济效益，同时也提高了客户与合作伙伴的满意度。思科在客户支持、产品预定以及交货时间上的竞争力也随之大大提高。

思科全球 90% 的销售与订单签订是通过计算机网络完成的。70% 的服务支持电话在线进行，这样每月可以少处理 50 万个电话，每年至少为公司节约 8.25 亿美元的开支。电子下载和在线配置每年可节约近 2 亿美元的费用。基于互联网的供应链管理使订购周期缩短了 70%。

2. 思科的虚拟化经营

从某种意义上讲，思科是一个庞大的构建在互联网上的"虚拟公司"。思科的第一级组装商有 40 个，下级有 1 000 多个零配件供应商，其中真正属于思科的工厂只有两个。思科与供应商、合作伙伴、客户通过互联网相连，组成了一个实时动态的系统。思科的系统会自动把客户订单传送到组装商手中。在订单下达的当天，设备便可组装完毕，贴上思科的标签，直接由组装商或供应商发货，思科 70% 的产品就是这样生产出来的。这样做使库存减少了 45%，产品的上市时间提前了 25%，总体利润率比其竞争对手高了 15%。思科不用在生产上进行大规模投资，就能敏捷地对市场做出反立，轻松应对迅速增长的市场需求。

第二部分 ┃ 课题学习引导

电子商务作为一种新的沟通方式和商贸方式，是人们不断追求效率的产物。电子商务将给整个社会经济带来一场史无前例的变革，形成新的经济形态，对社会经济发展、人民生活和就业、政府职能和法律制度、文化教育等都会产生巨大的冲击和影响。

1.1 电子商务的基本概念

1. 日常生活中的电子商务

随着信息技术的进步和互联网在全球的迅猛发展，电子商务已经成为当今社会经济发展中最强劲的潮流之一。一些新的商务活动形态正受到人们越来越多的关注，互联网商务活动已经走进人们的日常生活。

实例 1-1　大学生的网购和网上创业热潮

如今，越来越多的在校大学生热衷于网购。通过天猫、京东商城等平台，选购感兴趣的商品，以支付宝或微信等第三方支付工具进行支付结算，借助社会日益发达的快递物流配送体系，方便快捷地获得自己喜欢的商品。大学校园已成为物流快递包裹的重要目的地。同时，越来越多的在校大学生参与网上零售、跨境电商创业实践，一股网上创业潮正在蓬勃兴起。

实例 1-2　移动商务时代的旅行新体验

在移动商务时代，出差或旅行的人们可以通过智能手机方便地出行，可以非常方便地在线购买到机票，完成酒店客房预订等行程安排。例如，乘客可以通过各家航空公司或携程旅行网的手机客户端或微信公众号，选择航班，在线支付、在线订座，还可以从网上直接打印登机牌，通过手机App监控航班动态，然后在航班起飞前规定的时间内凭有效证件轻松方便地直接登机，从而免去到航空公司服务柜台（或自动值机设备）办理业务的麻烦，提高了出行效率。

很多人可能会认为电子商务就是消费者在互联网上购物。实际上，电子商务的业务领域不仅局限于此，它还包括其他类型的商务活动。那么，究竟什么是电子商务呢？

2. 电子商务的概念

一些国际组织、政府、公司和学术团体根据自己的理解和需要以及在电子商务发展中所处的地位和参与程度的不同，从不同的角度给出了电子商务概念的不同表述和解释。

（1）电子商务的定义

● 欧洲议会对电子商务的定义是："电子商务是通过电子方式进行的商务活动。"它通过电子方式处理和传递数据，包括文本、声音和图像。它涉及许多商务活动，不仅包括货物电子贸易和服务、在线数据传递、电子资金划拨、电子证券交易、货运单证、商业拍卖、合作设计和工程、在线资料、公共产品获得等有形商品的商务活动，而且包括无形商品（服务）的商务活动。

● 国际商会 1997 年 11 月在法国巴黎举行的世界电子商务会议上对电子商务的定义是："电子商务（E-commerce，EC）是指对整个贸易活动实现电子化。"电子商务从外延方面可以定义为交易各方以电子交易方式而不是通过当面交换或直接面谈方式进行的任何形式的商业交易。它使用的技术是一种多技术的集合体，包括交换数据（如电子数据交换、电子邮件）、获得数据以及自动捕获数据等。

● 美国政府在其《全球电子商务纲要》中，对电子商务进行了比较笼统地定义："电子商务是通过互联网进行的各种商务活动，包括广告、交易、支付、服务等活动。"

● IBM 公司认为，"电子商务（Electronic Business，EB）是在互联网的广阔联系与传统信息技术系统的丰富资源相互结合的背景下应运而生的一种相互关联的动态商务活动。"它的概念包括内联网（Intranet）、外联网（Extranet）、电子商务（EC）三个部分，更强调网络环境下的商业化应用。它同时强调这三个部分是有层次的：只有先建立良好的内联网，建好比较完善的标准和各种信息基础设施，才能顺利扩展到外联网，最后扩展到电子商务。

- 英特尔（Intel）公司认为，"电子商务是基于网络连接的不同计算机间建立的商业运作体系，是利用互联网/内联网来使商务运作电子化。"电子商务等于电子化市场、电子化交易和电子化服务的总和。

- 根据《中华人民共和国电子商务法》的术语界定，电子商务是指通过互联网等信息网络销售商品或者提供服务的经营活动。

电子商务是网络时代的一种新型商务模式，人们对它的认识还存在着广义和狭义之分。狭义的电子商务也称为电子交易（E-commerce，EC），主要是利用计算机网络进行的交易活动，包括电子商情、电子广告、电子合同、电子交易、电子支付与结算等。而广义的电子商务（E-business，EB）是指利用各种信息技术手段进行的全部商业经营管理活动。

电子商务是一个动态发展的概念，它将随着人们认识的深化和电子商务应用的发展而变化。

（2）对电子商务内涵的认识

对电子商务内涵的认识有以下几点需要深化。

① 电子商务本身并不是高科技，它只是高科技在商务领域的应用。

② 电子商务的本质是商务，而不是技术。尽管先进的技术手段在电子商务的开展过程中非常重要，但更重要的应该是技术的应用及其效果。电子商务的价值核心是商务应用。手段与目的的关系是不能颠倒的。

③ 电子商务是传统商务的改良而不是革命。企业所提供的商品仍要求能满足消费者需求，要具有价格竞争力，要进行强有力的广告宣传促销，并提供完善的售后服务等。衡量电子商务企业价值高低的标准仍和传统企业一样，需要根据其盈利能力来确定。

④ 电子商务不仅应用于在网上销售商品，它还被应用于企业内部管理、企业形象宣传、售后服务的支持、企业间联合开发产品等多方面。事实上，许多著名公司的网站都没有开展在线销售业务，重点还是在做企业形象和产品宣传、在线信息服务等。

⑤ 企业电子商务岗位群需要不同类型的电子商务人才。电子商务人才可以根据企业电子商务业务分工及岗位技能要求分成以下三类。第一类是事务型初级电子商务人才，他们主要从事商务信息采集、初步加工、信息发布等相关工作。第二类是实施型电子商务人才，他们根据企业规划实施商务系统建设、技术支持、商务业务流程处理，具体细分为技术支持型人才和商务运营型人才。技术支持型人才，主要从事商务网站或网店系统的技术实现和支持等工作，如网络建设、网站建设、安全维护、系统管理和程序开发等。商务运营型人才，主要从事商务网站或网店的商务运营与具体业务管理。一般而言，企业对商务运营人才的需求量较大。第三类是企业规划型高端电子商务人才，他们从事企业电子商务战略规划、业务流程管理、人力资源组织、安全控制等工作，能够从战略上分析和把握企业电子商务的发展趋势，具有前瞻性思维。

1.2 电子商务的功能与优势

商务活动就是至少有两方参与的有价物品或服务的协商交换过程，它包括买卖双方为完成交易所进行的各种业务活动，即产品（服务）的销售、营销、贸易和交易等活动的各种业务流程。人类社会在过去的几千年商贸实践中，总是及时地将新的工具和技术应用于商务活动。如古代帆船的出现为买卖双方的交易开辟了一个新的渠道；此后印刷术、蒸汽机和电话等技术的出现，也都显著地改变了人们的交易方式；在过去的几十年里，企业使用了多种电子通信工具来完成各种交易活动，如银行使用电子资金转账（EFT）技术在全球范围内转移客户的资金，企业使用电子数据交换（EDI）技术传递订单，零售商利用电视直销广告来吸引顾客的电话订货；而电子商务则是现代信息技术（IT 或 ICT）在商务活动中的应用，作为一种新的沟通方式和交易方式，它是人类不断追求效率的结果。

1. 传统商务及其劣势

在传统的商务活动中，买方的业务活动包括：① 确定自身需求；② 选择满足此需求的产品或服务；③ 选择供应商；④ 进行商务谈判；⑤ 成交签约并支付货款；⑥ 要求售后服务。

针对买方的每一项业务，卖方也都有相应的业务活动相对应。卖方的主要活动包括：① 进行市场调研，分析顾客需求；② 设计制造满足此需求的产品或服务；③ 进行促销活动；④ 进行商务谈判；⑤ 成交签约；⑥ 接收货款并交付产品；⑦ 提供售后服务。

买卖双方整个商务过程一般会涉及大量的不同类型的业务流程或不同类型的企业。在传统的商务环境下，商务谈判、广告宣传、部门业务协同、资金转账、发出订单、寄送发票、运输商品、报关报税、售后服务等业务流程都要耗费大量的人、财、物和时间资源。因此，传统商务具有成本高、易出错、处理速度慢等缺点，极大地制约了商务活动的效率和规模。

2. 电子商务的功能

电子商务可提供网上交易和管理的全过程的服务。也就是说，它具有对企业和商品的广告宣传、交易的咨询洽谈、客户的网上订购和网上支付、物流服务、客户的意见征询和对交易过程的管理等各项具体功能。

（1）广告宣传。电子商务使企业可以通过自己的网络服务器、主页和电子邮件做广告宣传，在网上宣传企业形象和发布各种商品服务信息。用户可以使用网络迅速找到自己所需的商品信息。网络广告与其他广告形式相比，具有成本低廉以及信息量丰富等特点。

（2）咨询洽谈。电子商务可在网上提供多种便利的咨询和洽谈手段，它突破了人们面对面交流的限制。企业可借助非实时通信工具（如电子邮件等）和即时通信工具（如微信、QQ 等）来了解市场和商品信息，相互咨询沟通，洽谈交易事务，利用网络会议工具进行更为方便的信息沟通。

（3）网上订购。一些网站具有在线订购功能，在商品介绍的页面上提供订购提示信息和订购交互表格。

（4）网上支付。网上支付是电子商务不可缺少的重要环节。采用网上银行、第三方支付等方式进行网上安全支付，可以加速交易过程，节省交易费用。

（5）物流服务。物流配送系统将客户购买的商品高效地送到客户手中。对于有形商品，物流快递业可以从本地或异地仓库中进行调配并高效地完成送货。而对于软件、电子读物等无形数字化商品，则可以直接通过互联网下载在线提供给用户。

（6）意见征询。通过网站上的意见反馈表可以及时地收集客户对商品和销售服务的意见，促进企业改进商品和服务，提高售后服务水平，发现新的市场机会。

（7）交易管理。企业的交易管理涉及人、财、物，以及企业与企业、企业与消费者、企业与政府、企业内部各部门等各方面的协调与管理，涉及商务活动全过程的管理。

电子商务的上述功能为企业的网上商务活动提供了一个良好的交易服务和管理的环境，使电子商务得以顺利进行。

3. 电子商务的特征

电子商务具有如下特征。

（1）商业性。电子商务最本质的特征在于商业性，即提供买卖交易的服务手段和机会。电子商务的其他功能都是围绕着这一基本功能展开的。

（2）高效性。电子商务为买卖双方的交易提供了一种高效率的服务方式。传统商务方式使用信件、电话和传真传递信息，各个环节都必须有人的参与，有时会因延误时间而失去商业机会。而电子商务系统可以在互联网上瞬间完成商业数据的传递与处理，克服传统商务费用高、易出错、处理速度慢等缺点，极大地缩短了交易时间，提高了商务活动的效率。企业还可以记录客户的每次访问、购买情况以及对产品的偏爱，通过统计分析来寻求潜在的市场机会，提高营销效率。

（3）服务性。电子商务作为一种新的交易方式，必须有更完善的服务做支撑。互联网提升了企业的服务能力，企业可以为客户提供更完善的服务。网上商店无须实体店铺，企业可以提供全天候的服务，从而提高了顾客的满意度。

（4）安全性。交易安全对电子商务的发展极其重要。缺乏安全的电子商务无法吸引顾客，也将限制企业运用计算机网络传递各种商业信息的能力。互联网上大量存在的欺诈、窃听、病毒和黑客都在威胁着电子商务活动的安全，必须通过一系列安全技术保证电子商务活动的安全。现有安全技术包括加密机制、签名机制、分布式安全管理、存取控制、防火墙、安全服务器、防病毒保护以及符合国际标准的安全电子交易协议等，这些措施营造了一个安全可靠的电子商务环境。

（5）协调性。通过计算机网络协调企业内部、企业与供应商以及客户之间的关系，形成对客户需求的快速响应，既能迅速满足客户的个性化需求，又能减少商品积压和资金占用。

（6）集成性。电子商务的集成性在于事务处理的整体性和统一性，它能规范事务处理的工作流程，将人工操作和电子信息处理集成为一个不可分割的整体。这样不仅提高了人力和物力的利用率，也提高了系统运行的严密性。技术集成是事务集成的基础。

（7）可扩展性。电子商务系统的可扩展性关系到企业能否跟上电子商务时代快速发展的步伐。新技术的应用、客户群需求的变化以及企业网上业务量的增长都对电子商务系统提出扩展性要求。

4．电子商务的优势

电子商务之所以在世界范围内蓬勃发展，吸引了众多企业加入，是因为基于互联网的电子商务具有非常明显的优势，它可以低成本高效率地完成商务活动，提高企业经济效益。

电子商务的优势具体表现在以下几个方面。

（1）高速高效，发展潜力巨大。互联网使得全球商务信息通信更加快捷高效，大大提高了业务的处理效率。商务人员除了使用电子邮件、主页以外，还越来越多地使用互联网即时通信工具软件，如腾讯 QQ、微信等，进行实时的文字通信、语音通信、文件传输、视频会议等。信息技术的变革使越来越多的新工具产生出来，每一种工具几乎都能挖掘出它们的商业价值，给企业带来经济效益。

（2）显著降低营运成本。电子商务使得买卖双方的交易成本大幅度降低，这是它吸引中小企业的一个重要原因。具体表现在以下六个方面。① 距离越远，使用互联网进行信息传递的成本相对于传统的信件、电话、传真的成本就越低；缩短时间及减少重复的数据录入也降低了信息成本。② 买卖双方通过网络进行商务活动，无须中介机构参与，减少了交易环节，也降低了交易成本。③ 通过互联网进行产品介绍、宣传，节省了传统方式下做广告、发印刷品等的花费。④ 电子商务实行"无纸贸易"，可减少90%的文件处理费用。⑤ 互联网有利于买卖双方及时沟通供需信息，使低库存生产和销售成为可能，从而使库存成本大大降低。⑥ 企业在销售商品和处理订单时，使用电子商务可以降低询价、提供报价和确定存货等活动的处理成本。

（3）覆盖全球市场。互联网几乎遍及全球的各个角落。卖方通过互联网可以方便地在世界各地寻找市场机会，增加商品的销售；买方也有了更多的选择，可以找到更多的供应商和贸易伙伴。电子商务可以使企业更加经济地经营地理上极为分散、规模狭小的目标市场。

（4）功能更齐全，服务更周到。电子商务可以支持不同类型的用户实现不同层次的商务目标，如发布电子商情、在线洽谈、建立虚拟商场等。网上发布的各类商业信息内容丰富，信息的检索查询极为简捷。电子商务还可以根据不同顾客的个性化需求，提供有针对性的服务，提高顾客的满意度。

（5）增加更多的商机。传统的商业摆脱不了营业时间、地区时差及地域距离的局限，而电子商务可以提供24小时在线服务，使企业获得更多的商业机会。

（6）使用更灵活，交易更方便。基于互联网的电子商务可以不受特殊数据交换协议的限制，任何商业文件或单证都可以直接通过填写与现行的纸面单证格式一致的电子单证来完成，不再需要进行翻译，任何人都能看懂并直接使用。

（7）全面增强企业的竞争力。电子商务拓宽了企业的竞争领域，商务活动成本和费用的降低、工作效率的提高，使得各种类型和规模的企业变得更有竞争力。

当然，电子商务在一定的领域和一定的时期内还不能完全取代传统的商务活动。例如，易腐烂的食品相对而言不便于远距离的递送，珠宝古董等贵重商品无法远距离的检验等。不过，一些商品开展电子商务的局限性大部分是因为关键技术的不成熟而造成的，这会随着技术的进步和配送体系的完善而有所改变。近年来，越来越多的生鲜类商品通过电子商务销售便是典型的例子。

一般来说，标准化的并为消费者所熟知的商品或服务，更适合采用电子商务的在线业务流程来处理。如果个人推销技巧在交易中非常重要，或商品的状况只有通过亲自接触才能确定，那么这种商品就比较适合传统商务，如古董的买卖等。如果商品具有标准化的特征和规范的业务流程，但又需要消费者的亲自接触，这种业务就要求采用电子商务和传统商务相结合的方式。但是，随着O2O等电子商务模式的出现，以往认为不太适合网上销售的一些商品或服务如今也可以通过线上订购、线下消费的模式得以实现。

1.3　电子商务的发展

1．电子商务产生的基础

电子商务产生和发展需要具备下列重要条件。

（1）计算机的广泛应用。从1971年Intel公司推出全球第一块微处理器4004算起，处理器的性能在30年间提高了1 000多倍，价格也下降了1 000多倍，如今计算机的性能相当于30年前价值数百万美元的大型计算机，这为计算机的广泛应用提供了条件。

（2）网络的普及和成熟。随着互联网成为全球通信与交易的媒体，上网用户人数呈几何级数增长，快捷、安全、低成本的网络为电子商务的发展提供了应用条件。

（3）信用卡的普及应用。信用卡以其方便、快捷、安全等优点而成为人们消费支付的重要手段，并由此形成了完善的全球信用卡计算机网络支付与结算系统，这为电子商务的在线支付提供了重要的手段。

（4）安全电子交易协议的制定。1997年5月，由美国VISA和万事达国际组织等联合制定的安全电子交易协议（SET）出台，该协议得到了大多数厂商的认可和支持，这为开放网络上的电子商务活动提供了一个安全的支付环境。

（5）政府的支持与推动。1997年欧盟发布了"欧洲电子商务协议"，美国随后发布了"全球电子商务纲要"，电子商务逐渐受到了各国政府的重视，许多国家的政府开始尝试网上采购并采用各种优惠政策推进企业电子商务应用，有力地推动了电子商务的发展。

2．电子商务的发展历程

电子商务是一个新名词，但并非新的事物。从更广泛的意义上讲，自从有了电子通信手段就有了电子商务活动。早在1839年电报刚出现的时候，人们就开始使用它进行商务活动的实践，在西方发达国家广泛流行了几十年的电话购物和信用卡支付等商务活动也都属于电子商务的最初表现形式。但是，真正意义上的电子商务研究和应用经历了两个重要的发展阶段，即开始于20世纪70年代末期的基于电子数据交换（EDI）网络的电子商务和开始于20世纪90年代初期的基于互联网（Internet）的电子商务。现在人们所讲的电子商务主要是指在计算机网络环境，特别是互联网环境下所进行的商务活动。

第一阶段：基于电子数据交换网络的电子商务

早在20世纪60年代以前，人们就已经在用电报报文发送商务文件。20世纪70年代，又普遍采用方便、快捷的传真机来替代电报，但由于传真文件是通过纸面打印来传递和管理信息的，不能将信息直接转入计算机信息管理系统中，数据的重复录入量较大。20世纪70年代末，应用于企业间的电子数据交换（EDI）技术和银行间的电子资金转账（EFT）技术作为电子商务应用系统的雏形出现了。

根据国际标准化组织（ISO）的定义，"EDI是将商务或行政事务按照一个公认的标准，形成结构化的事务处理或信息数据格式，从计算机到计算机的数据传输方法"。简单地说，EDI就是将标准的、协议规范化和格式规范化的经济信息通过电子数据网络，在贸易伙伴企业的计算机系统之间进行自动交换和处理的数据传输方法，俗称"无纸贸易"。

有关EDI的最初想法来自美国运输业，原因是运输业流通量大，货物和单证的交接次数多，而单证的交接速度常常赶不上货物的运输速度。当时的人们还发现，由人工输入到一台计算机中的数据70%是来源于另一台计算机输出的文件。过多的人为因素影响了数据的准确性和工作效率，这就促成了1975年第一个EDI标准的发布。EDI可以使各种单据以标准格式在双方的计算机系统上进行端对端的数据传送和自动处理，减少了文字工作并提高了自动化水平，从而使企业实现"无纸贸易"；简化业务流程，减少由于人工操作失误带来的损失，能够大大地提高工作效率；降低交易成本，加强了贸易伙伴之间的合作关系。因此，EDI在80年代得到了较快的发展，在国际贸易、金融、海关业务、航空公司、连锁店及制造业等领域得到广泛的应用。EDI作为一项高级信息技术应用，是未来世界经济发展中的一个重要基础设施。它不仅是一种先进的通信技术和传递方式，而且也是连接国际生产和国际商务活动的一个重要桥梁。

多年来，EDI已经演进出了多种不同的技术。在20世纪90年代之前，出于安全的考虑，EDI和EFT是通过租用计算机传输线路在专用网络上实现的，这类专用网络被称为增值网（VAN），使用成本非常高，对技术、设备和人员都有较高的要求。尽管如此，大企业仍将EDI看作开展商务活动的必备条件之一，因此，基于增值网的EDI电子商务在发达国家和地区的大型企业中得到成功推广。据美国《财富》杂志统计，全球前1 000名大公司中，有95%使用了EDI系统。

在互联网时代，随着虚拟专用网络（VPN）等信息技术的应用，使用基于廉价互联网的EDI技术已成发展趋势。今天，建立在互联网基础上的EDI技术已经成熟，越来越多的中小企业借助互联网EDI平台开展电子商务活动。可以说，EDI技术仍是企业间电子商务（B2B）的基础。

第二阶段：基于互联网的电子商务

20世纪90年代以来，互联网迅速普及，逐步从大学、科研机构走向企业和家庭，从单纯的信息共享载体演变成为一种大众信息传播工具与商业传递方式。基于互联网的电子商务（或称"互联网商务"）活动是以遍及全球的互联网为架构，以交易双方为主体，以网上支付和结算为手段，以客户信息数据库为依托的一种现代商务新形式。

互联网的普及推广和信息技术的成熟推动了互联网商务的发展。1991年，美国政府宣布互联网向社会公众开放，允许在网上开发商业应用系统。一直被排斥在互联网之外的商贸活动正式进入这个王国，依托于互联网的电子商务应运而生。1993年，万维网（WWW）在互联网上出现，这是一种具有处理数据、图文、声像、超文本对象能力的网络技术，它使互联网具备了支持多媒体应用的功能。1993 年，第一家网络公司在纳斯达克上市，随后大批网络科技公司跟进入市，掀起了网络概念股的热潮。1995 年，互联网上的商业业务信息量首次超过了科教业务信息量。这既是互联网此后爆炸性发展的标志，也是互联网商务从此大规模起步发展的标志。1996 年，网景（Netscape）公司开发出安全套接层协议（SSL）。SSL 安全协议能够对 TCP/IP 以上的网络应用协议数据流加密，在通信双方的计算机之间建立一个秘密信道，实现端到端的安全连接，保证通信在信息传输过程中不被窃取、篡改。后来，加拿大 Entrust 公司也开发出了公钥基础设施（PKI）技术，支持 SET、SSL、IPSec 及数字证书和数字签名等。

互联网在全球各地迅速普及。2019 年 3 月，全球人口总数达到 77.53 亿人，全球网民规模已达 43.47 亿，互联网普及率为 56.1%。全球互联网用户在 2000～2019 年期间增长了 1 104%，而亚洲地区则增长了 1 817%，这表明了人们对相互间进行方便快捷的通信联系的强烈愿望以及共享利用网络信息资源的强烈渴求，同时这也为互联网电子商务的普及推广奠定了良好的基础。电子商务所需的在全球范围方便而快速的商务通信和网上资源利用，正是互联网的优势，全球数亿网民都有可能成为企业的潜在客户和合作伙伴。同时，低廉的使用费也使得互联网电子商务比早期的电子商务有更大的发展潜力，各种规模的企业都能平等地获得商业机会和发展空间，这是推动电子商务高速发展的重要动力。互联网电子商务将是未来商务活动的重要形式，全球贸易业务将主要以此形式来完成。

以互联网为代表的信息技术和人们的生产生活深度融合，成为引领创新和驱动转型的先导力量。据中国网络空间研究院发布的《世界互联网发展报告（2018）》显示，2017 年，全球数字经济规模达到 12.9 万亿美元，美国和中国位居全球前两位。全球电子商务市场保持快速增长势头，交易额达 2.3 万亿美元，亚洲、拉丁美洲、中东、非洲等新兴市场成为新的增长点。

3．全球电子商务发展状况

（1）全球电子商务整体状况

经过多年的发展，全球电子商务发展正在进入转折期，从粗放式增长阶段进入到精细化和集约式增长阶段。2017 年，全球电子商务市场规模呈现出持续扩张的态势。全球电子商务市场发展具有如下特征。① 移动电商成长为主流电商模式，推动了全球电子商务的发展。据 eMarketer 统计，2017 年全球移动网络零售额达 1.37 万亿美元，占网络零售交易总额的 60%。到 2017 年底，全球有超过 20 亿的移动设备持有者完成过移动电商交易。② 人工智能、虚拟现实等技术的发展突飞猛进，在电子商务领域应用潜力巨大。③ 多渠道购物常态化。消费者信息追踪、精准定位、快捷支付等服务为线上线下融合发展的零售新业态提供了基础条件，消费者乐于通过多种渠道完成购物行为。④ 电商服务需求个性化趋势越发明显。随着大数据、云计算等技术条件的发展，企业拥有越来越多的工具，能为客户提供更为多元化、个性化的服务；利用数据分析技术，为客户提供精准匹配的产品来降低退货率，可以达到事半功倍的效果。

企业间电子商务业务普及程度高。2017 年全球 B2B 电商销售额达到了 7.7 万亿美元。更多的企业开始开展 B2B 业务，企业对在线交易的接受程度越来越高。多数从事 B2B 业务的企业开始倾向于取消纸质商品清单而全部转向线上发布。

网络零售在社会零售活动中的重要性逐年提升，成为全球零售市场强劲的拉动力。2017 年全球网络零售交易额达到 2.3 万亿美元，年增长 24.8%。2017 年全球零售总额约为 22.64 万亿美元，年增长 5.8%。网络零售额占全球零售总额的比重上升至 10.2%。全球主流的网络零售企业主要分布在美国和中国。全球有超过 100 万家公司从事网络零售业务，包括完全依赖互联网渠道的专业电商公司，也包括利用互联网的传统企业。全球消费者网购意愿增强，网购已成为人们日常生活的重要组成部分。不同国家和地区的人们在网购消费意愿、在线购物品类、网购行为特点等方面都与其文化、风俗习惯、消费习惯、收入等密切相关。全球各地区，韩国网民在线消费意愿最强，其次是英国、丹麦和中国。在线购买的商品种类因地区不同而有所差异，电子产品、时装、服务类产品、书籍和票务是最受网购消费者喜爱的商品。

（2）全球网络零售主要地区情况

不同类型及区域的国家之间，网络零售的特征以及规模差异较为明显。电子商务在北美、西欧和东亚三大市场日趋成熟，格局趋于稳定。而拉丁美洲、中东、非洲等新兴市场已经成为全球电子商务增长的主要动力。美国是发展最早且最成熟的网络零售市场，英国是欧洲最大的网络零售市场，拉丁美洲是新兴的网络零售市场，而中国则是全球规模最大、最具活力的网络零售市场。

① 北美地区

在北美地区，网络零售越来越受到消费者的欢迎，再加上美国经济持续复苏，该地区网络零售市场持续稳定扩张。2017 年，北美地区网络零售额为 4 868 亿美元，增速为 16.7%。此外，北美地区的移动电商规模较大，仅次于亚太区域，移动网络零售额为 1 659.7 亿美元。

美国是开展电子商务较早的国家，在许多领域处于全球领先的水平，电子商务的应用也最为成功。2017 年，美国网络零售额为 4 520.76 亿美元，同比增长 15.9%，排名世界第二位，网络零售额占社会零售总额的 8.9%。美国电商行业寡头竞争趋势明显，Amazon 与 eBay 合计占据美国网络零售市场的 30% 以上，剩下的近 70% 则分散在传统零售巨头与中小电商之中。

美国数字经济规模和质量都居世界领先地位。美国长期引领核心技术研发，并利用先发优势不断掀起搜索引擎、移动互联网、物联网、云计算、大数据、智能硬件、人工智能等领域创新技术浪潮。美国企业也积极参与科技新领域的布局，抢占技术创新制高点。工业互联网在制造业全领域、全产业链、全价值链持续融合渗透。美国公司注重大数据应用，多数大企业已将大数据作为商业利润源泉，构建以数据为核心的创新体系。

美国企业间电子商务的应用规模远远领先于其他国家。企业为了降低成本和提高效率，纷纷使用互联网进行在线采购、销售等商务活动。另外，美国电子商务网站在网络会员制营销、个性化营销和在线促销手段等方面都已经非常成熟，成为其他国家开展电子商务的范例。

② 西欧地区

欧洲电子商务市场划分为西北部成熟的市场、南部增长迅速的市场和东部新兴市场。

西欧国家继续领先，网络零售市场较为成熟，整体增速较为缓慢，是欧洲电子商务的最大市场。2017 年西欧网络零售额为 3 553.8 亿美元，同比增长 15.4%。在全部社会零售总额中，有 9.3% 来源于电商交易平台，这一比重仅次于亚太地区。移动电商方面，西欧地区的移动网络零售额占到了网络零售总额的 35.4%。

从国别来看，英国位居欧盟榜首，市场份额约占西欧的 33%。英国、德国和法国 3 国占据西欧网络零售市场份额的 75% 左右。英国的网络零售渗透率达到了 19.3%，在全球范围内仅次于中国。

③ 亚太地区

亚洲国家因电子商务发展水平不均衡和相对滞后而面临巨大的挑战和商机，作为最具高回报及商业机会的区域，电子商务的发展潜力巨大。中国、日本、韩国和新加坡等国的电子商务近年都有较快的发展，与欧美国家的数字鸿沟明显缩小。2017 年，亚太地区的电子商务普及情况较好。网络零售额为 1.35 万亿美元，增速为 31.1%；网络零售额占零售总额比重达到了 14.6%，是全球唯一的网络零售渗透率超过平均水平的地区。亚太地区手机上网居民的比重为 37.0%，同期移动网络零售额占网络零售额比重为 76.1%。

中国自 2013 年以来已经连续 5 年稳居全球第一大网络零售市场位置，年均增速超过 40%。

2017 年，中国网络零售额约占全球网络零售总额的 50%。21 世纪是亚洲经济崛起的时代，而中国已经成为亚太地区乃至全球电子商务发展的主要推动力量。

4．中国电子商务的发展状况

中国已成为互联网人口大国，电子商务市场得到迅猛发展。电子商务作为战略性新兴产业对转变经济方式、推动产业升级、促进流通现代化发挥了重要作用，已经成为国家扩大内需消费、促进就业的重要途径之一。

（1）中国互联网基础环境

经过二十多年的发展，我国开展电子商务所需的基础设施条件已基本成熟。"宽带中国"战略的实施和信息基础设施三年行动方案的出台，促使我国信息基础设施的建设取得了突出成就。中国互联网络信息中心（CNNIC）发布的《第 43 次中国互联网络发展状况统计报告》显示，截至 2018 年 12 月 31 日，我国光纤宽带用户规模达到 3.68 亿户，占宽带用户总数的 90.4%；100MB 以上宽带用户占宽带用户总数的 70.3%。中国国际出口带宽达到 8.95bit/s。中国网站总数为 523 万个，".CN"下网站数为 326 万个，有力地保障了我国互联网的稳步发展。我国网民规模居世界第一，网民人数达到 8.29 亿人，普及率达到 59.6%。其中，手机网民规模达 8.17 亿人，占整体网民的 98.6%；农村网民规模达 2.22 亿人，占整体网民的 73.3%。我国市场上移动应用程序在架数量 449 万款，其中，电子商务类应用为 42.1 万款。（说明：上述数据未统计港澳台地区）。

网民对各类网络应用的用户规模及使用率排在前十位的依次为即时通信（7.92 亿人）、搜索引擎（6.81 亿人）网络新闻（6.75 亿人）、网络视频（6.12 亿人）、网络购物（6.10 亿人）、网上支付（6.00 亿人）、网络音乐（5.76 亿人）、网络游戏（4.84 亿人）、网络文学（4.32 亿人）、网上银行（4.20 亿人）。网上购物是互联网作为商务平台工具的重要体现，而网上购物行为与网上支付、网上银行等网上金融活动又息息相关。我国网民在网络购物、网上支付、网上银行和在线旅行预订（4.10 亿人）等方面的应用持续增长。

（2）中国电子商务市场现状

近 20 年来，我国电子商务保持了持续快速发展的势头。1999 年，我国的电子商务交易额仅为 200 亿元。商务部 2018 年 5 月发布的《中国电子商务报告（2017）》显示：2017 年，中国电商交易额达 29.16 万亿元，同比增长 11.7%。其中，商品类电商交易额达到 16.87 万亿元，同比增长 21%，比上年提高 8.7 个百分点；服务类电商交易额达到 4.96 万亿元，同比增长 35.1%，比上年提高 13.2 个百分点。电子商务交易额中对企业的交易占 60.2%，对个人的交易占 39.8%，均保持加速增长态势。自 2016 年以来，我国电子商务市场从高速增长期进入稳定发展期。

① 传统综合型 B2B 电商模式持续深化，新兴 B2B 电商进入成熟期，重视精细化和区域化发展。2017 年，中国 B2B 电商交易规模为 20.5 万亿元，同比增长 22.75%。B2B 电商营收规模为 350 亿元，同比增长 34.6%。B2B 电商平台按照市场份额排名分别为：阿里巴巴（36.7%）、慧聪集团（10.5%）、环球资源网（4.2%）、上海钢联（4%）、焦点科技（3.5%）、生意宝（1.04%）、环球市场（0.7%）、其他（39.36%）。综合性 B2B 电商平台格局基本定型，7 家核心平台占有 60% 以上的市场份额。B2B 电商行业正在向更加垂直细分、平台合作共享、打造产业链闭环生态圈和地方特色产业链集群、构筑电商扶贫长效机制等趋势发展。

② 网络零售持续高速增长，对消费的拉动增强。2017 年全国网络零售市场交易规模达 7.18 万亿元，同比增长 39.17%。全年的社会消费品零售总额为 3.66 万亿元，网络零售总额占到社会消费品零售总额的 19.6%，较 2016 年的 14.9%，增幅提高了 4.7%。其中，实物商品网上零售额为 5.48 万亿元，增长 28.0%，占社会消费品零售总额的比重为 15.0%；在实物商品网上零售额中，吃、穿和用类商品分别增长 28.6%、20.3% 和 30.8%。B2C 网络零售市场（包括开放平台与自营销

售，不含品牌电商）市场份额排名先后为：天猫（52.73%）、京东商城（32.5%）、唯品会（3.25%）、苏宁易购（3.17%）、拼多多（2.5%）、国美在线（1.65%）、亚马逊中国（0.8%）、当当网（0.46%）；其他电商平台占2.94%。我国B2C网络零售市场格局大体趋于稳定，但仍面临着洗牌，同时消费者转向品质化以及个性化的消费，市场也在逐渐向着规范化、品质化和多元化的方向演变。B2C网络零售发展进入细分业务阶段，如跨境电商、社交电商、农村电商、母婴电商、精选电商、消费金融、物流服务等领域。

（3）中国电子商务应用情况

电子商务是降低成本、提高效率、拓展市场和创新经营模式的有效手段，是满足和提升消费需求、提高产业和资源的组织化程度、转变经济发展方式的重要途径，对于优化产业结构、支撑战略性新兴产业发展和形成新的经济增长点具有重要作用。

① 国家出台相关政策优化电商发展环境

党和国家高度重视电子商务发展，通过推动创新、深化改革，全面优化电子商务发展环境，先后出台了《国务院办公厅关于深入实施"互联网+流通"行动计划的意见》《电子商务"十三五"发展规划》《促进电子商务发展三年行动实施方案（2016—2018年）》《中华人民共和国电子商务法》等政策和法律文件。其中，《电子商务"十三五"发展规划》就提出了电子商务发展的五大主要任务、17项专项行动和六条保障措施，赋予电子商务服务经济增长和社会发展的双重目标，确立了2020年电子商务交易额40万亿元、网络零售总额10万亿元和相关从业者5 000万人三个发展指标。在国家政策的引导下，电子商务在各行各业都得到了快速发展。截至2018年，全国共先后建有70个"国家电子商务示范城市"、100个"国家电子商务示范基地"和239个"电子商务示范企业"。

② 东部沿海地区电子商务应用最为活跃

我国沿海地区主要经济大省和城市的电子商务发展迅速。电子商务交易技术国家工程实验室联合有关单位发布的《2017年中国电子商务发展指数报告》，对全国省级行政区域电子商务指数进行测评，从区域的电子商务规模、成长潜力、应用渗透、支撑环境四个方面考察，广东、浙江、北京、上海、江苏五个省市有稳定的发展优势，电子商务发展指数较高，组成第一梯队，其他省份构成了电子商务发展的中坚力量。目前国内电子商务服务企业主要分布在长三角、珠三角一带以及北京等经济较为发达的地区。

北京堪称"门户网站之都"，以央视网、人民网、新华网、新浪网、搜狐网等为主的门户网中坚在全国具有不可动摇的地位。北京同时也具有良好的政策和经济环境，基础设施完善，零售业发达，培育了如京东商城、亚马逊中国、国美在线、当当网、慧聪网等知名商务网站。北京具有电子商务创业所需的良好的配套环境，电子商务也提升了北京的城市综合竞争力。

杭州是"中国电子商务之都"，坐拥电子商务网站集群，最先以财政补贴这一最直接的方式扶持了电子商务的开展，诞生了阿里巴巴网盛生意宝、中国电动车网等国内外知名电商平台企业。杭州基础设施完善，政府扶持力度大，有一个良好的电子商务发展环境。

上海、广州、深圳等城市也推出了多项电子商务扶持政策。上海有1号店、大众点评团、易趣网、携程等电商平台。广州有唯品会、梦芭莎等电商平台。南京有苏宁易购、中国制造网等电商平台。近年来，南京、重庆、武汉等地的地方政府将电子商务列为推动企业转型升级的重要措施。除出台各项扶持政策外，各地政府也加大了基础设施、支付环境和物流配送的完善等。

③ 电子商务服务业保持稳步增长态势

近年来，我国快递业务与网上零售同步增长。据中国电子商务协会的《中国电子商务发展报告2017—2018》显示，2017年全国快递服务企业业务量累计完成400.6亿件，同比增长28%，其中将近 70% 的快递业务量是由电子商务拉动产生的；业务收入累计完成 4 957.1 亿元，同比增长 24.7%。其中，同城业务量累计完成 92.7 亿件，同比增长 25%；异地业务量累计完成 299.6 亿件，同比增长 28.9%。

电子支付市场蓬勃发展。我国电子支付的发展始于网上银行业务，网上支付、移动支付、电话支付等多种支付形式的出现使得网上支付环境迅速改善，电子支付交易额开始高速增长。互联网支付、移动支付等新兴支付业务继续保持高速发展的势头，产品和服务朝着更加快捷、高效、便利的方向发展。

2017 年，电子商务服务业总体营收规模达 2.92 万亿元，年同比增长 19.3%。其中，平台服务业营收规模达 5 027 亿元，同比增长 25.7%。电子支付、电子商务物流、信息技术服务等支撑服务业市场营收规模达 1.1 万亿元，增速为 17.9%；电子商务代运营、培训咨询等衍生服务领域营收规模达 1.3 万亿元，增速为 18.2%。

④ 移动电子商务发展迅速

移动互联网的发展和智能手机的普及，为移动电子商务奠定了良好的发展基础。移动电子商务快速增长的原因包括：手机购物打破了时间和地域的限制，利用碎片化的时间，使得网络购物和网上支付能够随时随地地发生；廉价大屏幕智能手机及平板计算机的普及，无线宽带资费下调、网页视觉优化、手机上网用户数攀升和手机网络购物体验的提升，使用户的接受度和认可度与日俱增；二维码、条形码和比价搜索等移动应用的丰富和手机支付的完善，大大缩短了移动购物的时间和进程，提升了用户购买兴趣，带来了手机购物新的增长点。

移动电商从粗放式增长到精细化运营。传统的发展方式已不能为商家再带来大量的订单和利润，原有的粗放式增长方式进入到品牌、服务、精确人群定位的细分市场时代。

⑤ 跨境电商成为外贸新的增长点

全球跨境电商蓬勃发展，成为外贸发展的重要驱动力，推动全球贸易大变革。与传统贸易模式相比，跨境电子商务具有碎片化、小额化、高频次的特征。跨境电商企业通过资源整合，推动制造型企业转型，通过缩短购买流程、减少中间商参与环节，从而将参与贸易的双方利益最大化。

近几年，我国跨境电商产业的发展远远领先于全球其他国家和地区。跨境网络零售出口快速发展，已成为国际贸易的新方式和新手段，对于扩大海外营销渠道、提升品牌竞争力、实现外贸转型升级有重要而深远的意义。

我国跨境电商在 B2B、B2C 等多个方向呈现出活跃发展态势，产业规模和辐射领域不断扩大。据电子商务研究中心发布的《2017 年度中国出口跨境电商发展报告》显示，2017 年中国出口跨境电商交易规模为 6.3 万亿元，同比增长 14.5%。其中，B2B 市场交易规模为 5.1 万亿元（占 80.9%），同比增长 13.3%；网络零售市场交易规模为 1.2 万亿元（占 19.1%），同比增长 21.2%。从地域分布上看，从事出口跨境电商的卖家主要集中在广东（24.8%）、浙江（16.8%）、江苏（11.3%）、北京（8.6%）、上海（6.5%）、福建（5.4%）、山东（3.6%）、河南（3.2%）等地。从主要品类上看，出口跨境电商卖家品类主要分布在：3C 电子产品（20.8%）、服装服饰（9.5%）、家居园艺（6.5%）、户外用品（5.4%）、健康美容（5%）、鞋帽箱包（4.7%）、母婴玩具（3.3%）、汽车配件（3.1%）、灯光照明（2.8%）、安全监控（2.2%）等。中国出口跨境电商的主要目的地有：美国（15%）、俄罗斯（12.5%）、法国（11.4%）、英国（8.7%）、巴西（6.5%）、加拿大（4.7%）、德国（3.4%）、日本（3.1%）、韩国（2.8%）、印度（1.6%）及其他（30.3%）。

⑥ 传统产业大型企业深度涉足电子商务

信息技术已广泛应用于传统产业的改造提升。汽车、机床、煤炭、电力、石油、冶金、机械、采矿、建材等行业信息技术应用深入，工艺技术和装备水平明显提高。国家重点企业基本普及

CAD/CAM，绝大部分企业实现了自动化办公，建立了内部局域网，一些企业开始实施 MRP-Ⅱ、ERP 和 CRM 等系统。中小企业信息化发展迅速，部分行业和地区建立面向中小企业的共用信息技术服务平台。部分大中型企业集团如宝钢、中国石化、联想、方正、海尔等，在 ERP 系统基础上开展网络营销、网上采购，带动了上下游企业的电子商务应用。汽车、粮油、食糖、煤炭等行业也都建立起行业网站，开展产品信息发布、网上洽谈签约等活动。

大型港口和外贸运输企业普遍采用 EDI 技术，先后建立了 EDI 中心，进行电子提单、商业文件和数据的传递，提高了工作水平和运输效率。十多种电子报文在集装箱运输业务系统中进入实质性运作，取得了良好的经济和社会效益，为交通运输行业发展电子商务打下了坚实的基础。

⑦ 农产品电商与农村电商应用

农业电子商务对于加快转变农业发展方式、建设现代农业具有重要的牵引和驱动作用。农产品电商仍处于高速增长期。2017 年，全国农产品网络零售额达 2 436.6 亿元，同比增长 53.3%。作为农产品电商的重要业态，生鲜电商在 2017 年保持了快速增长态势，在线交易额达 1 418 亿元，较上年增长 55.2%。以天猫生鲜、京东生鲜为代表的平台电商，以易果生鲜、每日优鲜为代表的垂直电商，以盒马鲜生、永辉超级物种为代表的新型零售电商，以百果园、多点为代表的线下企业转型电商等，继续推动生鲜电商市场发展和模式转型。

随着快递下乡进程的加快，曾经制约农村电商发展的"最后一公里"物流问题得到明显缓解。我国邮政业基础设施不断完善，快递乡镇网点覆盖率超过 90%。2017 年全国农村网络零售额突破万亿大关，达 1.24 万亿元，同比增长 39.1%。其中，农村实物类商品网络零售额达到 7 826.6 亿元，同比增长 35.1%。在农村实物类产品中，服装鞋包、家装家饰、食品保健位居前三位。在农村服务类产品中，在线旅游、在线餐饮表现尤为突出。农村网店达 985.6 万家，较 2016 年底增加 169.3 万家，增长 20.7%，带动就业人数超过 2 800 万人。东部农村实现网络零售额 7 904.5 亿元，占 63.5%，优势明显。中西部及东北农村网络零售额合计 4 544.4 亿元，虽然增长速度高于东部农村，但总体规模依然有限，有待于进一步发展。

农村电商扶贫成效显著。近年来，有关部门围绕电商扶贫、农商协作、农产品电商、物流配送等领域出台一系列政策措施，有效助力乡村振兴和精准扶贫。我国贫困地区已建成县级电商服务中心 277 个，县级物流配送中心 206 个，乡村电商服务站点 2.17 万个。2017 年，832 个国家级贫困县实现网络零售额 1 207.9 亿元，同比增长 52.1%，高于农村网络零售额增速 13 个百分点。截至 2017 年 7 月，农村淘宝已经覆盖了全国约 700 个县域，其中包括 178 个国家级贫困县和 147 个省级贫困县，建立起约 3 万个村级服务站，招募了 3 万名村小二和 3 万名淘帮手，实现了"网货下乡"和"农产品进城"的双向流通。

⑧ 电子商务带动就业情况

电子商务的发展将导致传统企业的经营模式转型和网上业务比重的增加，形成庞大的信息服务市场，为信息技术人才和电子商务人才增加了大量的就业机会。那些既懂经营管理业务又懂电子商务技术的复合型人才将成为劳动力市场上的"香饽饽"。

电子商务可以极大地拉动就业。电子商务支持了中小企业的发展，对整个社会就业状况的改善具有重要作用。2017 年，我国电商就业人员达 4 250 万人，同比增长 13%。电商已成为创业创新的重要选择，为农村剩余劳动力、返乡创业青年、退伍军人、城乡残疾人开辟了就业新途径。其中，阿里巴巴公司经过近 20 年的发展已经从最初的电商平台成长为一家涵盖电商、本地生活服务、物流、网络支付等业务的新经济生态体，创造了大量的就业机会。据中国人民大学发布《阿里巴巴零售电商平台就业吸纳与带动能力研究（2017 年度）》报告测算，2017 年阿里巴巴零售生态总共创造 3 681 万个就业机会，占我国电商就业人数的 87%。其中，除了电商生态带来的 1 405

万个直接就业机会外，还包括 543 万个支撑型就业机会，以及 1 733 万个衍生型就业机会，覆盖快递物流、电商服务及上下游等多个环节。

1.4　电子商务产生的影响

1. 电子商务对社会经济的影响

（1）促进世界贸易和经济的发展

电子商务已经成为推动全球经济一体化和经济增长的主要动力。电子商务可以使企业构筑覆盖全球的商业营销体系，实施全球性经营战略，加强全球范围内的经贸合作，推动贸易量的大幅度增加，促进世界经济的发展。全球跨境电商蓬勃发展，成为外贸发展的重要驱动力。2017 年 12 月，WTO 通过《电子商务联合声明》，重申全球电子商务的重要性及其为包容性贸易和发展所创造的机会，特别强调了电子商务为"发展中国家，尤其是那些最不发达国家，以及中小微企业"带来机会。电子商务使得中小型企业能以较低的门槛从事网上商务活动。

电子商务能够提高业务流程处理的效率，降低贸易成本，改善世界贸易的环境，促进世界经济的发展。现行贸易过程的复杂性，使得成本和效率成为外贸企业关注的焦点问题。例如，一个中等规模的贸易口岸每年要处理 15 万宗进出口业务，每宗业务所用单证平均为 15 种，而整个进出口活动的信息流和效率将受到贸易主管部门、生产部门、运输、海关、商检、银行、税务、外汇管理、保险和贸促会等多个职能机构的影响。这种程序上的低效率运转造成巨大的浪费，已成为世界贸易的一大障碍。据联合国贸易和发展会议（UNCTAD）调查分析，世界贸易成本（仅直接成本和文书成本）占国际贸易总值的 10% 左右。电子商务可以大幅度地降低贸易成本，提高企业经济效益。企业利用互联网发布商品信息，进行在线交易，可以大大减少因信息传输不畅造成的商品积压，提高商品的产销率，促进经济发展。

（2）引领数字经济的发展

世界经济正在向数字化转型，大力发展数字经济成为全球共识。电子商务是现代信息技术在商务领域的应用，它是数字经济的重要组成部分，也是数字经济最活跃的、最集中的表现形式。它以在线化、数字化、智能化为主要特征，具有开放、低成本和高效率等优势，代表着新的生产力和发展方向，带动了我国经济供给侧结构性改革和消费升级，为经济贸易注入新动能。据中国网络空间研究院发布的《中国互联网发展报告 2018》显示，2017 年，中国数字经济总量达 27.2 万亿元，数字经济对 GDP 增长贡献率达 55%。

（3）催生新兴行业和商业新业态新模式

电子商务导致经济贸易的大规模增长意味着更为激烈的竞争，而竞争使得创新成为企业成功的关键因素。在电子商务环境下，传统的商务模式发生了根本性的改变，许多业务过程由原来的集中管理变为分散管理，社会分工逐步变细，因而会产生许多新兴行业和新的职业岗位。

数字技术驱动电子商务产业创新，不断催生新业态新模式。大数据、人工智能、云计算、虚拟现实等数字技术为电子商务创造了丰富的应用场景，正在驱动新一轮电子商务产业的创新。

零售企业依托数字技术进行商业模式创新，对线上服务、线下体验以及现代物流进行深度融合，推动零售业向智能化、多场景化等方向发展，打造数字化零售新业态。

生产制造企业依托工业互联网平台，进行在线化、柔性化和协同化改造，逐步形成以"寄售""自营"和"撮合"为代表的 B2B 电商交易模式，探索出供应链金融、服务佣金、大数据信息费等盈利模式。

2. 电子商务对政府的影响

政府对电子商务的支持态度将直接影响电子商务的发展。电子商务的发展也在一定程度上影响政府机构的职能。

（1）政府的政策导向

企业在电子商务发展初期，离不开政府的政策支持和推动。在开放的互联网上进行电子商务活动必然带来贸易环境的开放。电子商务的在线交易、网上支付和安全等方面都需要政府制定相应的法律加以规范，保证电子商务的健康发展。

（2）政府机构的业务转型

政府承担着对商务活动进行管理和为其服务的职能，在调节市场经济运行、防止市场失效方面发挥重要的作用。在电子商务时代，政府机构必须进行相应的业务转型，加入到电子商务活动中来开展工作，才能顺利实施政府的管理职能。电子政府或网上政府，将随着电子商务发展而成为一个重要的社会角色。

（3）政府在安全认证中的作用

在传统的商务活动中，企业或个人的信誉对交易的成功进行是至关重要的。在电子商务活动中，网上交易的双方也需要确认对方的真实身份，以取得对方的信任和保证电子交易的安全，这是电子商务实施的关键问题之一。一般由第三方认证权威机构（CA）来提供交易主体的网络身份证明。在我国，这一角色是由政府的职能部门或指定机构来承担，具备法律效力和权威性，提供电子商务活动的仲裁和各方信誉的保证。

3．电子商务对企业的影响

（1）电子商务对企业营销活动的影响

电子商务对企业营销活动的影响主要表现在以下方面。

① 网络营销组合变得更为现实和必要。传统营销组合中的渠道和促销策略被赋予了新的内涵，批发零售等中间商环节将逐步由网络中介所代替，消费者和采购商将更多地直接从网上采购。人员推销的作用变得越来越小。国内外市场开发费用大幅度降低。网络广告将以低成本、大信息量、长时间性等显著优点而逐步成为企业广告宣传活动的重要方式。企业通过设计界面友好、便于操作的主页方便消费者表达购买欲望和需求。通过建立网上支付途径及完善的配送体系方便消费者购买。通过电子邮件、网上讨论等形式建立起与消费者方便、快捷和有效的沟通。

② 企业之间的市场竞争将会变得空前激烈。国内竞争与国际竞争不再有明显的区别，不同国家和地区的同类商品在互联网上将展开极其激烈的竞争，商品的质量、价格和服务等各种信息会毫无保留地展现给消费者。

（2）电子商务对企业组织结构的影响

传统的企业组织是金字塔式、自上而下控制的等级组织结构形式，这种组织过多的层次影响了信息传递速度和效率，信息传递失真降低了决策的准确性。森严的等级和臃肿的机构不利于创新、协调与合作，从而影响了企业员工的积极性、主动性和创造性的发挥。复杂的管理层次和分散割裂的业务流程导致了市场适应能力下降，使企业不能及时满足客户的需求，从而阻碍了企业的生存与发展。

电子商务对企业组织结构的影响主要表现如下。① 企业组织结构的扁平化，大量减少管理层次和管理人员，依靠网络信息传递和沟通的高效率、高速度提高企业的管理水平，降低管理费用。② 组织决策分散化改变了过去高度集中的决策中心组织，加强了员工的参与感和责任感，提高了决策的科学性和可操作性。③ 企业运作虚拟化，打破了时间和空间的限制，提高了企业的运作效率和竞争优势。

（3）电子商务对企业生产方式的影响

电子商务可以改变企业生产方式，实现生产过程的现代化、低库存生产和数字化定制生产。

企业可在管理信息系统（MIS）的基础上，采用计算机辅助设计与制造（CAD/CAM），建立计算机集成制造系统（CIMS）。可在开发决策支持系统（DSS）的基础上，通过人机对话实施计划与控制，从物料资源规划（MRP）发展到制造资源规划（MRP-Ⅱ）和企业资源规划（ERP）。这些新的生产方式把信息技术和生产技术紧密地融为一体，使传统的生产方式升级换代。

低库存生产主要让企业借助于计算机网络了解市场需求，对客户的反馈做出快速反应，掌握市场竞争的最新动态，从而改进企业的产品与服务。企业在获得销售订单后，由计算机系统高效率地组织起整个生产过程的各个环节，以减少不必要的等待时间，优化生产过程，实现高效率的制造，这使得及时生产（JIT）成为可能，使库存降低到最低限度。

电子商务使得数字化定制生产变得简单可行。企业通过构建各种数据库，记录所有客户的各种数据，并通过网络与顾客进行实时信息交流，掌握顾客的最新需求动向。企业得到用户的个性化需求订单后，通过计算机系统即可准确、快速地把定制生产任务发送到企业的设计、供应、生产、配送等各环节，以便它们能及时准确地对订单做出反应。

（4）电子商务对企业采购管理的影响

与传统的采购模式相比，网上采购在采购要求的提出、订单的产生、商品运输以及存货管理等方面都有了重大的改变。企业可以获得更多的采购主动权，取得更多供应商的供货信息，找到合适的合作伙伴，购买到更加物美价廉的原材料和零部件，有效地降低采购成本，优化存货管理，提高采购效率和企业的经济效益。企业的采购方式和组织也会发生相应的变化，并影响到与供应链上的厂商之间战略联盟的建立。

（5）电子商务对企业财务管理的影响

传统财务管理最基本的特点是对财务信息的事后处理，并且财务信息的处理方式是单机的、封闭的。即使是会计电算化，也只不过用计算机代替了手工处理而已，并没有改变信息处理的方式。电子商务的发展要求财务管理从静态的事后核算向实时动态的、参与经营过程的财务管理方向发展，因此，网络财务的概念与电子商务相伴而生。网络财务基于计算机网络技术，将帮助企业实现财务与业务的协同以及远程报表、报账、查账、审计等远程管理，实现动态会计核算与在线财务管理，实现集团型企业对分支机构的集中式财务管理，支持电子单据与电子货币，改变财务信息的获取与利用方式，使财务数据从传统的纸质页面数据、电算化初步的磁盘数据发展到网页数据。

（6）电子商务对企业人力资源管理的影响

网上人才招聘已被越来越多的企业所重视。与传统的人才招聘录用方式相比，网上招聘具有十分明显的优势：通过企业网站可全天候发布用人信息，随时恭候合适人选应聘；降低了人才招聘的开支，提高了招聘的效率；人才招聘的范围将不再受到地域的限制。企业内部员工之间的直接交流和沟通比过去更加方便，信息资源共享，员工之间相互信任、相互学习、相互交流的气氛会不断增加，企业将成为员工学习知识、发展自我、实现人生价值的地方。

（7）电子商务对企业研究和开发管理的影响

电子商务改变了技术交易的形态，大大增加了从外部获取技术信息的途径，拓宽了企业技术开发的视野，也拓宽了企业委托开发的范围。方便的信息沟通、网络资源共享和工作协同大大缩短了产品技术的研发周期，降低了研发成本，提高了工作效率，也必然会改变企业研发队伍的组织形态。

4. 电子商务对消费者的影响

（1）购物方式

电子商务改变了消费者的购物方式。网上搜索功能可以方便消费者货比多家，网上商店所提供的丰富多彩的产品信息，方便了消费者网上购物，为其节省了大量的购物时间，提高了消费者对服务的满意度。网店利用多媒体技术进行商品展示可以使消费者有身临其境的视觉听觉效果，产生强烈的消费欲望。移动端网络支付改变了传统支付习惯，渗透到消费者购物、出行、就餐、就医等应用场景。

（2）生活方式

网上购物给那些工作繁忙或者不喜欢逛商店的人带来了便利。而且随着网上娱乐和休闲内容的进一步丰富，消费者可以自由地选择购买音乐、电影、游戏等娱乐享受，从而大大提高人们的生活质量。开发适合消费者需求的网上项目，不仅只是改变消费者的购物方式，而且会改变消费者的生活方式。

第三部分 ｜ 课题实践页

一、实训题

实训 1-1　电子邮箱系统设置与操作

1. WebMail 说明

电子邮件已经成为企业级商务应用中不可缺少的网络通信工具之一。但普通消费者涉及电子邮件的最简单的初级应用就是 WebMail。WebMail 是指利用网络浏览器通过互联网访问邮件服务器的方式来收发电子邮件的服务或技术。它不需借助邮件客户端工具，只要能上网就能使用，极大地方便了用户收发邮件。对于不熟练或者不方便使用邮件客户端软件的网民来说，WebMail 更是必不可少的选择。电子邮件能够成为当今互联网的一种广泛的应用，WebMail 功不可没。

电子邮件是互联网上使用广泛的通信工具和重要的企业级网络营销工具，多数公司把它作为电子商务业务的入门应用，用以简化并理顺公司内外联系。但是，WebMail 也存在收发邮件效率低、不便于邮件管理等问题。我们学习这部分实践内容的主要目的是为下一步企业商务人员掌握高效率的电子邮件客户端工具扫清障碍。

2. 实训目的和内容

① 掌握免费电子邮箱的申请方法；② 掌握新建联系人和组群的操作方法；③ 掌握邮件的基本收发和群发方法；④ 掌握邮箱选项的设置方法；⑤ 掌握 POP3/SMTP/IMAP 启用设置方法；⑥ 掌握客户端授权密码的申请方法。

3. 实训操作指导

（1）申请免费邮箱。这里以 163 免费邮箱为例。已拥有该邮箱账号的同学可以省略该步骤。

① 注册邮箱账号。在浏览器地址栏输入 163 免费邮箱网址，进入 163 网易免费邮箱页面，注册新的电子邮件账号。可以选择注册字母邮箱或者注册手机号码邮箱。

② 开通邮箱。在邮箱的登录页面，输入账号和密码；按照页面出现的提示操作，当出现"开通邮箱"页面时，单击"立即开通"。

（2）在通讯录中建立联系人和组群。在"通讯录"页面下，单击左侧的"联系组"右侧的加号，新建一个组群。在"分组名称"栏目输入具体内容并保存。然后，再新建几位联系人，并复制到组群中去。

（3）登录邮箱收发邮件。登录免费邮箱，如图 1-2 所示。单击"收件箱"查看邮件；单击"回复"按钮回复发件人；单击"转发"按钮将邮件转发到其他人的电子邮箱；单击"写信"按钮写一封新邮件。填写收件人邮箱地址和邮件主题，撰写邮件正文内容，可以选择添加邮件附件，单击"发送"按钮完成邮件发送。

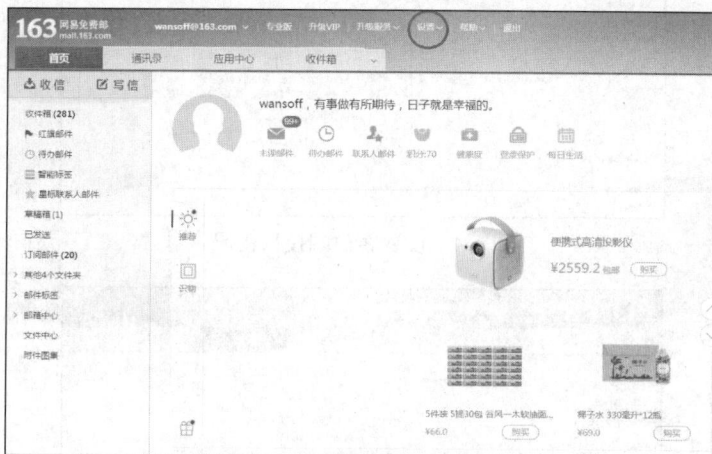

图 1-2　163 网易免费邮箱首页

（4）发邮件。可以单击 163 邮箱首页的"写信"按钮撰写新邮件，在写好邮件主题和内容后，从"收件人"链接地址簿的联系人中添加个人和组群，向一个或多个联系人的邮箱发送电子邮件。

（5）邮件系统选项设置。单击 163 免费邮箱上方工具栏中的"设置"项，下拉菜单显示的内容包括常规设置、邮箱密码修改、账号与邮箱中心、POP3/SMTP/IMAP 等内容。为了支持后续高效率的电子邮件客户端工具（如 Outlook、Foxmail 等）的操作，需要申请客户端授权密码，并开通 POP3/SMTP/IMAP 功能服务。

（6）申请客户端授权密码。客户端授权密码，是提供给第三方邮件客户端工具（如 Outlook、Foxmail 等）访问邮件服务器的专用密码。在图 1-3 中，选择"开启"项。然后，通过邮箱预留的用户手机号获取短信验证码，填写并完成确认。在图 1-4 中，再设置由 6～16 位的字母和数字组合而成的客户端授权码。完成客户端授权码设置后，系统会自动开启 POP3/SMTP/IMAP 服务。提醒：初学者也可以暂时不选择 IMAP 服务。

图 1-3　设置客户端授权密码

（7）检查 POP3 和 SMTP 服务功能开启情况。操作步骤如下：登录到 163 邮箱网页页面。单击页面右上角的"设置"按钮，从下拉菜单中选择"POP3/SMTP/IMAP"选项，检查其中的"POP3/SMTP 服务"的勾选情况，如图 1-5 所示。单击，一定要单击"保存"按钮。

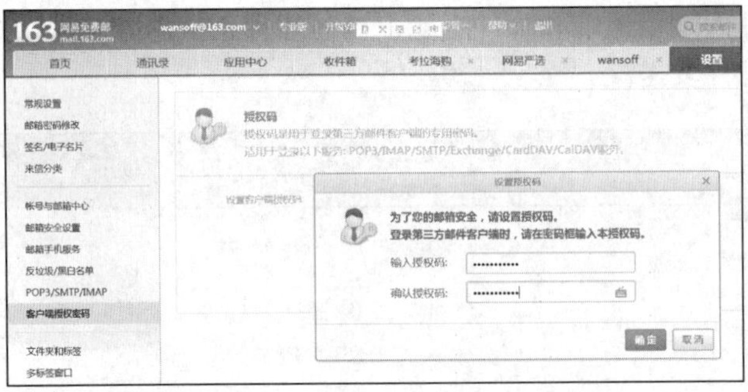

图 1-4　设置客户端授权密码

图 1-5　开启 POP3 服务

163 免费邮箱的 POP3 服务器地址是 pop.163.com，SMTP 服务器地址是 smtp.163.com，IMAP 服务器地址是 imap.163.com。

小贴士

POP3，即邮局协议的第 3 个版本（Post Office Protocol 3），是 TCP/IP 协议族中的一员，主要用于支持使用客户端远程管理在服务器上的电子邮件。它是互联网电子邮件的第一个离线协议标准，允许用户从服务器上把邮件存储到本地主机上，同时根据客户端的操作删除或保存邮件服务器上的邮件。而 POP3 服务器则是遵循 POP3 协议的接收邮件服务器，用来接收电子邮件。

SMTP，即简单邮件传输协议（Simple Mail Transfer Protocol），它是一种 TCP 支持的提供可靠且有效电子邮件传输的应用层协议。通过 SMTP 所指定的服务器，就可以把电子邮件寄到收信人的服务器上。SMTP 服务器则是遵循 SMTP 的发送邮件服务器，用来发送或中转发出的电子邮件。

IMAP，即互联网邮件访问协议（Internet Message Access Protocol），通过这种协议可以从邮件服务器上获取邮件的信息、下载邮件。IMAP 与 POP 类似，都是一种邮件获取协议。二者的区别在于：POP 允许电子邮件客户端下载服务器上的邮件，但是在客户端的操作（如删除、标记已读或移动到新的文件夹等操作）不会反馈到服务器上同步进行；而 IMAP 是"双向"的，电子邮件客户端的操作都会反馈到服务器上，服务器上的邮件也会做相应的动作，对邮件进行同步的操作。同时，IMAP 可以只下载邮件的主题，只有真正需要的时候，才会下载邮件的所有内容。

实训 1-2　搜索引擎的使用技巧

1．搜索引擎简介

搜索引擎（Search Engine）是指根据一定的策略，运用特定的计算机程序，搜集互联网上的信息，在对信息进行组织和处理后，将处理后的信息显示给用户，为用户提供检索服务的系统。截至 2018 年 6 月底，搜索引擎在中国网民中的应用率已经达到 81.9%，成为中国互联网的第三大应用。

全球搜索引擎市场使用率最高的是谷歌。截至 2018 年 7 月，全球搜索引擎市场占有率排行榜中，谷歌占 90.48%，排名第一；百度占 1.95%，排名第四。谷歌在 PC 端的份额为 86.02%，移动端为 93.59%。百度在 PC 端的份额为 1.08%，移动端为 2.56%。

中国搜索引擎市场使用率最高的是百度。截至 2018 年 7 月，中国搜索引擎市场占有率排行榜中，百度占 73.84%，排名第一；谷歌占 1.69%，排名第五。百度在 PC 端的份额为 72.37%，移动端为 74.24%，各自排名第一。谷歌在 PC 端的份额为 6.06%（排名第三），移动端为 0.52%（排名第五）。（数据来源:StatCounter 全球统计）

百度是全球最大的中文搜索引擎，拥有数万名研发工程师，掌握着先进的搜索引擎技术。百度互联网搜索产品及服务包括：以网络搜索为主的功能性搜索，以贴吧为主的社区搜索，针对各区域和行业所需的垂直搜索，MP3 搜索以及门户频道等，全面覆盖了中文网络世界所有的搜索需求。同时，百度也是最受中国企业青睐的互联网营销推广平台。

关键词检索是搜索引擎的基本检索功能。关键词属于自然语言，灵活、不受词表控制；但简单的关键词检索方法命中过多，查准率很低。为改善关键词检索性能，搜索引擎提供了按相关度排列结果、布尔逻辑检索、短语或者句子检索、加权检索和限制检索等增强措施。

利用搜索引擎进行专题信息检索，为提高查准率，须认真分析课题，选择恰当的关键词，掌握和运用搜索引擎检索语法规则，准确设计表达需求的检索式，反复调整检索策略，才能获得高质量的检索结果。

2．实训目的和内容

① 了解搜索引擎的用途；② 掌握主流搜索引擎的基本搜索方法；③ 掌握关键词的强制搜索方法；④掌握高级搜索方法。

3．实训操作指导

（1）基本搜索操作方法

① 简单专题信息检索

打开百度首页，在搜索框内输入一个关键词，然后按回车键（Enter），或单击"百度一下"按钮即可得到所有包含查询字或词的结果。如输入查询内容"电子商务基础"6 个字，查看检索结果情况，如图 1-6 所示。

② 多关键字的复杂专题信息检索

检索复杂专题依靠单个关键词查准率很低，要提高查全检准率，需进行详细的主题分析，选择多个关键词。要正确选择关键词，各种类型的检索课题对检索的查全率和查准率有着不同的要求。要针对不同的课题，制定相应的检索策略。对文献量较大或属于成熟学科的课题，应优先考虑查准率，从众多的相关文献中选取针对性较强的文献；对文献量较少或新兴学科的课题，可适当放宽检索范围来保证查全率，以免遗漏重要的参考文献。选择正确的关键词后，就要运用谷歌检索语法规则构建检索式。

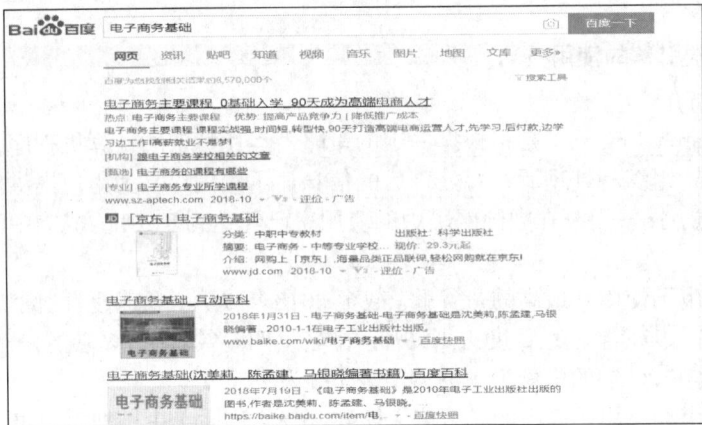

图 1-6　百度简单查询

用英文字符的"+"来表示逻辑"与"操作，关键词之间也可用空格代替"+"。由于百度只搜索包含全部查询内容的网页，所以缩小搜索范围的简单方法就是添加搜索词。添加词语后，查询结果的范围就会比原来的"过于宽泛"的查询小得多。在输入多个关键词时，要求在关键词中间留一个空格。如输入"电子商务基础"和"人民邮电出版社"两个关键词进行查询，中间增加一个空格，搜索范围会进一步缩小，如图 1-7 所示。

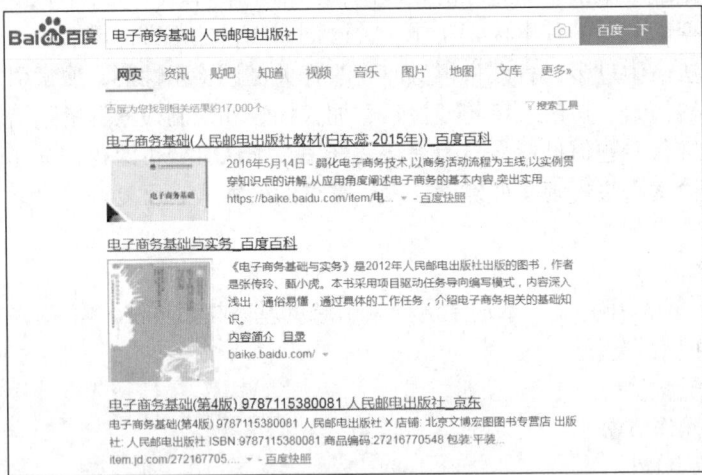

图 1-7　多个关键词查询

③ 多关键词逻辑"非"和"或"检索

避免搜索某个词语。百度用减号"-"表示逻辑"非"操作。如果要避免搜索某个词语，可以在这个词前面加上一个减号（英文字符"-"）。操作符与作用的关键字之间，不能有空格，但在减号之前必须留一空格。

（2）强制搜索操作指导

可以通过给关键词语添加中文或英文双引号来搜索那些包含了与关键词完全一致内容的网页。双引号中的词语（如"电子商务基础"）在查询到的网页中将作为一个整体出现，这一方法在查找名言警句或专有名词时显得格外有用。在图 1-8 中，为两个关键词加上双引号进行强制搜索，可进一步缩小结果范围。

图 1-8　强制搜索包含与关键词完全一致内容的网页

（3）高级搜索操作指导

① 设置高级搜索条件查询。在高级搜索页面上，可以设置多项搜索条件进行筛选查询。

② 搜索引擎的高级搜索语法。有一些词后面加上英文冒号对搜索引擎有特殊的含义。在谷歌搜索引擎中，高级搜索语法就包括 site、link、inurl、allinurl、intitle、allintitle 等，我们可以使用这些高级语法函数进行搜索尝试。

"site:"可以在指定的网站或者域名内部搜索。如果搜索结果要求局限于某个具体网站或者网站频道，就可以在谷歌搜索框中输入"关键词+空格+site:+网址（或某个域名）"。注意：site 后的冒号为英文字符，而且冒号后不能有空格，否则"site:"将被作为一个搜索的关键字。此外，网站频道则只局限于"频道名.域名"方式。

"link:"可以搜索互联网上所有链接到某个网址的网页。注意："link"不能与其他语法混合操作，所以"link:"后面即使有空格，也将被搜索引擎忽略。如搜索互联网上所有含指向"深圳信息职业技术学院"网站链接的网页，使用的搜索式是："link:www.sziit.edu.cn"。

"inurl:"可以使检索结果网页链接中包含第一个关键字，后面的关键字则出现在链接中或者网页文档中。有很多网站把某一类具有相同属性的资源名称显示在目录名称或者页面链接中，这时就可以用 inurl 语法找到这些相关资源链接，然后用第二个关键词确定是否有某项具体资料。inurl 语法通常比基本搜索语法能提供更为精确的专题资料。

"allinurl:"可以查询到的网页链接中包含所有查询关键字，这个查询的对象只集中于网页的链接字符串。

allintitle 和 intitle 的用法类似于上面的 allinurl 和 inurl，只是前者对网页的标题栏进行查询，后者对 URL 进行查询。网页标题，就是 HTML 标记语言 title 中之间的部分。网页设计的一个原则就是要把主页的关键内容用简洁的语言表示在网页标题中。因此，只查询标题栏，也可以找到高相关度的专题页面。

其他较罕用的高级搜索语法还有 related、cache、info。related 用来搜索结构内容方面相似的网页；cache 用来搜索谷歌服务器上某页面的缓存，这个功能同"网页快照"，它通常用于查找某些已经被删除的死链接网页，相当于使用普通搜索结果页面中的"网页快照"功能；info 用来显示与某链接相关的一系列搜索，提供 cache、link、related 和完全包含该链接的网页的功能。

实训1-3 二维码制作训练

1．二维码简介

二维码是近几年移动设备上广为流行的一种编码方式，它比传统的一维条形码能存更多的信息，也能表示更多的数据类型。最早的 QR Code 码，是由日本 DW 公司于 1994 年发明的。每种码制有其特定的字符集，每个字符占有一定的宽度，具有一定的校验功能等，同时还具有对不同行的信息自动识别功能及处理图形旋转变化等特点。

矩阵式二维条码（又称棋盘式二维条码），它是在一个矩形空间通过黑、白像素在矩阵中的不同分布进行编码。在矩阵相应元素位置上，用点（方点、圆点或其他形状）的出现表示二进制"1"，点的不出现表示二进制的"0"，以点的排列组合确定矩阵式二维条码所代表的意义。它是建立在计算机图像处理技术、组合编码原理等基础上的一种新型图形符号自动识读处理码制，通过图像输入设备或光电扫描设备自动识读以实现信息自动处理。

二维码常见的功能主要包括信息获取（名片、地图、Wi-Fi 密码、资料），网站跳转（跳转到微博或网站），广告推送（用户扫码直接浏览商家推送的视频或音频广告），移动电商（用户手机扫码直接下单购物），防伪溯源（用户扫码查看生产地或后台获取最终消费地)，优惠促销（用户扫码下载电子优惠券或参加抽奖），会员管理（用户手机扫码获取电子会员信息或享受 VIP 服务），手机支付（通过银行或第三方支付提供的手机端通道完成支付）等。

中国对二维码技术的研究开始于 1993 年。中国经济和信息技术的迅速发展，对二维码这一新技术的需求与日俱增。中国物品编码中心对几种常用二维码技术规范进行了翻译和跟踪研究，也制定了二维码网格矩阵码（SJ/T 11349-2006）和二维码紧密矩阵码（SJ/T 11350-2006）两个二维码国家标准，大大促进了中国具有自主知识产权的二维码技术的研发。

2．实训目的和内容

① 了解二维码的功能；② 掌握多种用途二维码的制作方法。

3．实训操作指导

（1）注册二维码网站账号

① 访问草料二维码网站

访问草料二维码首页。手机端访问，可以扫描首页上的二维码，如图1-9所示。

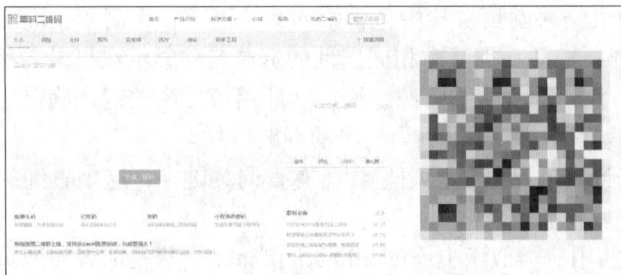

图1-9 草料二维码首页

② 注册会员账号

可以单击右上角的"登录/注册"按钮；然后，可以用微信扫描的方式快速注册登记；也可以单击"没有账号，立即注册"链接，输入手机号，获取验证码，设置8~20位数字字母组合密码，完成注册。

（2）多用途二维码制作操作指导

① 制作文本二维码。在"文本"页面下的文本框中，输入不超过150个汉字的内容。单击"生

成二维码"按钮,在页面右侧出现二维码图片。可以用手机扫描验证内容的正确性。下载保存为"二维码图片 1"。

② 制作网址二维码。在"网址"页面选项下,输入本单位网址,单击"生成二维码"按钮,在页面右侧出现二维码图片。可以用手机扫描验证网址的正确性。下载保存为"二维码图片 2"。

③ 制作文件下载二维码。在"文件"页面选项下,选择上传文件,单击"生成文件码"按钮,在页面右侧出现二维码图片。可以用手机扫描验证下载的正确性。下载保存为"二维码图片 3"。

④ 制作图片二维码。在"图片"页面选项下,选择上传图片文件,单击"生成图文码"按钮,在页面右侧出现二维码图片。可以用手机扫描验证图片的正确性。下载保存为"二维码图片 4"。

⑤ 制作个人名片二维码。在"名片"页面选项下,填写姓名、手机、邮箱等信息,单击"生成二维码"按钮,在页面右侧出现二维码图片。可以用手机扫描验证个人名片信息的正确性。下载保存为"二维码图片 5"。

二、思考练习题

阅读教材,思考如下主题,组织小组讨论,团队分享自己的观点。

(1)如何理解电子商务的概念?

(2)电子商务的功能和特征有哪些?

(3)电子商务与传统商务相比具有哪些优缺点?

(4)我国电子商务产生和发展的条件有哪些?

(5)电子商务对社会和经济产生的影响体现在哪些方面?

三、实践练习题

(1)在 PC 端访问中国南方航空网站或者携程旅行网,或者手机端安装 App 或关注携程旅行网微信公众号,了解网上电子客票的订购流程。

(2)访问前程无忧等人才招聘网,查看各类岗位人才的需求信息。

(3)访问互联网世界统计网站,查找全球各地区和国家互联网发展的最新数据资料。

(4)通过使用谷歌、百度等搜索引擎,或访问中国互联网络信息中心等网站,收集整理我国互联网发展的最新资料。

(5)访问中国互联网络信息中心、中国电子商务研究中心、艾瑞网、赛迪顾问,阅读国内外最新互联网及电子商务研究报告。

(6)组织学生到网易申请 163 个人免费邮箱(邮件系统能够支持 Outlook、Foxmail 等客户端软件,有足够快的访问速度)。以后要求学生尽可能使用电子邮件提交作业,并不断提高要求以训练学生收发邮件的熟练程度。

(7)组织学生下载安装腾讯手机 QQ、微信等即时通信软件,根据自身条件,在当地网络环境下进行文字通信、语音通信、文件传输、视频通话、多方通话、文件共享等项目的比较测试,写出功能比较分析报告。同时,要求学生分析腾讯手机 QQ 和微信的市场定位和功能差别。

(8)访问 StatCounter 全球统计网站,了解各类互联网应用在全球市场份额的情况。

(9)学生熟练使用百度百科、谷歌翻译和百度翻译等在线学习工具。同时,利用好手机学习平台,下载安装相应软件的 App,方便解决学习过程中遇到的概念和术语疑难问题,提升自主学习能力。

课题二
电子商务系统

知识目标

➤ 了解电子商务的分类
➤ 了解电子商务系统框架
➤ 了解电子商务服务业
➤ 了解电子商务相关法规

技能目标

➤ 掌握电商案例分析技能
➤ 体验 B2C 网站业务流程
➤ 分析平台服务盈利模式
➤ 掌握邮件客户端初步操作

建议学时

8 学时

第一部分 | 案例与分析

案例 2-1 通用电气公司的网上采购系统

通用电气公司（GE）是一家从事科研、媒体和金融服务的全球性企业集团。它的历史可以追溯到 1878 年托马斯·爱迪生创建的爱迪生电气照明公司。1892 年，爱迪生将自己的公司和汤姆森—休斯敦电气公司合并，创立通用电气公司。100 多年来，该公司始终保持科技创新的优势，产品和服务范围涉及航空、能源、医疗、照明、消费类电子产品、金融、媒体、轨道交通、安防等。2016 财年收入达到 1 404 亿美元，是美国排名第 8、世界排名第 27 的全球著名企业。

案例分析

1. GE 公司的电子商务战略

以科技领先的 GE 并不是电子商务的后来者，其下属的信息服务集团在电子数据交换（EDI）、互联网虚拟贸易环境等领域，一直处于全球领先的地位。

GE 预见到互联网将给经济带来的影响，将电子商务战略提高到决定企业发展的重要地位。GE 从传统型产业公司向新的电子商务企业转变。1999 年，GE 公司在其原先的六西格玛质量、全球化和服务战略的基础上，增加了电子商务新战略。从 2000 年开始，每一家 GE 企业集团有一个客户网络中心，以提供最高质量的在线服务、销售和支持；将内部采购和供应商资源转移到网上，以充分发挥高效率和低成本的优势；不断开发新技术和服务，以增加在线销售。近年来，GE 的金融、塑料、医疗器械、飞机发动机、动力系统等部门都通过互联网进行网上销售、客户服务、信息发布、远程设备监控与维护、员工招聘、内部管理等活动，产生了巨大的经济效益。

2. GE 公司的电子采购及交易系统

（1）GE 公司早期的网上采购系统

GE 公司的原材料成本在 1982 年—1992 年增长了 16%，而同期产品价格却保持不变甚至有下降的趋势。为了抵销成本上涨带来的不利影响，GE 公司开始全力改进采购方式。经过分析发现，采购的中间交易过程过多、采购方式缺乏效率。因为订单、收据和发货单上的数据不符，1/4 以上的发货单需要重新填写。

GE 公司照明工程集团过去每天需对许多低价机械零件向公司采购部发出询价申请。采购部每天都要向合作伙伴发送成百上千的询价单以获得最低的报价。以往的手工采购程序是：采购部要为每一份询价申请附上设计图；把设计图从公司技术档案中检索出来，拿到复印室复印，折叠后与询价申请一同装入信封寄出。该过程需要 7 天才能够完成并且非常复杂和浪费时间。由于程序烦琐、时间紧迫，公司采购部通常每次只将招标文件寄给两三家供货商。

GE 公司自 1996 年启动第一个网上在线采购系统（TPN Post）后，采购过程就变得简单快捷了。GE 照明工程集团通过电子邮件方式向采购部发出电子询价申请，采购部通过互联网向全球供货商发出招标文件。该系统可自动检索出准确的设计图纸，并自动将正确的图表和附件附在电子询价单上。在采购部开始处理该采购询价的两个小时内，全球的供货商能以电子邮件、传真或 EDI 方式收到询价单，有 7 天时间进行竞标准备并将标书通过互联网传回，GE 公司收到标书的当天就可完成评标工作，并最终选定中标者。

在线采购系统的实施解放了 60% 负责采购的人员，采购部从大量的纸面复印和邮寄工作中解脱出来，每月至少能够腾出 6～8 天的额外时间集中研究发展战略问题。由于能够在线与范围更广的供应商联系，采购中人工成本节省了 30%，原材料成本也下降了 5%～20%。过去通常需要 18～23 天来准备招投标、确定供货商、谈判并签合同等事宜，现在只需要 9～11 天。公司分布在世界各地的采购部门可以互相交流供货商的信息。GE 公司估计，仅全面转变采购方式一项每年就为公司节省 5 亿～7 亿美元。

（2）GE 公司的全球交易市场

自 20 世纪 90 年代以来，GE 公司最大的挑战来自互联网电子交易市场。B2B 网站迫使 GE 陷入与竞争对手在产品价格上的恶性竞争中，对其业务产生巨大的威胁。进入 21 世纪后，GE 公司的视野已经由企业内部转移到外部供应链，即上下游企业的联系和业务协同，主要通过自建的电子交易市场销售产品。GE 公司的全球交易市场服务（GXS）可以解决供应链及商业运作中效率低的问题，使其拥有了与客户直接交流的渠道，成为整个公司电子商务战略的支点。GXS 最大的价值在于它能将传统的 EDI 系统转移到开放的互联网上。GXS 开发的数据转换引擎 AI 可以接收和生成任意格式的结构化数据，多个应用之间不需要进行数据格式修改就能相互集成，GXS 将贸易伙伴的电子数据自动导入企业计算机系统中进行处理。

GE 公司将大规模的采购业务通过 GXS 自建的全球供应商网络（GSN）来实现，GSN 系统具有需求预测、合同管理、材料招标、物流跟踪、系统管理等功能。公司几十个单位使用这套交易系统每年可以节省数以亿计的费用。应该说，GE 电子商务战略的成功，GXS 的幕后支撑功不可没。

案例 2-2　沃尔玛的信息化与 EDI 系统

沃尔玛（Wal-Mart）是全球最大的大型零售连锁企业，包括沃尔玛购物广场、山姆会员商店、沃尔玛社区店、沃尔玛商店四种业态。每周有超过 2.7 亿名顾客和会员光顾 28 个国家（地区）65 个品牌下的 11 700 多家分店以及电子商务网站。沃尔玛全球 2018 财年营收达到 5 003 亿美元，全球员工总数约 230 万名。在 2017 年《财富》世界 500 强排行榜中，沃尔玛连续四年排名第一位。

案例分析

1. 沃尔玛的信息化

沃尔玛于 1962 年成立，于 20 世纪 60 年代进入折扣百货业，80 年代发展山姆仓储俱乐部，90 年代发展购物广场，经过 50 多年的发展已成为世界上最大的连锁零售商。沃尔玛的成功与其不断的业态创新、准确的市场定位、先进的配送管理、强大的信息技术支持、"天天平价"的营销策略以及和睦的企业文化等因素密不可分。

沃尔玛在每轮零售 IT 系统的投资中，都比竞争对手下手更早、力度更大，信息技术水平领先同行 5～10 年。1980 年，沃尔玛最早开始使用条形码和电子扫描器实现存货自动控制。1985 年沃尔玛最早使用电子数据交换与供应商建立自动订货系统，进行了更好的供应链协调。80 年代末，沃尔玛配送中心完全实现了自动化。21 世纪初，沃尔玛又成了全球推行无线射频标识技术（RFID）的主要倡导者。今天，沃尔玛的计算机数据通信系统、POS 终端、条形码、无线扫描枪、RFID 系统、ECR（电子收款机）、EDI 系统等构建了其现代化的信息数据交换平台。信息技术保证了沃尔玛的竞争优势。先进的信息系统显著降低了公司经营成本，大幅度提高了资本生产率和劳动生产率。正如沃尔玛的创始人沃尔顿先生称："我们从计算机系统获得的力量成为我们竞争的一大优势。"

2. 沃尔玛的 EDI 系统

沃尔玛在 1985 年使用 EDI 系统后，通过信息系统取代人工操作，用计算机取代耗时的低级操作。EDI 系统将公司前端的 POS 系统与后端的仓储资料进行实时联机，将售出的商品数据通过实时联机方式从后端的数据库中扣除。一旦仓库的库存量达到了补充警戒点，数据库会通过 EDI 专线告知供货商的计算机系统，使供货商知道哪个地区的销售点需要补充货源。这样，供货商便能立刻收单、出货、运货、补货，做到实时的物流管理。盘点和库存管理全部交由 EDI 系统处理，使得沃尔玛在操作流程中节省了人力，增加了员工与客户接触和服务的机会，提高了客户关系管理的附加效益。

沃尔玛于 2002 年为国内外供应商建立基于 Web 的更加经济快捷、安全可靠的 EDI 系统。沃尔玛选定了 IBM 公司的 EDIINT AS2 系统。AS2 是基于互联网标准的协议，可在 HTTP 上确保安全、可靠地交换海量信息，并运用加密技术确保数字签名的安全，同时又可以充分利用互联网的速度和成本优势。沃尔玛鼓励供应商从过去的传统电话网络和增值网络转型，接受基于互联网的EDI系统（EDIINT），通过互联网发送和接收数据，交换采购订单、发票和预先发货通知等重要数据。目前，沃尔玛和供应商之间超过98%的电子数据是采用基于互联网通信方式的AS2软件来传送的，为合作各方赢得了成本效益优势。

第二部分 | 课题学习引导

为了顺利参与电子商务活动，电子商务从业者需要深入了解电子商务的类型、系统框架、电子商务服务业，以及相关的法律法规等知识。

2.1 电子商务的分类

电子商务在不同地区和行业发展不平衡，因此电子商务系统的实现不可能一步到位，而是有一个逐渐成熟的过程。对企业和消费者来说，不同种类、不同层次的电子商务，蕴涵着不同的发展机遇。电子商务可按照多种方式来分类。

（1）按照商业活动的运作方式分类

按照商业活动的运作方式，可以把电子商务分为完全电子商务和非完全电子商务。

① 完全电子商务，是指完全通过计算机网络完成商品或服务的整个交易过程。完全电子商务使交易双方跨越地理空间，充分挖掘全球市场的潜力，主要适合于那些能在计算机网络上直接传输的无形商品或服务的交易，如计算机软件、数码音乐、电子报刊、电子图书、数字化的市场信息和各种咨询服务等。

② 非完全电子商务，是指一些无法完全依靠电子方式完成整个交易过程的有形货物或服务，它还要依靠一些传统渠道（如运输配送系统等）才能完成交易。现在国内大部分开展电子商务的公司所采用的解决方案基本上属于非完全电子商务。

（2）按照开展电子交易的范围分类

电子商务从交易范围角度可分为本地电子商务、国内电子商务和全球电子商务。

① 本地电子商务，是指利用本地区或者本城市内的计算机网络实现的电子商务活动。它的电子交易范围较小，是利用互联网（Internet）、内联网（Intranet）或者专用增值网络（VAN）将交易各方、金融机构、保险公司、商品检验部门、税务部门、货物运输公司、本地区的EDI中心等单位的信息系统连在一起。本地电子商务系统是开展国内电子商务和全球电子商务的基础系统。

② 国内电子商务，是指在本国范围内进行的网上电子交易活动。其交易的地域范围较大，对软硬件的要求较高，要求在全国范围内实现商业电子化、自动化，实现金融电子化。交易各方需要具备一定的电子商务知识、经济能力和技术能力，并具备一定的管理水平和能力。

③ 全球电子商务，是指交易各方在全世界范围内通过计算机网络进行电子交易活动。它涉及交易各方的相关系统，如买卖双方国家进出口公司、金融机构、海关、税务和保险公司的计算机系统。这种业务内容繁杂，数据来往频繁，要求电子商务系统严格、准确、安全和可靠。全球电子商务的顺利开展需要制定全球统一的电子商务标准和电子商务（贸易）协议。

（3）按照使用网络的类型分类

从使用网络类型的角度，电子商务主要可以分为基于EDI专用网络的电子商务、基于互联网的电子商务、基于内联网的电子商务、基于外联网的电子商务。

① 基于EDI专用网络的电子商务。这是指利用EDI网络进行电子商务活动。简单地说，EDI

就是按照标准协议，将商业文件标准化和格式化，并通过网络在贸易伙伴的计算机网络系统之间进行的数据传输和自动处理。EDI 主要用于企业与企业、企业与政府之间的单证等商业文件传递，具有安全、可靠等特点。商业文件包括订单、发票、货运单、报关单以及进出口凭证等。

② 基于互联网的电子商务。这是指利用互联网进行电子商务活动。根据美国互联网协会的定义，互联网是一种"组织松散、国际合作的互联网络"，是一种由 TCP/IP 组织起来的国际互联网络。互联网实际上是一个由众多不同网络通过网络互连和现代通信手段，在遵守共同协议的情况下互连而成的全球开放性网络。它强调的是网站之间以及网络之间的连接，具有全球性、开放性和平等性的特点。接入互联网的通信实体共同遵守的通信协议是 TCP/IP 集。TCP/IP 是一种网络通信协议，它规范了网络上的所有通信设备之间的数据往来格式以及传送方式，是计算机数据打包和寻址的标准方法。

互联网电子商务是现代商业的最新形式。它以计算机、通信、多媒体和数据库技术为基础，通过互联网实现营销、购物服务，突破了传统商业生产、批发、零售及进销存调的流转程序与营销模式，真正实现了少投入、低成本、零库存和高效率。

③ 基于内联网的电子商务。这是指利用企业内部网络进行电子商务活动。如果把 WWW 的诞生看作互联网发展的第一次浪潮和快速普及的原动力，那么内联网就是互联网发展的第二次浪潮和企业计算机应用的里程碑。内联网是企业为实现内部业务处理、管理和通信的目的，用互联网技术和协议架构发展起来的内部专用的相对封闭的网络，具有集成性、外向性和兼容性的特点。它在原有局域网上附加一些特定的软件，将局域网与互联网连接起来，从而构成统一和便利的信息交换平台。内联网和互联网很容易沟通，很容易使用共同的 Web 等技术来实现电子商务的重要应用。为了保证企业内部信息的安全，在内联网和互联网之间常常设置防火墙一类的软件或硬件，对出入的信息进行严格的过滤。内联网强调的是企业内部各个部门之间的连接，将大中型企业分布在各地的分支机构及企业内部各部门和各种信息通过网络连通起来，使企业各级管理人员能够通过网络获取自己所需的信息，有效地降低了业务处理成本，提高了工作效率。

④ 基于外联网的电子商务。这是指利用企业外联网进行电子商务活动，实现企业间项目合作，提高商务运作效率，降低交易成本。外联网是为了实现相关企业间的信息交换，遵循相同的网络协议和技术标准而建立起来的广域网，是将内联网的构建技术应用于多个企业之间的网络系统。这是一个受控的外联网络，强调的是企业与企业之间的连接。外联网通过添加外部连接把客户和相关企业接入内联网，可以通过内联网和互联网更新数据库，使企业的数据库中保存与其相关的客户和企业的信息。

（4）按照交易的对象分类

电子商务按照交易对象可分为 B2B 电子商务、B2C 电子商务、B2G 电子商务、C2G 电子商务和 C2C 电子商务等。其中，B2B、B2C、B2G、C2C 这 4 种电子商务模式近年来发展迅速。

① B2B 电子商务。这是企业与企业（Business to Business）之间的电子商务，是指以企业为主体，在企业间通过互联网进行的产品、服务及信息的交换，是电子商务交易的主流类型。这种类型的电子商务活动已经存在多年，早期以企业通过专用网或增值网实施 EDI 进行商务活动尤为典型。企业之间利用现有的分销渠道和网络，通过供应链的集中采购、配送系统提高效率，大宗交易能够更大限度地发挥电子商务的潜在效益，B2B 电子商务发展潜力巨大。

② B2C 电子商务。这是企业与消费者（Business to Consumer）之间的电子商务，是网络零售的主要类型。它主要借助于互联网新型的购物环境——网上商店开展在线销售活动。近年来，网上商店成为企业与消费者之间交易的新平台，B2C 电子商务得到了较快的发展。从长远发展来看，B2C 电子商务将是网络零售中最活跃的部分，将会成为今后电子商务发展的主要推动力之一。

③ B2G 电子商务。这是企业与政府机构（Business to Government）之间的电子商务。企业与政府之间的各项事务可以涵盖其中，包括在线进行的政府采购、电子报关、电子报税、商检、行政事务管理和管理条例发布等业务。

④ C2G 电子商务。这是个人与政府（Consumer to Government）之间的电子商务。政府通过网络更有效率地向个人发放社会福利金、接收个人的网上报税等活动。

⑤ C2C 电子商务。这是消费者个人之间（Consumer to Consumer）的电子商务，主要是通过互联网进行个人之间的财物交易活动。个人的收藏品、二手商品或其他财产等均可以通过网络拍卖实现其最高价值。

（5）其他主要提法

① O2O 电子商务。O2O，是英文"Online to Offline"的缩写，线上订购、线下消费是它的主要模式。消费者在线上订购商品或筛选服务，再到线下实体店进行消费。即使在网络零售最发达的美国，线下消费的比例依旧高达 92%。这种电商模式是 B2C 的一种特殊形式，是电商的未来形态之一。目前大多数从事 O2O 电商的商家都有线下实体店，这种商务模式能够吸引更多热衷于实体店购物的消费者，有利于消除消费者对网购不信任的心理。O2O 模式的核心是在线预付，商家通常会推出比线下支付更优惠的手段吸引客户在线支付，O2O 具有价格便宜、购买方便且折扣信息能及时获知等优势。

② B2T 电子商务。B2T，是英文"Business to Team"的缩写，这类网络团购模式是通过互联网聚合分散分布但数量庞大的用户形成较大的采购集团，以此加大与商家的谈判能力来改变个人消费者的弱势地位，使之享受到大批量团购的利益。B2T 有消费者自行组团、专业团购网、商家组织团购等多种形式。网络团购近几年在网民中流行，其主力军是年龄 25～35 岁的年轻群体，在北京、上海、深圳等大城市较普遍。

③ 垂直电子商务。垂直电子商务（Vertical E-Business），是指在某一个行业或细分市场深化运营的电子商务模式。与其相对的则是类似天猫、京东这类综合电子商务网站。垂直电子商务网站多为从事同一类型的产品经营的 B2B 或 B2C 业务，如中国化工网等。其优势在于专注和专业，能够提供更加符合特定人群的消费产品，满足某一领域用户的特定习惯，因此能够取得用户信任，从而形成独特的品牌价值。我国电子商务在起步阶段形成了很多综合性的电子商务网站，所有产品提供统一的服务，但随着产业的成熟，垂直化的电子商务服务开始受到重视，为客户提供了个性化的体验。垂直电子商务在国外已发展得比较成熟。美国最大的购物网站亚马逊虽然经营的商品种类众多，但各个商品大类都有自己的专业团队独立运营以满足不同用户的需求。

④ B2B2C 电子商务。B2B2C 是一种新型的网络购物商业模式。第一个 B 指的是商品或服务的供应商；第二个 B 指是为买卖双方提供联系和交易的平台，同时提供优质附加服务的电子商务企业；C 则是指消费者或客户。B2B2C 来源于目前的 B2B、B2C 模式的演变和完善，把 B2B、B2C、C2C 完美地结合起来，通过电子商务企业构建自己的物流供应链系统，提供统一的服务。B2B2C 把"供应商→生产商→经销商→消费者"各个环节紧密连接在一起。整个供应链是一个从创造增值到价值变现的过程，把从生产、分销到终端零售的资源进行全面整合，不仅大大增强了网商的服务能力，更有利于客户获得增加价值的机会。实施 B2B2C 模式的中间环节的电子商务企业通常没有库存，而是建立起更完善的物流体系，根据客户需求选择合适的物流公司，加强与物流企业的协作，形成整套的物流解决方案，同时为客户节约了成本（包括时间、资金、风险等众多成本因素）。

⑤ B2M 电子商务。B2M（Business to Marketing），是指为企业提供网络营销托管的电子商务服务模式。B2M 电子商务公司实施企业网络营销的托管，以客户需求为核心而建立起营销型网

站，通过分析、研究企业产品及服务特性，并通过线上和线下多种渠道对站点进行广泛的推广和规范化的导购管理，精准高效地运用网络营销，为企业提高销售额，不断地扩大对目标市场的影响力，从而为企业找到新的经济增长点。B2M注重的是网络营销市场，注重的是企业网络营销渠道的建立。网络营销托管服务内容包括网站运营托管、搜索引擎广告托管、B2B营销托管、B2C网店经营代售、博客营销、社区营销、搜索引擎优化、视频营销、群营销、邮件营销、网络活动策划及网络营销培训等，为企业实施网络营销提供全方位的托管服务。

2.2 电子商务系统框架

电子商务系统是通过现代信息技术进行商务活动的计算机、通信网络、有关人员与组织机构，以及与有关法律、制度、标准、规范相结合的统一体。它是一种以互联网为基础、以交易双方为主体、以银行电子支付和结算为手段、以客户数据为依托的全新商务模式，是一个庞大的、复杂的社会系统工程。因此，首先应该建立一种面向系统工程管理和社会管理的电子商务概念框架结构，以此作为综合分析和研究电子商务的重要基础。

1. 电子商务的框架

电子商务框架是指实现电子商务的技术保证和电子商务应用所涉及的领域，可分为三个层次和两个支柱。从最基础的技术层次到电子商务的应用层次之间分成网络层、消息/信息发布层、一般业务服务层三个层次；两个支柱是各种技术标准及其安全网络协议和公共政策及法律，如图2-1所示。这些都是电子商务特定应用的环境，在此基础上才能开展正常的电子商务活动。

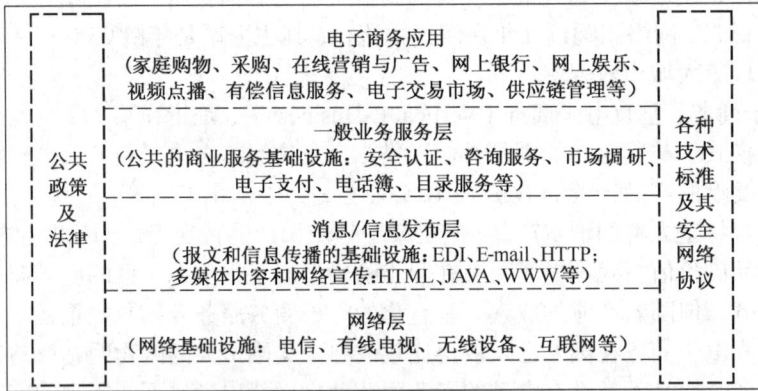

图 2-1　电子商务的一般框架

（1）网络层

网络层是电子商务的网络硬件基础设施，是信息传输系统。它以国际互联网为基础，还包括远程通信网（Telecom）、有线电视网（Cable modem）、无线通信网（Wireless）等网络平台。远程通信网络包括公用交换电话网（PSTN）、公用数据网（PDN）、综合业务数据网（ISDN）等。无线通信网包括移动通信网、微波通信网和卫星通信网。互联网是计算机网络，由骨干网、城域网和局域网等层层搭建而成，它使得任何一台联网的计算机能够随时同整个世界联为一体。

这些不同的网络都提供了电子商务的信息传输线路，但是大部分电子商务的应用还是基于计算机网络。早些年，互联网接入方法有公共电话网接入（Modem拨号上网）、综合业务数字网（窄带ISDN）上网，后来逐步普及非对称数字用户线路（ADSL）上网、有线电视网线路（Cable Modem）上网、DDN专线上网、卫星接入上网、光纤宽带接入等接入方式。目前，宽带已经成为我国中小企业接入互联网的主要方式。

（2）消息/信息发布层

网络层提供了信息传输的线路——信息高速公路。有了信息高速公路只是使得通过网络传递信息成为可能，但"跑什么样的车"和干什么样的事还要看用户的具体做法。网络上传输的内容包括文本、数字、图片、声音和视频图像等，所有的内容都是 0 和 1 的组合，对这些组合的解释、格式编码及还原是由一些用于消息传播的硬件和软件来共同实现的。以 HTML（超文本标注语言）或 XML（可扩展标记语言）等形式发布的多媒体内容，易于检索和富于表现力。应用 Java 或 XML 等技术能跨不同的系统平台发布信息。

信息传送有非格式化（非结构化）的数据和格式化（结构化）数据两种形式。非格式化的数据传送方法有传真（FAX）、电子邮件（E-mail）和文件传输服务（FTP），主要是面向人的。格式化的数据传送，如电子数据交换（EDI）等，主要是面向计算机系统的，无须人的干预，信息的传送和处理可以实现自动化，比较适合于商贸活动中标准化程度较高的采购订单、发票、运输通知单等数据的传送。HTTP（超文本传输协议）是互联网上通用的消息传播工具，它以统一的显示方式，在多种环境下显示非格式化的多媒体信息。

（3）一般业务服务层

这是企业和个人在网上开展电子商务活动时都离不开的，包括电子商务的交易平台服务、信息技术服务、物流服务、电子支付服务、安全和认证服务等支撑服务，以及代运营服务、营销服务、咨询服务等电子商务衍生服务。

（4）公共政策及法律

公共政策涉及各国从事电子商务活动相关的税收制度、信息访问权、隐私保护等事务。法律法规维系着商务活动的正常运行，违规活动必须受到法律制裁。公共政策及法律是保证电子商务活动健康、有序进行的制度性保障。

它是指政府制定的促进电子商务发展的宏观政策，包括互联网络的市场准入管理、内容管理、电信及互联网收费标准的制定以及围绕电子商务的税收制度、信息的定价、信息访问的收费、信息传输成本和隐私问题等。

（5）各种技术标准及其安全网络协议

全球互联网和电子商务要求有统一的技术标准和安全网络协议，以保证信息的兼容性和安全性，因此，国际组织和企业正致力于联合开发统一的国际技术标准。技术标准一般要定义用户接口、传输协议、信息发布标准和应用技术标准等。我国电子商务技术应用标准包含了 EDI 标准、商品编码标准（HS）、通信网络标准和其他相关的标准等。安全网络协议为电子商务活动营造了安全的网络环境。

2．电子商务的实现阶段和应用层次

电子商务的实现是一个循序渐进的过程。企业从传统经营方式向电子商务模式转型时，应根据企业的内部条件和外部环境循序渐进地实现。从企业经营和实现技术的角度看，电子商务走过了一个从简单到复杂的、不断完善的过程。

（1）电子商务的实现阶段

从电子商务发展历史来看，B2B 电子商务的发展大致分为四个阶段。

第一阶段：利用互联网（Internet）进行商情发布。这个阶段的企业用户首先会选择适当的互联网接入方法，使用电子邮件和电子公告板（BBS）发布信息或搜索客户信息，使用网络浏览器浏览和查询网上信息。电子邮件是互联网上使用最为广泛的通信工具，也是从事电子商务最简单、最省钱的方法。大多数企业最初都组建营销网站，进行静态和动态的信息发布，把企业产品和服务信息推到互联网上，以获取更多的市场机会，提高竞争力。这是企业走近电子商务的第一步。

第二阶段：企业内联网（Intranet）上的交流和协同工作。这是企业内联网建设和实现办公自动化（OA）阶段。在内联网上开展信息交流、网上论坛、网上电子会议、收发电子邮件、实现信息共享和办公自动化等工作，使企业内部的工作流程和业务流程逐步实现自动化，提高了工作效率，降低了经营运作成本。建立企业的管理信息系统（MIS）或实施 ERP，把企业内部与外部结合起来，从而形成互联网与内联网相结合的信息网络。

第三阶段：企业外联网（Extranet）上的商务交流合作。实施供应链管理和客户关系管理，把企业内部与外部结合起来，初步形成内联网和外联网相结合的信息网络，使得企业内部各部门之间、企业与合作伙伴之间、企业与供应商或分销商之间建立顺畅的业务网络，进行商务交流与合作。

第四阶段：完整的电子商务应用。这是电子商务的成熟阶段或最高阶段，通过具有高度集成性、扩展性、安全性的全面电子商务解决方案，把买方与卖方、企业与合作伙伴等在互联网、企业内联网和外联网上结合起来开展全面的电子商务应用，如图 2-2 所示。

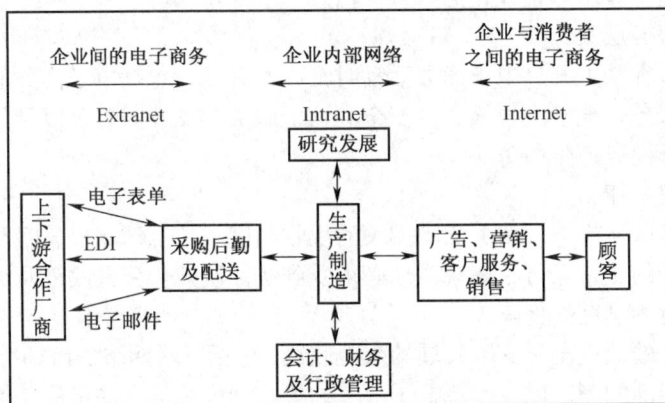

图 2-2　企业完整的电子商务应用

目前，绝大多数企业的电子商务业务流程都参照传统的商务流程设计，这使得电子商务业务流程与传统的商务系统能很好地结合在一起。在上述网络设施应用发展的同时，企业也循序渐进地推进了不同层次的电子商务应用。

（2）电子商务的应用层次

从电子商务系统的功能和技术要求方面看，电子商务大致可分为三个应用层次。

① 初级层次——建立易于实施的可操作系统

初级层次是指企业将计算机网络信息处理与交换引入一部分传统商务活动，代替企业传统的信息储存和传递方式。主要应用包括：企业建立内联网进行信息共享，储存和处理一般的商务资料；通过互联网传递电子邮件；在互联网上建立网站，进行网上信息发布，宣传企业形象；网上收集客户信息，进行初级的网络营销等。初级层次的电子商务投资成本低，易操作，不涉及复杂的技术和法律问题，但所做的一切还不能构成交易成立的有效条件，或者说还不能构成商务合同履行的一部分。

② 中级层次——维系牢固的商业链

中级层次是指企业利用计算机网络进行信息传递，部分地代替了某些合同成立的有效条件，或者构成履行商务合同的部分义务。主要应用包括：企业实施在线交易系统，开展网上交易与在线支付；与贸易伙伴之间使用 EDI 系统进行部分业务数据（订单等商业文件）的传输；建立和网页链接的动态客户数据库，积累客户数据资料；以供应链管理（SCM）与客户关系管理（CRM）为基础，实现中级经营服务信息化。中级层次的电子商务应用使企业走上建立外联网的道路。沃尔玛等大型企业与供货商之间的电子商务应用大多属于此层次。

中级层次的电子商务涉及一些复杂的技术和法律问题。虽然通信网络传输的信息并不十分复杂，操作程度一般，但它还需要不同程度的人工干预，如在线销售环节与产品供应不能有效衔接，特别是涉及交易成立的实质条件或已构成商务合同履行的一部分仍需要部分传统方式的操作。中级层次的电子商务是世界各国近期主要发展的目标。

③ 高级层次——实现全方位的数字自动化

高级层次是电子商务发展的理想阶段。企业使用 EDI 等计算机应用系统进行信息的自动处理与传输，以代替企业商务活动的大部分或全部业务流程，最大限度地减少人工干预。一笔交易所涉及的信息由相关人员一次性录入，由电子商务系统自动处理后，按照交易的业务流程自动生成供内部或外部处理的相关单据或文件，从交易的达成到产品的生产、原材料供应、贸易伙伴之间单据的传输、货款的清算、产品送货服务等业务活动均实现了一体化的网络信息传输和信息处理。高级层次的电子商务将实现企业最大程度的内部办公自动化、外部交易电子化和信息技术应用，是企业未来电子商务的发展方向。

2.3 电子商务服务业

电子商务服务业是伴随电子商务的发展而逐渐兴起的一种新兴服务行业，是为促进电子商务各项活动顺利开展所提供的各种专业服务的集合体。近年来，依托人工智能、大数据分析、虚拟现实等新技术而涌现出新型的电子商务服务业务，促进了电子商务应用的快速发展，同时也为传统服务业升级改造提供了服务支持。它是电子商务发展的基础，是电商生态的保障，也是国家经济社会发展必需的战略性基础产业。

电子商务服务按照业务构成可以分为三类。①电子商务交易服务，指以促进网上交易为目的的电子商务交易平台服务。②电子商务支撑服务，是指围绕电子商务的物流、资金流及信息流三方面而开展的服务活动。③电子商务衍生服务，是指伴随着电子商务应用的深入发展而催生的各类专业服务。

电子商务服务业的主体是电子商务平台服务商和专业服务提供商，主要以电子商务平台为核心，以支撑服务为基础，整合多种衍生服务。在电子商务生态中，不仅包括硬件和软件等技术支持服务，也包括营销推广、认证、电子支付、应用集成、信用担保、物流配送和信息咨询等全方位的商务服务。

1. 电子商务交易服务业

电子商务交易服务是电子商务服务业的核心内容，其主体是电子商务交易服务平台企业。

电子商务交易服务平台，是在互联网通信技术和其他电子化通信技术的基础上，通过一组动态的 Web 应用程序和其他应用程序把买卖双方集中在一起的虚拟市场交易环境。它不仅沟通了买卖双方的网上交易渠道，大幅度降低了交易成本，也开辟了电子商务服务业的一个新的领域，对于加强电商交易平台的服务规范，维护交易秩序，促进电商健康发展，都具有非常重要的意义。

电子商务交易服务平台是电子商务服务业的核心和重要表现形式，已成为促进电子商务应用、创新和发展的重要力量，从而导致价值链的改善、新业务模式的创新和新技术的渗透，也改变了电子商务应用的方式和形态。企业电子商务因此正在从"网站时代"进入"平台时代"，以及基于电子商务平台的商业"生态时代"。

电子商务平台经营者，是在电子商务中为交易双方或者多方提供网络经营场所、交易撮合、信息发布等服务，供交易双方或者多方独立开展交易活动的法人或者非法人组织。根据 2019 年 1 月 1 日正式实施的《中华人民共和国电子商务法》相关规定，电子商务平台经营者应当遵循公开、公平、公正的原则，制定平台服务协议和交易规则，明确进入和退出平台、商品和服务质量保障、消费者权益保护、个人信息保护等方面的权利和义务。应当要求申请进入平台销售商品或者提供服务的经营者提交其身份、地址、联系方式、行政许可等真实信息，进行核验、登记，建立登记档案，并定期核验更新。应当记录、保存平台上发布的商品和服务信息、交易信息，并确保信息的完整性、保密性、可用性，信息保存时间自交易完成之日起不少于 3 年。应当采取技术措施和其他必要措施保证其网络安全、稳定运行，防范网络违法犯罪活动，有效应对网络安全事件，保障电子商务交易安全等。

电子商务交易服务主要分成 B2B 交易服务、B2C 交易服务和 C2C 交易服务三大业务类型。2017 年，我国电子商务交易服务营业收入规模达 5 027 亿元，同比增长 25.7%。其中，B2B、B2C 和 C2C 平台服务营业收入规模分别为 630 亿元、2 652 亿元和 1 745 亿元。这里的电子商务交易服务营业收入规模主要是指电商交易平台所提供交易服务而产生的收入规模，包括平台交易服务费和相关增值服务费，不包括平台自营产品所赚取的差价部分。

（1）B2B 交易服务

B2B 交易服务是指为企业双方在网上买卖提供平台交易的服务。它包括中小企业 B2B 服务和大企业 B2B 服务。国内除阿里巴巴等第三方平台外，也有不少大型行业龙头企业（如海尔、宝钢等）自建的电子商务服务平台，这些平台的功能以采购和分销为主，其关键优势在于企业对其关键业务的熟练掌握。

2017 年，中小企业 B2B 平台服务营业收入规模达 291.7 亿元，同比增长 17.5%；大企业 B2B 交易平台营业收入规模为 338.3 亿元。从市场份额来看，中小企业 B2B 交易服务市场较为集中。阿里巴巴市场份额最大，占比将近 50%，加上环球资源等几家大型 B2B 企业，其市场份额占比超过 70%。

现阶段，我国 B2B 电商交易服务的发展具有如下特征。① B2B 电商平台由 PC 端向移动端发展。B2B 电商平台移动端 App 开发率达 61%。② 综合 B2B 电商开始布局垂直 B2B 电商平台。③ B2B 电商平台不断拓展服务领域。除了传统的在线交易服务外，B2B 电商平台加快进入大数据应用、供应链金融等增值服务领域。

（2）网络零售交易服务

网络零售交易服务是指为网上零售商品或服务提供平台交易的服务。它涵盖 B2C 交易服务和 C2C 交易服务，但不包括平台自营部分。2017 年，我国网络零售交易服务营业收入也出现快速增长，规模达 4 397 亿元，其中 B2C 和 C2C 的交易平台服务营业收入分别为 2652 亿元和 1745 亿元，同比分别增长 30% 和 22%。B2C 和 C2C 的市场交易规模占比分别为 58.4% 和 41.6%。

现阶段，我国网络零售交易服务发展具有如下特征。① 移动电商平台网购规模占比提升，移动网购已成为消费者主流的网购方式。② 消费者精选商品更加注重有质量担保的电商平台。③ 电商平台成为品牌商进行商务活动的首选渠道。④ 电商平台的物流、支付体系逐步由封闭转向开放。以第三方服务运营商的角色向业内提供专业服务，如京东物流，除服务京东商家外，也向其他电商平台提供物流配送服务。

实例 2-1　阿里巴巴集团

阿里巴巴集团于 1999 年创立，总部设于杭州，它提供多元化的互联网业务，是全球最大的电子商务综合性服务平台之一，是全球国际贸易领域最大、最活跃的网上交易市场和商人社区（见图 2-3）。美国《福布斯》曾将阿里巴巴、eBay 和 Amazon 并称为全球三大电子商务公司。

图 2-3　阿里巴巴集团网站

阿里巴巴集团经营多项业务，也从关联公司的业务中取得经营商业生态系统上的支援。阿里巴巴集团旗下主要业务及定位如下。

（1）领先的全球批发贸易平台——阿里巴巴国际交易市场

阿里巴巴国际交易市场是阿里巴巴集团 1999 年最先创立的业务，目前是领先的全球批发贸易平台。买家来自全球 190 多个国家和地区，一般是从事进出口业务的贸易代理商、批发商、零售商、制造商及中小企业。同时向其会员及其他中小企业，提供通关、贸易融资和物流等进出口供应链服务。

（2）中国领先的综合批发平台——1688

1688（前称阿里巴巴中国交易市场）创立于 1999 年。1688 早年定位为 B2B 电子商务平台，近年逐步发展成为中国领先的综合批发平台，服务中国国内从事服装、普通商品、家居装饰和装饰材料、电子产品、鞋、包装材料及食品和饮料等多个行业的批发买家和卖家。不少在阿里巴巴集团旗下中国零售平台经营业务的商家，都通过 1688 采购产品。

（3）为全球消费者而设的零售平台——全球速卖通

全球速卖通创立于 2010 年 4 月，是为全球消费者而设的零售平台。世界各地的消费者可以通过全球速卖通，直接从主要来自中国的制造商和分销商购买产品。其主要买家来自俄罗斯、美国、巴西、西班牙和法国等。除了英文站外，全球速卖通经营多个本地语言的分站，语言包括俄文、葡萄牙文、西班牙文、法文等。

（4）中国最大的移动商业平台——淘宝网

淘宝网成立于 2003 年 5 月。2011 年 6 月，淘宝网被分拆为 3 个独立的公司：淘宝网、淘宝商城和一淘，以便更精准和有效地服务客户。如今，它是社交商务平台，通过大数据分析为消费者提供既有参与感又个性化的购物体验。在淘宝网上，消费者能够从商家处获取高度相关、具有吸引力且实时更新的内容，从而掌握产品与潮流资讯并与其他消费者或喜爱的商家互动。平台上的商家主要是个体户和小企业。易观的数据显示，按 2017 年商品交易额（GMV）计算，淘宝网是中国最大的移动商业平台。

（5）中国最大的B2C平台——天猫

天猫（前称淘宝商城）由淘宝网于2008年4月创立。2010年11月，启动独立域名。2011年6月独立于淘宝网的C2C交易市场，开始自行运营。2012年1月，将最初使用的中文名"淘宝商城"更改为天猫，加强其平台的定位。天猫致力为消费者提供选购品牌产品的优质购物体验。至今，国际和中国本地品牌及零售商很多都在天猫上开设店铺。

（6）网上营销技术平台——阿里妈妈

阿里妈妈创立于2007年，是一个匹配商家和品牌营销需求与阿里巴巴集团旗下平台和第三方平台各类媒体资源的营销技术平台。阿里妈妈通过其联盟营销计划，让商家于第三方网站和客户端投放广告，从而令营销和推广效果覆盖阿里巴巴集团电商平台以外的平台和用户。

（7）促销类导购平台——一淘

一淘网是阿里巴巴集团旗下促销类导购平台，成立于2010年，于2011年6月成为独立业务。一淘网以淘宝网、天猫、飞猪等网站的丰富商品为基础，通过超级返利、超值优惠券、大额红包等丰富的促销利益点，为用户提供高性价比的品牌好货，是用户必不可少的网购省钱利器。

（8）中国全面的品质团购网站——聚划算

聚划算是中国全面的品质团购网站，由淘宝网于2010年3月推出，于2011年10月成为独立业务。淘宝聚划算依托淘宝网巨大的消费群体，结合消费者力量，以优惠的价格提供全面的优质商品及本地生活服务选择。

（9）全球三大IaaS供应商之一——阿里云

阿里云于2009年9月创立，阿里云向阿里巴巴集团电商平台上的商家以及初创公司、企业与政府机构等全球用户，提供一整套云服务，包括数据采集、数据处理和数据存储，以助推阿里巴巴集团及整个电子商务生态系统的成长，是全球三大基础设施即服务（IaaS）供应商之一，也是中国最大的公共云服务供应商。

（10）物流数据平台运营商——菜鸟网络

菜鸟网络成立于2013年5月，致力搭建全国性的物流网络，运用物流合作伙伴的产能和能力，提供国内和国际的"一站式"物流服务及供应链管理解决方案，大规模实现商家和消费者的各种物流需求。

除了阿里巴巴集团旗下业务外，该集团还有包括蚂蚁金服等关联公司业务。蚂蚁金服，起步于2004年成立的支付宝，正式成立于2014年10月。它致力于通过科技创新能力，搭建一个开放、共享的信用体系和金融服务平台，为全球消费者和小微企业提供安全、便捷的普惠金融服务。蚂蚁金服旗下有支付宝、余额宝、招财宝、蚂蚁聚宝、网商银行、蚂蚁花呗、芝麻信用等子业务板块。

2. 电子商务的支撑服务业

电子商务的支撑服务，是确保电子商务活动顺利完成的基础支撑体系。目前，主要包括电子支付服务、物流服务、信息技术服务、认证服务等业务类型。2017年，电子支付、电子商务物流、信息技术服务等支撑服务业市场营收规模达1.1万亿元，增速为17.9%。

（1）电子支付服务

电子支付服务是指支付服务企业为交易双方提供在线支付交易功能的相关服务，并向商家收取一定服务费的行为。人民银行数据显示，2017年，我国银行业金融机构共处理电子支付业务1 525.80亿笔，金额2 491.20万亿元。其中，网上支付业务为485.78亿笔，金额为2 075.09万亿元；移动支付业务为375.52亿笔，金额为202.93万亿元。非银行支付机构处理网络支付业务

2 867.47 亿笔，金额为 143.26 万亿元，同比分别增长 74.95% 和 44.32%。2017 年第 4 季度数据显示，支付宝、银联商务和腾讯金融分别以 24.50%、23.89% 和 10.17% 的市场份额位居前三位，三者市场份额总和达 58.56%。

现阶段，我国电子支付服务的发展具有如下特征。① 移动支付快速增长。中国人民银行数据显示，2017 年中国银行业金融机构处理的移动支付业务量和总金额同比分别增长 46.06% 和 28.80%，其中移动支付业务增长较快，线下消费成为移动支付增长新动力。② 支付服务走向海外。中国支付服务企业加大海外扩张力度，支付宝、微信支付、银联"云闪付"，以及京东和百度等都在加速拓展海外支付业务。③ 支付行业进一步规范。政府部门出台了有关条码支付等一系列电子支付规范，一方面促进了支付创新，推动支付服务市场健康发展，另一方面也加强了监管，维护支付服务市场的公平竞争秩序。

（2）电子商务物流服务

电子商务物流服务是指为电子商务活动提供的运输、存储、装卸搬运、包装、流通加工、配送、信息处理等服务，特指由第三方专业物流服务商提供的服务。2017 年，全国快递服务企业业务量累计完成 400.6 亿件，同比增长 28%；业务收入累计完成 4 957.1 亿元，同比增长 24.7%。其中，同城业务量累计完成 92.7 亿件，同比增长 25.0%；异地业务量累计完成 299.6 亿件，同比增长 28.9%。

现阶段，我国电商物流服务的发展具有如下特征。① 电子商务与物流协同发展。部分城市在管理制度创新、快递网络规划、配送车辆管理规范、末端服务能力提升和信息协同等方面开展了电商与物流快递协同发展，提高了企业的协同效率。同时，随着农村电商、"快递下乡"，以及农村电商基础设施特别是网络与快递物流建设，双向流通格局加速形成。② 新技术、新模式不断提升电商物流服务水平。京东、阿里巴巴、亚马逊等电商平台纷纷利用大数据、物联网、人工智能等技术对各自物流平台进行整合，无人机、无人仓、无人车等技术全面启动应用，提高了电商物流效率和服务满意度。

（3）电子商务信息技术服务

随着信息技术的快速发展，基于互联网和现代信息技术的专业化生产组织方式迅速推广，信息技术服务外包与电子商务的深度融合正在加快。

2017 年，信息技术服务收入达 2.9 万亿元，比上年增长 16.8%，其中，云计算相关的运营服务（包括在线软件运营服务、平台运营服务、基础设施运营服务等在内的信息技术服务）收入超过 8 000 亿元，比上年增长 16.5%。

现阶段，我国电商信息技术服务的发展具有如下特征。① 新技术不断提升电商信息技术服务水平。如阿里云利用 AI、云计算及大数据技术为传统企业提供新零售解决方案，能够提供全渠道融合、个性化推荐、智能语音、客服机器人及大数据运营等服务，对电商行业产生积极影响。② 法律法规不断完善推动网络安全建设进入新阶段。

3. 电子商务的衍生服务业

电子商务的衍生服务，主要有电商代运营服务、电商营销服务、电商咨询服务等业务类型。2017 年，我国电商衍生服务领域营收规模达 1.3 万亿元，增速为 18.2%。

（1）电商代运营服务

自 2008 年以来，大批传统企业纷纷以自建网上商城或在第三方电商平台上开设官方旗舰店等形式搭建网络销售渠道。同时，也受到电商人才缺乏、投入成本高、线上经验不足等因素的制约。在此背景下，电子商务代运营服务应运而生。

电商代运营服务是为企业提供全托式电子商务服务的一种服务模式。即指传统企业以合同的方式委托专业电商服务商为其提供部分或全部的电商运营服务，主要包括电商平台运营、网站推广、视觉服务、仓储配送、客户服务等电商运营托管服务。

电商代运营服务不仅可以弥补传统企业在电子商务方面的人才短板和经验缺失，更能够帮助其快速构建包含电商店铺运营、线上互动营销、客户综合服务等在内的一体化网络销售体系，提升传统企业在线上市场的品牌形象，降低自主开展电商的风险和成本，满足传统企业拓展线上业务的迫切需求。

随着品牌商对电商服务的要求越来越细，电商代运营内容更加多元化，从最初的运营服务、客户服务等基础服务，逐步拓展到IT服务、营销服务和仓储物流服务等电商核心业务服务，以及数据分析等增值服务。大多代运营服务集中于基础服务和部分核心业务服务。2017年，我国电商代运营市场营业收入规模达7 820.8亿元，增速达30.1%。

现阶段，我国电商代运营服务的发展具有如下特征。① 电商代运营服务逐渐向全程式服务模式发展。全程式服务基本涵盖了品牌电商代运营服务的全部流程，从网站建站、营销推广、店铺运营等前端服务到仓储物流、IT技术等后端服务，为品牌商提供快捷便利的整套服务。② 品牌电商代运营服务市场规模持续扩大。天猫旗舰店成为天猫服务商主要平台。品牌电商服务起步于天猫平台上的代运营服务，代运营服务逐步升级为全程的电商服务，品牌电商代运营服务进入快速发展阶段。艾瑞咨询数据显示，2017年，我国品牌电商服务市场规模达950.2亿元，增速达37.8%；80%以上的国际品牌商青睐服务外包模式，而国内品牌商仅有20%～30%有意服务外包，更倾向于组建电商部门开展业务。

（2）电商营销服务

电商营销服务是近年来新出现的一种新型服务模式，是网络营销的一种。它借助互联网、移动互联网平台完成一系列营销活动，辅助客户实现营销目标，包括营销方案设计、互联网媒体筛选、传播内容策划及效果监测等。2017年服务外包行业互联网营销推广服务的合同签约额和执行金额分别为20.68亿美元和16.23亿美元，同比增长17%和38.7%。

现阶段，我国电商营销服务的发展具有如下特征。① 品牌营销服务日渐成为电商营销新热点。电商平台以内容为核心的品牌营销成为常态，不断提升营销效率和客户体验。② 新技术助推电商精准营销发展。虚拟现实（VR）营销技术、基于位置的服务（LBS）场景数字化营销及大数据营销快速发展，助推B2C电商实现线上线下融合发展。大数据营销技术，不断提高线上营销的效率，提升线上品牌商品的定位与重塑。

（3）电商咨询服务

电商咨询服务是指咨询服务机构通过对已从事电子商务工作或即将从事电子商务工作的企事业单位或政府，进行有关电子商务业务的咨询工作，并从中收取一定的服务费的行为。它是伴随着电子商务的广泛应用而衍生出的服务业务，是咨询服务业的新兴领域。

在电子商务环境中的电商咨询主要是充分利用现代信息技术对互联网上大量的商务信息情报进行综合、统计分析、调查研究和策略建议。这种层次的信息服务以出售知识和信息产品为主，应该具有全面性、权威性、全球性、客观性、准确性和先进性，不参与买方和卖方的任何市场活动，保持信息服务和咨询服务机构的声誉和中立。这类信息咨询商，有电子商务研究中心（100EC.CN）、赛迪顾问等信息咨询公司。

现阶段，我国电商咨询业的发展具有如下特征。① 电商咨询服务领域不断扩展。随着大数据、VR/AR技术、人工智能在电子商务领域的实践和应用，电商企业越来越依赖新技术提升客户体验。以新技术为代表的、贯穿整个业务流程的电商咨询服务变得越来越普遍，咨询范围逐步扩展，从市场营销、客户服务到供应链管理、仓储物流的咨询,从大数据应用、VR/AR 及人工智能应用到企业电商整体战略发展等方面的咨询。② 电商综合解决方案服务模式快速发展。互联网及电商企业加大力度向提供综合解决方案及生态系统构建服务方向转变,电商咨询服务也由单一咨询服务向提供综合解决方案转变,如阿里集团的电商生态圈等。电商咨询业也深度融入电商生态系统,咨询服务提供商逐渐成为生态系统的重要组成部分。

2.4　电子商务法律法规

电子商务是无纸贸易,涉及数字签名、电子发票、电子合同的法律地位和效力问题,涉及信息安全、隐私权保护、交易程序规范及数据标准,以及税收等问题。无论是网上消费者还是电子商务的从业者,都要关注相关法律法规调整带来的影响。

1. 全球电子商务立法

电子商务推动了全球经济发展,但要想在全球开展电子商务,必须制定一套完整的、普遍适用的电子商务准则。自 1996 年联合国颁布《电子商务示范法》以来,世界各国电子商务立法如火如荼。发达国家正在从本国战略发展和维护本国经济利益的角度来规范和建立电子商务的立法规则,抢占电商领域的制高点。越来越多的发展中国家也认识到发展电子商务的重要性,纷纷制定法律法规引导本国电子商务发展。有的国家颁布了电子商务法或交易法,有的国家颁布了电子签名或数字签名法,也有的国家同时采用两种立法方式。

目前,国际上电子商务立法主要集中在市场准入、税收、电子合同的成立、安全与保密、知识产权、隐私权保护、电子支付等方面。整体来看,世界各国在电子交易、消费者权益保护、数据隐私保护等方面加大立法力度。发达国家大多健全了电子商务的相关法律,但许多欠发达地区与之差距较大。

① 在电子商务交易法制定方面,全世界有 143 个国家(地区)制定了电子交易法,超过 70%。其中,102 个是发展中国家。另外还有 23 个国家(地区)起草了相关法律草案。

② 在电子签名立法方面,世界多数国家(地区)都有电子签名相关立法,实行协调统一的电子签名和电子合同法。

③ 在消费者权益保护方面,有 119 个国家(地区)通过了与电子商务有关的消费者权益保护法。其中,56 个为发展中经济体或转型经济体。

④ 在数据安全和隐私保护方面,有 105 个国家(地区)完成了相关的数据和隐私安全立法。其中,65 个为发展中国家。

⑤ 在网络犯罪治理方面,有 117 个国家(地区)颁布此类法律。其中,82 个是发展中经济体和转型经济体。

2. 我国的电子商务立法

我国原有的商务法律框架是基于传统的有纸贸易而制定的。随着我国电子商务的发展,纠纷案件逐渐增多,虚假广告、网络欺诈、域名争议等案件时有发生,制定电子交易的"游戏规则"显得十分必要和紧迫。

2005 年 4 月 1 日起正式实施《中华人民共和国电子签名法》,这是我国第一部真正意义上的电子商务法。该法首次赋予可靠的电子签名与手写签名或盖章具有同等的法律效力,并明确规定了电子认证服务的市场准入制度。该法是我国电子商务发展的里程碑。十多年来,我国政府加大力度推进电子商务立法工作,先后颁布了一系列相关的法律法规,为我国电子商务持续健康的发展提供了强有力的制度保障(见表 2-1)。

表 2-1 相关法律法规

生效日期	文件名称	发文机关
2019-01-01	《中华人民共和国电子商务法》	全国人民代表大会
2018-01-01	《中华人民共和国反不正当竞争法》（修订）	全国人民代表大会
2017-06-01	《中华人民共和国网络安全法》	全国人民代表大会
2015-09-01	《中华人民共和国广告法》	全国人民代表大会
2014-03-15	《消费者权益保护法》（修订）	全国人民代表大会
2010-07-01	《中华人民共和国侵权责任法》	全国人民代表大会
2005-04-01	《中华人民共和国电子签名法》（2015 年 4 月 24 日修正）	全国人民代表大会
1999-10-01	《中华人民共和国合同法》	全国人民代表大会
2018-05-01	《快递暂行条例》	国务院
2018-03-01	《医疗器械网络销售监督管理办法》	国家食品药品监督管理总局
2018-02-13	《网络预约出租车汽车监管信息交互平台运行管理办法》	交通运输部
2018-01-23	《关于推进电子商务与快递物流协同发展的意见》	国务院办公厅
2017-11-27	《关于规范互联网信息服务使用域名的通知》	工业和信息化部
2017-11-21	《互联网药品信息服务管理办法》	国家食品药品监督管理总局
2017-11-21	《网络零售标准化建设工作指引》	商务部等
2017-11-10	《网络餐饮服务食品安全监督管理办法》	国家食品药品监督管理总局
2017-11-01	《中国互联网络域名管理办法》	工业和信息化部
2017-09-25	《工业电子商务发展三年行动计划的通知》	工业和信息化部
2017-09-19	《关于简化海关税费电子支付作业流程的公告》	海关总署
2017-09-13	《公共互联网网络安全威胁监测与处置办法》	工业和信息化部
2017-09-07	《互联网用户公众账号信息服务管理规定》	国家互联网信息办公室
2017-09-07	《互联网群组信息服务管理规定》	国家互联网信息办公室
2017-08-22	《关于深化农商协作大力发展农产品电子商务的通知》	商业部、农业部
2017-08-03	《关于推动中小企业公共服务平台网络有效运营的指导意见》	工业和信息化部、财政部
2017-06-30	《关于对互联网平台与各类交易场所合作从事违法违规业务开展清理整顿的通知》	互联网金融风险专项整治工作领导小组办公室
2017-05-23	《2017 网络市场监管专项行动方案》	国家工商总局等
2017-05-02	《网络产品和服务安全审查办法（试行）》	国家互联网信息办公室
2017-05-03	《关于开展 2017 年电子商务进农村综合示范工作的通知》	财政部等
2017-04-11	《工商总局关于全面推进企业电子营业执照工作的意见》	国家工商总局
2017-04-10	《工商总局关于推行企业登记全程电子化工作的意见》	国家工商总局
2017-03-15	《网络购买商品七日无理由退货暂行办法》	国家工商行政管理总局
2017-02-22	《关于印发网络借贷资金存管业务指引的通知》	中国银行业监督管理委员会
2017-01-01	《关于促进移动互联网健康有序发展的意见》	中共中央办公厅等
2017-01-13	《电子商务商品验收规范》	商务部
2016-12-27	《国家网络空间安全战略》	国家互联网信息办公室
2016-12-24	《电子商务"十三五"发展规划》	商务部等
2016-10-28	《关于推进电子商务进社区促进居民便利消费的意见》	商务部等

续表

生效日期	文件名称	发文机关
2016-10-25	《网络交易价格举报管辖规定（试行）》	国家发展改革委
2016-10-19	《关于加强互联网领域消费者权益保护工作的意见》	国家工商总局
2016-09-07	《互联网信息安全管理系统使用及运行维护管理办法（试行）》	工业和信息化部
2016-08-24	《网络借贷信息中介机构业务活动管理暂行办法》	银监会等
2016-07-04	《互联网广告管理暂行办法》	国家工商行政管理总局
2016-07-01	《非银行支付机构网络支付业务管理办法》	中国人民银行
2016-06-28	《移动互联网应用程序信息服务管理规定》	国家互联网信息办公室
2016-06-25	《互联网信息搜索服务管理规定》	国家互联网信息办公室
2016-05-20	《关于推动电子商务发展有关工作的通知》	国家发展改革委等
2016-04-06	《关于跨境电子商务零售进出口商品有关监管事宜的公告》	海关总署
2016-03-24	《关于跨境电子商务零售进口税收政策的通知》	财政部等
2016-03-17	《全国电子商务物流发展专项规划（2016—2020 年）》	商务部等
2016-02-06	《互联网上网服务营业场所管理条例》（2016 年修订）	国务院
2016-02-05	《质量技术监督电子商务产品执法协查工作规范》	国家质检总局
2016-02-04	《网络出版服务管理规定》	国家新闻出版广电总局
2016-02-02	《关于深化电子商务领域专利执法维权协作机制的通知》	国家知识产权局
2016-01-08	《关于促进网络服务交易健康发展规范网络服务交易行为的指导意见（暂行）》	国家工商总局
2014-03-15	《网络交易管理办法》	国家工商行政管理总局
2013-04-01	《网络发票管理办法》	国家税务总局
2012-12-29	《全国人民代表大会常务委员会关于加强网络信息保护的决定》	全国人民代表大会
2012-03-12	《关于加强网络团购经营活动管理的意见》	国家工商行政管理总局
2012-03-12	《关于利用电子商务平台开展对外贸易的若干意见》	商务部
2011-04-12	《第三方电子商务交易平台服务规范》	商务部
2010-05-31	《网络商品交易及有关服务行为管理暂行办法》	国家工商行政管理总局
2009-12-01	《电子认证服务密码管理办法》	国家密码管理局
2006-03-20	《互联网电子邮件服务管理办法》	信息产业部
2002-10-26	《电子支付指引（第一号）》	中国人民银行
1999-10-07	《商用密码管理条例》	国务院

电子商务相关法律法规，可以访问相关政府部门网站查阅；也可以访问百度百科查询。

第三部分 | 课题实践页

一、实训题

实训 2-1 Outlook 2016 的初级配置使用

1．Outlook 简介

作为公司的商务人员，应该熟练地掌握企业级电子邮件客户端工具，以及规

范而高效的电子邮件收发技能。Outlook 是微软 Office 套装软件的组件之一，也是企业商务人员常用的电子邮件客户端工具，它在桌面上实现了全球范围的联机通信，是与同事朋友交换电子邮件进行信息交流的得力助手。Outlook 具有收发电子邮件、管理联系人信息、安排日程、分配任务、发布会议通知等事务集成功能。Outlook 与 WebMail 等在线邮件浏览工具相比，它具有邮件收发效率高、能离线浏览、支持安全邮件等优点。该软件可以随微软公司的 Office 家族产品持续升级换代，是商务人员可以长期依赖使用的得力工具。

2．实训目的和内容

① 掌握在 Outlook 2016 中添加或更改电子邮箱账户的操作方法；② 掌握 Outlook 2016 选项的配置方法；③掌握联系人及联系人组的维护管理；④掌握电子邮件简单收发和群发操作。

3．实训操作指导

（1）Outlook 电子邮箱基本设置指导

① 添加新电子邮箱账户的途径。单击左上角"文件"菜单中的"信息"项，显示"账户信息"界面，如图 2-4 所示。可以通过"+添加账户"或"账户设置"两个途径增加新账户。

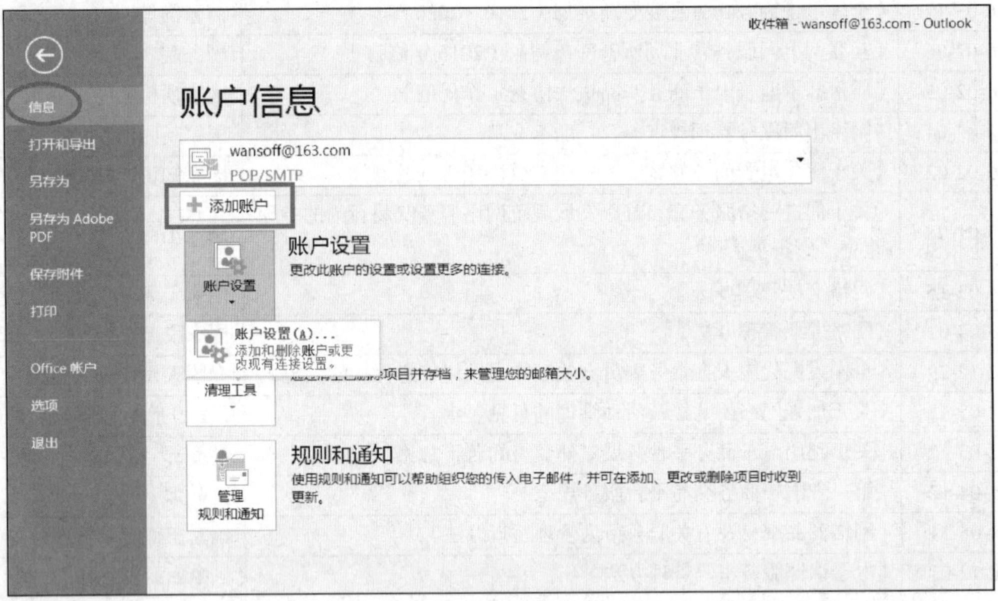

图 2-4　添加邮箱账户

② 从"+添加账户"添加电子邮箱账户操作。单击"+添加账户"按钮；在"添加账户"→"选择服务"页面下，选择"电子邮件账户(E)"，单击"下一步"按钮；在"自动账户设置"页面，选择"手动设置或其他服务器类型(M)"选项，单击"下一步"按钮；然后，"选择服务"页面下，选择"POP 或 IMAP(P)"，单击"下一步"按钮；进入"POP 和 IMAP 账户设置"页面，如图 2-5 所示。输入发件人姓名、电子邮箱地址、接收邮件和发送邮件的服务器地址、电子邮箱用户名和客户端授权密码等信息。

③ 其他设置。单击图 2-5 页面右下角的"其他设置(M)…"按钮，在弹出的页面中选择"发送服务器"页面，选择在"我的发送服务器（SMTP）要求身份验证(O)"前面打钩，其他内容保持默认设置。如果 SMTP 服务器要求验证前面不勾选，则电子邮件无法正常发送，如图 2-6 所示。"高级"选项中，在"在服务器上保留邮件副本"前面默认勾选，便于学生安全保存邮件。

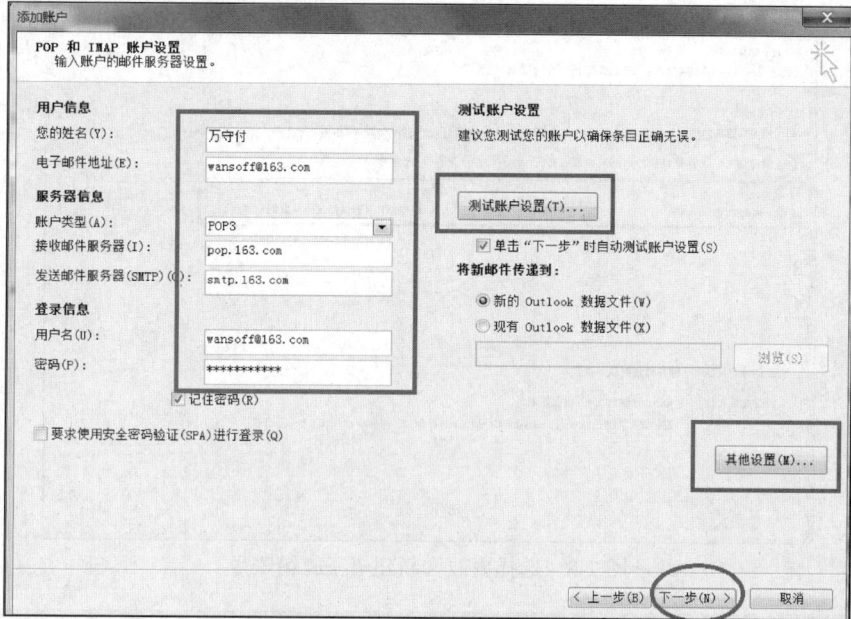

图 2-5 Internet 电子邮件设置页面

④ 测试账户设置。单击图 2-5 右侧的"测试账户设置(T)…",或者选择单击下一步按钮测试账户设置。如果一切正常,则邮件接收和发送测试状态都显示为已完成,任务前面打上绿色的"勾"标志,如图 2-7 所示。关闭并完成邮箱参数设置。

图 2-6 其他设置——发送服务器

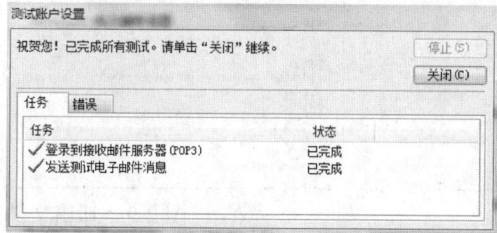

图 2-7 测试账户状态

⑤ 从"账户设置"修改账户操作。如果邮箱账户内容设置有误,可以进行修改。可以从图 2-4 中间位置的"账户设置"中选择下拉选项"账户设置(A)…",显示"电子邮件账户",如图 2-8 所示。双击其中的电子邮箱账户,进入图 2-5 相同的界面,进行信息修改。

⑥ 从"账户设置"中新建多个邮箱账户操作。从图 2-8"账户设置"界面也可以单击"新建 (N)…"按钮,重复前面的操作内容,就可以新建多个邮箱账户。

（2）发送/接收所有文件夹

在 Outlook 2016 的顶端的"发送/接收"菜单中,从左侧邮箱账户下,显示文件夹和下载的邮件,如图 2-9 左侧所示。

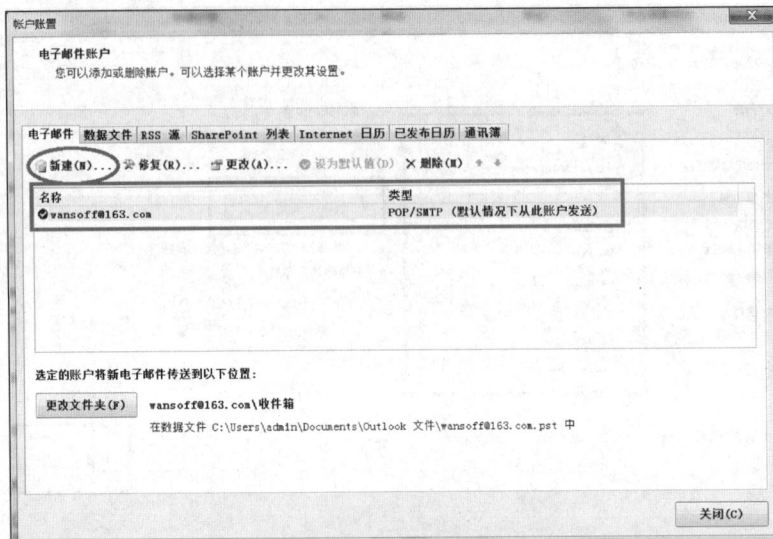

图 2-8　选择更改和新建电子邮箱账号

图 2-9　邮箱文件夹和下载邮件

（3）联系人管理

① 新建或者添加"联系人"。在"联系人"页面中，可以新建联系人，也可以在图 2-9 中，查看现有邮件的发件人，将发件人电子邮箱等信息右键"添加到 Outlook 联系人(D)"中去。重复操作，添加多个联系人。保存并关闭联系人。

② 新建联系人组。在"联系人"页面中，选择左上角的"建立联系人组"，并确定组群名称，为联系人组添加多名成员，如图 2-10 所示。保存并关闭联系人组。

（4）使用 Outlook 发送邮件

① 发送新邮件。在 Outlook 邮件页面的左上角，单击"新建电子邮件"按钮，输入收件人电子邮箱地址和规范的主题，填写邮件正文内容、添加附件（可选），然后，单击左侧的"发送(S)"按钮即可发送邮件。

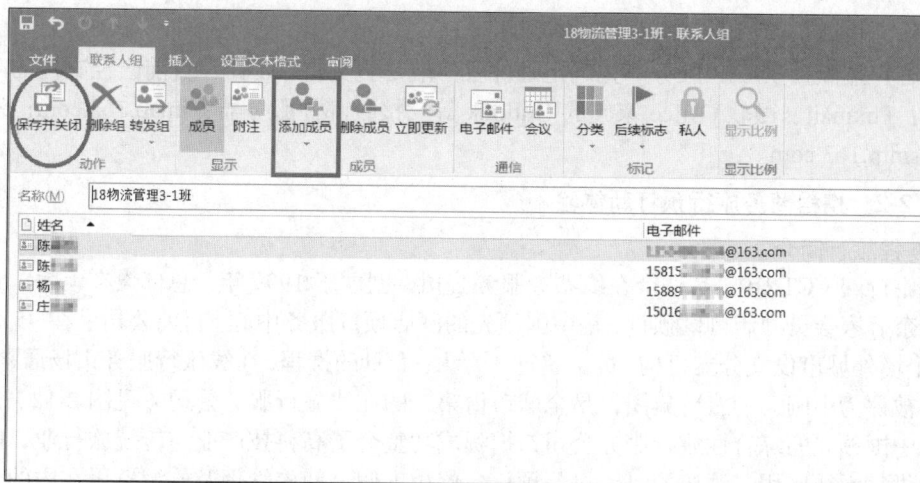

图 2-10　新建联系人组

② 请求回执。在待发邮件窗口，在"选项"菜单下，在"请求送达回执"和"请求已读回执"前面打钩。"请求送达回执"，则在邮件送达收件人邮箱后，发件人邮箱会收到邮件送达回执。"请求已读回执"，则是在收件人打开邮件后，向发件人邮箱发送已读回执，如图 2-11 所示。

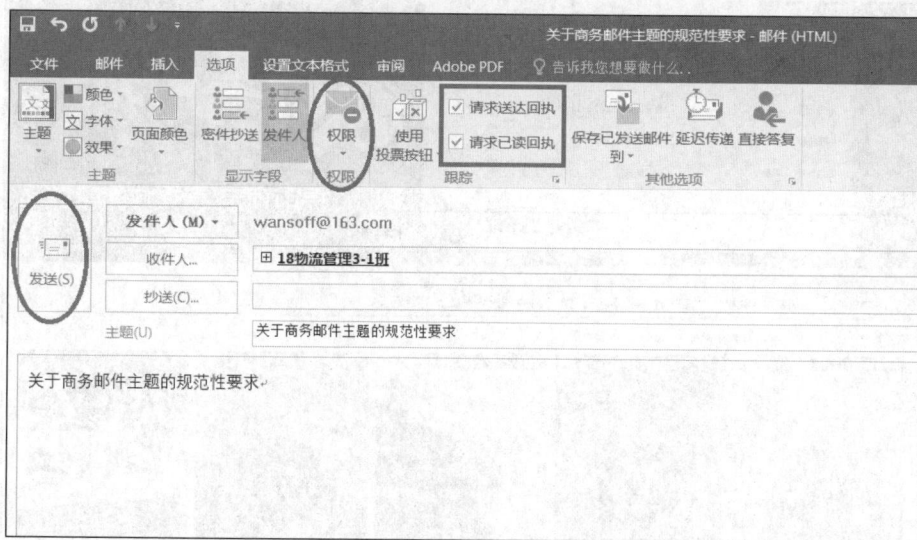

图 2-11　请求回执的设置

③ 邮件群发操作。在"新建电子邮件"页面，单击"收件人…"按钮，选择联系人组并添加进收件人地址栏。填写相关的主题和邮件正文后，单击左侧的"发送(S)"按钮即可群发邮件。

④ 将文件直接发送给收件人。在"我的计算机"或"资源管理器"窗口中，如果要将一个或多个文件作为邮件的附件发送给邮件接收者，可以按照如下步骤进行操作：用鼠标选中待发送的文件→在选中的文件上单击鼠标右键弹出右键菜单→选择"发送到"→"邮件收件人"→在发送邮件窗口填写或选择收件人的邮件地址→完成快速发送。多次练习，熟练掌握。

（5）拓展操作内容：了解并尝试 IMAP 服务

IMAP，即互联网邮件访问协议。IMAP 与 POP 类似，都是一种邮件获取协议。差别在于：使用 IMAP 接收管理邮件，电子邮件客户端的操作都会反馈到服务器上，服务器上的邮件也会做相应的动作。也就是说，IMAP 是"双向"的。

邮件客户端配置 IMAP 服务。先确定邮件客户端是否支持 IMAP，目前已经支持的电子邮件客户端有：Foxmail、微软 Office 家族的 Outlook 等。接收邮件服务器：imap.163.com；发送邮件服务器：smtp.163.com。

实训 2-2　携程商务旅行预订新体验

1．携程旅行简介

携程旅行网（CTRIP）是一个在线票务服务公司，创立于 1999 年，总部设在上海。它拥有国内外六十余万家会员酒店可供预订，是中国领先的酒店预订服务中心。目前公司已在 95 个境内城市和 22 个境外城市设立分支机构，员工超过 3 万人。今日的携程，在线旅行服务市场居领先地位，连续 4 年被评为中国第一旅游集团，是全球市值第二的在线旅行服务公司（见图 2-12）。

作为中国领先的综合性旅行服务公司，携程成功整合了高科技产业与传统旅行业，向超过 3 亿会员提供集无线应用、酒店预订、机票预订、旅游度假、商旅管理及旅游资讯在内的全方位旅行服务，被誉为互联网和传统旅游无缝结合的典范。

图 2-12　携程旅行主页

2．实训目的和内容

①了解携程网业务项目；②了解携程商务旅行的机票和酒店在线预订流程；③培养学生养成良好的网络道德规范。

3．实训操作指导

（1）了解携程网业务。PC 端访问携程网站（多语种平台），该网站的栏目包括：酒店（国内酒店、海外酒店等预订）；旅游（周末游、跟团游、自由行、定制旅行、游学、签证、保险等预订）；机票（国内、国际机票预订）；火车（国内、国际火车站预订）；汽车票（汽车票、船票等预订）；用车（境内、境外租车包车业务预订）；门票（境内旅游景点门票、境外景点门票、出境 Wi-Fi、电话卡等预订）；攻略（境内外景点吃喝玩乐相关攻略）；全球购（名店购、退税、外币兑换等预订）；礼品卡（企业购卡、存款证明等）；商旅（企业差旅平台、会议旅游等）；邮轮；目的地，以及更多等功能菜单。

（2）会员注册。通过 PC 端访问携程旅行网网站，通过右上角的"登录|注册"链接，进行会员注册。流程：需要同意携程用户注册协议和隐私政策；填写个人手机号，并通过手机验证码验证；设置登录密码；注册成功。

（3）了解携程旅行手机版。在智能手机端下载安装携程 App，了解并分析携程旅行手机版页面功能布局。

（4）了解商务旅行预订程序。在老师的指导下，要求学生为小组成员规划一次商务出差旅行。要求小组成员在携程网上模拟规划旅程，安排好航班机票、酒店客房、交通工具等，并编制费用开支明细。

> **注意** 学生在携程相关页面查询并截图做好旅程方案，无须真正提交订单。学生在练习中要遵守互联网道德规范，避开近期或高峰期练习网上订票业务，不影响航空公司及旅游业的正常业务运作。老师布置作业任务时要有这方面的考核要求。

二、思考练习题

阅读教材，思考如下问题，组织小组讨论和团队分享。

（1）电子商务的主要分类方法有哪些？
（2）了解电子商务框架的三个层次和两个支柱。
（3）了解电子商务的实现阶段和应用层次的对应关系。
（4）了解电子商务交易平台的作用和盈利模式。
（5）了解国内电子商务法律法规环境状况。
（6）了解 POP3、SMTP、IMAP 等协议的用途。

三、实践练习题

（1）浏览 1688 网站，了解交易商品分类、最新发展状况及平台特色。

（2）访问天猫，或者京东商城或者 1 号店等网站，了解其商品分类和业务流程。进行网上购物实践，将购物的全过程记录下来（要求对网页页面进行另存或截图保存），就网上购物的流程、配送及送货等情况写出分析报告。

（3）练习使用 IMAP 收发管理电子邮件。在 163 邮箱系统中启用 IMAP 功能后，配置好电子邮件客户端，收发管理电子邮件。检查客户端和服务器端邮件操作的同步情况，分析 IMAP 与 POP3 管理电子邮件的差别。

（4）各院校利用自己所拥有的网络资源和电子商务模拟系统进行 B2C、C2C 交易及物流中心前后台业务管理一系列实训操作。模拟软件都具有 B2C、C2C 交易及前后台管理的实训功能，部分模拟软件的技术支持网站还提供网上试用。

（5）使用网络浏览器访问百度地图网站或者腾讯地图网站，为某项国内商务旅程规划线路方案，并测量路程距离。

（6）使用网络浏览器访问谷歌地图网站，查看世界各国城市道路网络交通图和卫星地图，为某项国际商务旅程规划线路方案，并测量路程距离。

课题三
电子商务安全

知识目标

➤ 了解电子商务安全性要求
➤ 了解加密算法与安全体制
➤ 了解身份认证与信息认证
➤ 了解数字证书和数字签名

技能目标

➤ 掌握数字证书申请技能
➤ 掌握在线身份验证技能
➤ 掌握数字签名操作技能
➤ 掌握安全邮件操作技能

建议学时

8 学时

第一部分 | 案例与分析

案例 3-1 2017 年以来国内外发生的主要网络安全事件

2017 年以来，国内外已连续发生多起严重的互联网安全事件。

（1）网络攻击无处不在

2017 年 5 月，WannaCry 勒索病毒攻击事件全球爆发。WannaCry 攻击主机并加密主机上存储的文件，然后要求以比特币的形式支付赎金，99 个国家（地区）7.5 万台计算机被感染。6 月，黑海约 20 艘轮船由于黑客攻击，GPS 服务掉线。同月，丹麦航运公司马士基也遭遇 Petya 勒索软件攻击，业务损失超过 2 亿美元。9 月，赛门铁克宣称，美国、土耳其和瑞士的数百电网遭到大规模攻击，掌握电网登录凭证的黑客有可能具备制造断电事件的能力。12 月，比特币挖矿平台 NiceHash 超过 4 700 枚比特币被盗，损失达 4 亿美元。另外一起能源工厂安全系统被入侵造成工厂停运事件，成为首例公开的工控安全系统被黑事件。2018 年 1 月，荷兰三大银行遭 DDoS 攻击，互联网银行服务瘫痪。4 月，黑客利用思科智能安装漏洞攻击网络基础设施，全球超过 20 万台路由器受到了攻击影响。

（2）信息泄露创历史记录

国外信息泄露事件不断。2017 年，Uber（优步）发生信息泄露事件，全球有 5 700 万客户的信息遭泄露。6 月，美国共和党签约的一家营销公司泄露了 1.98 亿选民（超过 61%）的个人政治数据。9 月，美国三大信用评级机构之一的 Equifax 公司数据库被黑，多达 1.43 亿名用户的数据外泄。10 月，雅虎有 30 亿个用户账号受到黑客攻击泄露。2018 年 2 月，加密货币采矿软件攻击致欧洲废水处理设施瘫痪。3 月，Facebook 的 5 000 万用户数据泄露。

国内也面临信息泄露的严峻形势。2017 年 5 月，"黑客"入侵快递公司网站后台，我国近 1 亿条公民信息泄露，导致个人受到电话骚扰。据国家互联网应急中心的报告显示，2017 年我国感染恶意程序的主机约 1 256 万台，境外约 3.2 万个服务器控制了我国境内约 1 101 万台主机。我国感染远程控制木马、僵尸网络木马和流量劫持木马的主机数量分列前三位，分别达 843 万台、239 万台和 30 万台。监测发现约有 4.9 万个针对我国境内网站的仿冒页面；境内外约 2.4 万个 IP 地址对我国境内 2.9 万余个网站植入后门；我国境内约 2 万个网站被篡改，其中政府网站有 618 个。

（3）漏洞数量增长史无前例

各大漏洞库公布的漏洞数量较以往呈明显激增态势。2017 年底，中国国家信息安全漏洞库（CNNVD）公布的漏洞数量为 14 748 个，年增长率在 70%以上。美国国家漏洞库（NVD）公布的漏洞数量为 14 277 个，年增长率在 170%以上。

（4）电子邮件成网络安全重灾区

2017 年 1 月，葡萄牙"首席环球"公司的邮件服务器被攻击，著名足球明星贝克汉姆的邮件被曝光。2 月，犯罪分子通过钓鱼邮件入侵了全美快餐连锁 Chipotle 的 POS 机系统，盗走数百万消费者的信用卡数据。同时，360 互联网安全中心发布预警，与邮件安全相关的商业欺诈给国内企业带来 50 亿元以上的经济损失。3 月，谷歌和 Facebook 被骗子用钓鲸邮件各骗走 1 亿美元。4 月，美国南俄勒冈大学受到邮件诈骗，把 190 万美元转到骗子的账户。同时，乌克兰一家金融科技公司的系统被钓鱼邮件入侵，通过微软漏洞在全球传播 Petya，全球数百家机构受到影响。5 月，WannaCry 勒索病毒肆虐全球 180 个国家（地区），钓鱼邮件是其重要的传播手段。12 月，腾讯安全通报大范围钓鱼邮件攻击事件，52 个国家（地区）的网站被利用，近 3 万家中国企业受影响。

🌱 案例分析

信息安全事件涉及的个人身份资料、银行账户、社会保险号、驾照号等重要信息被不法分子用于非法交易，从而导致了数目惊人的欺诈消费、身份盗用等大案，这已成为当今的热点话题。

随着云计算、大数据和物联网的普及，信息泄露事件呈现高速增长势态。全球范围内发生的网络安全事件，不少是与电子邮件相关的。

电子邮件仍是企业沟通和信息传递的重要手段。西方企业 80%以上办公文档、95%以上的公司业务数据、机密文件都通过电子邮件传递和交流。从个人敏感信息到重要商业机密，再到知识产权，电子邮件都是主要的数据传输工具，机密信息一旦泄露后患无穷。

电子邮件不仅仅是非常普遍的沟通形式，也是非常常见的网络攻击方法。火眼（FireEye）发布的《2018 上半年电子邮件威胁报告》显示，所有网络攻击中有 91%都将电子邮件作为攻击入口。WannaCry 肆虐全球，钓鱼邮件是传播手段。网络钓鱼和垃圾电子邮件是黑客侵入公司网络的最大机会。目前，虚假电子邮件是一个非常严重的问题，全球日发送量估计已高达 64 亿封，需要警惕网络钓鱼和商业欺诈邮件。

欺诈攻击包含商业电子邮件欺骗（BEC），即通过冒充或盗用决策者的邮件，来下达与资金、利益相关的指令。诱骗企业支付虚假发票。FBI最新调查报告显示，自2013年10月以来的5年间，BEC攻击已在全球卷走125亿美元。

数据泄露的威胁不仅来自外部黑客，企业内部管理不善也是重大安全隐患。近年来发生的重大信息泄露事件，有些是由企业自身引发的。例如，有些企业员工操作电子邮件不规范，邮件未经加密以明文形式传送或存储而导致信息泄露。同时，合作伙伴或供应商引起的第三方风险也已经成为当今网络安全领域的一个普遍性问题。

虽然邮件安全网关和机器学习等技术手段可以在一定程度上防范垃圾邮件，但企业建立起网络安全教育机制，实施有效的安全管理制度，企业人员养成良好的安全意识和树立良好的操作规范，才是最为有效的办法。

第二部分 | 课题学习引导

电子商务发展的核心和关键问题是交易的安全性，这是网上交易的基础，也是电子商务技术的难点所在。互联网具有良好的开放性，但正因此也衍生了新型的破坏者和盗窃者。近年来，计算机病毒破坏、黑客盗取信用卡账号、网络钓鱼欺诈、网络木马等犯罪行为正在成为新型高科技犯罪热点，严重威胁电子商务的正常秩序。网上交易的风险成为电子商务实施的最大阻力，也由此产生了相应的安全控制要求。

3.1 电子商务安全的要求

1. 电子商务面临的安全威胁

传统面对面的交易使交易双方容易建立信任关系，保证交易过程的安全性。而电子商务活动是通过不谋面的互联网进行的，因而交易双方缺乏传统交易中的信任感和安全感。多数企业的电子商务系统都面临严峻的安全问题。电子商务交易系统要求企业网站与后端数据库系统相连，通过互联网向客户提供诸如产品库存、发货情况以及支付状况等实时在线服务，这使得电子商务系统面临互联网黑客与病毒的严峻挑战。

在网上交易过程中，买卖双方都可能面临的安全威胁主要有以下几个。

（1）信息泄露。电子商务中的商业机密的泄露主要包括两个方面：一是交易双方进行交易的内容被第三方窃取；二是交易一方提供给另一方使用的文件被第三方非法使用。

（2）信息窜改。这是指商务信息在网络传输的过程中被第三方获悉并进行非法窜改，或者黑客非法入侵电子商务系统非法窜改商务信息，从而使商务信息失去真实性和完整性。

（3）信息破坏。信息破坏要从两个方面来考虑。一方面是非人为因素，如网络硬件和软件等计算机系统故障，可能会使商务信息丢失或发生错误等，对交易过程和商业信息安全造成破坏；另一方面则是人为因素，主要指计算机网络遭一些恶意行为（如计算机病毒、黑客等）的攻击，而使电子商务信息遭到破坏。

（4）抵赖行为。传统商务活动是建立在商业信用基础上才得以顺利进行的，而网上交易的双方通过计算机的虚拟网络环境进行谈判、签约、结账，当一方发现交易对自己不利时，可能会产生抵赖行为，从而给另一方带来损失。

2．电子商务的安全性要求

参与电子商务活动的各方通过互联网来传递信息，这对网络传输过程中数据的安全保密提出了很高的要求。尤其对电子支付中涉及的敏感数据，须确保万无一失。

具体来说，一个安全的电子商务系统必须满足以下要求。

（1）信息的保密性。这是指信息在存储、传输和处理过程中实施加密保护，使他人无法窃取或破解。对于如信用卡信息等重要的商务机密要先经过加密处理，再进行网络传输。

（2）信息的完整性。这是指信息接收者能够确认所获得的信息在传输或存储过程中没有被窜改、延迟和替换，确保收到的信息保持与原发送信息的一致性。

（3）信息的不可否认性。这是指当事人无法抵赖自己的交易行为，如信息的发送方不可否认发送过信息的事实，接收方不可否认收到信息的事实等。不可否认性包括源点不可抵赖、接收不可抵赖和回执不可抵赖等特点。

（4）身份的真实性。这是指能确认通信双方的真实身份。

（5）访问的可控性。拒绝非法用户访问；合法用户只能访问系统授权和指定的资源。

在电子商务的几种安全性要求中，以保密性、完整性和不可否认性最为关键。电子商务安全性要求的实现涉及多种安全技术措施如表 3-1 所示。

表 3-1　　　　　　　　　　电子商务的安全要求及技术措施

要求	定义	技术措施
保密性	保证信息不被他人非法窃取或破解	对称加密算法、非对称加密算法
完整性	保证信息不被窜改	数字摘要
不可否认性	当事人无法抵赖交易行为	数字签名
身份真实性	确认通信双方的合法身份	身份认证、数字证书
访问可控性	保证系统、数据等由合法人员访问	专用网络、防火墙、包过滤路由器等

3．电子商务的安全体系

为了提高电子商务活动的安全性，除了采用先进的安全技术外，还必须有一套有效的信息安全机制作为保证，来实现电子商务交易数据的保密性、完整性和不可否认性等安全功能，这就是电子商务安全交易体系。概括起来，该安全体系包括信息加密算法、安全认证技术和安全交易协议等几个技术层次，如图 3-1 所示。

3.2　数据加密技术

加密技术是保证网络、信息安全的核心技术。加密技术与密码学紧密相连。密码学这门古老而又年轻的科学包含着丰富的内容，它包括密码编码学和密码分析学。密码体制的设计是密码编码学的主要内容，密码体制的破译是密码分析学的主要内容。

将明文数据进行某种变换，使其成为不可理解的形式，这个过程就是加密，这种不可理解的形式被称为密文。解密是加密的逆过程，即将密文还原成明文。加密和解密必须依赖两个要素：算法和密钥。算法是加密和解密的计算方法；密钥是加密所需的一串数字。

一般的数据加密模型如图 3-2 所示。

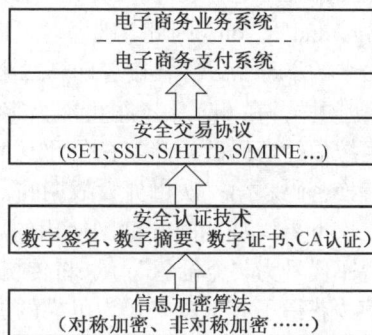

图 3-1　电子商务安全交易体系

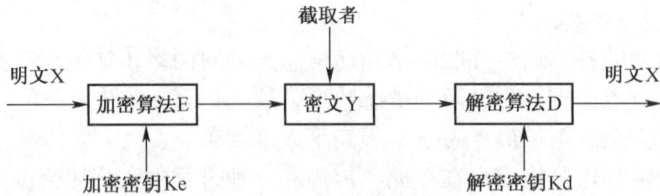

图 3-2　一般数据加密模型图

不论截取者获得多少密文，如果没有足够的信息来确定对应的明文，那么这种密码体制就被认为是理论上不可破的。但在无成本限制的条件下，目前几乎所有的密码体制都是可破的，因此，密码编码专家要研制出在现有的计算资源或成本条件下不可破解的密码体制。如果一个密码体制的密码不能被现有的计算资源所破解，那么它在计算上可以说是安全的。在加密算法公开的情况下，非法解密者就要设法破获密钥。为了使黑客难以破获密钥，就要增加密钥的长度，使黑客无法用穷举法测试破解密钥。

1. 传统的代换密码

早在几千年前，人类就已经有了通信保密的思想和方法。如在代换密码（Substitution Cipher）中，一个字母或一组字母被另一个字母或另一组字母所代替——隐藏明文。这就是最古老的凯撒密码（Caesar Cipher）。在这种方法中，a 变成 D，b 变成 E，c 变成 F，……z 变成 C。例如，english 变成 IRKPMWL。其中，明文用小写字母，密文用大写字母。

若允许密文字母表移动 k 个字母而不总是 3 个，那么 k 就成为循环移动字母表通用方法的密钥。

再进一步改善，将明文中的符号，例如 26 个字母，简单地映射到其他字母上，出现了映射代换密码。如：

明文：abcdefghijklmnopqrstuvwxyz，密文：QWERTYUIOPASDFGHJKLZXCVBMN。

这个通用系统叫作"单一字母表代换"，密钥是 26 个字母与整个字母表的对应关系。应用上面的密钥，english 变成了 TFUSOLI。

这个系统好像是一个较安全的系统，因为即使密码分析员知道它使用的是字母与字母的代换，但他要试遍各个字母代换的可能性几乎是没有的。但如果给出很少一部分密文，则可以应用自然语言的统计规律，密码还是有可能被破译的。例如，在英语中，字母 e 是用得最多的，其次为 t，o，a，h，i 等。最常用的两字母组合依次是：th，in，er，re 及 an；最常用的三字母组合是：the，ing，and 及 ion。因此，破译时可以从计算在密文中所有字母出现的相对频率开始，试着设定出现最多的字母为 e 等，接着计算二字母组及三字母组。如发现有 txeq 形式时，那么 x 很可能是字母 h；同样，在 thyt 中 y 很可能为字母 a。如果猜测出更多的字母，就可组织出一个实验性的明文。阿拉伯的密码破译专家在公元 9 世纪就已经娴熟地掌握了用统计字母出现频率的方法来破解简单替换密码。第一次世界大战期间，有大量可以翻译古代文献的语言大师参与密码的破译工作。第二次世界大战期间，德国使用的恩尼格玛密码机（ENIGMA）和洛仑兹密码机（LorenzCipher，盟军代号为"金枪鱼"），将传统替换密码技术发展到极致，频率分析法在这里失去了用武之地，德国获得了有史以来最为可靠的加密系统。英国等国的数学家们先后参与了密码破解工作。英国的艾伦·图灵（Alan·Turing）等人都成功破解了恩尼格玛密码，比尔·图特（Tutte）等人成功破译了洛仑兹密码系统，为缩短战争的进程做出了杰出的贡献。

1949 年，信息论创始人 C.E.Shannon 论证了一般经典加密方法得到的密文几乎都是可破的，这引起了密码学研究的危机。但是从 20 世纪 60 年代起，随着电子技术、计算机技术、结构代数、可计算性技术的发展，产生了数据加密标准 DES 和公开密钥体制，成为近代密码学发展史上两个重要的里程碑。

2．对称加密算法

对称加密算法是指信息加密和解密使用相同的密钥，主要代表有 DES、3DES、AES。对称加密算法的计算速度非常快，因此，被广泛应用于对大量数据的加密过程。

对称加密技术早期代表是数据加密标准（DES）。这是 IBM 公司 1977 年为美国政府研制的一种加密算法。DES 是以 56 位密钥为基础的密码块加密技术，它的基本思想来自于分组密码，即将明文划分成固定的 n 比特的数据组，然后以组为单位，在密钥的控制下进行一系列的线性或非线性的变化变换而得到密文，这就是分组密码（Block Cipher）体制。分组密码一次变换一组数据，当给定一个密钥后，分组变换成同样长度的一个密文分组。若明文分组相同，那么密文分组也相同。1979 年，美国银行协会批准使用 DES，1980 年它又成为美国标准化协会（ANSI）的标准，逐步成为当时商用保密通信和计算机通信的主要加密算法。DES 在密码学发展过程中具有重要意义。

进入 20 世纪 90 年代以来，DES 的保密性在实际应用中受到很大的挑战。为此，美国推出了 DES 的改进版本——3DES。即在使用过程中，收发双方都用 3 把密钥进行加密解密。这种 3×56 式的加密方法大大提升了密码的安全性，增加了破解难度，但同时也要花更多的时间来对信息进行 3 次加密和解密。使用这种密钥的双方都必须拥有 3 个密钥，如果丢失了其中一把，其余两把就成了无用的密钥。这样，私钥的数量一下又提升了 3 倍，这显然增加了管理的难度。于是，1997 年美国国家标准与技术研究所（NIST）又开始公开征集高级加密标准（AES）。

经过五年的甄选流程，比利时密码学家 Joan Daeman 和 Vincent Rijmen 提交的 Rijndael 算法被提议为 AES 的最终算法，并于 2002 年 5 月成为有效标准。到了 2006 年，AES 就已成为对称密钥加密中最流行的算法之一。AES 内部有更简洁精确的数学算法，而加密数据只需一次通过；设计有三个密钥长度：128 位、192 位、256 位；算法有很好的抵抗差分密码分析及线性密码分析的能力。相对而言，AES 的 128 密钥比 DES 的 56 密钥强 1021 倍。总的来说，AES 作为新一代的数据加密标准，具有速度高、安全可靠、高性能、易用和灵活等优点，系统资源消耗较低，能够支持各种小型设备。如今，AES 算法已经被广泛应用于各个领域中。

在对称加密算法中，发送者和接收者拥有相同的密钥虽然解决了信息的保密问题，但又引出了新的问题。设想发送者用对称密钥对明文加密后发送给接收者，接收者必须有相同的密钥才能解密，但是如何将密钥传送给接收者呢？显然不能通过网络传送。因此，对称加密技术在实际应用中存在以下问题。① 在首次通信前，双方必须通过网络以外的途径传递统一的密钥。② 当网络用户数很多时，对称密钥的管理十分烦琐。例如，一个拥有 100 个贸易伙伴的企业，必须要有 100 个密钥，这就使密钥管理和使用的难度增大。③ 对称加密是建立在共同保守秘密的基础之上的，在管理和分发密钥过程中，任何一方的泄密都会造成密钥的失效，存在着潜在的危险和复杂的管理难度。

3．非对称加密算法

为了解决对称加密算法存在的密钥管理和分发上的问题，1976 年，产生了密钥管理更为简化的非对称加密算法，也称公开密钥密码体系（Public Key Crypto-system），对近代密码学的发展具有重要影响。自公开密钥密码体系问世以来，学者们提出了多种公钥加密算法，其安全性都基于复杂的数学难题。根据所基于的数学难题来分类，大整数因子分解系统（代表性的算法有 RSA）、椭圆曲线离散对数系统（代表性的算法有 ECC）和离散对数系统（代表性的算法有 DSA）3 类系统目前被认为是安全有效的。公开密钥密码体系解决了密钥分发管理的难题。公钥可以公开，就像公开个人的姓名和电子邮箱一样，可以放在网上供人下载或传送给需要通信的人。而私钥需由用户自己严格保管。信息发送方先用接收方的公钥对明文加密得到密文，然后将密文发送给接收方，接收方用自己的私钥对密文解密得到明文。别人即使截取了密文也无法解开，从而保证了信息的保密性和密钥管理分发的便利性。

公开密钥密码体系中用得最多、影响最大的是 RSA 算法。它是以 3 位发明者 Ron Rivest、Adi Shamir 和 Len Adleman 姓氏的第一个字母组合而成的，3 位学者因此获得了 2002 年图灵奖。该算法最重要的特点是加密和解密使用不同的密钥，即用户可以仅有一对密钥：公开密钥（Public Key，简称公钥）和私人密钥（Individual Key，简称私钥）。RSA 的数学原理是将一个大数分解成两个质数的乘积，加密和解密使用的两个密钥实际上是两个很大的质数，用其中一个质数与明文相乘加密得到密文；用另一个质数与密文相乘可以解密得到明文，但无法用一个质数求得另一个质数。即使已知明文、密文和加密密钥，想要推导计算出解密密钥也是不可能的。

RSA 算法的优点包括：① 易于实现，使用灵活，能适应网络的开放性要求；② 密钥较少，在网络中容易实现密钥管理；③ 用于数字签名和验证，便于进行身份认证和信息认证。

RSA 算法的缺点包括：算法复杂，加密数据的速率较低；要取得较好的加密效果和强度，必须使用较长的密钥，从而加重系统的负担和减慢系统的吞吐速度，不适合对数据量较大的信息进行加密。另外，RSA 算法的安全是建立在大素数因子分解难题的基础上的，因子分解越困难，密码就越难以破译，加密强度就越高；反之，如果能有新的办法破解这一难题就会动摇 RSA 算法的基础。尽管如此，RSA 算法能抵抗已知的所有破解攻击，仍是一种足够安全的加密算法。

最近势头正劲的椭圆曲线算法（ECC）正有取代 RSA 的趋势。ECC 是建立在椭圆曲线离散对数的基础上的，比 RSA 算法要复杂得多。因此，ECC 具有以下优点。① 抗攻击性强。加密算法的安全性能一般通过该算法的抗攻击强度来反映。ECC 和其他几种公钥系统相比，160bit 的 ECC 与 1024bit 的 RSA 有相同的安全强度，而 210bit 的 ECC 则与 2048bit 的 RSA 具有相同的安全强度。② 处理速度快。ECC 进行解密和签名计算量小，速度比 RSA、DSA 快得多。③ 占用存储空间小。ECC 的密钥尺寸和系统参数比 RSA、DSA 要小，这对其在 IC 卡上的应用具有重要意义。④带宽要求低。当对长消息进行加密/解密时，3 类公钥密码系统有相同的带宽要求，但对短消息加密/解密时 ECC 对带宽要求却低得多。而公钥加密系统主要用于短消息，如用于数字签名或对称加密系统会话密钥的传递。带宽要求低使 ECC 在无线网络领域具有广阔的应用前景。ECC 的这些优点使它在不远的将来必将取代 RSA 而成为通用的公钥加密算法。

对称加密体系和非对称加密体系各具优点。① 在密钥分配管理方面，公开密钥密码体系的密码管理简单得多，而对称加密体系需管理较多的密钥。② 在安全方面，公开密钥密码体系更具优越性。③ 在数字签名方面，对称加密体系不支持数字签名，而公开密钥密码体系支持数字签名和验证。④ 从速度上来看，对称加密体系速度较快。对称加密体系中 AES 算法的软件实现速度已是公钥加密技术的 100 倍，这也是非对称加密体系没能完全取代对称加密体系的重要原因。

纵观对称加密和非对称加密两类算法，一个从 DES 到 3DES 再到 AES，一个从 RSA 到 ECC 等，其发展无不是从密钥的简单性、成本的低廉性、管理的简易性、算法的复杂性、保密的安全性以及计算的高效性这几个方面去考虑的。因此，在电子商务安全实践中，为了保证系统的安全、可靠以及使用效率，可以把这两类算法结合起来使用。如在当前由 RSA 和 AES 相结合的综合保密系统中，用 AES 算法作为数据的加密算法对大量数据进行加密，用 RSA 算法对 AES 算法的密钥等重要信息进行加密。这样的系统可以扬长避短，既能发挥 AES 算法加密速度快、安全性好的优点，又能发挥 RSA 算法密钥管理方便的优点。

除了采用数据加密技术措施外，也需要有相应的安全管理制度来配套保证。例如采取定期的漏洞评估、访问控制、员工安全培训、物理安全措施、员工背景调查、事件响应与报告、数据保留与销毁策略等制度。

3.3 认证技术

加密技术使网上交易信息保密性的要求得以解决，接下来应解决的问题是保证交易信息的完整性、交易者身份的真实性和交易行为不可抵赖性等安全问题。传统的商务文件是根据当事人的亲笔签名或单位印章来证明其真实性和合法性的,但通过网络传送的电子文档又如何签名盖章呢?这就是本节认证技术要解决的问题。认证技术是保证电子商务交易安全的一项重要技术，主要包括身份认证和信息认证。前者用于鉴别用户身份，后者用于保证通信双方的不可抵赖性以及信息的完整性。

1. 身份认证

身份认证是判明和确认网上交易双方真实身份的重要环节。因为不谋面的交易双方通过普通的计算机网络传输信息很难确认对方的真实身份，因此，必须要采取一定的身份识别技术证实各方的真实身份，才能使当事人无法抵赖自己的行为，保证电子商务的健康发展。

用户的网上身份认证通常可通过以下基本方式或其组合方式来实现。

（1）口令方式。这是用户身份认证的最简单、最广泛的一种方法。口令由数字字母、特殊字符等组成。系统事先保存每个用户的二元组信息，进入系统时用户输入二元组信息，系统根据保存的用户信息和用户输入的信息相比较，从而判断用户身份的合法性。这种身份认证方法操作十分简单，但最不安全，因为其安全性仅仅基于用户口令的保密性，而用户口令一般较短而且容易猜测，不能抵御口令猜测攻击，整个系统的安全容易受到威胁。

（2）标记方式。标记是用户所持有的某个秘密信息（硬件），上面记录着用于系统身份识别的个人信息。用户必须持有合法的物理介质（如智能卡等）用于身份识别，才能访问系统资源。

（3）人体生物特征方式。我们将生理和行为特征统称为生物特征，通常包括指纹、掌纹、视网膜、脸像、声音、笔迹、步态、DNA 等。这些人体生物特征在人群中出现完全相同的概率非常低，可以直接用于身份认证，具有很高的安全性，适用于要求较高身份识别场合。

（4）PKI 认证方式。公开密钥基础设施（Public Key Infrastructure，PKI）是通过使用公开密钥技术和数字证书来确保系统信息安全并负责验证数字证书持有者身份的一种体系，也是目前国际上较为成熟的针对开放式互联网络信息安全的一种解决方案。各方都信任同一个 PKI/CA（认证中心），由该 CA 来核对和验证各参与方的身份。

在电子商务环境下，可以使用由 PKI/CA 认证中心颁发的数字证书来证实网络交易各方的真实身份。这种方式是通过公钥密码体制中用户私钥的机密性来提供用户身份的唯一性验证，它通过数字证书的方式为每个合法用户的公钥提供一个合法性的证明。PKI 认证是一种强认证机制，综合采用了摘要算法、非对称加密、对称加密、数字签名等技术，很好地将安全性和高效性结合起来，目前广泛应用于安全电子邮件、应用服务器访问、客户端认证、防火墙认证、网上交易、数字签名等领域。

身份认证根据采用因素的多少可以分为单因素认证、双因素认证和多因素认证。单独使用上述方式中的一种进行身份认证属于单因素认证。将上述方式中的两种结合起来进行的认证属于双因素认证。由于 PKI 认证方式中数字证书私钥通常存储在计算机硬盘、智能卡或 USB Key 等存储介质中，用户会设置简单好记的口令访问存储介质使用私钥，因此就形成了一个弱因子（口令）和一个强因子（证书）的结合的机制。如果个人保管不当，发生了证书私钥文件（或存储介质）

与保护口令同时被窃取的情况，用户仍然存在着数字身份被假冒的可能性。在安全级别要求高的地方，这种身份认证是不够的。如果结合生物特征识别技术就可以实现双因子强认证机制，有效确认合法用户的数字身份和物理身份，安全强度大为提高。将上述多个方式组合起来使用属于多因素认证。

2．认证中心

认证中心（Certificate Authority，CA），也称为电子认证中心，是承担网上安全电子交易认证服务，能签发数字证书，确认用户身份，与具体交易行为无关的第三方权威机构。

认证中心通常是企业性的服务机构，主要任务是受理证书的申请、签发和管理数字证书。其核心是公共密钥基础设施（PKI），这是一种易于管理的、集中化的网络安全方案，它支持多种形式的数字认证、数据加密、数字签名、不可否认、身份鉴别、密钥管理以及交叉认证等。互联网时代人们普遍采用 PKI 方式建立信任关系，认证中心在整个电子商务环境中处于至关重要的位置，它是整个信任链的起点，如果认证中心不安全或发放的证书不具权威性，那么网上安全电子交易就无从谈起。

认证中心的可靠程度取决于以下标准。① 系统的保密结构，包括运营程序以及由认证授权机构提供的保护措施。② 用于确认申请证书的用户身份的政策和方法。③ 电子交易的用户是否能信赖由其他人证明的身份或证书内容。④ 证书申请机构在安全管理方面的经验，特别是很长一段时间内提供这些服务的信誉。

从世界范围看，认证中心的设置主要有两种途径：一种是由政府组建的或者授权的机构担任，以政府信用作为担保，如我国的 CA 机构主要由政府主导，属于政府监管的发展模式，以保证数字证书的权威性、标准化、可执行性；另一种则是社会信用制度健全、认证体系趋近完善的国家通过竞争市场品牌信誉，政府不介入的一种发展模式，如美国的威瑞信公司（VeriSign）等。

（1）认证中心的职能

认证机构的核心职能是发放和管理用户的数字证书。认证中心必须能够做到以下几点。① 用户能够方便地查找各种证书，包括已经撤销的证书。② 能够根据用户请求或其他信息撤销用户的证书。③ 能够根据证书的有效期自动撤销证书。④ 能够完成证书数据库的备份工作。⑤能够有效地保护证书和密匙服务器的安全，特别要保证认证中心的签名密钥不被非法使用。

认证中心的四大具体职能包括证书发放、证书更新、证书撤销和证书验证。

① 证书发放：认证中心接受个人、单位的证书申请，核实申请人的各项资料是否真实，根据核实情况决定是否颁发数字证书。认证中心必须做到：保证所发的证书的序号各不相同；不同的实体所申请的证书的主体内容不一致；不同主体内容的证书所包含的公开密钥各不相同。

② 证书更新：证书使用总是有期限的，在证书发行签字时都规定了失效日期，期限长短根据 CA 安全策略决定。更换过期证书，密钥也需要定期更换。

③ 证书撤销：CA 机构经常公布证书吊销列表 CRL。证书撤销可以有许多理由，如发现、怀疑私钥被泄露或检测出证书已被窜改，则 CA 可提前撤销或暂停使用该证书。

申请撤销。注册用户向 CA 申请撤销其证书。CA 通过认证核实，即可履行撤销职责，并通知有关组织和个人。

证书撤销表（CRL）。CA 要将已撤销证书记入 CRL 并公布，供客户查询。CRL 中应包括撤销证书的名称、撤销时间、证书序列号等。一般情况下，用户的计算机系统会自动查找证书撤销表并下载，检查用户证书吊销情况。

④ 证书验证：证书是通过信任分级层次体系（通常称为证书的树形验证结构）来验证的。每一个证书与签发数字证书的机构的签名证书关联。证书验证方法如下：查看某用户数字证书验证

身份时，通过证书路径检查证书状态是否正常；如果对签发证书的 CA 不信任，可逐级验证上一层次 CA 的身份；验证到相同或公认的权威根认证中心（RCA）证书时，就可以确信该用户证书的合法有效性。

（2）CA 的树形验证结构

下面以认证体系的树形验证结构为例进行讲解，如图 3-3 所示。认证中心根据功能的不同可划分成不同的等级，不同的认证中心负责发放不同的证书。持卡人证书、商户证书、支付网关证书分别由持卡人认证中心（CCA）、商户认证中心（MCA）、支付网关认证中心（PGCA）颁发；而 CCA 证书、MCA 证书和 PGCA 证书则由品牌认证中心（BCA）或区域性认证中心（GCA）来颁发；BCA 的证书由 RCA 来颁发。

图 3-3　认证中心层次结构

RCA 通常使用 2048bit 以上长度的密钥来签发 BCA 的证书，BCA 或更低级别的 CA 均使用 1024bit 的密钥签发证书。如果两个用户持有不同根认证机构签发的证书在网上进行交易，则需要有证书的交叉认证作为保证。

基于 PKI 的 CA 安全认证体系已被国际普遍认可。例如，A 客户的浏览器根证书列表中包含了它所信任 CA 的根证书。当需要验证 B 网站数字证书合法性的时候，A 客户的浏览器首先从根证书列表中查找签发 B 网站数字证书的 CA 根证书。如果该 CA 根证书存在于 A 客户浏览器的根证书列表中并验证通过，则 A 客户的浏览器承认 B 网站的合法身份并正常显示该网页。如果该 CA 根证书不在 A 客户浏览器信任的 CA 根证书列表中，则浏览器会显示警告信息并发生询问。

鉴于 CA 建设的重要性，多数国家都在建立自己的 CA 安全认证体系，但目前还没有国际统一的认证机构。国外著名的认证机构主要有美国的威瑞信和加拿大的 ENTRUST 公司等。

（3）我国的安全认证体系

我国现有的安全认证体系（CA）可分为金融 CA 与非金融 CA 两种类型。在金融 CA 方面，根证书由中国人民银行管理，根认证管理一般是脱机管理，品牌认证中心采用"统一品牌、联合建设"的方针进行。在非金融 CA 方面，最初主要由中国电信负责建设。

我国的 CA 中心又可分为行业性 CA 和区域性 CA 两大类。在行业性 CA 中，中国金融认证中心（CFCA）和中国电信认证中心（CTCA）是影响最大的两家。区域性 CA 大多以地方政府为背景，以公司机制来运作，如上海 CA 中心（SHECA）、北京 CA 中心（BJCA）、广东 CA 中心（GDCA）、深圳 CA 中心（SZCA）等。除了前面这些具有浓厚政府背景的 CA 中心以外，还有少数非政府色彩的商业 CA。这些 CA 大多是自主筹资，如天威诚信等公司。

CA 中心按照技术来源划分还可分为引进国外技术与完全自主开发两类。中国金融认证中心和天威诚信属于前者，中国电信 CA、广东 CA 和上海 CA 都属于后者。CFCA 的 SET 系统早期由 IBM 公司承建，Non-SET 系统由德达/SUN/Entrust 集团承建，天威诚信的技术平台来自 VeriSign，但它们的密码模块都是由国内自主开发的。

（4）著名认证中心介绍

① 威瑞信公司（VeriSign）

威瑞信是美国加州的一家专注于多种网络基础服务的上市公司，是全球最大的 PKI/CA 运营商，1995 年 4 月成立，2010 年 5 月并入赛门铁克公司。该公司将他们的业务统称为"智能基础设施服务"，其中国站点如图 3-4 所示。

作为域名和互联网安全领域的全球领导者，威瑞信实现了全球互联网导航，为全球网站和企业提供保护，确保互联网关键基础设施和服务（包括 .com 和 .net 顶级域名以及两台互联网根服务器）的安全性、稳定性和弹性，发挥着互联网域名系统（DNS）核心根区域维护者的职能。管理和保护超过 1.497 亿个域名的 DNS 基础设施，每天处理超过 1 520 亿个全球在线连接。

图 3-4　威瑞信中国站点主页

威瑞信提供的服务包括 DNS 服务、数字证书、安全服务、支付服务、欺诈检测服务。威瑞信的数字信任服务通过域名登记、数字认证和网上支付三大核心业务，在全球范围内建立起了一个可信的虚拟环境，使任何人在任何地点都能放心地进行数字交易和沟通。

威瑞信在 1995 年成为了第一个提供 SSL 证书的认证授权中心，是全球最大的数字证书认证机构。该公司的数字证书是目前市场上支持最多应用和最多设备的数字证书产品，主要包括：SSL 证书、扩展验证 EV SSL 证书、可信网站站点签章、网站恶意软件扫描、代码签名证书、服务器证书、数字签名证书等安全服务。

威瑞信的数字证书业务是其起家的核心业务。面向网站、软件开发商和个人提供信任服务，签发专门应对网站鉴别和加密的 SSL 服务器证书，具有强大的加密功能和严格的鉴权措施。全球众多知名网站均安装了威瑞信的 SSL 服务器证书加强网站安全防护。

② 中国金融认证中心（CFCA）

中国金融认证中心（CFCA）是经中国人民银行和国家信息安全管理机构批准成立的国家级权威安全认证机构，是国家重要的金融信息安全基础设施之一。在我国《电子签名法》颁布后，

CFCA 成为首批获得电子认证服务许可的电子认证服务机构。

2000 年 6 月，由中国人民银行牵头，按照"统一品牌，联合建设"的指导思想，联合中国工商银行等 14 家全国性商业银行共同建成了国家级的第三方权威金融认证机构——CFCA，其网站主页如图 3-5 所示，由银行卡信息交换总中心承建。CFCA 认证系统采用基于 PKI 技术的双密钥机制，在保证核心加密模块国产化的前提下，通过国际招标建立了具有世界先进水平的认证系统。在管理分工上，中国人民银行负责管理根认证中心 CFCA，并负责审批统一的品牌认证中心，一般离线脱机进行。成员银行接受中国人民银行的委托，建设、运行和管理品牌认证中心，开展对最终持卡人、商业用户和支付网关证书的审批、管理和认证等工作。2011 年，CFCA 电子认证服务系统通过国际权威的 WebTrust 认证。2012 年，CFCA 电子认证服务系统（V2.0）和密钥管理系统（V2.0）通过国家密码管理局的安全性审查和互联互通测试并正式运行，在金融领域率先完成安全基础设施国产算法改造，已经成为国内最大的电子认证服务机构。目前，国内超过 2 400 家金融机构使用 CFCA 的电子认证服务，占中国银行业 98% 的市场份额。

图 3-5　中国金融认证中心（CFCA）主页

CFCA 已经逐步由单一的电子认证服务机构转变为信息安全综合解决方案提供商。公司业务涵盖七大业务板块，即电子认证服务、互联网安全支付、信息安全产品、信息安全服务、大数据服务、互联网媒体及软件测评。

3．数字证书

（1）数字证书的概念

数字证书（Digital Certificate 或 Digital ID）是标志网络用户身份信息的一系列数据，用于证明某一主体的身份及其公钥合法性的一种权威性的电子文档，由权威公正的第三方机构 CA 来签发。数字证书必须具有唯一性和可靠性。为了达到这一目的，需要采用很多技术来实现。数字证书通常除了采用公钥密码体制外，还采用了数字签名、数字信封等技术；包含公开密钥拥有者的姓名、公钥、发证机构名称等信息；发证机构审核证书主体合法后，使用私钥对上述信息进行数字签名，形成正式的数字证书。数字证书可以存储在多种介质上，但将证书对应的私钥存放在智能 IC 卡、USB Key 介质上更为安全。

数字证书颁发过程一般为：① 由用户在线填写数字证书申请表，自己的计算机系统自动生成公钥/私钥对，并将公钥及部分个人身份信息上传给 CA 中心（注：私钥保存在自己的计算机系统中不上传）；② CA 中心对用户身份进行核实，并对用户发送来的信息进行确认；③ CA 中心签发给用户一个数字证书，该证书内包含用户的个人信息和其公钥信息，同时还附有 CA 中心的数字签名信息；④ 用户用保存了相应私钥的计算机系统在线下载安装数字证书。

数字证书有效的条件：① 证书没有过期；② 密钥没有被修改；③ 用户仍然有权使用这个密钥；④ 证书不在 CA 发布的证书撤销表（CRL）中。

小贴士

USB Key 简介：随着电子商务和 PKI 应用的兴起，数字证书作为确认用户身份和保护用户数据的有效手段越来越被人们重视。然而数字证书的保护又是 PKI 体系中最薄弱的环节。数字证书可以保存在各种存储介质上。过去常用的软盘和硬盘不是不便携带就是容易损坏，证书容易被复制或被病毒破坏。虽然一般数字证书都带有口令保护，然而一旦证书被非法复制，整个系统的安全性就降低到仅仅靠口令保护的级别。于是，专门用于存储秘密信息的 USB Key 就成为数字证书的最佳载体。USB Key 是一个带智能芯片、形状类似于闪存的实物硬件，用来保存数字证书和用户私钥，带有 PIN 码保护，并为应用开发商提供符合 PKI 标准的编程接口。用户只能通过厂商编程接口访问数据，保证了数字证书无法被复制。USB Key 的硬件和 PIN 码构成了证书使用的两个必要因子，增强了数字证书的保护能力。

（2）数字证书的作用

数字证书可利用一对互相匹配的公钥/私钥对网络上传输的信息进行加密和解密、数字签名和签名验证，确保网上传递信息的机密性、完整性、交易实体身份的真实性和签名信息的不可否认性。数字证书提供了一种在网上验证身份的方式。交易双方可以将各自的数字证书提供给对方以证实合法身份，从而建立起信任关系。每个用户自己设定一把公共密钥（公钥）并由本人公开，为一组用户所共享，用于加密和验证签名；同时设定一把特定的仅为本人所有的私有密钥（私钥），用它进行解密和签名。当发送一份保密文件时，发送方使用接收方的公钥对数据加密，而接收方则使用自己的私钥解密，确保数据通信安全。

数字证书正在成为互联网上的客户识别和登录标准。目前，大多数商务网站使用用户名和口令的方式来认证身份，这种方式需要站点收集所有注册用户的信息，维护庞大的数据库。同时，这种传统登录机制的安全性也比较脆弱，容易遭到外界的攻击破坏。数字证书的安全与认证功能消除了传统口令机制中内在的安全脆弱性，为每个用户提供唯一的标识，以便利的方式来访问 Web 服务器，降低了网站的维护和支持成本。数字证书现在已经成为服务器认证的标准，有成千上万的商业站点在使用数字证书与客户创建安全的通信通道。

数字证书已经被广泛应用于安全电子邮件发送、安全站点访问、网上证券交易、网上采购招标、网上办公、网上保险、网上税务、网上签约和网络银行等安全电子事务处理和安全电子交易活动领域（见图 3-6）。

（3）数字证书的格式

数字证书的内部格式遵循 X.509 标准。X.509 是由国际电信联盟（ITU-T）制定的数字证书标准。根据这项标准，证书包括证书申请人的信息和证书发行机构的信息，如图 3-7 所示。

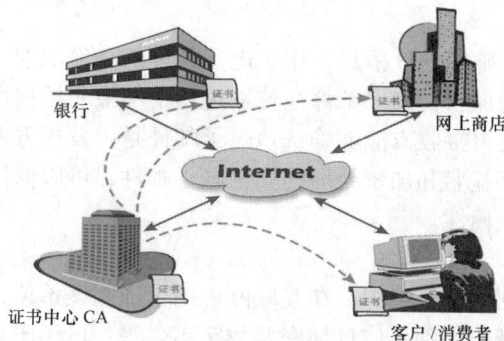

图 3-6　数字证书的应用领域

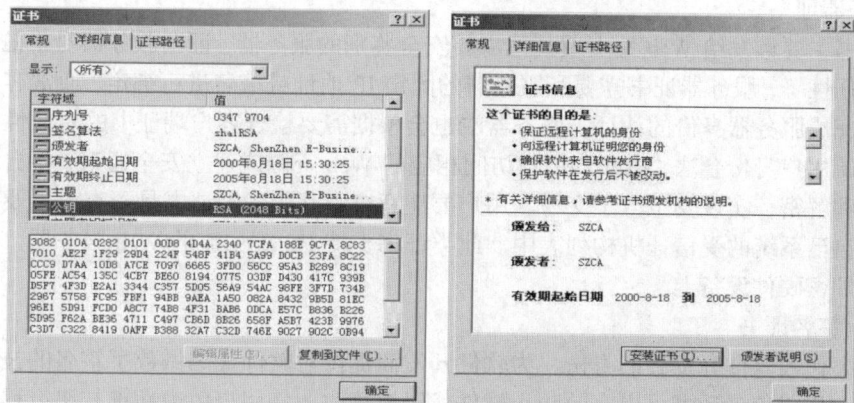

图 3-7　数字证书的格式内容

一个标准的 X.509 数字证书主要包含下列内容。

① 证书拥有者的姓名。证书所有人的名称，命名规则一般采用 X.500 格式。

② 证书的版本信息。用来与 X.509 标准的将来版本兼容。

③ 证书的序列号。每个证书都有一个唯一的证书序列号。

④ 证书所使用的签名算法。目前常用的签名算法有 md5RSA、sha1RSA 等。

⑤ 颁发者。即证书的发行机构名称，命名规则一般采用 X.500 格式。

⑥ 证书的有效期限。一般采用 UTC 时间格式，期限范围为 1950～2049 年。

⑦ 证书主题名称。

⑧ 证书所有人的公开密钥。包括公钥算法、公钥的位字符串表示（只适用于 RSA）。

⑨ 包含额外信息的特别扩展。

⑩ 证书发行者对证书的签名。

（4）数字证书的类型

数字证书按照使用对象划分，主要有个人身份证书、安全邮件证书、单位证书、服务器证书、代码签名证书等类型。

① 个人身份证书

此类证书在网络通信中用来表明证书持有者的个人身份或规定访问在线信息或服务的权利。证书中包含证书持有者的个人身份信息、公钥及证书颁发机构（CA）的签名。个人身份证书主要应用于个人网上交易、网上支付、电子邮件等相关业务中，实现用户身份认证、信息加密和数字签名等功能。

② 安全邮件证书

此类证书中包含用户的邮箱地址信息，用于电子邮件的身份识别、数字签名、加密；可用于对电子邮件的内容和附件的加密，确保邮件在传输过程中不被非授权用户截取、阅读和篡改；可以对电子邮件进行签名，使得接收方能够确认该电子邮件是由发送方发送的，并且在传送过程中未被篡改。因此，使用数字签名和加密处理的安全电子邮件，可以保证电子邮件的安全机密性、发件人身份真实性和不可抵赖性。

③ 单位证书

这类证书颁发给独立的单位、组织，在互联网上用于证明该单位、组织的身份；可以进行单位、组织对外网络业务的身份识别、信息加密及数字签名等；可用于单位安全电子事务处理的各种具体应用，如安全电子邮件传送、网上公文传送、网上签约、网上招标投标和网上办公系统等。

④ 服务器证书

此类证书主要颁发给 Web 站点或其他需要安全鉴别的服务器，证明服务器身份的真实性、安全性和可信任性等，服务器证书需要和服务器的固定 IP 地址或域名进行绑定。通常客户端网络浏览器会自动完成服务器身份的认证，服务器端也会根据需要检查客户端证书的有效性。一旦服务器确信客户端用户身份合法，将允许用户访问相应的 Web 资源或建立安全通道，将自动对传输数据进行加密和解密，实现安全电子交易。用户要注意查看此服务器证书是否有效以及证书的颁发机构是否在自己系统的受信任机构列表中。此类证书支持 IIS 等主流的 Web 服务器，可存放于服务器硬盘或加密硬件设备上。

⑤ 代码签名证书

此类证书代表软件开发者的身份，为软件开发商提供对软件代码做数字签名的技术，证明软件的合法性。代码签名证书可以有效防止软件代码被篡改，使用户免遭病毒与黑客程序的侵扰，同时还可以保护软件开发商的版权利益。最终，使用户在下载具有代码签名的软件时，可以确信软件的来源和软件的完整性。

数字证书等身份认证技术解决了网络身份真实性的安全要求。对于信息完整性的要求则需通过信息认证技术（如数字摘要、数字签名和数字时间戳等）加以解决。信息认证在有些情况下比信息保密更重要，处于首要地位。例如，有些交易的具体内容并不需要保密，只需要能够确认是对方发送或接收了交易信息这一事实，同时还能确认接收的信息在通信过程中没有被篡改，网络广告信息的接收方主要关心信息的真实性和来源的可靠性。

（5）免费试用证书

国内外部分 CA 机构在提供正式数字证书的同时，也提供免费或试用版数字证书。这些证书可在线直接申请，用于练习和测试等目的，无须后台严格审核，无法律效力。

提供免费试用版数字证书的部分 CA 网站如下：① 中国数字认证网：为个人或非营利性机构提供有效期限为一年免费试用数字证书，同时也提供 30 天的免费临时测试证书。ca365 网站为中国学生提高数字证书以及安全电子邮件的操作技能做出了重要贡献。② 美国威瑞信公司：提供服务器免费试用证书（Free SSL Trial Certificate）。

4．数字摘要

（1）数字摘要的概念

所谓数字摘要（Digital Digest），是指通过单向 Hash（哈希）函数将整个原文信息"摘要"而成一串固定长度的摘要信息串，是一项用来保证信息完整性的技术。不同的原文所产生的数字摘要总是不相同的，相同的原文其摘要必定一致。Hash 算法是单向的，一旦数据被转换，即使知道了数字摘要也不能反推出原文。数字摘要类似于人的指纹，因此我们也称之为"数字指纹"。

可以通过数字摘要鉴别其原文的真伪，只有数字摘要完全一致，才可以证明信息在传送过程中没有被篡改。数字摘要技术的应用使交易信息的完整性要求得以保证。

（2）数字摘要的使用过程

数字摘要的使用过程是：① 发送方对原文使用单向 Hash 函数得到数字摘要；② 发送方将数字摘要与原文一起发送给接收方；③ 接收方将收到的原文应用单向 Hash 函数产生一个新的数字摘要；④ 将新的数字摘要与发送方发来的数字摘要进行比较，若两者相同则表明原文在传输中没有被篡改，否则就说明原文被篡改过。

（3）数字摘要技术的应用

MD5 和 SHA-1 曾经是应用最为广泛的两种 Hash 函数算法，是各种信息安全体系所依赖的"大厦基石"。

MD5 诞生于 1991 年，全称是"Message-Digest Algorithm（信息摘要算法）5"，是由国际著名密码学家、RSA 的创始人 Ron Rivest 发明的。在 MD5 之前已有 MD2、MD3 和 MD4 几种算法，MD5 克服了 MD4 的缺陷，生成长度为 128bit 的摘要信息串，迅速成为主流算法流行多年。近年来，该算法有逐步被淘汰的趋势。

SHA 诞生于 1993 年，也称安全哈希算法（Secure Hash Algorithm），是由美国专门制定密码算法的标准机构——美国国家标准技术研究院（NIST）与美国国家安全局（NSA）设计的。SHA（后来被称作 SHA-0）于 1995 年被 SHA-1 替代，而 SHA-1 生成长度为 160bit 的摘要信息串。虽然之后又出现了 SHA-224、SHA-256、SHA-384 和 SHA-512 等被统称为"SHA-2"的系列算法，但目前仍以 SHA-1 为主流。

MD5 和 SHA-1 常见的应用如下：Unix 系统及不少论坛/社区系统的口令都是经 MD5 处理后保存其数字摘要信息串的；在互联网下载文件时使用 MD5 信息摘要技术来验证所下载文件与原文件的一致性，以此来保证文件信息的完整性。MD5 和 SHA-1 还常被用来与公钥技术（如 RSA 算法等）结合创建数字签名。目前几乎所有主要的信息安全协议中都使用了 SHA-1 或 MD5，包括 SSL、TLS、PGP、SSH、S/MIME 和 IPSec。MDS 和 SHA-1 两大算法已经成为数字签名的关键技术，被广泛应用于网上银行等金融业务领域。

5．数字签名

（1）数字签名的概念

在电子商务活动中，参与交易的各方可能在整个交易过程中自始至终不见面，传统的签字方式很难应用于这种网上交易。在网络传送的报文上如何签名盖章呢？如何使彼此的要约、承诺具有可信赖性？当债务与合同义务发生不履行时，又如何有效地使违约方承担起应负的法律责任？这就是数字签名技术要解决的问题。

数字签名（Digital Signature），也叫电子签名，是指数据电文中以电子形式所含、所附用于识别签名人身份并表明签名人认可其中内容的数据。这里的数据电文是指以电子、光学、磁或者类似手段生成、发送、接收或者储存的信息。数字签名建立在公钥加密体制基础上，是公钥加密技术的另一类应用。它把公钥加密技术和数字摘要结合起来，形成了实用的数字签名技术。完善的数字签名技术具备签字方不能抵赖、他人不能伪造、在公证人面前能够验证真伪的能力，在电子商务安全服务中的源鉴别、完整性服务、不可否认性服务方面有着重要的意义。

（2）数字签名的作用

在书面文件上亲笔签名或盖章，是传统商务中确认文件真实性和法律效力的一种最为常用的手段。传统亲笔签名的作用有两点：① 因签名难以否认，从而确认文件已签署这一事实；② 因签名不易仿冒，从而确定了文件是真的这一事实。

数字签名的作用表现在：① 确认当事人的身份，起到了签名或盖章的作用；② 能够鉴别信息自签发后到收到为止是否被篡改。

数字签名近年来在一些发达国家的电子合同、金融电子化系统中得到广泛的应用。《中华人民共和国电子签名法》早已于 2005 年 4 月 1 日起正式施行，数字签名与传统手工签名或印章具有同样的法律效力，可以作为信息收发双方对某些有争议信息进行仲裁的法律依据。以联想集团为例，未采用电子签名之前，在联想庞大的 MIS 系统中，一份合同的生效需要通过接收传真、确认、盖章、回函（传真或 EMS 快递），总耗时大概为两周，而采用电子签名系统之后，一份合同从提交到生效，整个过程可在半天内完成，极大地提高了商务运作的效率。

（3）数字签名及验证的过程

数字签名和验证如图 3-8 所示。具体步骤如下。① 文件的发送方从原文中生成一个数字摘要，再用自己的私钥对这个数字摘要进行加密来形成发送方的数字签名。② 发送方将数字签名作为附件与原文一起发送给接收方。③ 接收方用发送方的公钥对已收到的加密数字摘要进行解密。④ 接收方将收到的原文用 Hash 函数生成新的数字摘要。⑤ 将解密后的发送方数字摘要与接收方新生成的数字摘要进行对比。如果两者相同，则说明信息完整且发送者身份是真实的，否则说明信息被篡改或不是该发送方发送的。

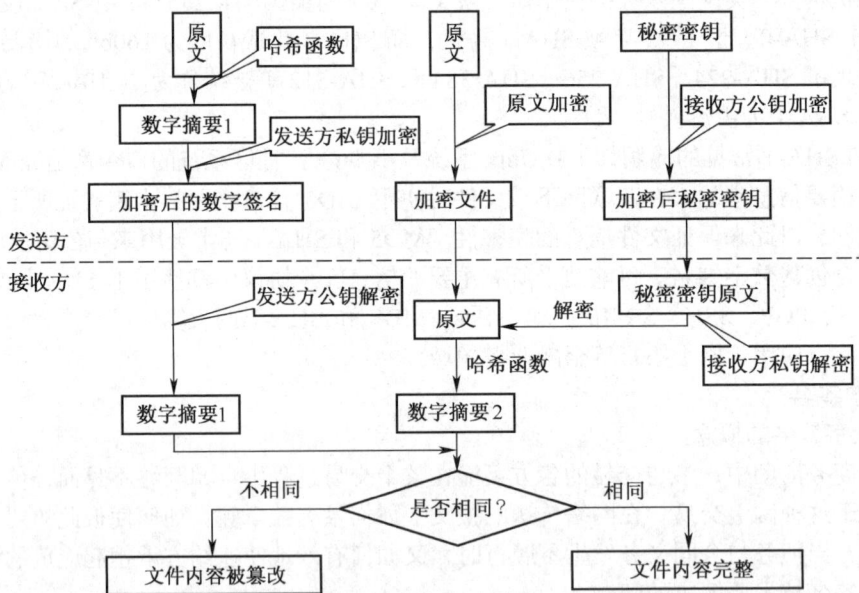

图 3-8　数字签名示意图

由于发送方自己管理使用私钥，其他人无法仿冒使用，因此，一旦发送方用自己的私钥加密发送了信息就不能否认。所以，数字签名同时解决了电子商务信息的完整性鉴别和不可否认性（抵赖性）两项安全问题。

6. 数字时间戳

在电子交易文件中，时间和签名同等重要，都是十分重要的防止被伪造篡改或抵赖的关键内容。为了防止交易方事后发生抵赖行为，不仅需要对交易数据进行数字签名，还要保证此交易数据在某一时间（之前）的存在性。这通常要借助数字时间戳来解决。数字时间戳（Digital Time-Stamp，DTS）技术可用来证明某个事件发生在某个特定时间，是支持不可否认服务的一项关键技术。

由于用户桌面时间很容易改变，由此产生的时间戳不可信赖，因此需要一个可信任的第三方时间戳权威（TSA）来提供可信赖的且不可抵赖的时间戳服务。TSA 的主要功能是提供可靠的时间信息，证明某份文件（或某条信息）在某个时间存在，防止用户在这个时间前或时间后伪造数据进行欺骗活动。

数字时间戳产生的过程一般是：① 用户首先将需要时间戳的文件用 Hash 函数得到数字摘要；② 然后将数字摘要发送到专门提供数字时间戳服务的 TSA；③ TSA 在原数字摘要上加上收到的时间信息，代入 Hash 函数得到新的数字摘要；④ TSA 用自己的私钥对新的数字摘要进行加密，产生数字时间戳发还给用户；⑤ 用户可以将收到的数字时间戳发送给自己的商业伙伴以证明信息的发送时间。

可见，数字时间戳是经加密后形成的凭证文档，包括 3 个部分：① 需加时间戳的文件的数字摘要；② TSA 收到文件摘要的日期和时间；③ TSA 的数字签名。

实例 3-1　DocuSign 电子合同管理平台介绍

DocuSign 是美国的一家电子签名解决方案和数字交易管理的云平台，其主要业务是帮助公司用户在网上迅速获取具有法律效力的电子签名，为客户带来简便、快捷、安全的发送，以及文件签名、追踪和保存等服务，帮助用户实现文件从数据收集到交易完结全过程的自动化管理。

DocuSign 具有以下特点。

● 签署多级认证：签署前签署者需要进行多级身份认证，如访问代码认证、联合身份认证、地址位置等。

● 快速执行合同：用户只需通过智能手机或平板电脑，在几分钟内即可完成手写签名，免除了用户要通过传真或邮件签名的麻烦。

● 简化流程：步骤简化为 Send（发送）、Sign（签字）、Store（存储）三步。可构建端到端的在线流程，预设发送路径和批准流程，为签署权限分配不同的角色和访问权限，简化合同签署操作。

● 合同表单集成：表单字段与第三方系统服务集成，实现数据关联和验证，简化签名输入数据流程，业务逻辑自动化。

● 多种签名方式：支持远程和个人移动签名、离线签名、移动应用设备签名等。同时，还通过数字签名方式，帮助企业用户在线获取具有法律效力的电子签名，并验证用户的真伪。

● 降低成本：减少了合同打印、传真、扫描、快递等环节，降低了获取信息和签名的成本。

● 降低风险，提升合规性：提供全面的评估记录，帮助企业推行内部政策、签名等级和授权，并安全保存文档，从而降低风险。

● 预留集成或 API 接口：可将电子签名请求连接到现有系统进行集成，例如 ORCLE、SAP 等。

● 安全合规：通过国际信息安全认证标准（即 ISO 27001、SSAE 16），并每年接受第三方评估。

第三部分 │ 课题实践页

一、实训题

实训 3-1　免费个人数字证书的申请与安装

1. 免费个人数字证书说明

中国数字认证网为个人或非营利性机构在线提供免费数字证书，供用户学习使

用。免费试用数字证书的最大有效期限为 1 年，申请人不需要支付证书使用费。证书申请和发放采用在线处理的方式，用户可以在线完成证书的自助申请，并将证书下载安装到自己的计算机系统或数字证书存储介质中。免费数字证书所包含的内容未经 CA 机构审核，不提供任何信用等级的保证，不适用于需要确认身份的商业行为，也不应该作为任何商业用途的依据，无法律效力，仅供测试和初学者学习使用。

2．实训目的和内容

①掌握免费个人数字证书申请业务流程；②掌握证书的下载和安装方法；③掌握数字证书的导入和导出方法。

3．实训操作指导

（1）免费数字证书的申请安装操作

① 访问中国数字认证网主页，如图 3-9 所示，选择"免费证书"栏目的"根 CA 证书"。如果是第一次访问该网站申请证书，需要先下载并安装根 CA 证书。

② 下载并安装根证书。只有安装了根证书链的计算机，才能完成网上申请的步骤和正常使用证书。安装证书时会出现"下载文件——安全警告"对话框，单击"选择"打开"rootFree.cer"，出现如图 3-10 所示页面。单击"安装证书"按钮，根据证书导入向导提示，完成导入操作。

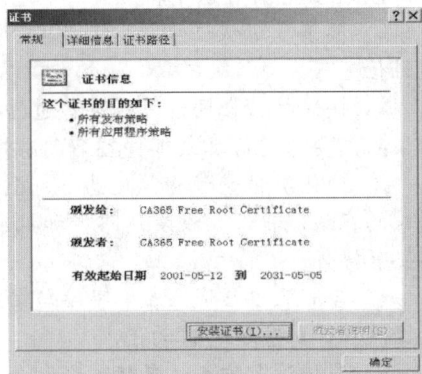

图 3-9　中国数字认证网主页　　　　　图 3-10　下载并安装根证书

③ 在线填写并提交申请表。在图 3-9 所示的页面中，在"免费证书"栏目下的"用表格申请证书"，填写申请表（见图 3-11）。用户需要填写的一系列识别信息，包括：名称（要求学生填写真实姓名）、公司（学生可填写学校名称）、部门（学生可填写所在系部或专业等）、城市、省份、国家（地区）、电子邮箱（申请电子邮件保护证书必填项，且必须与使用的邮箱地址一致，否则会影响安全电子邮件的正常使用）、证书期限（默认一年）、证书用途（选择"电子邮件保护证书"）、密钥选项（可以选择"Microsoft Base Cryptgraphic Provider v1.0"；如果显示"正在加载"，建议由学校计算机机房管理员统一在学生计算机客户端打上补丁）、密钥用法（可以选择"两者"）、密钥大小（可填写"1024"）等，其他项目默认。注意要勾上"标记密钥为可导出""启用严格密钥保护""创建新密钥对"等项。

单击图 3-12 右上角的"提交＞"按钮后，会出现多个弹出提示窗口要求确认。同意网站申请信证书的请求；将私钥的安全级别设为中级，在"正在创建新的 RSA 交换密钥"的提示框中单击"确定"按钮，如图 3-12 所示。

④ 下载安装数字证书。提交申请表后，证书服务器系统将立即自动签发证书，如图 3-13 所示。用户单击"直接安装证书"按钮开始下载安装证书，直到出现"安装成功！"的提示。

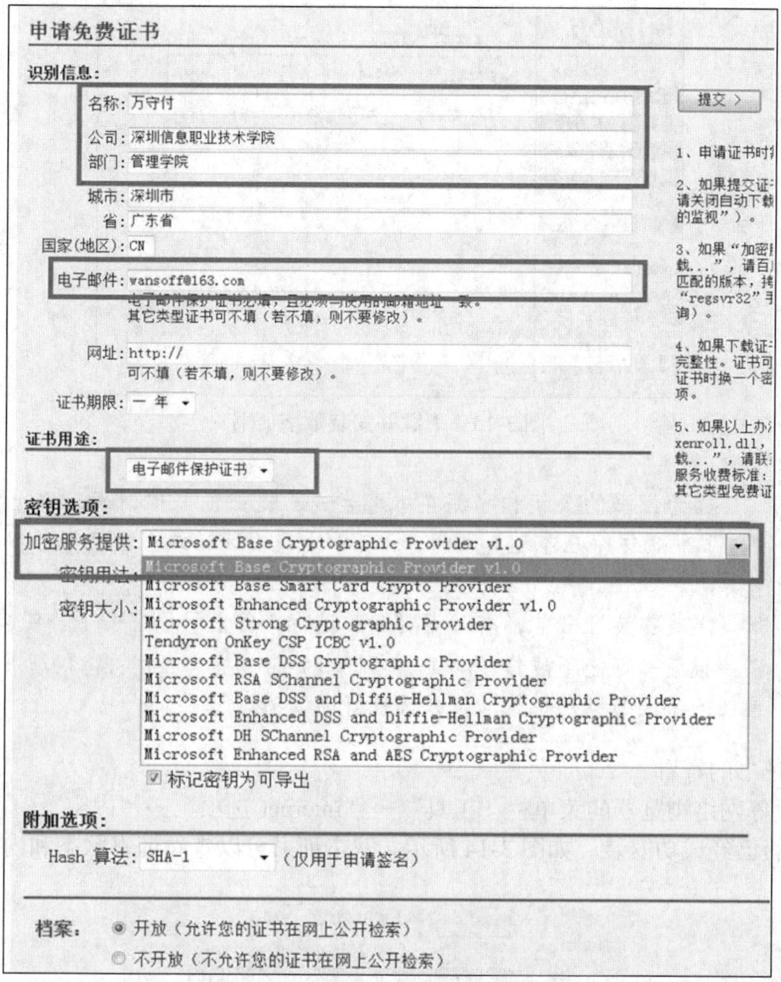

图 3-11　填写个人数字证书申请表

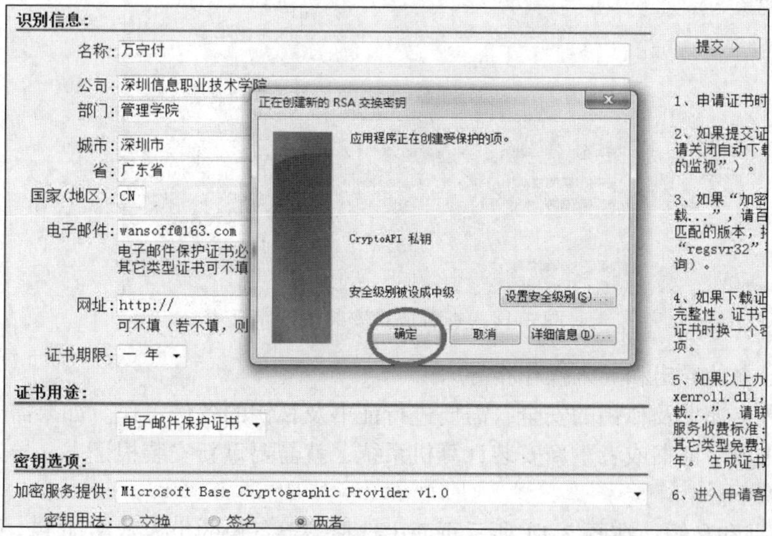

图 3-12　"正在创建新的 RSA 交换密钥"的提示框

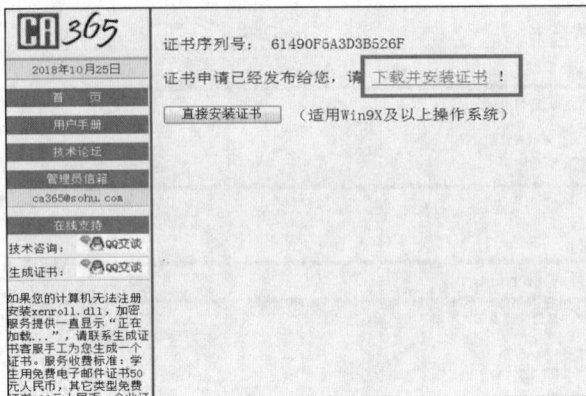

图 3-13　下载并安装数字证书

> **特别提醒**
> 因为证书的公钥和私钥在本地生成，提交证书申请表时仅上传了证书的公钥，私钥仍保存在本地，因此，证书的下载安装必须在提交证书申请表的同一台计算机上进行。
>
> 下载安装证书前，有时需要卸载迅雷，防止干扰证书下载安装。
>
> 根证书可能不被信任导致数字证书异常。解决办法：将根证书文件导入"受信任的根证书颁发机构"，并设置好高级项。

（2）数字证书的查看

在微软 IE 等网络浏览器的菜单栏"工具"→"Internet 选项"→"内容"→"证书"中，可以看到证书是否已经成功安装，如图 3-14 所示。双击证书可以查看证书状态和内容。

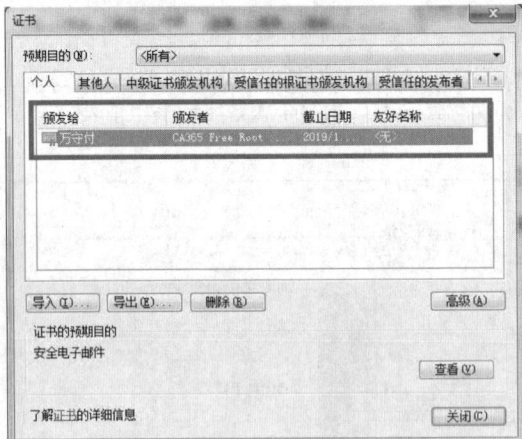

图 3-14　查看成功安装的数字证书

（3）数字证书的导出和导入操作指导

为了保护数字证书及私钥的安全，需要进行证书及私钥的备份工作。如果需要在不同的计算机上使用同一张数字证书或者重新安装计算机系统，就需要重新安装根证书、导入个人证书及私钥，具体步骤如下。

① 备份证书和私钥。在图 3-14 所示页面中选择需要备份的个人数字证书，单击"导出"按钮→出现"证书导出向导"，单击"下一步"按钮→可以选择将私钥跟证书一起导出，选择"是，

导出私钥"，单击"下一步"按钮→选择文件导出格式，可以选择默认选项，单击"下一步"按钮→键入并确认保护私钥的口令（记住自己设置的口令），单击"下一步"按钮→单击"浏览"按钮确定证书及私钥导出保存的路径和文件名（文件扩展名为.pfx），单击"下一步"按钮→提示"你已经成功完成证书"的导出操作，单击"完成"按钮→提示证书导出成功，单击"确定"按钮，证书成功被导出。文件图标中带一把钥匙。

② 导入证书及私钥的操作步骤。如果某台计算机系统中没有安装数字证书，可以打开图 3-14页面，单击"导入"按钮→出现"证书导入向导"，单击"下一步"按钮→单击"浏览"按钮确定证书及私钥文件的保存路径，查找到扩展名为".pfx"的证书备份文件并打开，单击"下一步"按钮→键入保护私钥的口令，选择"启用强私钥保护"，单击"下一步"按钮→选择证书存储区域，单击"下一步"按钮→提示证书导入成功，单击"确定"按钮，证书及私钥成功被导入。

实训 3-2　Outlook 2016 签发安全电子邮件

1. 安全电子邮件简介

电子邮件已经成为企业级商务应用中非常重要和不可缺少的网络通信工具。由于商务邮件的内容可能涉及非常机密的商业信息，因此，就会有人非法窃取或篡改邮件，或伪造合法身份发送邮件。常用邮件系统所采用的 Web 方式登录使用用户名/口令进行简单认证，非法用户很容易冒用他人身份登录，查阅和发送电子邮件。另外，电子邮件一般都是明文传输，使得窃取或篡改邮件内容等非法行为容易得逞。目前，只有少数电子邮件服务商为用户的邮箱登录提供 SSL 协议的安全保密通信，但这也仅仅保护了邮件在传输过程中的安全，而不能保证明文邮件在邮件服务器端和客户端存储的安全性。

使用安全电子邮件技术可以保护用户的邮件安全。S/MIME, Secure/Multipurpose Internet Mail Extensions，是互联网中用来发送安全电子邮件的协议，它为电子邮件提供了数字签名和加密功能。为了收发安全电子邮件，必须使用能够支持 S/MIME 功能的电子邮件客户端工具。Outlook 2016 就是常用的电子邮件客户端软件，支持数字证书对邮件进行签名和加密。

发送签名邮件，必须使用发件人的数字证书私钥进行签名。流程如下：发件人动用私钥对邮件进行签名；签名邮件会同时将发件人的数字证书（含公钥）附在电子邮件中发送出去；收件人查看签名邮件中的发件人数字证书，从而可以确定发件人身份的真实性。但是，签名邮件仍无法保护信息内容的隐私，第三方窃密者仍可以读取邮件正文内容。

加密邮件意味着只有指定的收件人才能阅读该邮件的内容和附件。发送加密邮件，必须使用收信人的数字证书公钥来加密邮件信息；收件人接收邮件后，必须由相应的私钥解密邮件。

数字签名邮件在商务应用中比较规范，根据《中华人民共和国电子签名法》第十四条规定：可靠的电子签名与手写签名或者盖章具有同等的法律效力。即当交易双方发生纠纷时，数字签名邮件可以作为正式的法庭庭证，具有即时通信工具或普通邮件所不具备的优势。目前企业面临的安全隐患很多是因电子邮件操作使用不当而起的。企业商务人员应该养成良好的安全意识和习惯，熟练掌握安全电子邮件操作技能。

2. 实训目的和内容

① 掌握电子邮箱及数字证书的配置方法；② 掌握 Outlook 2016 选项的安全项配置方法；③ 掌握数字签名邮件的收发操作方法；④ 掌握加密邮件的收发操作方法。

3. 实训操作指导

（1）电子邮箱账户属性的安全项设置

① 在 Outlook 2016 中查看电子邮件。在前面的实操项目中，我们已经掌握了 Outlook 2016

收发电子邮件的参数配置，也掌握了数字证书的导入技能。在此基础上，我们继续进行下面的操作。首先，运行 Outlook 2016，进入邮件管理界面，如图 3-15 所示。

图 3-15　Outlook 2016 的邮件管理界面

② 信任中心属性设置。在 Outlook 2016 左上方"文件"菜单下选择"选项"，进入"Outlook 选项"，选择"信任中心"，单击进入"信任中心设置(I)..."，如图 3-16 所示。

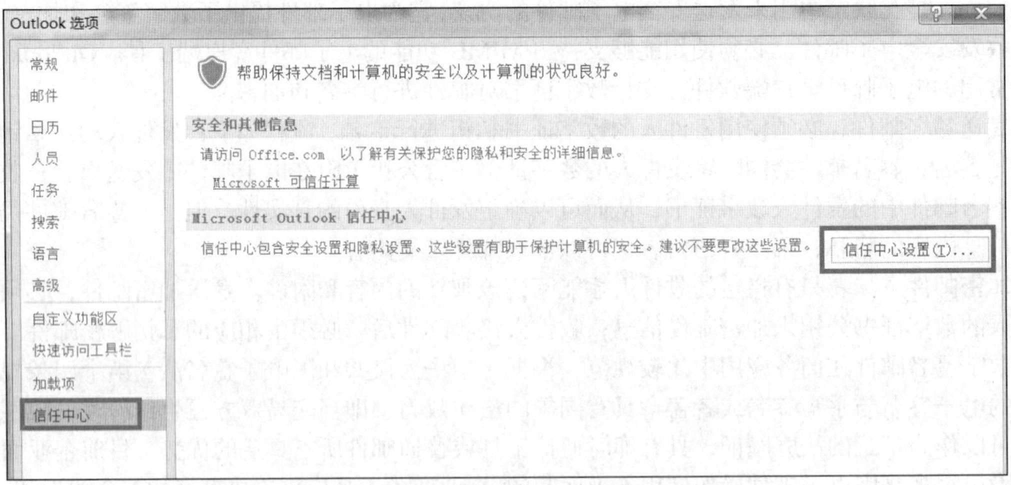

图 3-16　Outlook 选项下的信任中心设置

③ 进行电子邮件安全性设置。在"信任中心"页面，选择"电子邮件安全性"，如图 3-17 所示。在"给待发邮件添加数字签名(D)""对所有 S/MIME 签名邮件要求 S/MIME 回执(R)"选项前面打钩。然后，单击右侧的"设置(S)..."按钮，进入"安全设置首选参数"页面。

④ 进行安全设置首选参数设置。在图 3-18 中，分别单击右侧的"选择(C)..."和"选择(H)..."，分别选择"签名证书"和"加密证书"。加密证书是提供给别人，方便别人向自己发送加密邮件用的。

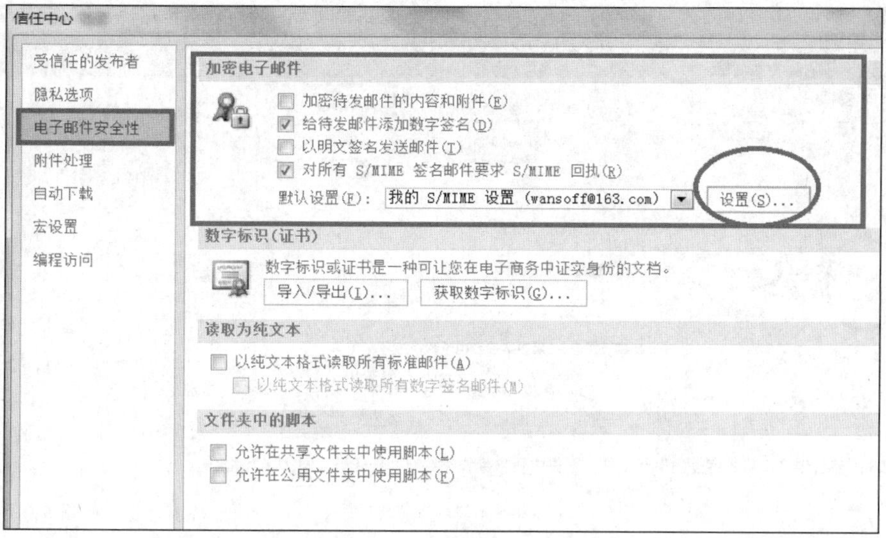

图 3-17　加密电子邮件选项设置

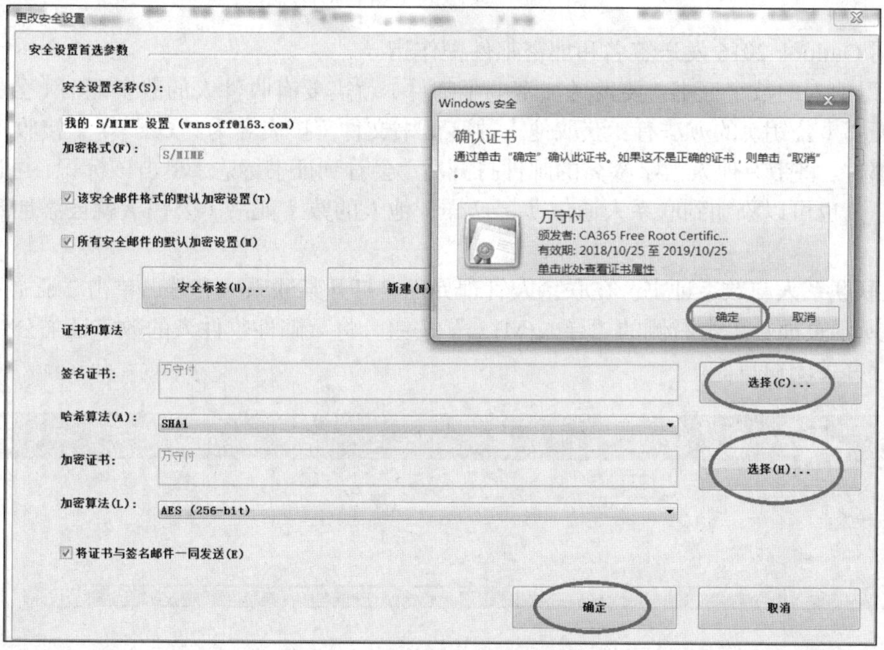

图 3-18　安全设置首选参数设置

> 提示　如果此处发现不了数字证书,可能的原因包括:数字证书及私钥没有导入;没有安装上级根证书;数字证书主题中的电子邮箱地址与现配置的邮箱地址不一致等。

（2）用 Outlook 2016 发送数字签名邮件操作指导

在 Outlook 2016 的左上角的"开始"菜单下,单击"新建电子邮件"按钮。在新邮件创建页面中,选择收件人电子邮箱地址,按照规范的要求填写邮件主题,撰写新邮件内容。从上面的"选项"页面中,选中"权限"按钮右边的"签署",然后单击"发送"按钮发送邮件（见图 3-19）。

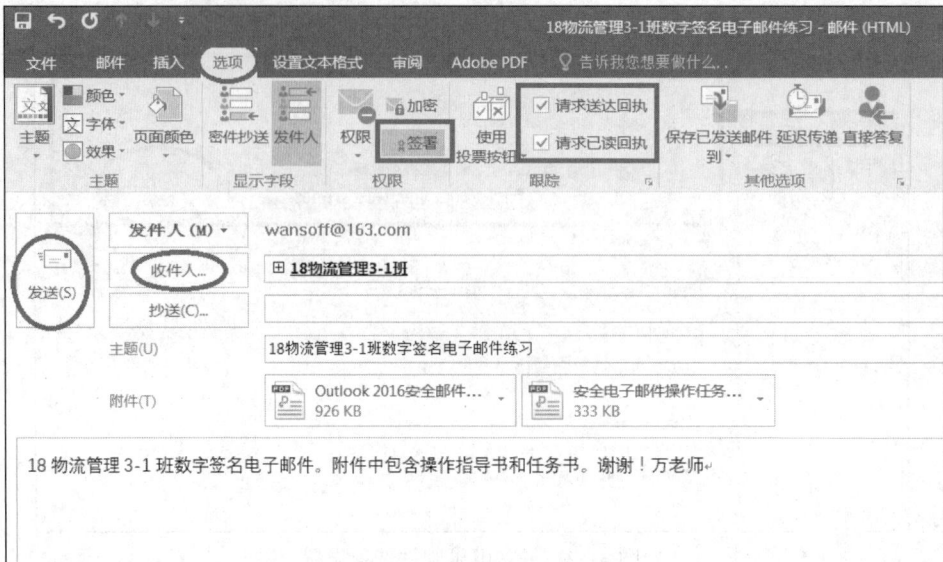

图 3-19　发送数字签名邮件

（3）用 Outlook 2016 发送签名和加密邮件操作指导

① 获得他人的数字证书。要发送加密电子邮件，就需要有收件人的数字证书（公钥）。获得他人数字证书（公钥）的方法有：获取他人数字证书文件（扩展名为".cer"）；接收带有他人数字签名的邮件。将带有他人数字签名的邮件打开后，会看到证书标志。单击该标识，可以查看"发件人证书"，也可以添加到联系人通信簿，这样，他人的数字证书（公钥）就被添加到你的通信簿中了。

② 关联联系人与数字证书。在联系人管理界面，打开某联系人名片，单击"证书"按钮，进入图 3-20 所示页面；单击右侧的"导入(M)…"按钮，将某邮件收件人的数字证书公钥文件导入绑定；保存并关闭窗口。

图 3-20　在联系人名片中绑定数字证书

③ 给他人发送签名并加密邮件。在安装了发件人数字证书私钥，同时又获得收件人数字证书公钥后，可以同时发送签名和加密电子邮件。在 Outlook 2016 的开始菜单下，单击"新建"邮件按钮，在新邮件创建页面中，选择某收件人的电子邮箱地址，按照规范的要求填写邮件主题和内容。从上面的"选项"菜单中，选中"加密"和"签署"两项，同时"请求送达回执"和"请求已读回执"；检查无误后，单击左侧的"发送(S)"按钮；然后，在"申请使用密钥的权限"弹框中，选择"授予权限"选项，动用私钥完成电子签名，发出电子邮件（见图 3-21）。

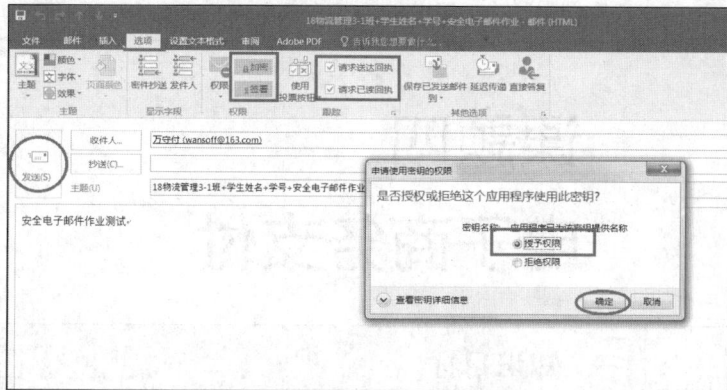

图 3-21　发送签名和加密邮件

④ 班级实验小组成员或同学间（也可以是学生自己的两个邮箱间）相互发送签名、加密邮件。熟练操作后，按照老师的任务书要求发一封安全电子邮件给老师，作为成绩评定的依据。

二、思考练习题

阅读教材，思考如下问题，组织小组讨论，团队分享自己的观点。

（1）电子商务的安全性要求及技术措施有哪些？
（2）比较对称加密技术和非对称加密技术的优缺点。
（3）简述身份认证的基本方式及双因子认证。
（4）认证中心的概念及基本职能有哪些？
（5）简述数字证书的概念、类型及作用。
（6）理解数字摘要的概念及使用过程。
（7）理解数字签名的概念和作用。
（8）简述 SSL 协议提供的基本安全服务功能。

三、实践练习题

（1）通过互联网检索本年度全球发生的重大网络安全事件。
（2）访问中国数字认证网，在线申请免费数字证书，熟练掌握数字证书的备份与导入操作。
（3）访问亚马逊中国网站，单击网络浏览器地址栏右侧的"安全报告"图标（金黄色的锁）访问网站标志，查看该网站服务器数字证书和发证机构，来判断网站是否为一个合法的站点。
（4）下载安装互联网上免费的电子印章软件，模拟进行电子合同文档的电子印章操作。
（5）配置好 Outlook 2016 等电子邮件客户端工具，在资源管理器中，使用鼠标右键菜单中的"发送到"→"邮件接收者"，将多个指定的文章发送到自己的电子邮箱。
（6）各院校利用自己所拥有的网络资源和模拟系统，进行数字证书在线申请、CA 后台业务管理操作。（选做）
（7）使用 Outlook 2016 等邮件客户端软件，反复练习给自己发送签名和加密的安全电子邮件，熟练掌握相关技能。
（8）尝试把 IE 浏览器中自己的数字证书删除（预先一定要做好私钥文件备份），再看看邮件客户端工具中收到的加密邮件是否能够正常显示。再测试一下，将你收到的加密邮件导出另存后复制到其他人的计算机上，看能否正常显示。

课题四
电子商务支付

知识目标

> 了解传统支付的几种方式及其优缺点
> 理解电子支付与网上支付的概念
> 了解网上银行的概念与转账支付的流程
> 理解第三方支付与电子钱包的概念

技能目标

> 掌握银行卡在线安全操作技能
> 掌握在线支付的安全保证措施
> 掌握网上银行转账支付操作技能
> 掌握电子钱包在线支付操作技能

建议学时

8 学时

第一部分 | 案例与分析

案例 4-1 招商银行的网上银行建设

招商银行(简称招行)成立于 1987 年 4 月,总行设在深圳,是我国第一家完全由企业法人持股的股份制商业银行,其网站主页如图 4-1 所示。经过 30 年多的发展,招商银行已从当初偏居深圳蛇口一隅,只有资本金 1 亿元、1 个网点、30 余名员工的区域性小银行,发展成为有一定规模与实力的大银行,逐渐形成了自己的经营特色和优势,形成了立足深圳、辐射全国、面向海外的机构体系和业务网络。截至 2017 年年底,招商银行境内外分支机构逾 1 800 家,在国内 130 余个城市设立了服务网点,拥有 6 家境外分行和 3 家境外代表处,员工达 7 万多人;市值已突破 7 100 亿元,位居全球上市银行第 11 位;资产规模稳步增长,盈利能力持续强劲,利润增速位居行业前列。2017 年,招商银行资产总额为 65 373.40 亿元,但净利润已经达到 447.56 亿元,增

速高达 14%。利润占收入的比例从 2009 年的 12%一路提升到 2017 年的 44%。该行多次荣获"亚太区最佳零售银行"等荣誉。

图 4-1　招商银行网站主页

案例分析

招商银行在 30 多年的发展过程中，经历过三次重大转型。

（1）开启零售金融转型的 1.0 时代

1995 年 7 月，招商银行在深圳推出"一卡通"银行借记卡，被誉为我国银行业在个人理财方面的创举，引领中国银行业从存折时代进入银行卡时代，开启了零售金融转型的 1.0 时代。"一卡通"银行借记卡集多币种、多储种存折和存单于一身，具有使用安全、简便、高效等特点。截至 2017 年底，招商银行累计发卡量超过 1 亿张，成为国内继工商银行和建设银行之后第三家累计发卡破亿的银行。

（2）引领零售金融进入 2.0 时代

招商银行较早就深刻认识到，发展网上银行是起步晚、规模小的商业银行缩短与国内外商业银行差距的有效途径。1997 年开始，招商银行把目光投向了刚刚兴起的互联网，推出"一网通"系统并迅速取得了网上银行发展的优势地位。"一网通"的成功推出标志着招商银行在银行电子化建设方面开始追赶国际水平，从而确立了招商银行在国内网上银行领跑者的地位，使招商银行在一定程度上摆脱了网点较少对规模发展的制约，可以在物理网点的经营建设上节省大量的人力和财力支出，使招商银行在网络经济时代实现传统银行业务与网上银行业务的有机结合，为其进一步加快发展步伐奠定了坚实的基础。经过多年的快速发展，"一网通"已构建起由网上企业银行、网上个人银行、网上商城、网上证券和网上支付等组成的较为完善的网上金融服务体系。互联网给招商银行提供了千载难逢的机遇，互联网跨越时空的特性，为招商银行建立核心竞争优势提供了有力的支撑。

2004年，招商银行明确提出了"将零售银行业务作为发展的战略重点，逐步推进零售银行业务管理体系和组织架构变革"。到2010年，招商银行正式实施"二次转型"。此时，国内大部分银行迫于经营环境的剧变，才纷纷从原先普遍倚重的高收益、高产出的对公业务向零售业务转型。然而，此时的招商银行在零售业务方面早已大幅度领先于同行，在国内市场上已经形成了客户、产品、渠道、品牌等差异化优势。

21世纪的前10年，招商银行抓住我国居民家庭资产快速增长的机遇，以月活跃用户数指标代替储蓄存款为核心指标，搭建财富管理经营体系，引领零售金融进入2.0时代。

2014年前后，招商银行正式提出了"一体两翼"战略，以零售金融为主体，公司金融和同业金融为两翼，打造"轻型银行"。2016年，招行零售金融业务便在贷款余额、营业收入、税前利润三个指标上取得了十分喜人的成绩，完成了向零售银行的蜕变。

（3）推动零售金融3.0的布局和转型

在互联网时代，用户越来越向移动端转移。招商银行精准预判并提早布局了智能手机带来的场景大迁徙，更是看到了依托App生态实现零售业务非线性增长的巨大潜力，及早进行布局和转型，继续推动零售金融进化历程，实现从"卡时代"向"App时代"的大迁移。

在2015年，招商银行就实施了"移动优先"策略，加大投入、集中打造个人用户"招商银行""掌上生活"两大App。经过3年多的努力，这两大App已成为招商银行连接用户的最主要的载体和零售经营平台，不仅能给用户提供更多的服务功能，还能推动整个零售经营方式的变革。截至2018年6月底，招商银行零售电子渠道综合柜面替代率已达98.24%，可视化设备柜面业务分流率达87.64%，批发电子渠道交易结算替代率达91.63%，分别呼应了招商银行构建的"网点+App+场景"的零售业务模式。截至2018年8月底，招商银行"掌上生活"和"招商银行"两大App累计用户数已近1.3亿，月活跃用户数逾6757万，同比增速超过40%。

在企业手机App领域，招商银行也有很多金融创新。2010年，招商银行推出企业手机银行服务。2015年推出对公移动支票业务，成为国内这一领域的标杆。招商银行构建了一系列企业App基础性金融服务。2018年7月，招商银行正式发布企业App，这是招商银行继个人手机银行App、掌上生活App后推出的第三个App，旨在为企业客户打造最佳的客户体验银行。企业级的二维码信息交互技术贯穿企业App各类O2O业务场景，商户可以在企业App上进行收款和管理，企业之间可通过二维码收款账户信息进行扫码支付。此外，企业App还提供了移动缴费、银企对账、移动代发、移动理财、授信项下移动融资等金融服务，为用户提供丰富的金融场景应用。

招商银行在最近一轮互联网金融大潮面前继续保持领先优势。目前，招商银行的支付创新正围绕App生态展开，依托云计算、大数据、自然语言处理、精算模型、知识图谱、机器学习、生物特征识别等技术，为客户提供更高质量的服务与极致的客户体验。2018年9月，招商银行推出招商银行App7.0、掌上生活App7.0两个"移动优先"策略的主要载体。招商银行推出的一网通"刷脸支付"，使用国内顶尖的3D人脸识别技术，给用户提供安全便捷的支付体验。招商银行在全国首推信用卡的智能微信客服平台，成为信用卡服务领域的又一个里程碑。

目前，招商银行经营的重心已经从网点转向了移动App端，正在实现从卡片经营向App经营转变，从客户思维向用户思维转变，从资产分层经营向场景细分客群经营转变等一系列的转变。通过"内建平台、外拓场景、流量经营"，全面推进零售数字化转型，继续实施App优先策略，构建全产品、全渠道、全客群服务体系，打造最佳用户体验银行。金融科技转型的背后，是招商银行客户服务、经营模式、组织架构的转型和进化。

第二部分 | 课题学习引导

目前，商品交易已有多种成熟的传统支付结算方式，如现金、支票、邮汇、电汇等。但随着经济全球化的深入、客户个性化需求的增长，这些支付结算方式在效率、安全、方便、跨越时空等方面都存在诸多的局限性，已成为电子商务发展的瓶颈。电子商务的优越性吸引越来越多的企业和个人从事网上商务活动，但如何通过便捷的电子手段安全地完成支付，已成为电子商务能否顺利开展极为关键的环节。

电子商务交易在实际运作中仍然采用传统支付和电子支付两种基本方式。传统支付主要包括现金支付、票据支付、银行卡支付等具体方式。电子支付主要包括网上支付、电话支付、移动支付、销售点终端交易、自动柜员机交易等具体方式。

4.1 传统支付方式

一些电子商务交易过程仍离不开传统支付方式。交易双方通常先在互联网上成功地完成交易洽谈，然后采用传统支付方式进行货款结算。根据商家或客户的要求，可以选择款到发货或者货到付款。传统支付方式主要包括现金支付、票据支付和银行卡支付等。

1. 现金支付

传统的现金支付方式在现今的商务支付交易中仍然具有非常重要的作用。有的国家甚至70%～95%的交易都是使用现金来支付的，其他支付工具的使用也是建立在能与现金自由兑换的基础上的。

现金具有以下特点：① 现金（指国家的法定货币）以国家强制力赋予的信用为后盾，是法律规定的最终的支付手段，具有普遍的可接受性；② 现金支付具有分散、灵活、匿名、使用方便和无交易费等特点；③ 现金支付具有技术上的"离线处理"的特性，收付款双方通过亲身参与鉴定现金的真伪，无须任何机构的联网确认和支持；④ 现金发行上的有限性（稀缺性）维持了人们对现金价值的信任。

现金支付是"一手交钱、一手交货"的典型体现，最大的特点就是简单易用、便携、直观，最适合于小额交易，常用于企业（主要是商业零售业）对个人消费者的商品零售过程。现金支付示意图如图4-2所示。

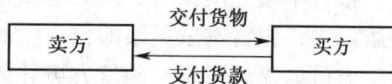

图 4-2　现金支付示意图

现金支付方式的缺陷在于：① 受时间和空间的限制，对于某些不谋面的交易活动，就无法采用现金支付；② 大额现金携带不便，安全保管费用较高，大宗交易必须携带大量的现金，携带不便以及不安全因素在一定程度上限制了现金支付作为大宗交易支付手段的采用。在美国，每年搬运有形货币的费用高达60亿美元，英国的该费用高达2亿英镑，而世界银行体系之间的货币结算和搬运费用占到其全部管理费的5%。

2. 票据支付

传统企业商贸活动中普遍使用的支付方式是票据支付。这是一种以银行存款作为支付手段的非现金结算方式，也称为银行转账结算。根据中国人民银行有关支付结算办法的规定，企业发生的货币资金收付业务可以采用票据、信用卡、汇兑、委托收款等，通过银行办理转账结算。

（1）票据的概念

票据是指商户按票面记载的金额在一定期限内完成支付行为的书面约束凭证，是国际通行的结算及信用工具。票据支付实质上就是一种数据的交换，票据不过是信息的具体载体而已。各类单证、票据上的信息反映了商贸实务处理过程中的金融行为，反映了资金在买卖双方账户之间的流动，最后通过买卖双方代理银行之间的资金清算系统来兑现各种金融票据等。使用票据支付，以票据的转移代替实际的资金的转移，可大大减少现金的保管和远程携带输送中的麻烦和风险，而且在支付日到来之前，付款人在这段时间内可充分利用资金。票据支付是传统商务环境下代替现金支付的最佳方式。

票据支付过程中有 3 个当事人：即出票人、收款人和付款人。

票据的使用过程是：出票人（债务方，在银行须存入足够的资金）签发票据交给收款人（债权方）以结清债务；约定的日期到来时，持票人将该票据原件提交给付款人（银行），办理现金支付或转账业务；银行代理承兑票据，在票据审核无误后，按出票人的委托，无条件按提示的金额将钱款支付给收款人或持票人。

（2）票据的类型

根据《中华人民共和国票据法》，票据分为汇票、银行本票、银行支票 3 类。

① 汇票

汇票是出票人签发的，委托付款人在见票时或者在指定日期无条件支付确定的金额给收款人或者持票人的票据。汇票分为银行汇票和商业汇票。

银行汇票是汇款人将款项交存当地出票银行，由出票银行签发的，是其在见票时按照实际结算金额无条件将钱款支付给收款人或持票人的票据。银行汇票具有使用灵活、票随人到、兑现性强等特点，适用于先收款后发货或货款两清的商品交易。银行汇票的付款期限为自出票日起 1 个月内。

商业汇票是由出票人签发并委托付款人在指定日期无条件支付确定的金额给收款人或持票人的票据。商业汇票的付款期限由交易双方商定，但最长不得超过 6 个月。商业汇票作为国内大宗商品贸易的支付手段，具有金额大、期限长、融资简捷、有银行或大型企业提供付款保证等特点，在国内得到了广泛的应用，但传统商业汇票也存在保存携带安全性较差、背书转让要求严格、流转交易不便等缺点。

② 银行本票

银行本票是由银行签发并承诺在见票时无条件支付确定的金额给收款人或持票人的票据。在付款期内，银行本票见票即付，因而具有信誉良好、支付功能强等特点。用银行本票购买商品，供货方可以见票发货，购货方可凭票提货，债权债务双方可以凭票清偿。在同一票据交换区域可以使用银行本票支付各种款项。银行本票付款期限为自出票日起 2 个月内。

③ 银行支票

银行支票是由出票人签发的，委托办理支票存款业务的银行或者其他金融机构在见票时无条件支付确定的金额给收款人或者持票人的票据。支票结算是同城结算中应用比较广泛的一种结算方式。单位和个人在同一票据交换区域的各种款项结算都可使用支票。支票由银行统一印制，是以银行为付款人的即期汇票。支票出票人签发的金额不得超出其在付款人处的存款金额。如果存款低于支票金额，银行将拒付。存款低于支票金额的支票称为空头支票，出票人要负法律上的责任。支票的付款期限为自出票日起 10 日内。

纸质支票一直是传统银行业务中大量采用的支付工具。银行提供多种设施和便利条件来接收支票，并进行内部处理和银行之间的清算。银行业还可以对支票进行缩微处理以进行备份和归档。虽然传统票据的使用量逐年下降，但支票仍是最受欢迎和使用最广泛的票据种类。

（3）票据的清算

票据支付方式涉及资金清算系统，银行的票据业务示意图如图 4-3 所示。资金清算系统实质上就是要结算各金融机构之间相互欠下的应兑付的各种票据金额。当票据积累到一定程度时，各金融机构就要进行资金清算。在电子票据数据交换条件下，资金清算的周期一般都是 24 小时。

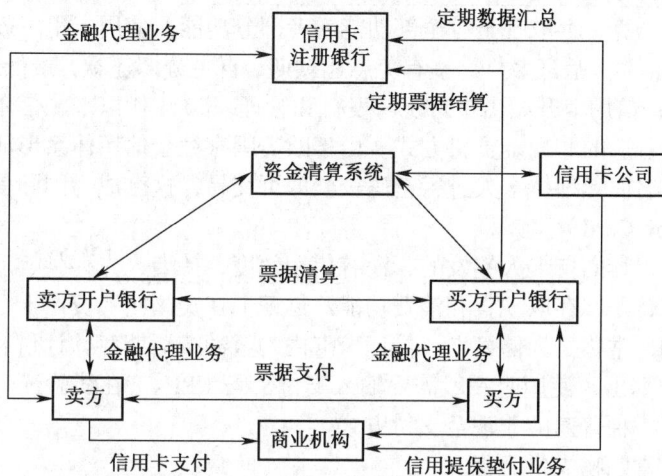

图 4-3　银行票据业务示意图

3．银行卡支付

（1）银行卡的概念

银行卡是指由商业银行向社会发行的具有消费信用、转账、结算、存取现金等全部或部分功能的信用支付工具。

银行卡按照发卡对象的不同，可以分为个人卡和公司卡；按照使用货币的种类不同可以分为本币卡和外币卡；按照等级不同可分为普通卡、金卡和白金卡等；按照信息载体介质不同，可以分为塑料卡、磁卡、集成电路（IC）卡等。目前广泛使用的塑料磁卡诞生于 1970 年，它是在塑料卡片上粘贴一条磁条形成的，磁条可记录相关的信息。磁卡可以直接输入终端机进行处理，具有制作成本低等优点，其缺点是磁条中的数据容易被复制，安全性低，不适合脱机处理等。集成电路（IC）卡是法国人在 1974 年发明的，它在塑料卡片上封装了一个符合 ISO 标准的集成电路芯片用以记录数据。IC 卡的优点是：安全性高，很难仿制；有严密的安全措施，可以设置多级密码，逐级验证。

发卡的金融机构须申请加入全球或区域性卡组织。目前，全球主要的卡组织包括：VISA、万事达（MasterCard）、美国运通（AE）、大莱（Diners Club International）、日本的 JCB（Japan Credit Bureau）和中国银联（China UnionPay）等。

银行卡已成为中国主要的非现金支付工具，发卡量巨大。截至 2017 年末，中国银行卡累计发卡量达 70.3 亿张。其中，借记卡累计发卡量为 62.4 亿张，信用卡累计发卡量为 7.9 亿张。中国银联标准卡业务保持稳步快速发展势头。银联标准卡是由各商业银行按照中国银联的业务规范和技术标准发行的中国自主品牌银行卡，卡号以"62"开头，卡面仅有"UnionPay 银联"标识。中国银联发布的《中国银行卡产业发展报告（2018）》显示，截至 2018 年 5 月，银联卡全球发行累计超过 66.9 亿张，银联卡全球受理网络已延伸到 168 个国家和地区，覆盖近 5 000 万家商户和近 260 万台 ATM，用卡增值服务不断丰富。

（2）银行卡的类型

银行卡按照性质可以分为信用卡和借记卡，这是银行发行的两种主要卡基支付工具。

① 信用卡（Credit Card）

信用卡也称为贷记卡，是银行或信用卡公司向资信良好的个人和机构签发的，凭以向特约单位购物、消费和向银行存取现金，具有消费信用的特制载体卡片。信用卡可以透支，具有消费支付、信用贷款、转账结算、存取现金等全部功能或者部分功能。信用卡里不鼓励预存现金，信用卡持卡人通常是"先消费、后还款"，享有免息还款期、自主分期还款、最低还款额等优惠待遇。

20世纪40年代，信用卡开始由银行统一发行和管理；60年代以来，信用卡在发达国家得到迅速普及，成为一种普遍的非现金支付方式。由于欧美国家社会信用体系形成较早，消费者在持信用卡消费时仅需签名而无须持卡人进行密码校验即可交易，这已成为国际信用卡消费的惯例。

② 借记卡（Debit Card）。

借记卡是指发卡银行向持卡人签发的，没有信用额度，持卡人先存款、后消费的银行卡。借记卡不能透支，具有转账、存取现金和消费功能。借记卡在美国叫"资产卡"，在英国叫"支付卡"，在中国，人们通常称之为储蓄卡。借记卡卡内的金额按活期存款计付利息，消费或提款时资金直接从储蓄账户划出，使用时一般需要输入支付密码（PIN）在线验证。借记卡使用安全且灵活方便，已经成了一种普遍的非现金支付方式。

（3）信用卡的日常购物支付流程

银行卡消费是金融服务的常见方式，作为传统支付工具可以在商场、酒店等场所利用联网设备进行在线刷卡记账、POS结账、ATM提取现金等操作。现以信用卡持卡人在特约商户处购物或消费的传统刷卡模式为例，介绍其支付流程，如图4-4所示。

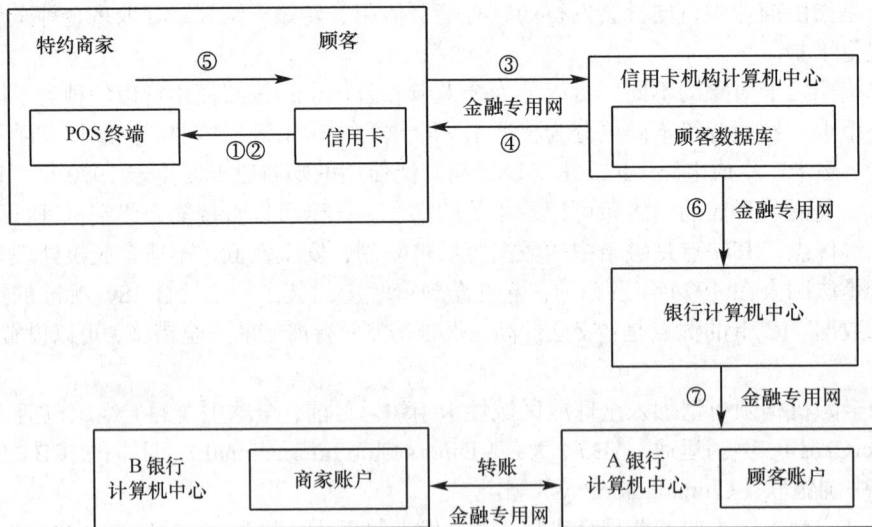

图4-4　信用卡的传统购物消费支付示意图

① 客户在特约商家持卡消费，商家现金出纳系统将顾客的消费金额输入POS终端。

② POS终端读卡器读取信用卡磁条或IC卡芯片中的认证数据。提醒：信用卡在特约商家处购物消费时一般使用签名方式，但近年来一些国内银行出于风险控制的考虑，允许持卡人在本国范围内选择使用签名+支付密码方式授权支付。

③ 将前两步输入的数据通过专线或安全加密通道送往信用卡机构的计算机系统。

④ 信用卡机构基于收到的数据验证信用卡的合法性及信用额度，更新顾客数据库文件，并将处理结果数据实时送回 POS 终端。

⑤ POS 终端打印处理结果，持卡人对扣款小票签名确认，商家将商品及收据交给顾客。

⑥ 信用卡机构将处理过的支付数据，定期通过银行专网传送给相应的发卡行。

⑦ 发卡行收到申请支付数据后，从持卡人账户支出款项，转入商家的开户行账户。

在信用卡传统刷卡支付过程中，特约商家与信用卡机构的计算机联网进行实时处理。利用信用卡机构的计算机中心可以使银行在非营业时间段也支持顾客的交易，此时是将产生的转账数据先存储在信用卡机构的计算机中心，待银行开始营业后再处理。借助于信用卡机构的顾客数据库，处理信用卡挂失、停止使用和合法性确认等业务更加容易。信用卡信息中心在支付系统中的地位举足轻重，它可以提高整个信用卡支付系统的处理效率。

现阶段，我国持卡人在特约商户的 POS 机上刷银行卡消费，统一要求将支付数据通过中国银联转接清算。但借记卡与信用卡在流程上略有差别：借记卡支付数据通过中国银联再传送给发卡银行的计算机，由发卡银行认证处理支付信息，进行实时划账付款；而信用卡的支付数据通过中国银联先送给相关的信用卡中心处理，再由信用卡中心将支付数据转给发卡行，发卡行给商家开户行账号转账，属于延时付款类型。

（4）全球银行芯片卡发展趋势

近年来，磁条信用卡恶意透支、窃取、非法复制买卖等诈骗犯罪日趋增多。信用卡欺诈主要集中在国际卡的境外使用和境内外卡的收单欺诈上。与磁条卡相比，智能（IC）卡则具有安全、方便、功能多的特点，因此，由普通磁条卡向更安全的芯片卡迁移成为必然趋势。国际信用卡组织大力推广带 IC 卡芯片的借记/贷记卡，因为遵循了 EMV 标准，所以也称为 EMV 迁移。

EMV 是 Europay、MasterCard、VISA 三大国际银行卡组织共同制定的芯片卡规范，是芯片卡与芯片终端之间的交互对话机制，可以有效防范卡欺诈和跨国金融诈骗，促进支付多样化，是卡支付介质的一次革命。EMV 芯片卡的安全认证是通过 PKI 体系来实现的。其中，非对称密钥体系主要用于脱机数据认证和脱机加密 PIN 验证，即动态数据认证（DDA）和静态数据认证（SDA）。而对称密钥体系主要用于联机交易的双向安全认证和交易的不可否认性。一般而言，脱机数据认证是验证 EMV 芯片卡的有效手段。持卡人在使用 EMV 芯片卡进行消费的时候，商家的 POS 系统会与 EMV 芯片卡交互完成脱机数据认证，判断该卡是否被恶意篡改过或非法复制过。

EMV 标准是框架性标准，各国际组织根据自身需要，在 EMV 标准基础上制定了本地化的芯片卡标准，VISA 制定了 VSDC 标准，MasterCard 制定了 M/Chip 标准，JCB 制定了 J/Smart 标准，英国制定了 Ukis 标准等。2005 年 3 月，中国人民银行发布《中国金融集成电路（IC）卡规范》（PBOC2.0 标准），为中国银行卡芯片化奠定了标准基础；2015 年开始，银行停止发行磁条卡；2017 年 5 月，全面关闭芯片磁条复合卡的磁条交易，全面加速银行业金融 IC 卡的迁移进程。

4．传统支付方式的局限性

传统支付方式中的现金、票据等都是有形的，在安全性、认证性、完整性和不可否认性上有较高的保障，已经有一套适合其特点的比较成熟的管理运行模式。但随着人类进入信息化时代，电子商务逐渐成为企业信息化与网络经济的核心，这些工业化时代的传统支付结算方式存在诸多的局限性。

传统支付方式的局限性具体表现如下。

① 运作速度与处理效率比较低。传统支付方式涉及的人员和部门众多，牵涉许多中间环节，而且以手工处理为主，造成支付结算的低效率。

② 多数传统支付结算方式在支付安全上的问题较多。其中，伪币、空头支票等现象的存在造

成了支付结算的不确定性，加大了商业风险；巨额现金有时会给携带者带来人身安全威胁，增加了保管携带成本；纸质现金和支票等工具可能会为病菌传播提供某种途径等。

③ 业务流程复杂，运作成本较高。传统支付结算方式涉及较多的业务部门、人员和设备，特别是邮政汇兑、支票支付等方式，需要设置专业柜台和安排专人处理，消耗的资源较多。

④ 不能提供全天候、跨区域的支付结算服务。随着社会的进步和经济的发展，人们需要随时随地地进行支付结算以及个性化的信息服务，如随时查询支付结算的信息、资金余额信息等。

⑤ 企业资金回笼滞后，增加了资金运作规模。由于目前流行的纸质支票并不是一种即时结算工具，通过传统的通信方式来传递凭证、实现支付结算，票据传递迟缓，造成大量在途资金，银行间无法做到当天结算，资金周转速度较慢，给企业的整体财务控制造成一定的难度。

4.2　网上支付系统

在互联网环境下，传统支付方式已不适应网上交易对资金结算效率的要求，而必须由全新的电子支付方式来代替。

按照中国人民银行《电子支付指引（第一号）》的定义，电子支付是指单位、个人直接或授权他人通过电子终端发出支付指令，实现货币支付与资金转移的行为。此处的电子终端是指客户可用以发起电子支付指令的计算机、电话、销售点终端、自动柜员机、移动通信工具或其他电子设备。电子支付的类型按支付指令发起方式分为网上支付、电话支付、移动支付、销售点终端交易、自动柜员机交易和其他电子支付。

电子支付的发展经历了5个阶段：第1阶段是银行利用计算机及网络处理银行之间的业务，办理结算；第2阶段是银行计算机与其他机构计算机之间资金的结算，如代发工资等业务；第3阶段是利用网络终端向客户提供各项银行服务，如为客户在自动柜员机（ATM）上提供取存款服务等；第4阶段是利用银行销售点终端（POS）向客户提供自动的扣款服务；第5阶段是通过互联网直接进行在线支付结算。在开放的互联网环境下使用通过互联网进行的电子支付形成了电子商务的环境，也称之为网上支付或在线支付。网上支付是电子商务的关键环节之一，也是本课题重点介绍的内容。

1. 网上支付的概念

网上支付是指电子交易的当事人使用安全电子支付手段通过互联网实现货币支付与资金转移的行为。它是一种在金融电子支付体系基础上发展起来的，主要依托互联网的在线支付方式。

网上支付是对传统支付系统的发展和创新。20世纪60年代到70年代初期，私营网络技术促进了电子资金转账（EFT）系统的发展。EFT系统缩短了银行之间支付指令传输的时间，并减少了在途流动资金。然而，EFT系统并没有改变支付系统的基本结构。在过去的20多年里的很多支付革新都是为了减小银行成本、加快支票清算速度以及减少欺诈，而消费者很少与EFT系统进行交互。电子商务中的支付创新改变了消费者处理支付的方式，网上支付系统正在迅速地完善，但同时也带来了一些支付安全和信息保密性等方面的问题，需要我们加以解决。对于B2C或C2C等业务，个人消费者可以使用新的网上支付工具进行小面额的实时支付；而对于B2B业务，大公司和银行过去是通过电子数据交换（EDI）和电子资金转账进行的，在互联网时代将逐步通过新的支付工具（如电子支票和网络银行业务等）进行操作。网上支付示意图如图4-5所示。

相对于传统支付而言，网上支付具有以下特点：① 基于开放的互联网环境；② 具有较高的安全性和一致性；③ 可以提高企业的资金管理水平；④ 具有方便、快捷、高效和经济等优势。

2. 网上支付系统的构成

网上支付系统应该是集购物流程、支付工具、安全认证技术、信用体系以及现代金融体系于一体的综合大系统，其基本构成包括活动参与的主体、支付方式以及遵循的支付协议几个部分，如图 4-6 所示。

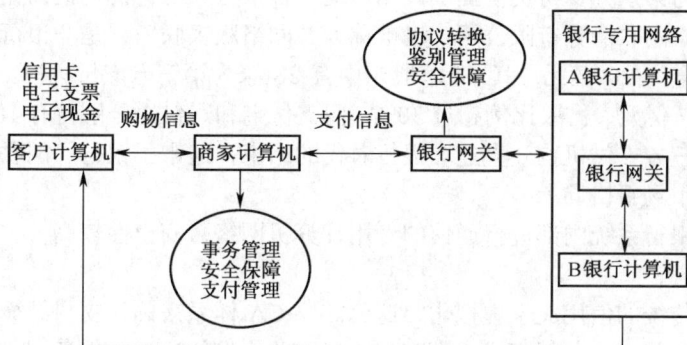

图 4-5　网上支付示意图

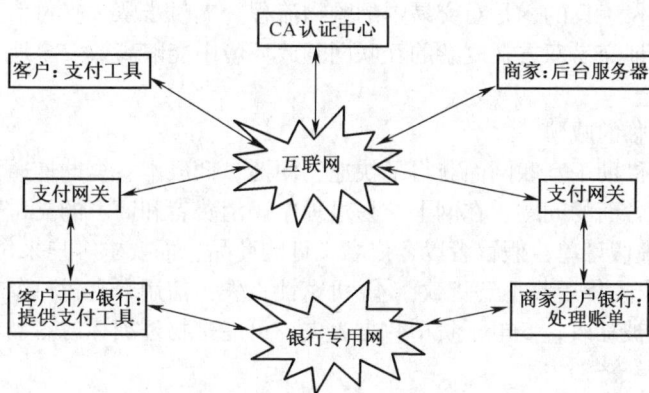

图 4-6　网上支付系统的基本构成

网上支付活动参与的主体主要由客户、商家、银行及支付网关、认证中心四个部分组成。

（1）客户

客户使用支付工具进行网上支付，这是支付系统运作的起点。

（2）商家

商家在网上销售商品，根据客户发出的支付指令向金融体系请求资金入账。

（3）银行及支付网关

多数网上支付工具都要依托银行账户，作为参与方的银行会涉及客户开户行、商家开户行、支付网关和金融专网等方面的问题。

客户开户行是指客户在其中拥有自己账户的银行。客户开户行一般为客户提供支付工具和银行信用，保证支付工具的兑付。在信用卡支付体系中把客户开户行称为发卡行。

商家开户行是指商家在其中拥有自己账户的银行。商家将客户的支付指令提交给其开户行后，就由商家开户行进行支付授权请求以及银行间清算等工作。商家开户行是依据商家提供的合法账单（客户的支付指令）来操作的，因此又被称为收单行。

支付网关作为连接银行专用网络与开放的互联网之间的一组服务器，主要作用是完成两者之间的通信、协议、转换和进行数据加密、解密，以保护银行内部网络的安全。互联网支付信息必须通过支付网关才能进入银行计算机系统，支付网关就起着数据转换与处理中心的作用。支付网关的建设关系着网上支付结算的安全以及银行系统的安全风险。按照中国人民银行的文件要求，自 2018 年 6 月 30 日起，支付机构受理的涉及银行账户的网络支付业务全部通过网联平台处理，银行不再单独直接为第三方支付机构提供代扣通道。各银行和支付机构提前完成接入网联平台和业务迁移相关工作。网联清算有限公司，也被称为"网络版银联"，是非银行支付机构网络支付清算平台，注册资金为 20 亿元，其 44 家股东中有 38 家为第三方支付机构。央行（包括下属 6 家单位）共出资约 7 亿元，占股比例超过 30%，而支付宝和财付通分别持有 10% 左右的股份。网联的上线宣告了第三方支付机构"直连"银行时代的结束，迎来了银行、网联、银联、第三方支付组成的线上支付市场新格局。

金融专用网是银行系统内部进行通信的专用计算机网络，安全性较高。

（4）认证中心

网上支付使得传统的信用关系虚拟化，这就需要 CA 体系来确认支付结算参与者的真实身份及其信用关系，为参与方（包括客户、商家与支付网关）发放证书，保证网上支付的安全性。

网上安全支付协议必须考虑互联网上传输敏感支付信息的流动规则及其安全保护。一般支付协议都是针对某种支付工具的，是对交易中的购物流程、支付步骤、支付信息的加密、认证等方面做出的规定，以保证交易双方在复杂的互联网开放环境中能够高效安全地实现支付与结算。

3．网上支付安全

（1）网上支付面临的威胁

网上支付系统因借助于互联网而获得了快速、便捷、低成本、全球连通性等诸多优点，但也引发了安全以及信用方面的问题。在网上交易过程中，消费者和商家的支付安全所面临的威胁有以下几个方面：① 虚假订单：假冒者以客户名义订购商品，而要求客户来付款；② 客户付款后收不到商品；③ 商家发货后收不到货款；④ 机密性丧失：信用卡支付口令在传输过程中丢失，商家的订单确认信息被篡改；⑤电子货币数据丢失：可能是物理损坏或者被偷窃。这些通常都给用户带来不可挽回的经济损失。

（2）网上支付的强认证

鉴于使用口令进行客户身份认证的脆弱性以及口令泄露造成损失的严重性，强认证技术在网上支付中得到越来越多的应用。

银行业对高风险互联网支付交易服务要求采用强认证技术，使用增强手段验证在线消费者身份。

强认证要求客户同时持有智能 IC 卡（或 USB Key）和掌握口令才能完成客户身份认证，从而大大提高了认证的强度和可靠性。以智能 IC 卡提供的强认证为例，在进行客户身份认证时，客户通过 IC 卡读写器向 IC 卡输入口令进行验证，若通过验证则向网上支付系统交易服务器传送客户的认证信息，进行网上支付；否则，则终止认证过程。强认证过程通常需要用到内置 RSA 和 DES 算法的 IC 卡，不但客户的 RSA 密钥可以在卡中保存，而且进行数字签名和 RSA 加密运算的整个过程也是在 IC 卡内进行的，所以 RSA 密钥不易泄露。因为客户的支付指令只有在同时通过 IC 卡介质和口令验证后才能向银行发出，所以可以默认发出支付指令的人就是合法客户。

我国银行业在网上银行业务方面已经推广使用强认证技术。企业网上银行业务通常都要求企业用户使用 USB Key（或智能 IC 卡）介质和口令进行身份强认证才能登录。个人网上银行业务使用身份强认证技术的进展不一，风格各异。国内银行业基本上都建议用户使用 USB Key 移动存储介质保存网银证书，并给 USB Key 设置保护口令，以保证资金转账支付的安全。

（3）网上支付的风险控制

国内银行业对网上支付风险已有了一系列的控制措施。

① 功能申请控制。个人网上银行业务的网上自助开通通常仅具有查询功能，而在线支付、在线转账功能则需要到银行营业网点柜台正式签约才能申请开通。

② 账户分离。银行采用个人银行账户和网上支付账户（子账户）分离的做法，可以将有限的资金转入网上支付账户，在线购物操作时仅使用网上支付账户操作，从而大大降低了银行账户遭受损失的风险。

③ 身份强认证。使用数字证书或人体生物学特征识别技术进行支付系统登录或在线转账操作，保证资金安全支付与流转。

④ 最高金额限制。2005 年 10 月，中国人民银行发布了《电子支付指引（第一号）》文件，要求银行通过互联网为个人客户办理电子支付业务，除采用数字证书、电子签名等安全认证方式外，单笔金额不应超过 1000 元，每日累计金额不应超过 5000 元。要求银行应按会计档案的管理要求，对电子支付交易数据，以纸介质或磁性介质的方式进行妥善保存，保存期限为 5 年，并方便调阅。个人网上银行用户可以在人民银行规定的限额内设置在线支付的资金额度上限。

⑤ 第三方信用担保。如支付宝等第三方支付平台采用的第三方信用担保制度，以及京东商城等电子商务平台提供的信用担保制度。

其他措施还包括：安全保护问题、多次密码输入错误账户锁定、手机短信提供转账动态密码等，这些都降低了客户进行网上支付的风险。

4．网上支付系统的类型

网上支付系统一般是针对某种支付工具而设计的。因此，根据支付工具的不同，网上支付系统大致可分为银行卡网上支付系统、网上银行转账支付系统和电子钱包网上支付系统等。

我们首先介绍银行卡网上支付系统方面的知识。

目前，利用银行卡在 POS 终端上进行刷卡消费多数仍在银行专用线路或安全加密通道上使用，安全性较高；同时，银行卡也可以开通互联网在线支付功能。当网上购物付款时，用户可以将银行卡账号和密码加密后通过互联网发送到银行等金融机构的计算机上进行处理。银行卡在线支付工具包括信用卡和借记卡等各种银行卡，比较适合网络零售以及小额的 B2B 交易等。

银行卡网上支付可以通过多种方式进行。

① 账号直接传输方式。即客户在网上购物后把银行卡账号和密码加密后直接进行传输。例如在欧美发达国家近几年比较流行的 Visa Checkout，这种方式为消费者和线上零售商提供了一个简单和安全的线上付款结算方式。消费者只要输入用户名和密码，无须离开购物网站页面，在结算流程上只需点击 3 次就能完成支付。Visa Checkout 可以支持 VISA 发行的所有借记卡或信用卡，可以在智能手机和计算机上使用。

② 专用协议方式。即在客户、商家和银行卡机构之间采用专用的加密协议，对信用卡账号进行加密处理。银行卡机构向客户和商家免费提供客户端软件。这种软件会自动地通知商家把电子订购表格发送给客户，让客户填写姓名和信用卡号码；再通过这种软件加密发送给商家。由于采用这种具有加密功能的软件及特殊的服务器，商家无法从客户的支付数据中得到信用卡账号的任何信息，保证了支付信息的安全性。

③ 专用账号方式。即商家在银行的协助下核实客户的持卡人合法身份，并为客户建立与银行卡对应的虚拟账户，每个虚拟账户都有独立的账号和密码。当客户使用虚拟账户在互联网上付款时，账号和密码加密后传输到商家系统，避免在网上直接使用银行卡的卡号和密码，保证了银行卡账户的安全。这种方式提供了较高的安全性，但是由于虚拟账户须由商家建立，建立过程比较复杂，并且同一张银行卡在不同的商家那里有不同的账号和密码，使得客户使用起来很不方便。

④ 银行账户分离方式。银行推出的采用个人银行卡账户和网上支付账户（子账户）分离的做

法，用户可以通过将有限的资金转入网上支付子账户，在线购物操作时仅使用网上支付账户操作，从而大大地减小了银行卡账户遭受损失的风险。如中国工商银行推出的e卡就是一种可用于境内外网站消费支付的虚拟借记卡。"工银e支付"方便注册用户通过网上银行、手机银行进行小额网上购物、自助缴费、转账汇款等业务，提高了支付的便利性。

关于网上银行转账支付系统和电子钱包网上支付系统方面的知识将在下两节中介绍。

5. 全球在线支付现状

多样化的在线支付方式推动了全球电子商务的发展。根据全球领先的国际支付服务提供商Worldpay在2017年11月发布的《2017年全球在线支付报告》，2016年全球在线支付方式中，信用卡占29%，电子钱包占18%，银行转账占17%，借记卡占13%，货到付款占9%，收账卡与延迟借记卡占6%，预付卡占3%，后付卡占2%，先付卡占2%，其他占1%。预计到2021年，电子钱包的市场份额将占46%，银行转账占16%，信用卡占15%，借记卡占8%，货到付款占7%，收账卡与延迟借记卡占3%，预付卡占3%，后付卡占1%，先付卡占1%。信用卡将成为第三大支付工具，而电子钱包将成为全球主要的在线支付工具。银行转账支付潜力将超过信用卡和借记卡，成为全球第二大流行的电子商务在线支付方式。

该报告还显示，中国在复杂的在线支付市场方面走在了世界前列。中国消费者越来越青睐于电子钱包、信用卡和银行转账等方式。中国大部分消费者进行在线消费时喜欢使用如支付宝、微信支付等电子钱包进行支付，电子钱包占比高达62%；信用卡占10%，银行转账占8%，货到付款占8%，借记卡占4%等。预计至2021年，银行转账将超过信用卡成为中国第二大在线支付工具，达到14.2%；而信用卡的份额将降至8%，借记卡的市场份额将升到7%。在支付宝和微信支付的带领下，预计至2021年中国的无现金支付总量将超越美国成为全球第一。

4.3 网上银行转账

银行实施电子化、信息化的发展战略，逐渐从支付结算的传统中介服务机构发展为多功能、全方位、全天候的金融服务体系，有力地促进了电子商务的发展。

我国商业银行的发展经历了三次飞跃。第一次飞跃是银行从手工操作实现电子化，推出自助银行服务，提高了银行的工作效率，强化了银行信用中介的作用。20世纪90年代以后，许多银行纷纷建立无人自助银行，增加ATM、存折打印机等自助终端，提供全天候的服务。第二次飞跃是传统银行发展成电子银行。银行推动信息化建设，建立金融信息增值服务体系，为客户提供增值服务。金融信息服务系统主要包括客户理财智能系统、金融企业内部管理信息系统、智能化的银行决策支持系统、金融监控预警系统等。第三次飞跃是实体银行向网上银行发展。20世纪90年代中期以来，网上银行异军突起。网上银行能够满足客户的个性化需求，提供更有特色的信息增值服务，从而使银行在产品结构、业务流程、管理模式、运行方式、组织结构等方面都发生了根本性的变化。目前，全球各家银行几乎都建立了自己的网站，可以提供在线银行金融业务和服务。

1. 网上银行直接转账支付

（1）网上银行的概念

网上银行（又称网上银行服务，Online Banking Service）是一种借助计算机技术和网络技术，利用互联网平台提供各种金融服务的新型银行服务形式。它通过互联网向客户提供开户、销户、查询、对账、行内转账、跨行转账、信贷、网上证券、投资理财等传统服务项目，使客户足不出户就能够安全、便捷地管理活期和定期存款、支票、信用卡及个人投资等。它是近几年随着互联网的普及和电子商务的发展逐步成长起来的新一代电子银行，它拓展了传统电子银行业务的功能，带来了根本性的变革。网上银行改变了银行的经营方式、服务手段和竞争模式。网上银行也是电子商务网上支付的重要手段，网上银行转账支付包括网银直接转账支付和电子支票转账支付等形式。

（2）网上银行的分类

① 按服务对象分类，网上银行可分为企业网上银行和个人网上银行。

企业网上银行主要适用于企事业单位客户，业务主要包括账务查询、内部转账、对外支付、代发工资、信用管理、集团支付、定活期存款互转、B2B电子商务、银行信息通知等，几乎涵盖并延伸了现有的对公业务。企事业单位可以随时掌握自己的财务状况，轻松处理大量的支付、工资发放、大额转账等业务。其业务一般涉及金额较大，因此对安全性要求较高。

个人网上银行主要适用于个人与家庭的日常消费支付与转账，业务主要包括账户的账务查询、转账、汇款、缴费、自助贷款、网络支付、证券服务、个人理财等。客户通过个人网银可以随时掌握自己的财务状况，轻松处理支付转账等业务。

② 按组织形式分类，网上银行可分为纯网上银行和依托传统银行业务发展的网上银行。

纯网上银行是一种完全依赖互联网而发展起来的虚拟银行，其最大的优点就是无须开设分支机构，人员精干，费用相对较少，运作成本低。它采用高科技服务手段与客户建立密切的联系，提供全方位的金融服务。如美国安全第一网络银行（SFNB）由于员工人数少，管理费用仅占该行总资产的1%，而传统银行一般要达到3%～3.5%。

依托传统银行业务发展的网上银行是在传统银行业务的基础上发展网上银行业务的，是实体与虚拟结合的银行。这类银行机构密集，人员众多，在拓展传统银行服务的同时推出网上银行系统，形成营业网点、ATM、POS机、电话银行、网上银行的综合服务体系。这是网上银行的主要形式和发展方向。

（3）网上银行的优势

与传统的银行业务相比，网上银行具有明显的优势。

① 能显著地降低银行的运营成本。网上银行把银行业务直接放在互联网上开展，虚拟的网上银行代替了部分传统银行的营业网点，减少了银行网点数，节省了银行的人力成本，降低了经营成本。传统银行开设一个营业网点需要一次性投入人民币约350万元，其经营成本占到经营收入的60%，而网上银行的经营成本只相当于经营收入的15%～20%。银行业内的分析研究认为，如果客户在银行营业大厅办理业务，银行进行每笔交易的平均成本是6.6元；通过电话银行办理业务的平均交易成本是3.64元；通过银行ATM办理业务的平均交易成本是1.67元；通过互联网的网上银行则每笔交易平均成本低于0.62元。中国工商银行网上银行建设在投入1亿元时所实现的业务量就相当于4 000个营业网点所产生的业务量，仅此一项就节省了近40亿元的网点建设费用。

② 在线服务不受时间和空间的限制。网上银行通过国际互联网覆盖到全球各个角落，可以提供全天候、不间断、安全、准确、快捷的在线服务，使客户处理金融业务不再受到地点和时间因素的制约，延长了服务时间，促进了网上交易的发展。

③ 降低了客户的交易成本。个人和企业用户可在家庭或办公室每天24小时获得网上银行的在线服务，操作简单易用，提高了工作效率，降低了交易成本。

④ 提高了企业资金的管理效率。使用网上银行可以使资金流动速度加快，缩短了资金的在途时间，提高了资金的利用率和整个社会的经济效益。

⑤ 实现了银行机构的网络化。网上银行实际上是无边界银行，它突破了营业网点对银行业务扩张的限制。由于网上银行的兴起，银行发展将由注重扩大分支机构和营业网点变为注重扩展网络金融服务。它使得所有传统银行使用的票据和单据全面电子化，一切银行业务文件和办公文件全部改为电子化文件、电子化票据和单证。

（4）超级网银

超级网银（Super Internet Bank），在中国又被称为"第二代支付系统"，能为银行业金融机构提供灵活的接入方式、清算模式和更加全面的流动性风险管理手段，实现网银互联，支撑新兴电子支付的业务处理和人民币跨境支付结算，实现本外币交易的对等支付（PVP）结算。超级网银能为个人和单位用户提供跨行实时的资金汇划、跨行账户和账务查询，以及当下支付系统所无法实现的跨行扣款、第三方支付、第三方预授权等业务功能，为商业银行在电子商务、跨行资金管理等方面为客户提供创新服务奠定了坚实的基础。

超级网银在开发之初的功能定位主要面向商业银行的集团客户，部分功能向个人客户开放，客户可与银行签订协议，确定授权，开通实时跨行转账以及跨行账户查询功能。超级网银具有统一身份验证、跨行账户管理、跨行资金汇划、跨行资金归集、统一直联平台、统一财务管理流程、统一数据格式等产品特色。

客户使用传统网银，查询自身在各家银行的账户情况，需进行多次登录、查询操作。而超级网银通过统一的操作界面，查询管理在多家商业银行开立的账户的资金余额和交易明细，通过登录一个银行的界面完成所有银行的网银登录。使用超级网银，客户可直接向各家银行发送交易指令并完成汇款操作。超级网银具有强大的资金归集功能，客户可在母公司结算账户与子公司的结算户之间建立上划下拨关系。

（5）网银直接转账支付流程

网银直接转账支付，是用户通过网上银行自主操作，将款项从付款单位（或个人）的银行账户在线直接划转到收款单位（或个人）的银行账户的货币资金结算方式。网银直接转账支付需要在线操作，账户不允许透支。用户的操作直接针对银行账户，对账户的处理即意味着支付的进行，需要谨慎操作，同时付款人对支付行为的授权确认就显得非常重要。

企业网银用户和个人网银用户的网银直接转账支付操作流程有所不同。

企业网银用户操作以中国工商银行企业网银用户在京东平台购物支付为例。支付步骤如下：① 进入购物支付页面后，插入操作员 U 盾后选择银行；② 核对确认订单信息；③ 输入操作员 U 盾的密码；④ 核对 U 盾显示信息，确认签名信息，确认无误后单击操作员 U 盾上的 OK 键确认交易；⑤ 复核员登录企业网银，选择【指令查询与处理】字段，查询待审批交易项目；⑥ 勾选需要审批的交易单，单击【批准】按钮；⑦ 弹窗需要输入复核员 U 盾的密码；⑧ 核对 U 盾显示信息，确认签名信息，确认无误后单击复核员 U 盾上的 OK 键确认；⑨ 审批通过，支付成功，用户查询银行出款情况。

个人网银用户网上购物直接支付的一般业务流程如下：① 在购物网站的支付环节，从在线支付页面的多种支付途径中，在网银支付页面下选择某家银行；② 从在线支付收银台跳转到相关银行的网上银行登录页面；③ 输入账号和密码登录网上银行；④ 核对订单在线支付信息；⑤ 确认无误后输入手机短信确认码或者 USB Key 密码进行数字签名，按照各家银行的规范流程完成支付授权确认；⑥ 查看扣款信息，并核对网上购物订单信息。

2．电子支票转账支付

（1）电子支票简介

电子支票（E-Check）是客户向收款人签发的带有数字签名的、无条件的数字化支付指令的电子凭证，是纸质支票的电子替代物。电子支票与纸质支票一样是用于支付的一种合法方式，它使用数字签名和自动验证技术来确定支付的合法性，是进行资金转账的电子付款形式，仍属于"延迟付款"类支付工具。电子支票上除了必须填写收款人姓名、账号、金额和日期等内容外，还隐含了加密信息。国际上早先推广过的有代表性的电子支票系统有 NetCheque、

NetBill、E-check 等。

利用电子支票，可以实现支票支付业务和全部过程电子化。电子支票的即时认证功能加快了交易的速度，保障了交易的安全，减少了电子支票的处理成本，对电子支票丢失或被盗的挂失处理也方便有效。票据交换所的加入提高了电子支票支付系统的运行效率。这些优点使得电子支票系统具有很强的生命力，十分适合 B2B 电子商务的网上支付。

由于全球在线支付方式的多样性以及法律法规、用户使用习惯的差异，各地重点推广的支付工具都有所不同。相对其他在线支付方式，电子支票的出现较晚，在美国等地都有推广应用，目前中国大陆地区仍在试点之中。

（2）粤港电子支票业务

我国香港地区 2015 年 12 月推出电子支票业务，成为首个支票无纸化地区，并于 2016 年 7 月 20 日拓展至粤港跨境服务，适用于政府账单缴费、个人或企业之间支付及跨境支付。香港地区的电子支票是纸质支票的电子对应物，由出票到存票均通过互联网进行，可通过电子邮件、微信、QQ 等网络途径快速传递，实现无纸化交易。客户可以利用网上银行或结算公司相关手机软件开设电子支票账户，与实物支票一样收票后隔日结算。截至 2017 年 3 月底，经香港银行同业结算有限公司处理的电子支票超过 39.8 万张，总值约 141 亿港元。其中，个人签发的电子支票占 60%，企业签发的占 40%。

粤港电子支票是以电子记录形式签发的支票票据，附有电子支票或电子银行本票的正面及背面影像，以香港的银行作为付款人，并由收款人向广东省辖内的银行出示以作为结算的电子支票票据，可实现香港电子支票在广东的使用。粤港电子支票包括港币（包括港币银行本票、汇票）、人民币、美元三个币种。电子支票要求符合 PDF 文档格式，并附有账户持有人、授权签名人，或者发票银行的数字签名。粤港电子支票联合结算进一步提升了粤港两地跨境资金结算效率，促进了粤港两地经贸往来。

用户在接受香港电子支票前，收款人可通过电脑或手机 App 登录"电子支票跨境存票平台"注册、激活用户，进行账户认证。收到来自香港付款人签发的电子支票后，收款人可通过"电子支票跨境存票平台"，选择经开户银行审核认证后的结算账户办理香港电子支票托收。平台将电子支票提交香港结算公司，进行格式、数字签名、期限及状态等方面的验证。平台 24 小时在线服务，如收款人在工作时间办理存票，并按外汇管理规定向开户银行提供证明文件、配合做好国际收支申报的，最快可于下一个工作日 16:30 前收到票款，收款时效性高于纸质票据托收。

（3）深圳跨境电子支票业务

① 深港电子支票系统。2016 年 6 月 30 日，中国人民银行批准深圳开通香港电子支票托收业务，由深圳金融电子结算中心建设的"深港电子支票系统"上线服务。深圳收款人通过互联网途径接收香港付款人签发的电子支票，并通过深圳金融结算中心官网链接登录"深圳存票网站"，上传支票，即可足不出户，自助办理支票托收业务。较之纸质支票联合结算，电子支票联合结算实现了支票签发、传递、托收、清算与结算全流程电子化，真正实现了深港间票据同城结算，大大提高了跨境资金使用效率，便利了两地经贸往来，成为深港票据联合结算发展进程的里程碑。

② 深圳税务的跨境电子支票缴税。依托于深港电子支票系统，深圳国税、地税推出了"跨境电子支票缴税"网上服务，成为全国首创的新型税款缴纳方式。纳税人在电子税务局选择"跨境缴税"后，登录香港银行网银签发电子支票，即可完成网上跨境缴税。税款直接由纳税人境外账户到国库待缴库资金账户，节约了汇款过程、资金审核时间和缴款时间，时间由原来的 2 天至 3 天缩短为 1 天，而且无须手续费。该系统使深圳多元化缴税平台更趋完善，为纳税人提供了便捷多样的缴款方式选择。

4.4　第三方网上支付

第三方支付系统，就是和多家银行签约并具备一定实力和信誉保障的、由第三方支付机构提供的交易支持平台。第三方支付系统具体形态较多，应用领域较广，一般会支持线上或线下支付业务。

第三方支付机构的官方称呼一般是非银行支付机构。中国第三方支付机构主要有支付宝（蚂蚁金服旗下）、财付通（腾讯旗下，支持微信支付和 QQ 支付）、银联商务、PayPal、拉卡拉、盛付通（盛大旗下）、腾付通、易宝支付（Yeepay）、中汇宝（ZHBPAY）、快钱（99bill）、国付宝（Gopay）、百付宝（百度 C2C）、物流宝（网达网旗下）、网易宝（网易旗下）、网银在线（Chinabank）、环迅支付 IPS、汇付天下、汇聚支付（Joinpay）、宝易互通、宝付（我的支付导航）、乐富（乐富支付）、首信易支付、双乾支付等。支付宝、财付通是中国主要的第三方支付服务商，拉卡拉则是中国最大的线下便民金融服务提供商，而美国的 PayPal 则是欧美最主要的第三方支付服务商。

我国第三方支付平台按照行业分为以下三类。一类是以支付宝、财付通、盛付通为首的互联网型支付企业，它们以在线支付为主，捆绑大型电子商务网站，迅速做大做强。一类是以银联电子支付、快钱、汇付天下为首的金融型支付企业，侧重行业需求和开拓行业应用。还有一类是以非金融机构的第三方支付公司为信用中介，通过和国内外各大银行签约，具备很好的实力和信用保障，是在银行的监管下保证交易双方利益的独立机构，在消费者与银行之间建立一个某种形式的数据交换和信息确认的支付的流程。例如，乐富支付向广大银行卡持卡人提供基于 POS 终端的线下实时支付服务，并向终端特约商户提供 POS 申请/审批、自动结账/对账、跨区域 T+1 清算、资金归集、多账户管理等综合服务。

1．第三方网上支付

（1）第三方网上支付的概念

从事第三方网上支付服务的机构一般是非银行支付机构。

根据中国人民银行颁布的《非银行支付机构网络支付业务管理办法》的定义，非银行支付机构，是指依法取得《支付业务许可证》，获准办理互联网支付、移动电话支付、固定电话支付、数字电视支付等网络支付业务的非银行机构。非银行支付机构基于客户的银行账户或者为客户开立支付账户提供网络支付服务；基于银行卡为客户提供网络支付服务的非银行支付机构，应当执行与银行卡业务相关的监管规定和银行卡行业规范；非银行支付机构应当遵循主要服务于电子商务发展，为社会提供小额、快捷、便民小微支付服务。

第三方网上支付，即非银行支付机构互联网支付，是指收款人或付款人通过计算机、移动终端等电子设备，依托公共网络信息系统远程发起支付指令，且付款人的电子设备不与收款人的特定专属设备交互，由非银行支付机构为收付款人提供货币资金转移服务的活动。

中国第三方支付的核心业务是第三方网上支付。该市场从 2004 年开始进入加速发展阶段，在 2008 年和 2009 年里呈爆发式增长，特别是随着 2010 年中国人民银行《非金融机构支付服务管理办法》及《非金融机构支付服务管理办法实施细则（征求意见稿）》的出台，第三方支付行业结束了原始成长期，被正式纳入国家监管体系，拥有了合法的身份。

（2）第三方网上支付的特点

① 使网上购物和在线支付更加快捷、便利。第三方支付平台提供一系列的应用接口程序，将多种银行卡支付方式整合到一个界面上，负责交易结算中与银行的对接，使网上购物更加快捷、便利。消费者和商家不需要在不同的银行开设不同的账户，这可以帮助消费者降低网上购物的成

本，帮助商家降低运营成本；同时，还可以帮助银行节省网关开发费用，并为银行带来潜在利润。

② 支付操作更加简单而易于接受。较之 SSL、SET 等支付协议，利用第三方网上支付平台进行支付操作更加简单，商家和客户之间的交易风险由第三方来承担，使网上交易变得更加简单。银行卡在线快捷支付就是一种简单快捷的第三方网上支付，这是 2013 年出现的一种创新的支付理念，银行卡在线快捷支付具有方便、快速的特点。用户购买商品时，无须开通网银账户，只需在第三方网上支付平台上提供银行卡卡号、户名、手机号码等信息，银行验证手机号码正确性后，第三方支付系统发送手机动态口令到用户手机号上，用户输入正确的手机动态口令，即可完成支付。如果用户选择保存卡信息，则用户下次支付时，只需输入第三方支付系统的支付密码或者是支付密码及手机动态口令即可完成支付。

③ 能有效破解网上交易中的信用和安全难题。第三方网上支付平台本身依附于大型的门户网站，且以其平台的信用作为依托，因此能够较好地破解网上交易中的信用难题，有利于推动电子商务的发展。同时，第三方支付模式使商家看不到客户的银行卡信息，降低了银行卡信息在开放的互联网环境传输而导致的信息泄露风险。

（3）第三方网上支付的本质

第三方网上支付是一种支付托管行为。在缺乏信用保障或法律支持的情况下，为了增强网上交易双方的信任，更好地保证资金安全，第三方支付机构提供信用担保服务，充当资金支付的"中间平台"，在收付款人之间设立中间过渡账户，只有双方意见达成一致才能决定资金去向。

由于第三方担负中介保管及监督的职责，通过支付托管实现支付保证，因此，第三方支付机构必须具有一定的社会影响力，能获得社会公众的认可。

政府也加强了对第三方支付平台的监督管理。近年来，第三方支付平台的客户备付金规模快速增长、存放分散，风险事件频发。2017 年 1 月 13 日，中国人民银行发布了《中国人民银行办公厅关于实施支付机构客户备付金集中存管有关事项的通知》，明确了第三方支付机构在交易过程中，产生的客户备付金，今后将统一交存至指定账户，由央行监管，支付机构不得挪用、占用客户备付金。客户备付金是非银行支付机构预收其客户的待付货币资金，不属于第三方支付机构的自有财产。这项支付领域的新规定进一步规范了第三方支付机构的行为，保护了广大客户的权益。

（4）第三方支付的交易流程

以 B2C 交易为例，客户在网上商城选购商品后，开始使用第三方支付平台提供的客户账户进行货款支付；客户先支付货款，这笔货款将从客户账户划拨到支付平台的中间过渡账户内；第三方支付平台将客户已经付款的消息通知商家，并要求商家在规定时间内发货；商家收到通知后按照订单发货；客户收货后检验物品无异议后可以主动通知支付平台付款，或者客户在规定的时间期限内未主动付款而由系统自动申请付款；第三方支付平台将货款从中间过渡账户划入商家账户。

2．电子钱包在线支付

电子钱包是消费者日常生活中线上线下常用的支付工具。

（1）电子钱包的概念

电子钱包，英文通常表述为 E-wallet 或 E-purse，是客户用来进行线上或线下安全支付，并且能够存储交易记录的特殊的软件或硬件。电子钱包内存放的电子货币（如电子现金、电子零钱等）或绑定的银行卡，可用于在线（或离线）支付，是一种适合消费者网上购物小额支付的重要工具。近几年，这类支付工具创新也非常活跃。大体上，电子钱包可以分成硬件形态电子钱包和软件形态电子钱包。

（2）智能卡类电子钱包

目前，硬件形态电子钱包主要是智能（IC）储值卡电子钱包。持卡人预先向储值卡中存入一定的资金，交易时直接从储值账户中扣除交易金额。这类电子钱包卡近年来发展较快，基本上都是由非金融机构发行的。区域性的智能储值卡电子钱包具有强大的生命力与竞争力。

智能储值卡根据用途的广泛性又分为多用途卡和单用途卡。多用途卡在小额支付领域等同现金，可以跨行业使用；单用途卡只能在某一个行业使用。我们通常把多用途卡称为电子钱包卡，单用途卡则叫作预付费卡（或行业卡）。国内小额支付市场主要使用的是一些单一用途的预付费卡，如国内许多城市将智能储值卡用于公共交通、餐饮连锁店等。智能储值卡将会越来越多地用于公共交通（地铁、公共汽车等）、高速公路收费站、汽车租赁、旅游集散地、停车场、加油站、超市以及一些无人值守的场所，并可能扩大到公用事业收费。

卡类电子钱包有如下特点。① 非实名制。为了减少维护成本，简化交易机制，加快交易速度，大部分电子钱包都是不记名、不挂失的。② 脱机交易。由于不记名、不挂失，无须联机验证持卡人的身份，因此大部分电子钱包使用脱机交易的方式，交易处理的时间很短；IC 卡可以存储密码，可以采用本地密码验证。③ 小额支付。银行卡的交易要求在线授权认证，对通信条件有一定要求，不能满足小额支付领域对离线支付和交易处理速度的要求，因此，卡类电子钱包主要适合于经常性的小额支付领域。从风险控制角度来考虑，钱包卡内资金一般都有额度限制。④ 使用环境相对封闭。智能储值卡电子钱包使用的范围有限，一般在相对封闭的环境中应用比较成功。

近些年流行非接触式 IC 芯片的智能卡电子钱包，有些支持无须密码或签名的小额快速支付，即具有"闪付"（Quick Pass）功能。有些智能卡电子钱包内的电子现金可随时兑换为现实货币，也有些规定消费者钱包卡内的电子现金仅用于消费，兑换结算业务主要在银行和商家之间进行。

（3）在线电子钱包

软件形态的电子钱包主要是各类在线电子钱包系统。在线电子钱包是为客户提供安全电子交易和储存交易记录的加密账户软件。使用在线电子钱包进行网上消费付款，通常需要在电子钱包在线服务系统中进行。国内外的在线电子钱包服务系统主要有 PayPal、支付宝、微信支付等。

软件形态电子钱包一般需要客户下载安装电子钱包的客户端软件。有些电子钱包产品可能会支持多种操作系统平台，各类设备需要下载安装不同的软件版本，如 PC 端通常可以安装 Windows 等版本的钱包软件，移动端智能手机通常可以安装安卓（Android）平台的 App 或苹果 iOS 平台的 App 等。移动端电子钱包信息会下载到客户端存储，用户网络购物时需要与服务器联网进行在线支付，具有安全、方便、快速等特点。

实例 4-1　PayPal

PayPal 成立于 1998 年 12 月，是一家总部在美国加利福尼亚州的在线支付服务商，致力于为个人或企业提供通过电子邮件而进行的安全、简单、便捷的在线付款和收款服务（见图 4-7）。PayPal 账户是 PayPal 公司推出的最安全的网络电子账户，集国际流行的信用卡、借记卡、电子支票等支付方式于一身。它可有效降低网络欺诈的发生，帮助买卖双方解决各种交易过程中的支付难题。PayPal 覆盖 200 多个国家和地区，有超过 2.2 亿用户，已实现在 24 种外币间进行交易。跨国交易中超过 95% 的卖家和超过 85% 的买家认可并使用 PayPal 电子支付业务。PayPal 也和一些电子商务网站合作，成为在线购物的重要支付方式，同时也要收取一定数额的手续费。

2002 年 PayPal 在纳斯达克上市，随后被 eBay 收购。2006 年，PayPal 通过短信付款进入移动支付领域。2010 年，PayPal 发布了基于安卓平台的 PayPal 应用。2012 年，PayPal 发布店内付款产品 PayPal Here。2015 年 4 月，PayPal 从 eBay 分拆。2018 年 8 月，PayPal 宣布通过提供定制化收款链接、同时支持 PC 和移动设备一键支付，以及提供反欺诈技术和卖家保障等方式，帮助中小跨境电商出海。

PayPal 是针对具有国际收付款需求用户设计的账户类型，它能进行便捷的外贸收款、提现与交易跟踪，从事安全的国际采购与消费，实现快捷支付并接收美元等多种国际主要流通货币。

PayPal 账户分三种类型：个人账户、高级账户和企业账户。个人账户适用于在线购物的买家用户，用于个人用途的小额交易，不可以接受来自信用卡的付款。高级账户适用于在线购物或在线销售的个人商户，可以接受来自信用卡的付款，是进行跨国交易的卖家使用最广泛的账户。企业账户适用于以企业或团体名义经营的商家，特别是使用公司银行账户提现的商家用户，便于账户管理，支持多用户权限分配功能，可以管理多达 200 个子账户。

图 4-7　PayPal 主页

实例 4-2　支付宝（Alipay）

支付宝成立于 2004 年 12 月，是我国大多数人选用的第三方网上支付平台，旗下有"支付宝"与"支付宝钱包"两个独立品牌（见图 4-8）。支付宝致力于为网上消费者提供"简单、安全、快速"的网上支付服务，提供第三方信用担保服务，降低了个人消费者和商家的交易风险，对我国消费电子商务的迅速发展起到了巨大的推动作用，已成为全球非常重要的移动支付服务商。

图 4-8　支付宝主页

支付宝2005年2月推出"全额赔付"支付承诺。2008年2月，支付宝发布移动电子商务战略，推出手机支付业务。2008年10月，支付宝公共事业缴费正式上线。2009年1月，支付宝推出信用卡还款服务。2010年12月，支付宝首次推出信用卡快捷支付。2011年5月，支付宝获得央行颁发的国内第一张《支付业务许可证》。2013年6月，支付宝推出"余额宝"增值服务。2013年11月，支付宝钱包正式成为独立品牌。2015年7月，支付宝发布最新9.0版本，新增"商家"和"朋友"两个入口，由此切入线下生活服务与社交领域。2016年10月，支付宝规定个人用户超出每人累计享有的2万元基础免费提现限额的将收取0.1%的服务费。2018年4月，支付宝规定静态条码支付每天限额500元。2018年8月，支付宝发布延时到账功能，资金一旦被骗有望追回。

支付宝同时支持PC端或智能手机App电子钱包支付，但其业务重心基本转向移动端。除提供便捷的支付、转账、收款等基础功能外，支付宝还能快速完成信用卡还款、充话费、缴水电煤气费等上百种生活服务。它是拥有5.2亿实名用户的生活服务平台，从事支付服务、政务服务、社交、理财、保险、公益等多个场景与行业的开放性应用，已成为消费者重要的日常支付工具。

4.5 手机移动支付

移动终端和移动电子商务的发展是移动支付迅速发展的重要前提。近年来，智能手机和移动4G业务的普及，移动电子商务兴起，使智能手机成为重要的移动商务办公平台和重要的移动支付工具。本部分主要讨论智能手机在移动支付方面的新应用。

移动支付（Mobile Payment），是指单位或个人以移动终端设备为载体，通过移动通信网、互联网或者近距离传感，发出支付指令，实现货币支付与资金转移的行为。移动支付所使用的移动终端可以是手机、PDA、iPad、掌上电脑等。其中，智能手机是移动终端应用的主要类型。

2011年之后移动互联网和移动电子商务的普及，不仅为移动支付提供了广阔的商用平台，更培养了用户网上支付的消费习惯。最初由于支付标准不统一等原因，国内的移动支付一直没有大规模推广。到了2012年6月，中国移动与中国银联签署移动支付业务合作协议，标志着中国移动支付标准基本确定为13.56MHz标准，从而解决了移动支付发展的技术分歧。

人工智能技术将引领智能手机发展的未来方向。目前AI在智能手机上的应用主要集中在图像识别、语音交互、智能拍照等，在智能手机中加入人工智能芯片将成为业界的一个新趋势。未来在5G超高速率支持下，人工智能技术与智能手机的深度融合、物联网应用等或将催生智能手机新的业务场景，带来新的业务增长。

1．手机银行

手机银行（Mobile Banking Service），是通过手机访问移动互联网平台上各种金融服务的一种新型银行服务形式，目前主要是智能手机银行App方面的应用。

手机银行是电子银行系统的重要部分，是网上银行的延伸。它作为一种崭新的银行服务渠道，在网上银行全网互联和高速数据交换等优势的基础上，更加突出了移动通信"随时、随地、贴身、快捷、方便"的特性，成为银行业一种更加具有竞争性的服务方式。作为一种结合了货币电子化与移动通信的崭新服务，手机银行业务不仅可以使人们在任何时间、任何地点处理多种金融业务，而且极大地丰富了银行服务的内涵，使银行能以便利、高效而又较为安全的方式为客户提供传统和创新的服务。

手机银行一方面延长了银行的服务时间，扩大了银行的服务范围，另一方面无形地"增加"

了许多银行经营业务网点，真正实现 24 小时全天候服务，大力拓展了银行业务。

总的来说，与传统线下银行和 PC 端网上银行相比，手机银行具有明显的优势。

① 申请简便。手机银行申请便捷，可以通过银行网站等途径下载手机银行 App，在线进行自助注册，也可以随时到银行营业网点进行注册，简单方便。注：网上自助注册仅有查询功能。

② 随身使用。手机银行提供全天候服务，用户只要随身携带可上网的手机，无论何时何地，均可轻松管理账户、打理财务、缴纳费用，一切尽在"掌"握。

③ 功能丰富。手机银行提供转账汇款、缴费，股市、基金、外汇买卖等金融服务，用户能够随时掌握市场动向，积累个人财富。

④ 安全可靠。手机银行的对外转账支付功能有严格限制，必须要用户本人到柜台去办理签订协议，才能进行转账、支付、缴费等。同时，银行还可以采取手机短信确认码等多种手段确保用户的资金转账支付与信息的安全。

2. 手机电子钱包

目前，在我国市场上推广使用的智能手机客户端电子钱包有多种，最常见的有中国移动的手机和包、手机支付宝、微信支付等。下面重点介绍几种有代表性的智能手机电子钱包产品。

（1）中国移动和包

2013 年 12 月，中国移动将依托 NFC 技术推出的手机小额电子钱包业务取名为和包。和包是中国移动面向个人用户和企业用户提供的一项综合性移动支付业务，为用户提供一种方便快捷、安全时尚的线上、线下支付体验。

用户在中国移动开通和包业务，即享线上便捷支付（互联网购物、充话费、生活缴费等）；持 NFC 手机（更换了 NFC-SIM 卡，与原 SIM 卡相比增加了终端刷卡功能）的用户，更可享和包刷卡功能，实现特约商家（便利店、商场、公交、地铁等）线下消费。

和包在线支付使用方法：采取预存资金、网上银行、银行卡快捷支付等方式，使用和包账户在线完成充话费、互联网购物、水电燃气账单支付等远程消费支付。

和包（NFC）是近场通信技术的应用。客户在持有 NFC 功能的手机上，更换过支持 NFC 功能的 SIM 卡，并完成安装和包客户端后，即可自行下载安装感兴趣的电子卡片应用，采用接触或非接触的方式，刷卡就能支付。利用和包，用户可以实现线下刷手机乘坐城市公交、刷手机购物、刷门禁通行等一系列便捷、安全的移动支付新体验，真正将手机变成时尚又实用的私人钱包。

（2）手机支付宝钱包

支付宝钱包是支付宝针对智能手机推出的客户端 App 软件，是国内主要的移动在线支付平台，主要在 iOS 或 Android 手机上使用。用支付宝钱包，用户可以进行还信用卡、转账、付款、收款、充值、缴费、卡券管理等。以当前的支付宝钱包 10.1.38 版为例，该版本支持的生物识别技术包括刷脸、指纹和声音锁等。其五个页面有着不同的功能和定位（见图 4-9）。

第一个页面是"首页"，提供的服务包括："扫一扫""付钱""收钱"等面向线下的支付方式；卡包（管理卡、券、票、证件）；转账（可以转到支付宝账号或转到银行卡）；信用卡还款；充值中心（充话费、充流量等）；余额宝（理财收益随时查看）；淘票票电影；滴滴出行；城市服务；芝麻信用；火车票机票；蚂蚁借呗等。

第二个页面是"财富"，主要提供定期、基金、余额宝、黄金、股票、养老等功能。

第三个页面是"口碑"，美食、外卖、点餐、电影票、超市、休闲娱乐、酒店预订等。

第四个页面是"朋友"，包括生活号、小程序、生活圈等。

第五个页面是"我的"，主要有蚂蚁会员、账单、总资产、余额、余额宝、银行卡、芝麻信用、蚂蚁保险、花呗、蚂蚁借呗、网商银行、支付宝公益、我的客服等功能。

图4-9 支付宝钱包

通常，支付宝钱包用户可以离线出示付款码，商家使用扫码枪等扫描付款码完成收款。这一离线支付全过程用三个关键点来说明。

① 付款码可以离线生成。付款码生成过程：用户打开支付宝App时，会向服务端申请令牌种子；支付宝服务器会根据算法生成一个令牌种子，返回给支付宝App；支付宝App得到令牌种子后，根据算法生成付款码（可以离线生成）。

② 付款码是一次性的且实时更新。支付宝App生成的付款码会包含用户标识、令牌值等信息；付款码是一次性的，且每分钟会更新一次，这样可以防止别人把付款码打印出来再去付款等情况。

③ 付款码可以离线，但扫码枪需在线。付款码离线支付过程：线下支付时，用户打开支付宝App，出示付款码（可以离线）；商家用扫码枪读取付款码，并上传至支付宝服务器；支付宝服务器收到商家传来的付款码后，与令牌系统里保存的信息进行对比；比对通过则创建支付订单，并返回给商户订单信息，如果余额足够便可完成支付。

（3）微信支付

微信支付是由腾讯公司的移动社交通信软件微信及第三方支付平台财付通联合推出的移动支付创新产品。财付通是持有互联网支付牌照并具备完备的安全体系的第三方支付平台，微信支付和安全系统由腾讯财付通提供支持。

微信可以在PC客户端使用，但微信支付主要是集成在微信移动客户端的支付功能。用户可以先在智能手机上安装微信App；然后用户只需在微信钱包中关联一张银行卡，并完成身份认证，即可将智能手机变成一个全能钱包；之后即可购买合作商户的商品及服务，用户在支付时只需在自己的智能手机上输入密码，无须任何刷卡步骤即可完成支付，整个过程简便流畅。

微信支付已实现刷卡支付、扫码支付、公众号支付、公众号支付流程、App支付，并提供企业红包、代金券、立减优惠等营销新工具，满足用户及商户的不同支付需求。

微信支付的方式有以下几种。① 线下扫码支付。用户扫描线下静态的二维码，即可生成微信支付交易页面，完成交易流程。② Web 扫码支付。用户使用手机微信扫描二维码跳转至微信支付交易页面，完成交易流程。③ 公众号支付。用户在微信中关注商户的微信公众号，在商户的微信公众号内完成商品和服务的支付购买。

微信支付还联合 PICC 推出 100%全赔保障。用户如因使用微信支付造成资金被盗等损失，只需提供相应的损失真实性证明和身份证明，将可获得中国人民保险公司的全赔保障。2018 年 4 月 1 日，按照微信支付新的规定，消费者在使用微信钱包扫描静态条码支付时，单日使用钱包支付的上限不超过 500 元，同时微信关联的所有银行卡还可以再独立获得 500 元的支付上限，从而保障了用户的资金安全。

第三部分 │ 课题实践页

一、实训题

实训 4-1　中国工商银行个人网上银行操作

1．中国工商银行简介
中国工商银行（以下简称"工行"），成立于 1984 年，拥有我国最大的客户群，是我国最大的商业银行。工行建设了由网上银行、自助银行、电话银行和手机银行构成的电子银行立体服务体系，在国内同业中居于领先地位。

2．实训目的和内容
① 掌握工行个人网上银行网上自助注册操作技能；② 掌握个人网银数字证书申请操作技能；③ 掌握同城转账业务操作技能；④ 掌握工行手机银行客户端操作技能。

3．实训操作指导
（1）开通工行个人网上银行

① 申请工行银行卡和开通网上银行。无工行银行卡的学生可以利用课后时间到工行营业网点凭身份证实名申请银行卡，并签约开通个人网上银行，设置登录密码和预留验证信息，开通网上转账功能。已有工行银行卡的学生可以在网上自助注册，单击图 4-10 的右下方"立即注册"链接，可以自助注册网上银行，开通个人网上银行，然后到银行营业部柜台签约申请开通网上转账功能。注意检查网站服务器证书，验证网站身份的合法性。

图 4-10　工行个人网银登录界面

除工行信用卡用户外，一般申请工行网银 U 盾（存放数字证书的移动存储介质）都要收取工本费。学生可以根据自身需求选择申请。

② 下载安装安全控件。通过计算机访问中国工商银行网站，第一次登录个人网上银行，会提醒下载安装个人网上银行安全控件。可以先安装工行网银助手，自动检测和安排各类控件，保证网银功能的正常使用。

③ 个人网上银行登录。凭银行卡号（或别名）、登录密码和随机验证码登录工行网银。检查预留信息。在工行网银相关页面上检查预留信息是否有误。

（2）了解工行网上银行的功能

浏览工行网银栏目及子菜单功能：首页（我的账户、注册账户转账、转账汇款、信用卡、贷款、e 缴费、理财、基金、贵金属、工行 e 支付、账户申请等）；财富广场（贷款、理财、基金、贵金属、外汇、账户商品等）；惠生活（话费充值、流量充值、飞机票、加油卡、影音娱乐、水电燃气、旅游度假、酒店预约、电影票等）；账户列表（查看账户，在账户右侧对应的"更多"链接下进行账户别名、开户网点、卡片限额等相关设置）；安全（安全管理、安全检测、应急处理、账户安全锁、网银管理、第三方协议管理等）；设置（包括客户信息管理、我的协议、我的预约、交易快照、我的订单等）；我的网银等。

（3）查询账户资金余额及明细

① 检查注册账户，设置账户别名。在"我的账户"菜单下，查看自己的注册账户，设置账户的别名。

② 查询账户资金余额和明细。

（4）数字证书与 U 盾管理

使用 U 盾的用户，可以在"安全"→"安全管理"→"认证管理"菜单下，进行 U 盾的一系列管理，下载安装数字证书，进行 U 盾密码更新、限额管理及相关软件下载。目前工行 U 盾证书的有效期限为 5 年，可以在到期前 90 天进行自助更新。

（5）转账汇款操作

① 选择转账操作的业务类型。在"转账汇款"页面，从各种转账类型中，选择"境内汇款"。"境内汇款"包括"单笔汇款""注册账户转账""批量汇款"。学生之间可以选择"单笔汇款"或"注册账户转账"进行练习操作。

② 同城转账。学生之间练习同城转账业务。第一步，填写或选择收款姓名、收款卡号、收款银行、汇款金额、付款卡号等信息。第二步，提交表单。使用 U 盾的用户，就会得到信息提示，要求插入 U 盾，输入 U 盾的密码校验确认，在 U 盾小屏幕上核对信息，单击"OK"按钮完成确认，就可以完成转账操作。然后，可以把收款人账号信息保存到联系人地址簿中。小金额转账也可以不使用 U 盾签名，而在"其他认证方式"中选择"短信验证码"流程转账操作。

③ 转账汇款查询操作

在个人网上银行"转账汇款"菜单下有"交易明细"。在"交易类型"中，选择"境内汇款"；在"交易种类"中选择"付款"；然后选择好银行账号和查询时间段，就可以查询到转账交易的详细信息和回单。

（6）工行手机银行客户端版操作

① 下载 App 并注册。在智能手机端下载安装中国工商银行 App，并进行账号注册。到银行网点柜台办理签约，申请开通手机银行功能。

② 了解手机银行功能。

第一页，"最爱"：我的账户（关联卡账户列表、账户挂失、资信证明、电子工资单、电子回单、网银互联账户、住房公积金、换卡不换号、查询工资明细等）；转账汇款（注册账户转账、境内汇款、境外汇款、语言转账、我的收款人、绑定手机号/E-mail 收款、公益捐款、向境外 VISA 卡汇款、收付款账单等更多功能）；信用卡；投资理财；随心查；存款；贷款；e 缴费；工行 e 支付（扫一扫、付款、支付卡、支付明细、支付限额、安全管理、境内汇款、扫描取款、工银无感支付）；一键绑卡（云闪付、微信、支付宝、京东等）；安全中心（安全检测、应急处理、账户安全锁、e 支付安全管理、第三方协议管理、云保管、手机号管理等、交易权限、设备管理、登录管理、切换认证方式、预留安全信息、预留验证信息、小 e 安全检测、登录记录查询、安全介质管理、U 盾助手、解除微信端绑定卡）等。

第二页，"智服务"：主要包括一些特色服务和理财产品。

第三页，"惠精选"：手机充值；油卡充值；旅游出行；水电燃气；手机服务；本地服务；医疗健康等。

第四页，"我的"：我的资产；安全中心；云保管；活动大厅；专属权益；好友推荐；评价与反馈；我的客服；设置（登录管理、调整注册手机号、证件有效期维护、电话银行待确认交易、摇一摇、营销代码管理、注册手机银行等）等。

③ 工行手机银行转账操作。通过"转账汇款"功能，选择"注册账户转账""境内汇款"或"语言转账"等功能练习转账操作（见图 4-11）。

图 4-11　工行手机银行界面

实训 4-2　支付宝业务操作

1. 支付宝简介

支付宝是我国互联网商家首选的网上支付工具，它提供的第三方信用担保服务，让买家可在确认所购商品满意后才将款项支付给商家，降低了消费者网上购物的交易风险。支付宝针对网上交易而推出的安全付款服务，其运作的实质是以支付宝为信用中介，在买家确认收到商品前，由支付宝替买卖双方暂时保管货款的一种增值服务，从而降低了网购风险，受到消费者的欢迎。目前，支付宝在个人用户方面的发展重心转向智能手机移动端。

2．实训目的和内容

① 掌握申请支付宝账号的操作技能；② 掌握申请实名认证的操作技能；③ 掌握数字证书申请操作技能；④ 掌握支付宝账户的充值与提现操作技能；⑤ 掌握支付宝在线购物支付操作技能。

3．实训操作指导

（1）支付宝账号申请注册

没有支付宝账户的同学，可以通过 PC 端访问支付宝网站首页，单击"立即注册"链接注册；个人用户可以使用手机号或者电子邮箱账号注册，企业用户使用电子邮箱注册。学生申请个人支付宝账号以手机号码注册为例，第一步，创建账户首先要通过手机短信校验码验证；第二步，设置身份信息，包括登录密码、支付密码、真实姓名、身份信息、常用地址等信息设置；第三步，设置支付方式，输入 12～19 位实名制的银行卡卡号，并通过在银行预留的手机号码获取短信校验码，同意确认《快捷支付服务相关协议》，完成账号申请。以电子邮箱注册，也一样要求绑定中国大陆地区的手机号获取校验码，然后将验证邮件发送到电子邮箱中，用户通过电子邮件来激活支付宝账号。

支付宝账号的申请注册除了可以从支付宝网站上注册外，也可以在注册淘宝账户时，勾选"创建支付宝账户"选项，系统会自动为您创建一个支付宝账户。

（2）实名制认证

支付宝实名认证是由支付宝提供的一项身份识别服务，它同时也核实客户身份和银行账户信息。通过实名认证后，支付宝用户相当于拥有了一张互联网身份证，这将使其增加账户的信用度，用户可在淘宝网等电子商务网站开店。申请实名认证的方式可以通过 PC 端和智能手机端等途径进行。

PC 端访问支付宝，普通认证是通过"安全中心"→"安全管家"的"保护账户安全"项页面申请实名认证。

智能手机端访问支付宝，在"我的"页面，选择支付宝账户图标，选择"身份认证"，通过完善个人信息、上传证件照片等环节完成实名认证。

（3）数字证书申请

申请数字证书前，一般需要先通过支付宝实名认证。

PC 端申请数字证书，可以通过"安全中心"→"安全管家"的"保护资金安全"项页面进行。

智能手机端申请数字证书，可以在"我的"页面，在右上角的"设置"→"安全设置"→"安全中心"→"…更多"；在"更多设置"页面，选择"数字证书"，会显示"未安装数字证书"，单击下面的"安装数字证书"按钮，进入填写身份证号页面，系统发送验证码到手机进行验证，通过验证后完成数字证书安装。

（4）支付宝充值

支付宝账户充值，是把银行卡账户上的资金充入支付宝余额或余额宝账户的过程。目前仅支持银行借记卡充值。

PC 端充值操作流程如下：① 登录支付宝账户，进入"我的支付宝"页面，在"账户余额"下面单击"充值"按钮；② 选择网上银行方式充值，选择银行卡充值，或者跳转到网上银行（将不享受免费保障服务）；③ 如果使用银行卡快捷支付，则需要进一步填写银行卡号、银行预留手机号码、充值金额和付款校验码等信息，并同意银行的网上支付协议和支付宝快捷支付服务协议；④ 充值成功。

智能手机端支付宝钱包充值流程如下：在"我的"→"余额"→"充值"→输入充值金额→输入银行卡卡号……完成充值。

（5）支付宝提现

普通提现，可以把支付宝的账户余额提取到银行卡中，提现资金将在1～2个工作日后到达银行账户。目前仅支持借记卡提现。

PC端提现操作流程如下：① 登录支付宝账户，进入"我的支付宝"页面，在"账户余额"下面单击"提现"按钮；② 设置需要提现的银行；③ 进一步填写银行卡号、银行预留手机号码、提现金额和校验码等信息，同意相关协议；④ 提现成功。

智能手机端支付宝钱包提现流程如下：在"我的"→"余额"→"提现"→输入提现金额→输入银行卡卡号……完成提现。

（6）支付宝在线购物支付

在线购物支付操作流程如下：① 通过PC端或者智能手机端访问天猫等网站，挑选商品；② 进入结算环节，填写收货地址、商品数量等相关信息；③ 进入支付环节，可以在PC端登录支付宝账号，输入支付密码完成在线支付；或者在手机端输入支付密码，完成支付宝钱包的在线支付；④ 用户拿到商品后，登录支付宝，输入密码确认收货，交易完成。

二、思考练习题

阅读教材，思考如下问题，组织小组讨论和团队分享。

（1）理解现金、票据、银行卡等传统支付方式的优缺点。

（2）理解银行信用卡和借记卡的概念及刷卡流程的差异。

（3）理解电子支付和网上支付的概念。

（4）理解网上银行的概念和优势。

（5）理解第三方网上支付的概念及特点。

（6）理解电子钱包的概念和分类。

（7）理解移动支付的概念。

（8）理解手机银行及其优势。

（9）理解目前市场主流的手机电子钱包及功能。

三、实践练习题

（1）招商银行"一网通"——个人银行网上操作练习。① 访问招商银行网站，在线申请招商银行"一卡通"借记卡，申请文件数字证书（或USB Key移动数字证书），开通转账功能；② 熟悉个人银行大众版的功能；③ 下载安装个人银行专业版客户端软件；④ 进行数字证书的启用与备份操作；⑤ 熟悉个人银行专业版的功能；⑥ 两个同学间进行同行转账操作；⑦ 使用网上支付卡进行网上购物支付操作；⑧ 安装招商银行个人手机银行掌上生活App，练习同行转账和在线购物支付等操作内容。将支付的结果截图发到老师的电子邮箱记录成绩。（可选做）

（2）使用中国建设银行网站的个人网上银行业务。① 分别了解其"个人网上银行"和"企业网上银行"的业务功能；② 在银行营业网点开设个人账户，签约开通网上支付功能；③ 在线申请开通个人网上银行业务；④ 下载安装数字证书，升级到专业版；⑤ 了解个人网上银行专业版的功能；⑥ 进行同城转账或异地网上汇款操作。（可选做）

（3）比较一下，招商银行与中国工商银行个人网上银行专业版在网上转账的身份认证签名授权方面有什么不同？（可选做）

（4）各院校利用自己所拥有的资源进行网上支付及网络银行前台、后台业务实训。

（5）学生可以在各银行的个人网上银行界面体验超级网银功能。利用个人网银专业版和移动数字证书进行"签约他行账户"的相关操作，完成跨行认证。然后进行管理他行账户，或者进行他行账户资金转入本行、资金自动归集等功能的练习操作。（可选做）

（6）学生在自己的智能手机上，下载安装微信（WeChatPay）钱包，进行网上购物的在线支付和电子钱包管理实践。（可选做）

（7）学生在智能手机上下载安装 PayPal 钱包 App，熟悉该电子钱包的相关功能，并比较其与支付宝的差别。

课题五
电子商务物流

知识目标

➤ 了解物流的概念和价值
➤ 了解电子商务与物流的关系
➤ 了解电子商务物流的典型模式
➤ 掌握第三方物流的概念及其优势
➤ 了解各种物流自动化技术及设备

技能目标

➤ 掌握一维条形码的制作过程
➤ 了解国内外典型搬运机器人产品及其特点
➤ 了解国内外典型分拣机器人产品及其特点
➤ 了解末端配送设备及其特点
➤ 了解清点库存机器人产品及其特点

建议学时

8 学时

第一部分 │ 案例与分析

案例 5-1 电子商务促使物流进入无人化时代

伴随电子商务及网络购物的蓬勃发展，我国的邮政和快递业务也呈现井喷之势。据国家邮政局数据，2006 年全国快递业务量为 10.6 亿件，而到 2017 年达到 401 亿件，11 年增长近 40 倍，2017 年业务量约占全球总业务量的 40%，已连续四年稳居世界第一。目前我国已进入单日快递量 1 亿件时代。面对日益剧增的订单，我国物流行业加快了技术升级的节奏，整个物流行业呈现"无人化"趋势。

1. 仓储环节无人化

无人化技术应用最早、范围最广的就是在仓储环节。几十年来，自动化物流技术设备在发达国家得到广泛应用，并已经过多次迭代发展，从最初的托盘式自动化立体库 AS/RS、自动输送与分拣系统、无人搬运车（AGV），到后来的穿梭车、料箱式自动化立体库 Miniload 等，先进的自动化物流解决方案不断涌现。物流中心正逐步向高度信息化、自动化和智能化方向发展，最终将实现无人化。

以菜鸟网络浙江嘉兴一个日均处理百万件商品的全自动化仓库为例，自动拣货完成后，包裹被自动贴上快递面单（最后的封箱作业也由机器自动完成），然后被送上高速分拣机。分拣机一小时可以分拣 2 万多包裹。由于整个仓库不需要人工操作，无须预留叉车以及人工通道，货架的高度也无限制，整个仓库存储密度极高，相当于传统仓库的 4 倍，如图 5-1 所示。

图 5-1　菜鸟嘉兴机器人仓库

无人化技术可显著提高物流作业效率。据京东公司披露：京东昆山无人分拣中心的分拣效率可以达到 9 000 件/小时，供包环节的效率提高了 4 倍，在同等场地和分拣货量的前提下，应用无人化技术使得每个场地可节省人力 180 人。

2．运输环节无人化

运输环节无人化是指通过车辆自动驾驶技术替代驾驶员的操作。自动驾驶技术利用多种车载传感器感知车辆周围道路交通环境，并利用车辆自身的电子控制系统控制车辆行驶速度和方向，从而实现车辆的自动行驶。

近些年，科技类公司强势进入汽车自动驾驶领域。谷歌正在打造安卓（Android）车载系统，并与汽车厂商（如奥迪、通用、本田和现代）以及英伟达公司共同组建"开放汽车联盟"，以打造公路"通用平台"；苹果公司也开始研发车载 iOS 系统，汽车中的机械结构正不断被越来越多的传感器、ECU、电动机、软件、操作系统所取代。

除了汽车自动驾驶技术，无人机在干线运输环节的应用也十分值得期待。以顺丰为例，其除了在末端配送阶段尝试旋转翼无人机配送，还尝试开发大型固定翼无人机应用。顺丰的大型固定翼无人机最早在 2016 年 11 月珠海航展公开亮相，当时展示的机型是朗星无人机研发的一款名为"空中卡车"AT200 机型。2017 年 10 月，大型无人机 AT200 进行了试飞。顺丰 AT200 无人机是全球首款吨位级大型货运无人机，最大航程可达 2 000 多千米，最大负载可以达到 1.5 吨。可以想象，无人机在支线、干线运输上的应用能够大幅度提高相应物流中心的辐射能力，提高物流中心之间的调货、配货能力，降低库存成本，从而进一步提高物流体系的运作效率和水平。

3. 配送环节无人化

末端配送环节的无人化技术具体应用方式有无人机、无人车和自提柜。

无人机配送不仅提升了用户体验，更重要的是，在偏远多山地区，无人机配送相比传统配送具有明显优势，解决了投递成本过高的问题，因此有很大的实用价值和良好的应用前景。

无人车是城市末端配送解决方案的一个新变革，能够针对城市环境下办公楼、小区便利店等订单集中场所进行批量送货，其出色的灵活性和便捷的使用流程将大幅提高配送效率。不过，目前来看无人车技术基本都处于试运行阶段，还没有真正付诸应用。例如，京东、菜鸟等虽已推出自己的无人车末端配送解决方案，但只在一些封闭区域环境中试验运行（如校园、工作园区等）。

末端配送的另一种无人化方式是应用自提柜（又称自助提货柜、智能提货柜、智能快递存储柜、智能快递箱等）。它由于集成了物联网、智能识别、动态密码、无线通信等技术，能够实现快递包裹的智能化集中存取、指定地点存取、24 小时存取、远程监控和信息发布等功能，目前在末端物流配送环节已广泛使用。由于自提柜的运行只依赖电力系统和通信系统，对空间条件要求不高，因此我们可以根据业务和运营的需求灵活设置。由于使用自提柜投递快件，减少了等待客户等环节，投递效率十分高，一个快递员最少可以管理十几组自提柜，因此每次投递的人工成本可以降低很多。用户在使用自提柜时，除了传统的动态密码解锁方式，现在还出现了刷脸取件方式，更加便捷。

目前，以"无人化"为代表的智慧物流还在起步阶段，技术成熟度、稳定性还需要观察，成本有待进一步下降。尽管如此，物流无人化技术日益受到重视，市场前景看好，"无人化"似乎是物流行业转型升级的必由之路。

第二部分 | 课题学习引导

电子商务的任何一笔交易中，都包含着以下几种基本的"流"，即信息流、商流、资金流和物流。随着电子商务的推广与应用，物流对电子商务活动的影响日益明显。作为支持有形商品网上商务活动的物流，是有形商品网上商务活动能否顺利进行的关键因素。

5.1 电子商务物流概述

1. 物流的概念、内涵、价值及物流活动的基本要素

（1）物流的概念、内涵

我国在 2001 年颁布的《物流术语》国家标准中，统一物流的定义为：物流是物品从供应地向接收地的实体流动过程。根据实际需要，物流将运输、储存、装卸、搬运、包装、流通加工、配送、信息处理等基本功能有机结合。

物流的内涵大体体现在以下方面：① 物流是物品物质实体的流动；② 物流的主体是供给者和需求者，供给者包括生产者和经营者，需求者包括一般消费者、业务需求者和产业需求者；③ 物流是物品从供应地向接收地的实体流动，即它是一种满足社会需求的活动，是一种经济活动；④ 物流包括运输、搬运、储存、保管、包装、装卸、流通加工和信息处理等基本功能活动；⑤ 物流包括空间位置的移动、时间位置的移动以及形状性质的变动，因而通过物流活动，可以创造物品的场所价值、时间价值和附加加工价值。

（2）物流的价值

物流的价值主要表现在以下几个方面。

① 场所价值。"物"从供给者到需求者之间有一段空间差。供给者和需求者之间往往处于不同的场所，由于改变这一场所的差别创造的价值被称作"场所价值"。物流创造场所价值是由现代社会产业结构、社会分工所决定的，主要原因是供给和需求之间的空间差。具体形式包括：从集中生产场所流入分散需求场所创造价值、从分散生产场所流入集中需求场所创造价值以及从甲地生产流入乙地需求创造场所价值等。

② 时间价值。"物"从供给者到需要者之间有一段时间差，由于改变这一时间差创造的价值称作"时间价值"。时间价值通过物流获得的形式主要有：缩短时间创造价值、弥补时间差创造价值以及延长时间差创造价值等。

③ 加工附加价值。物流也可以创造加工附加价值，或称物流的形态效用。现代物流的一个重要特点，是根据自己的优势从事一定的补充性的加工活动，这种加工活动不是创造商品主要实体，形成商品主要功能和使用价值，而是带有完善、补充、增加性质的加工活动，这种活动必然会形成劳动对象的附加价值。例如，在物流中心，通过改变包装形态与发送批量等，或者把托盘上的物品分装至每个顾客的容器中，可以创造价值。

（3）物流活动的基本要素

物流活动的要素除了实现物质、商品空间移动的输送以及时间移动的保管这两个中心要素外，还有为使物流顺利进行而开展的流通加工、包装、装卸搬运、物流信息等要素。这些基本要素有效地结合在一起，相互制约，形成密切相关的一个系统，能合理、有效地实现物流系统的总目标。

① 输送。输送一般分为运输和配送。一般认为，所有物品的移动都是运输，运输是指用设备和工具，将物品从一个地点向另一地点运送的物流活动；而配送是指在经济合理区域范围内，根据用户要求，对物品进行拣选、加工、包装、分割、组配等作业，并按时送达指定地点的物流活动。一般来说，在物流系统中，运输处在配送的前面。

② 保管。保管包括堆存、保管、保养、维护等活动。管理保管活动，要正确确定库存数量，明确仓库以流通为主还是以储备为主，合理确定保管制度和流程；对库存物品采取有区别的管理方式，力求提高保管效率，降低损耗，加速物资和资金的周转。

③ 流通加工。流通加工又称流通过程的辅助加工活动，是指在物品从生产地到使用地的过程中，根据需要对其施加包装、分割、计量、分拣、刷标志、检标签、组装等简单作业的总称。这种加工活动不仅存在于社会流通过程中，也存在于企业内部的流通过程中。

④ 包装。包装是指为在物流过程中保护产品、方便储运、促进销售，按一定技术方法而采用的容器、材料和辅助物等的总体名称；也指为了达到上述目的而采用容器、材料和辅助物的过程中，施加一定的技术、方法等的操作活动。一般可分为工业包装和商业包装。包装既是生产的终点，又是企业物流的起点。

⑤ 装卸搬运。装卸是指在指定地点以人力或机械装入或卸下物品。而搬运是指在同一场所内对物品进行以水平移动为主的物流作业。装卸和搬运既有区别又有联系，装卸主要指货物以垂直方向为主的位移；而搬运则是指货物在小范围内发生的短距离水平位移。

⑥ 物流信息。与上述各项活动有关的计划、预测、动态（运量、收、发、存数）信息及有关的费用信息、生产信息、市场信息等都称物流信息。收集、整理和利用物流信息，能够保障物流活动有效、顺利地进行。

2．电子商务与物流的关系

电子商务和物流之间相互促进、相互影响，电子商务在改变传统产业的同时，物流业也不可避免地受到影响，而物流体系的完善将会进一步推动电子商务的发展。

（1）物流对电子商务的影响

① 物流是电子商务的重要组成部分。当电子商务概念产生于美国时，美国的物流管理技术通过利用各种机械化、自动化工具及计算机和网络通信设备，早已日臻完善。作为电子商务前身的 EDI 技术的产生是为了简化烦琐、耗时的订单等的处理过程，以加快物流的速度，提高物资的利用率。电子商务概念的提出最终解决了信息流、商流和资金流处理上的烦琐对现代化的物流过程的延缓，进一步提高了现代化的物流速度。物流电子化应是电子商务概念的组成部分，缺少了现代化的物流过程，电子商务过程就不完整。

② 物流是电子商务概念模型的基本要素。电子商务概念模型是对现实世界中电子商务活动的一般抽象描述，它由电子商务实体、电子交易市场、交易事务和信息流、商流、资金流、物流等基本要素构成，如图 5-2 所示。电子商务概念模型的建立强调信息流、商流、资金流和物流的整合。其中，信息流最为重要，它在一个更高的位置上实现对流通过程的监控。

③ 物流是实现电子商务的保证。电子商务的一般流程如图 5-3 所示，其中"送货，产品接收"，也即物流过程是实现电子商务的重要环节和基本保证。物流的重要性体现在：物流保障生产；物流服务于商流；物流是实现"以顾客为中心"理念的根本保证。

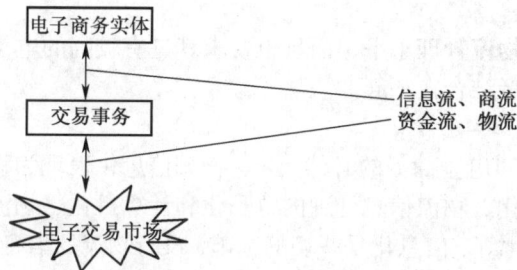

图 5-2　电子商务的概念模型

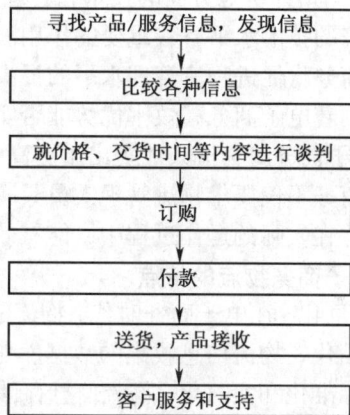

图 5-3　电子商务的一般流程

（2）电子商务对物流的影响

① 电子商务将改变人们传统的物流观念。

电子商务为物流创造了一个虚拟的运动空间。人们将物流的各种功能通过虚拟化的方式表现出来，通过各种组合方式，寻求物流的合理化，使商品实体在运动过程中实现效率最高、费用最省、距离最短、时间最少。

② 电子商务将改变物流的运作方式。

电子商务可使物流实现网络的实时控制。传统物流活动在其运作过程中其实质都是以商流为中心的，从属于商流活动。而电子商务物流的运作是以信息为中心的，信息决定了物流的运动方向和运作方式。通过网络上的信息传递，人们可以有效地实现对物流的实时控制，实现物流的合理化。

网络对物流的实时控制是以整体物流来进行的。在传统物流活动中，计算机对物流的实时控制都是以单个的运作方式来进行的。例如，在实施计算机管理的物流中心或仓储企业中所实施的计算机管理信息系统，大多是以企业自身为中心来管理物流的。而在电子商务时代，网络全球化的特点，可使物流在全球范围内实施整体的实时控制。

③ 电子商务将改变物流企业的经营形态。

电子商务将改变物流企业对物流的组织和管理。传统物流往往是从某一企业来进行组织和管理的，而电子商务则要求物流从社会的角度来实行系统的组织和管理，以改变传统物流分散的状态。这就要求企业在组织物流的过程中，不仅要考虑本企业的物流组织和管理，而且更要考虑全社会的整体系统。

电子商务将改变物流企业的竞争状态。传统物流企业之间的竞争往往是依靠提供优质服务、降低物流费用等来进行的。电子商务时代需要全球性的物流系统来保证商品实体的合理流动，需要物流企业相互联合起来，在竞争中形成一种协同的状态，以实现物流高效化、合理化和系统化。

④ 电子商务将促进物流技术与物流管理水平的提高。

电子商务将促进物流基础设施的改善。电子商务高效率和全球性的特点，要求物流也必须达到这一目标。而物流要达到这一目标，良好的交通运输网络、通信网络等基础设施则是最基本的保证。

电子商务将促进物流技术的进步。物流技术主要包括物流硬技术和物流软技术。物流硬技术是指在组织物流过程中所需的各种材料、机械和设施等；物流软技术是指组织高效率的物流所需的计划、管理、评价等方面的技术和管理方法。建立一个适应电子商务运作的高效率的物流系统，对提高物流的技术水平有着重要的作用。

电子商务将促进物流管理水平的提高。物流管理水平的高低直接决定和影响着物流效率的高低，也影响着电子商务高效率优势能否实现。

⑤ 电子商务对物流人才提出了更高的要求。

电子商务不仅要求物流管理人员具有较高的物流管理水平，而且也要求其具有较高的电子商务知识，并在实际的运作过程中，能有效地将二者结合在一起。

3．电子商务物流的特点

① 信息化。在电子商务时代，物流信息化是对电子商务的必然要求。物流信息化表现为物流信息的商品化、物流信息收集的数据库化和代码化、物流信息处理的电子化和计算机化、物流信息传递的标准化和实时化、物流信息存储的数字化等。信息化是一切的基础，没有物流的信息化，任何先进的技术设备都不可能被应用于物流领域，信息技术及计算机技术在物流中的应用将会彻底改变物流的面貌。

② 自动化。自动化的基础是信息化，自动化的核心是机电一体化，自动化的外在表现是无人化，自动化的效果是省力化，自动化还可以提高物流作业能力和劳动生产率，减少物流作业的差错等。物流自动化的设施非常多，如条码/语音/射频自动识别系统、自动分拣系统、自动存取系统、自动导向车、货物自动跟踪系统等。

③ 网络化。物的网络化是物流信息化的必然结果，是电子商务物流活动的主要特征之一。当今互联网网络资源的可用性及网络技术的普及为物流的网络化提供了良好的外部环境，物流的网络化不可阻挡。

④ 智能化。这是物流自动化、信息化的一种高层次应用，物流作业过程大量的运筹和决策，如库存水平的确定、运输（搬运）路径的选择、自动导向车的运行轨迹和作业控制、自动分拣机的运行、物流配送中心经营管理的决策支持等问题都需要借助于智能物流系统。为了提高物流现代化水平，物流的智能化已成为电子商务下物流发展的一个新趋势。

⑤ 柔性化。柔性化是为实现"以顾客为中心"理念而在生产领域提出的，柔性化的物流正是适应生产、流通与消费的需求而发展起来的一种新型物流模式。这就要求物流配送中心要根据消费需求"多品种、小批量、多批次、短周期"的特色，灵活组织和进行物流作业。

5.2　电子商务物流模式

电子商务的优势之一就是能大大简化业务流程，降低企业运作成本。这需要可靠和高效的物流作为保证。

1．物流模式简介

目前企业开展物流活动主要有自营物流、物流联盟和第三方物流这 3 种模式。

（1）自营物流

从历史的角度看，企业对物流服务的需求最初是以自我提供的方式得以满足的。自营是企业早期物流活动的重要特征。企业为了提高物流效率和服务水平，需要对物流进行管理，于是物流管理成为经营管理的一项重要内容。

自营物流有利于企业掌握对顾客的控制权，比较可靠，但成本高。自营物流直接支配物流资产，控制了物流职能，保证了供货的准确和及时，保证了顾客服务的质量，维护了企业和顾客间的长期关系。但这种物流模式需要企业投入大量的资金购买物流设备，建设仓库和信息网络之类的专业物流设施，因此成本极高，这对缺乏资金的中小企业来说是个沉重的负担。

实例 5-1　京东是电商企业自营物流模式的典范

京东物流隶属于京东集团，通过布局全国的自建仓配物流网络，为商家提供一体化的物流解决方案，实现库存共享及订单集成处理，可提供仓配一体、快递、冷链、大件、物流云等多种服务。截至 2017 年 6 月 30 日，京东在全国范围内拥有 7 大物流中心，234 个大型仓库，6 906 个配送站和自提点，覆盖全国范围内的 2 658 个区县，仓储设施占地面积约 560 万平方米。

早在 2007 年，京东就开始建设自有的物流体系。2009 年年初，京东斥资成立物流公司，开始全面布局全国的物流体系。京东分布在华北、华东、华南、西南、华中、东北、西北的七大物流中心覆盖了全国各大城市，并在杭州等城市设立了二级库房。除此之外，京东斥巨资建设亚洲一号现代化仓库设施。上海的亚洲一号一期工程面积近 10 万平方米，后续工程全部建完后预计总体仓储面积将达 20 万平方米。2016 年，京东共有六个亚洲一号投入使用。经过多年的探索实践，京东已经形成了完善的物流体系，如图 5-4 所示。

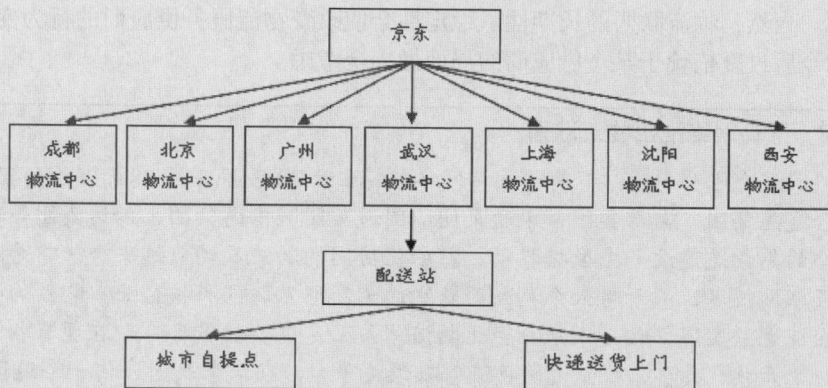

图 5-4　京东自建物流体系图

1．京东物流配送模式

京东的自建物流体系，在一线城市布局基本成熟。京东物流主要采用 SOP、FBP、LBP、SOPL 四种模式，每种模式管理及运营的方式不同。

（1）SOP 模式。京东给商家一个独立操作的后台（自行上传产品，描述，价格），与淘宝商城模式比较类似，即要求订单产生后 12 小时内发货，由商家来提供所有的服务，包括配送及开发票。目前只支持在线支付，即消费者通过网银等在线支付后，商家才能发货。

（2）FBP 模式。京东给商家一个独立操作的后台，商家五地入库（北京、上海、广州、成都、武汉），从仓储到配送到客服都由京东来操作，京东自营产品能享受的所有服务，商家都能享受（支持 211 限时达、自提、货到付款、POS 刷卡），京东给消费者开具京东的发票，客户体验值最高。商家必须具备一般纳税人资格，需要给京东开具增值税发票。

（3）LBP 模式。京东给商家一个独立操作的后台，商家无须入库，要在订单产生后 12 小时内发货，分别发货到京东的五地仓库，由京东来配送。由京东来开具给消费者的发票。商家需要给京东开具增值税发票。该模式适合服装和鞋类等商品。

（4）SOPL 模式。京东给商家一个独立操作的后台，商家无须入库，但要在订单产生后 12 小时内发货，分别发货到京东的五地仓库，由京东来配送。该模式的流程与 LBP 模式的基本相似，唯一不同的是 SOPL 模式中商家不需要开增值税发票，但需要给消费者开具发票。

2．京东自行研发的 ERP 系统

绝大多数电商都没有线下实体店，各自的网站就是唯一面向客户的窗口，所以技术水平的高低非常重要。京东目前拥有超过 3 000 人的技术研发团队，研发了成熟的商业智能系统及分析统计系统，通过系统的智能化路由，我们可以辅助业务改进货源，管理库存，控制成本，并通过强有力的分析统计系统分析出用户的属性和用户的行为，通过分析结果定制化投放有针对性的广告。

截至目前，除了财务记账、报账中心、返利系统等在 Oracle 中实现，其他功能可能会在后期逐步上线。主要业务相关功能，如整个业务的流转都在京东自行研发的 ERP 系统中实现，从客户下单起，数据流便开始在京东 ERP 中流转，直至完成订单的妥投及对账完成。

（2）物流联盟

物流联盟指货主企业选择少数稳定且有较多业务往来的物流企业建立长期互利的、全方位的合作关系。货主企业与物流企业优势互补，要素双向或多向流动，相互信任，共担风险，共享收益。物流联盟一方面有助于货主企业的产品迅速进入市场，提高竞争力；另一方面使物流企业有了稳定的资源。当然，物流联盟的长期性、稳定性会使改变物流服务供应商的行为变得困难，货主企业必须对今后过度依赖于某个供应商的局面做周全考虑。

实例 5-2　菜鸟网络推出物流联盟

菜鸟网络科技有限公司（以下简称菜鸟网络）成立于 2013 年 5 月 28 日，由阿里巴巴集团、银泰集团联合复星集团、富春集团、申通集团、圆通集团、中通集团、韵达集团等共同组建。

菜鸟网络的愿景是建设一个数据驱动、社会化协同的物流及供应链平台。它是基于互联网思考、基于互联网技术、基于对未来判断而建立的创新型互联网科技企业。它致力于提供物流企业、电商企业无法实现，但是未来社会化物流体系必定需要的服务，即在现有物流业态的基础上，建立一个开放、共享、社会化的物流基础设施平台，在未来我国任何一个地区可实现 24 小时内送货必达。

为此，菜鸟网络计划分三期建设，首期投资人民币 1 000 亿元，希望在 5～8 年的时间，努力打造遍布全国的开放式、社会化物流基础设施，建立一张能支撑日均 300 亿元（年度约 10 万亿元）网络零售额的"中国智能骨干网"，帮助所有的企业货达天下，同时支持 1 000 万家新型企业发展，创造 1 000 万个就业岗位。由菜鸟网络搭建的"中国智能骨干网"，将通过自

建、共建、合作、改造等多种模式，在全国范围内形成一套开放共享的社会化仓储设施网络。同时，菜鸟网络利用先进的互联网技术，建立开放、透明、共享的数据应用平台，为电子商务企业、物流公司、仓储企业、第三方物流服务商、供应链服务商等各类企业和消费者提供优质服务。

2016年3月28日下午，此前宣布融资100亿元的菜鸟网络打出了手里的第一张牌：宣布将联合多家物流商组成"菜鸟联盟"，在5年到8年内将接入1000万家企业，每年配送1000亿个包裹。加入菜鸟联盟的快递平台和仓储网络如图5-5所示。

图5-5　菜鸟联盟加盟企业

菜鸟网络认为：虽然目前电商自营物流十分高效，但这种模式成本很高，侵蚀了大部分利润，需要靠补贴维持；而且该模式面对每天200万个订单就需要11万名快递员，并不适应电商经济爆发式增长的趋势。

阿里希望通过组建菜鸟联盟，主打大数据和协同，能够吸引更多的第三方物流机构加盟。菜鸟网络将为物流方提供基础设施、网状供应链、大计算、品牌背书、云客服等服务；与此对应的是，物流合作商需要保证服务的确定性，提供分层的物流服务，并改善和提高数据化管理及精细化运营能力。

这次菜鸟联盟的底气比较足，一口气推出了多款产品：当日达、次日达、橙诺达、定日配送、夜间配送、送货入户、开箱验货、上门取退等。此外，加入联盟后，菜鸟网络还将提供统一的客服，并称如果不能兑现服务承诺，买家将获得赔偿。

（3）第三方物流

第三方物流（简称 TPL 或 3PL）又称外协物流或合同物流，它以签订合同的方式，在一定期限内将部分或全部物流活动委托给专业物流企业来完成。社会分工的细化促使这种专业物流企业出现，它们利用专业设施和物流运作的管理经验，为顾客定制物流需求计划。第三方物流是物流专业化的重要形式，是实现物流社会化、合理化的有效途径。

第三方物流是当今物流业的发展趋势，发展至今已有很大的变化。传统外协仅将部分物流功能，主要是物流作业活动，如运输、保管交由物流企业去做，而库存管理、物流系统设计等管理活动以及部分内部物流仍然保留在企业内。提供系统服务的物流企业，只以推销本企业的经营业务，而不是以货主企业的物流合理化为目的设计物流系统。现代第三方物流则是以电子信息技术为基础，站在货主企业的立场，以货主企业的物流合理化作为设计物流系统运营的目标，提供全方位的物流服务。

实例 5-3　顺丰：专业的第三方物流快递公司

1993 年，顺丰诞生于广东顺德。2016 年 12 月 12 日，顺丰取得证监会批文获准登录 A 股市场，2017 年 2 月 24 日，正式更名为顺丰控股。

顺丰系国内领先的快递物流综合服务商，立志为客户提供一体化的综合物流解决方案。顺丰不仅提供配送端的高质量物流服务，还延伸至价值链前端的产、供、销、配等环节，从客户需求出发，利用大数据分析和云计算技术，为客户提供仓储管理、销售预测、大数据分析、结算管理等一体化的综合物流服务。

顺丰同时还是一家具有网络规模优势的智能物流运营商。顺丰拥有通达国内外的庞大物流网络，是一家具有"天网+地网+信息网"三网合一、可覆盖国内外的综合物流服务运营商。为了向客户提供更便捷、更安全的服务，顺丰速运网络全部采用自建、自营的方式。目前，顺丰的业务覆盖全国 320 余个地级市、2 500 余个县区级城市、7 800 余个乡镇。在航空运输、公路运输和"最后一公里"等领域都已成为业内的佼佼者。

航空运输：截至目前，顺丰拥有全货机 40 架，总数量全国第一。顺丰在国内民营快递中速度无人能及，自有航空货运是其最大优势之一。顺丰有自有航空网络和民航航空网络构成的综合航空网络，考虑公司采购的散航运力，公司航空网络每日开航航班超过 3 200 架次，可覆盖 24 个国家和地区。

公路运输：顺丰拥有约 1.5 万辆运输车辆，开通 6 200 多条运输干线和 7.2 万条运输支线，运输线路遍布全国。

"最后一公里"：顺丰通过与顺丰商业网点、合作代理点、物业管理顺丰控股及智能快递柜的合作实现最后一公里的覆盖。顺丰与近 3 万个合作代办点及超过 500 家物业公司展开合作，顺丰参股的丰巢科技已在 9 000 多个小区安装运营智能快递柜，覆盖深圳、广州、北京、上海、武汉等 54 个城市。

顺丰已经成为我国最具专业能力的第三方物流快递企业，能为企业和个人提供专业的快递服务、仓储服务和冷运服务。

快递服务：顺丰依托自有丰富运力资源，通过多个不同的快递产品和增值服务，来满足客户多样化、个性化的寄件需求。

仓储服务：顺丰依托自身强大的仓储和运输网络资源，为电商客户打造"一站式"物流服务。

冷运服务：顺丰依托强大的冷链运输网和温控管理系统，为食品及医药冷链客户提供专业的冷运服务。

以上 3 种物流模式各自有其特定的使用范围，从概念、优点、缺点、适用对象和代表企业方面来看，3 种物流模式的比较如表 5-1 所示。

表 5-1　　　　　　　　　　　　　　　　3 种物流模式比较

模式　　　项目	自营物流	物流联盟	第三方物流
概念	企业自身经营物流业务	选择少数稳定且有较多业务往来的物流公司通过契约建立伙伴关系	将部分或全部物流活动委托外部的专业物流公司完成

续表

项目 \ 模式	自营物流	物流联盟	第三方物流
优点	（1）掌握控制权 （2）盘活企业原有资产 （3）降低交易成本 （4）避免商业秘密泄露 （5）提高企业品牌价值 （6）有利于推进客户关系管理 （7）适应性、针对性强	（1）可降低成本、减少投资，降低风险和不确定性，获得一定的物流技术及相应的管理技术 （2）有利于发挥渠道优势，提高利润水平 （3）有利于拓展经营领域，提高顾客服务水平，提升企业形象	（1）集中精力发展核心业务 （2）减少投资，加速资本周转 （3）降低运营成本及库存成本 （4）改善企业价值链，实现资源优化配置 （5）提供灵活多样的顾客服务，为顾客创造更多价值
缺点	（1）投资多、风险大 （2）资产利用率的波动性 （3）增加管理难度、降低专业化水平 （4）管理机制约束 （5）存在跨行业经营风险	（1）冲击主业发展，降低专业化水平 （2）破坏旧的客户关系 （3）伙伴关系非常脆弱，这种关系很难形成且非常容易解体	（1）成本控制困难，发展目标不一致 （2）不利于整体优化 （3）物流资产的制约 （4）市场交易成本的制约
适用对象	具有一定物流资源的传统企业（进行电子商务时所采用）	区域配送系统完善，物流内容相对单一，物流规模较稳定的企业	不具备现代化物流技术手段，无法满足对物流系统需要度高的企业
代表企业	京东商城、沃尔玛、海尔集团	菜鸟网络、711便利店、唯品会	天猫、Dell、当当网

2．电子商务下的第三方物流

（1）第三方物流的概念

第三方物流兴起于20世纪80年代末，经过20多年的迅速发展，已具有多种多样的形式。合同物流、物流外协、全方位物流服务公司、物流联盟与第三方物流含义基本相同。第三物流的概念有广义和狭义之分。

中国国家标准《物流术语》的定义为：第三方物流是指由供方与需方以外的物流企业提供物流服务的业务模式。这个定义为广义的第三方物流定义，其局限性在于将传统的运输、仓储、报关都看作第三方物流，没有将这些传统业务同现代物流服务进行区分，不利于研究和认识现代物流。

狭义的第三方物流是超越第一方物流和第二方物流的一种物流服务模式。第一方物流是指生产企业或流通企业自己运作物流业务；第二方物流是指物流企业提供诸如运输、仓储等单一服务；而第三方物流则是指专业物流企业为客户提供包括设计规划、解决方案以及具体物流业务运作等全部物流服务。因此，狭义的第三方物流主要是指能够提供现代的、系统的物流服务的第三方的物流活动。

（2）第三方物流的基本特征

第三方物流是第三方物流提供者在特定的时间段内按照特定的价格向使用者提供的个性化系列物流服务，这种物流服务建立在现代信息技术基础上，企业之间是联盟关系。第三方物流具有以下几个特征。

① 第三方物流是合同导向的一系列服务。第三方物流有别于传统的外协，外协只限于一项或一系列分散的物流功能，如运输公司提供运输服务、仓储公司提供仓储服务，第三方物流则根据合同条款规定，而不是临时需求，提供多功能甚至全方位的物流服务。

② 第三方物流是个性化物流服务。服务的对象一般都较少，只有一家或数家，服务时间却较长，往往长达几年，它异于公共物流服务——"来的都是客"。这是因为需求方的业务流程各不一样，而物流、信息流是随价值流流动的，因此第三方物流服务应按照客户业务流程来定制，这也表明物流服务理论从"产品推销"发展到了"市场营销"阶段。

③ 第三方物流是建立在现代信息技术基础上的。信息技术的发展是第三方物流出现的必要条件，信息技术实现了数据的快速传递，提高了物流管理的自动化水平，使订货、包装、保管、运输、流通加工实现一体化；企业间的协作能在短时间内迅速完成；同时，计算机的应用使混杂在其他业务中的物流活动的成本能被精确计算出来，还能有效管理物流渠道中的商流，这就使企业有可能把原来在内部完成的作业交由物流公司完成。

④ 企业之间是联盟关系。依靠现代电子信息技术，第三方物流的企业之间充分共享信息，这就要求双方要相互信任，如此才能保证比单独从事物流活动能取得更好的效果。而且，从物流服务提供者的收费原则来看，企业之间是共担风险、共享收益的，通过契约结成优势相当、风险共担、要素双向或多向流动的中间组织，是一种基于物流合作的联盟关系。

（3）第三方物流的作用

第三方物流具有以下几个方面的作用。

① 集中主业。企业能够实现资源优化配置，将有限的人力、财力集中于核心业务，进行重点研究，发展基本技术，开发出新产品参与市场竞争。

② 节省费用，减少资本积压。专业的第三方物流提供者利用规模生产的专业优势和成本优势，通过提高各环节的利用率实现费用节省，使企业获益。

③ 减少库存。第三方物流提供者借助精心策划的物流计划和适时运送手段，最大限度地减少库存，改善企业的现金流量，实现成本优势。

④ 提升企业形象。第三方物流对整个供应链实现完全的控制，降低物流的复杂性；通过遍布全球的运送网络和服务提供者（分承包方）大大缩短了交货期，帮助顾客改进服务，树立自己的品牌形象。

⑤ 提高货主企业经营效率。第一，可以使企业专心致志地从事自己所熟悉的业务，将资源配置在核心事业上；第二，第三方物流企业作为专门从事物流工作的行家里手，具有丰富的专业知识和经验，有利于提高货主企业的物流水平。

（4）电子商务下的第三方物流

第三方物流模式仍然是电子商务企业，尤其是中小企业首选的物流模式。在电子商务时代，第三方物流企业必须努力提高物流装备技术及管理水平，如提高自动化高层货架及立体仓库、托盘、集装箱、销售网点扫描仪（POS）、条形码（BARCODE）、EDI 系统、地理信息系统（GIS）等物流装备技术水平；实现装卸、搬运、拣货等作业过程的机械化、自动化以及精益思想（LTP）、准时供应（JIT）、全面质量管理（TQC）、客户关系管理（CRM）、自动连续补货（ACEP）等现代管理技术及方法的应用等。第三方物流企业只有实现物流装备与管理方法的现代化、物流信息与通道的网络化，才能及时快速地对瞬息万变、竞争激烈的市场环境做出反应，保证第三方物流高效运转。

总之，电子商务的发展必须由第三方物流来支撑。第三方物流企业能为客户节约物流成本、提高物流效率，这已被越来越多的企业所认识。未来几年，我国第三方物流市场有较大发展空间。

5.3 电子商务物流自动化技术及设备

物流自动化是指充分利用各种机械和运输设备、计算机系统和综合作业协调等技术手段，通过对物流系统的整体规划及技术应用，使运输、装卸、包装、分拣、识别等物流的相关作业和内容省力化、效率化、合理化，快速、准确、可靠地完成物流的过程。物流自动化技术及设备非常丰富，下面重点从搬运、分拣、末端配送、存储、清点库存五个方面进行盘点，以管窥物流自动化技术及设备的发展现状。

1. 搬运自动化技术及设备

搬运自动化技术及设备以 AGV 最具代表性。AGV 是自动导引车（Automated Guided Vehicle）的英文缩写，是指装备有电磁或光学等自动导引装置，能够沿规定的导引路径行驶，具有安全保护以及各种移载功能的运输车。AGV 是具有高度柔性化和智能化的物流搬运设备，被称为移动机器人。国外典型的 AGV 产品有 Kiva、Fetch Robotics、Swisslog 的 Click&Pick 以及 Gray Orange 的 Bulter 等，国内典型的 AGV 产品有阿里巴巴的"曹操"以及京东机器人。

（1）亚马逊 Kiva 机器人

亚马逊 Kiva 机器人是 AGV 的典型代表，如图 5-6 所示。亚马逊在 2012 年以 7.75 亿美元的价格收购了 Kiva 的机器人仓储业务。亚马逊启用 15 000 个 Kiva 机器人后可提高近 50% 的分拣效率，总体工作效率提高 3.5～5 倍，每年节约成本将近 10 亿美元。Kiva 机器人会扫描地上条码前进，能根据无线指令将货物从所在的货架搬运至员工处理区，这样工作人员每小时可挑拣、扫描 300 件商品，并且 Kiva 机器人的处理准确率达到了 99.99%。

图 5-6　亚马逊 Kiva 机器人

（2）Fetch Robotics

Fetch Robotics 主要团队来自大名鼎鼎的 Willow Garage。Fetch Robotics 发布了他们的两款新机器人——移动机械臂 Fetch（意为"拿来"）和移动平台 Freight（意为"送去"），专门针对仓储自动化应用。Fetch 的产品相当于 Kiva 的升级版，如图 5-7 所示。Fetch 机器人具备自动导航功能，可以在货架间移动，识别产品后取货并将其搬运到叫 Freight 的自动驾车机器人里。Freight 的作用则与亚马逊的 Kiva 相同。机器人可以自助规划路线和充电，从而保证整个仓储系统的无缝运行。

（3）Click & Pick

Swisslog 是一家总部位于瑞士的自动化仓库和配送物流解决方案提供商，其控股股东是工业机器人"四大天王"之一的 KUKA。与 Kiva 等货架式存储不同，Swisslog 的 Click & Pick 系统采用的是一种三维的立方体网格架系统，每个立方体内有一个标准尺寸的箱子装着特定货物，如果装着所需货物的箱子埋在别的箱子下面，机器人会把上面的箱子拿起来堆在旁边，拿到货物后再放好，如图 5-8 所示。据 Sisslog 称，Click & Pick 一小时能处理一千张订单，速度是人类作业的 4～5 倍。

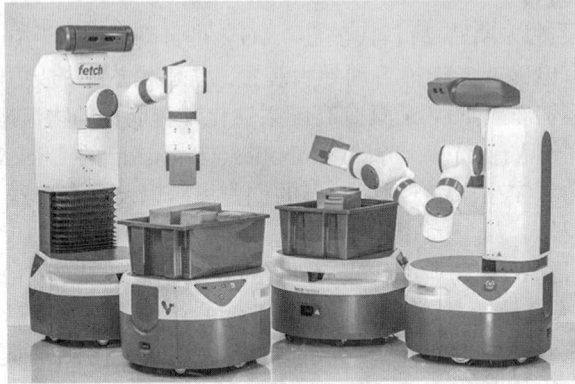

图 5-7　Fetch Robotics 的 Fetch 和 Freight 机器人

图 5-8　Swisslog 的 Click & Pick 系统

（4）Bulter

Gray Orange 推出了机器人 Bulter，它相当于一个方形版本的 Kiva，如图 5-9 所示。Gray Orange 的潜在客户包括 Amazon 和印度物流系统服务巨头 Delhivery 等。

图 5-9　Gray Orange 的 Bulter 机器人

（5）阿里巴巴的"曹操"

阿里巴巴的 AGV 机器人"曹操"有半米多高，跟一般的 AGV 机器人差不多大，可承重 50 千克，速度可达到 2 米/秒，如图 5-10 所示。该机器人接到订单后，可以迅速定位商品位置，并且规划最优拣货路径，拣完货后会自动把货物送到打包台，减短仓管人员的步行距离，大大提高了仓库分拣打包的效率。

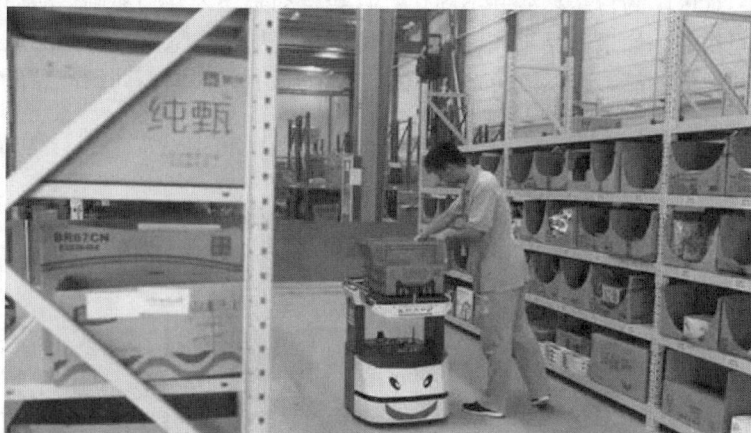

图 5-10　阿里巴巴的"曹操"机器人

（6）京东机器人

京东也有类似 Kiva 的 AGV 搬运机器人，在调度系统和人工智能的调教下，京东机器人可以灵活改变路径，自动避障，可利用地上的二维码进行导航。京东无人仓内的机器人能轻松托举 300 千克的货物。通过京东机器人和六轴机器人机械臂的配合，京东大大提高了货物的搬运和分拣效率，如图 5-11 所示。

图 5-11　京东机器人与六轴机器人

2. 分拣自动化技术及设备

分拣是指为进行运输、配送，把很多货物按品种、不同的地点和单位分配到所设置的场地的一种物料搬运过程。按手段不同，分拣可分为人工分拣、机械分拣和自动分拣三大类。其中，自动分拣是现代物流的重要特征。除了自动分拣机之外，分拣机器人是自动分拣的重要手段。分拣机器人除了大名鼎鼎的亚马逊的 Kiva 机器人以外，还有 TORU、Geek+、快仓、海康威视等。

（1）TORU 分拣机器人

总部位于德国慕尼黑的 Magazino，推出 TORU 系列拣货机器人——TORU Cube，如图 5-12 所示。该机器人由智能识别系统和精准爪手构成，能够自动、准确拣出指定的物品，甚至日常生活物品。TORU 机器人可以独立行走，直接从摆满货物的架子上取走所需的物品，也可以用自身带有 3D 摄像头的爪手把物品拉出来并扫描，接着放到它自己的架子上，然后把所有拣出的物品直接送到暂存区。TORU 的行走路线并不固化，它会自动辨识，并马上调整活动路线，而且可以很好地和人类协同作业。如果物品不同，TORU 可以根据物品类型更换不同的爪手。如果一个仓库储存许多不同种类的物品，可以配备多个 TORU 机器人，并根据不同的产品尺寸和形状为其装上不同的爪手。

图 5-12　TORU 分拣机器人

（2）Geek+分拣机器人

由北京极智嘉科技有限公司研发的 Geek+分拣机器人，被称为中国版的 Kiva，如图 5-13 所示。目前 Geek+的机器人拣选系统已经成功地在天猫超市、唯品会等多家知名电商仓库实现商用。跟 Kiva 一样，Geek+也是采用"货到人"拣选模式，一台 Geek+分拣机器人高 28 厘米，自重 150 千克，能够承受 500 千克的重量。当接到订单指令后，Geek+分拣机器人会通过扫描地面上均匀分布的二维码按照 2 米/秒（最快可达 3 米/秒）的速度自动规划路线前进，跑到货架底部后，直接将整个货架抬起，驮到拣选员的工作台，省去来回路程和挑选的时间，整体效率是人工的三倍。

图 5-13　Geek+分拣机器人

（3）快仓分拣机器人

快仓智能仓储机器人系统解决方案，是由一系列的移动机器人、可移动货架、补货、拣货工作站等硬件系统组成，以人工智能算法的软件系统为核心，来完成包括上架、拣选、补货、退货、盘点等流程的完整订单智能履行系统，快仓分拣机器人如图 5-14 所示。快仓系统解决方案可以为传统仓库作业模式节省 5～7 个人工，并有效提高分拣率，降低错单率、产品损耗率和订单消耗品开销等，从而大幅降低仓库的运营成本。

图 5-14　快仓分拣机器人

（4）海康威视分拣机器人

海康威视智能分拣机器人身材小智慧大，不仅能智能识别包裹面单信息，同时借助工业相机与电子秤等外围设备，快速完成扫码和称重。控制机器人的智能分拣系统，充当着多台机器人调度的大脑，根据包裹目的地规划机器人的优化运行路径，将分拣货物运送至对应的卸货口进行投递，分拣速度和投递准确性相较于人工都有了大幅的提高，如图 5-15 所示。

图 5-15　海康威视分拣机器人

3．末端配送自动化技术及设备

末端配送设备主要是为了解决电子商务中的"最后一公里"配送问题。"最后一公里"配送是指客户通过电子商务途径购物后，购买的物品被配送到配送点后，分拣中心通过一定的运输工具和设备，将货物送到客户手中，实现门到门的服务。末端配送设备是现代物流发展的产物，相关的产品日新月异。目前，末端配送设备趋向于无人化，具体应用方式有无人车、无人机和自提柜。

（1）无人车

无人车属于自动驾驶送货机器人。在无人车领域，目前具有代表性的产品主要有国外的 Starship、Transwheel、DRU 和 Gita，国内的京东无人车和菜鸟"小 G"机器人。

① Starship。Starship 配送机器人是由英国 Starship Technologies 公司在 2015 年年底研发推出

的，力图解决让物流行业头疼的"最后一公里"配送问题，如图 5-16 所示。Starship 是一台小型六轮设备，机身上配备了 9 个摄像头，使得机器人在测试或正式运行时辨别并"记住"路线，通过相应的机器学习，机器人可以实现自主导航。Starship 可承载 20 磅（约合 9 千克）的货物，因为是靠电池来驱动的，其配送范围并不是很大，最远配送范围为方圆 1 英里（约合 1.6 千米）。该机器人被推出后，经过半年多的测试，2016 年 7 月投入使用。机器人在接到命令后，会自己去接货，将其收入货舱（容量大约相当于两个大购物袋），然后送到目的地，这时消费者可以输入自己移动 App 上收到的密码，打开货舱取件。

② Transwheel。Transwheel 配送机器人是由以色列的科比西卡（Kobi Shikar）2015 年构思出的一种新型的机器人，如图 5-17 所示。它最大的特点就是能快速方便地将包裹送到消费者的门口，而且不论物件大小。Transwheel 的设计灵感来源于自动平衡车，它使用了与赛格威（电动平衡车）类似的平衡系统，能在机器搬运手持货时保持直立行驶。它不同于其他配送机器人的特点如下：一是配有机器手臂，可以装卸包裹，还能用机器手臂搬运货物，靠单排轮电动平衡车行驶；二是单个机器人可运小包裹，而若干机器人组合在一起就能够送送大包裹了。也就是说，在未来，使用 Transwheel 运送集装箱和货柜车也是极有可能实现的。

图 5-16　Starship 配送机器人　　　　图 5-17　Transwheel 配送机器人

③ DRU。DRU 配送机器人是由澳洲达美乐比萨公司（Domino's）研发制作的，如图 5-18 所示。这款机器人有四个轮子，单程可运行 20 千米。DRU 内置 GPS 追踪系统，使用激光雷达来探测周围的环境，自动识别障碍物，规划最佳路径，轻松穿越碎石地、沙地和泥地。DRU 的内部设有温度控制系统，使得送达消费者手上的披萨"热气腾腾"，而饮料"冰凉爽口"。订餐消费者可通过输入独一无二的密码来取餐。

④ Gita。Gita 是意大利 Piaggio 公司的产品，是一款随行配送机器人，如图 5-19 所示。Gita 高 66 厘米，可以运送 18 千克的物品，配有一个带锁的盖子。Gita 拥有零转弯半径，其最高速度为 22 mph（约 35 千米每小时）。这样的配置使它既灵活又快速，所以无论你是快步行走还是骑自行车，它都会跟上你。另外，Gita 拥有自动导航和跟随模式两种行动方式，自带跟踪摄像头，能够捕捉自身正前方的画面，借此识别周围环境，还配备了超声波测距系统，形成避障系统。同时，Gita 能应对复杂的路面，上坡转弯等都毫无压力。

⑤ 京东无人车。京东无人车是国内首辆无人配送车，体积较小，长、宽、高分别为 1 米、0.8 米、0.6 米，如图 5-20 所示。无人车可以自主规划路径，寻找最短路径并规避拥堵路段。遇到十字路口，它可以识别红绿灯并做出相应行驶决策。无人车行驶在非机动车道上，采用电能驱动，能自动避障，实时监控并保证货物和自身的安全。自动行驶到指定位置后，它会通过京东 App、手机短信等方式通知消费者收货；消费者输入提货码就可以打开货仓，取走自己的包裹。

图 5-18　DRU 配送机器人

图 5-19　Gita 配送机器人

图 5-20　京东无人车

⑥ 菜鸟"小 G"机器人。小 G 是一款专门用于快递"最后一公里"的配送机器人。小 G 身高 1 米左右，每次配送大概能装 10～20 个包裹，如图 5-21 所示。用户只要通过手机向小 G 发出服务需求，它就会与 TMS（运输管理系统）对接规划最优配送路径，将物品送到指定位置，用户可通过电子扫描签收。在配送过程中，用户在手机端可以实时查看包裹的最新位置，通过射频识别技术，跟踪包裹。小 G 采用了激光与视觉并行的 SLAM（Simultaneous Localization and Mapping，即时定位与地图构建）方案，能够观察周边的复杂环境，并在系统中建立自己的多维世界，运用自适应粒子滤波算法，能够对动态实体进行准确的轨迹预测，避让行人、车辆，还能感知电梯的拥挤程度，并据此选择是否乘坐。

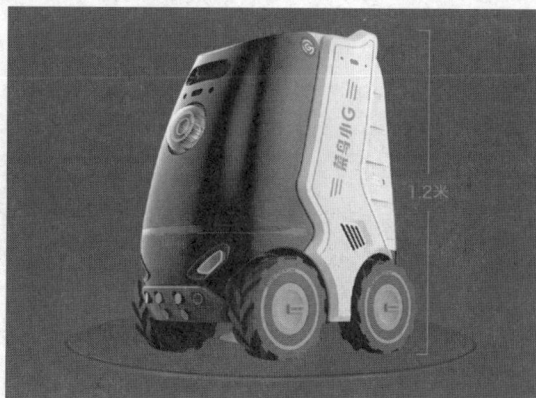

图 5-21　菜鸟"小 G"机器人

（2）无人机

无人驾驶飞机简称"无人机"。早期无人机只用于军事领域，但随着社会的发展，无人机已经逐步在城市管理、农业、地质、气象、电力、抢险救灾、视频拍摄等方面得以运用。近两年来，无人机在物流行业发展最快也很火热。国外的亚马逊、谷歌，以及国内的京东、顺丰等企业，在无人机末端配送领域都有所建树。

① 亚马逊无人机。亚马逊是较早提出"无人机送货"概念的企业。2014 年，亚马逊提出了无人机送货概念。2015 年 11 月，亚马逊在 YouTube 上发布了一个其快递无人机 Prime Air 的宣传视频。2016 年，亚马逊完成了第一次送货测试。亚马逊 Prime Air 服务最大的亮点是采用无人机送货，进行小型包裹的直线运输，让网上的订单在下单后半小时内准确送达。首先用户需要从支持 Prime Air 的商店里挑选自己想要的商品，下单后订单便会被发送给最近的仓库，工作人员只需将物品装入固定大小的包装盒内，放到传送带上，包裹就会从底部装入至执行运输任务的无人机中。无人机采用 GPS 定位，低空飞行高度约为 121 米，可以运输 2.3 千克重的包裹；到达指定地点后，无人机就会像快递员一样放下包裹并自动返航，全程无须任何人工操作，亚马逊 Prime Air 如图 5-22 所示。

图 5-22　亚马逊 Prime Air 无人机

② 谷歌无人机。与亚马逊一样早就开始研发无人机项目的还有谷歌，谷歌很早就公布了其无人机送货研发计划 Project Wing，如图 5-23 所示。Project Wing 无人机和目前常见的四旋翼无人机有非常大的不同，其工作原理可以简单地用鹞式飞机的原理来解释，依靠水平方面的动力以及无人机机翼提供的升力来完成飞行。无人机的计算机控制系统位于尾部，而动力系统位于头部。此外，这款无人机还搭载了 GPS、摄像头、无线电设备，以及由加速计和陀螺仪构成的惯性测量传感器。

图 5-23　谷歌 Project Wing 无人机

③ 京东无人机。2015 年京东正式进军无人机行业，目前发展形势良好。京东将在我国打造一个无人机网络，建设上万个无人机机场，以使所有的商品都能在 24 小时之内送到消费者的手中，助力农村电商。京东已经建成全球首个无人机调度中心，为无人机常态化做保障。目前京东无人机调度中心使用的是载重 5～7.5 千克、飞行半径 10～15 千米的末端无人机，如图 5-24 所示。京东第一架重型无人机正在测试当中，飞行里程可达到 240 千米，未来三年内可飞 500～1 000 千米，携带 1～2 吨货物。不过，目前京东无人机配送成本比普通快递员略高，但未来定型之后，配送成本有望下降 40%～50%。

图 5-24　京东无人机

④ 顺丰无人机。顺丰 2012 年开始酝酿无人机物流，2013 年开始小型无人机的试飞，2015 年起涉猎吨位级大型无人机，2017 年 6 月，顺丰试飞水陆两栖的 300 千克级无人机，2017 年 10 月，又试飞了大型无人机 AT200。顺丰 AT200 无人机是全球首款吨位级大型货运无人机，如图 5-25 所示。机翼展达 12.8 米，机身长 11.84 米，最大起飞重量约 3.4 吨，载重 1.5 吨，巡航速度可达 313 千米/小时，航程可达 2 183 千米，升限为 6 098 米。该无人机目前已实现无人化自主控制，并且自动规划航线，一键自动起降，自身还具有应急处理能力。在陆地交通不发达和多山的西部高海拔地区，可以高效地完成货运直线运输。

图 5-25　顺丰 AT200 吨位级无人机

（3）自提柜

自提柜的出现是电子商务与物联网技术双重推动的结果。随着电子商务的兴起，社区终端已成为众多商家的必争之地。自提柜可以有效缓解快递终端配送难的状况，提高电商物流的终端配送服务水平，有利于解决电商物流在社区"最后一公里"的配送问题。图 5-26 所示为丰巢智能自提柜。

图 5-26　丰巢智能自提柜

对于电商和快递企业来说，自提柜提高了投递效率，降低了投递成本。使用自提柜设备后，快递员在一个区域的投递模式由原先的多点分散投递变为一个区域的集中投递，并且实现了"放货即走"，避免了收货人不在导致二次投递的成本。相关公司粗略估算过，这种模式使得快递员的投递效率至少可以从平均 60 件/天提高到 200 件/天（相当于一人顶三人），能为快递公司增效 45%。

4．存储自动化技术及设备

存储自动化技术及设备主要通过自动化立体仓库来实现。自动化立体仓库（Automatic Storage & Retrieval System，简称 AS&RS），也称高层货架仓库，一般是指采用几层、十几层乃至几十层高的货架储存单元货物，用相应的物料搬运设备进行货物入库和出库作业的仓库，如图 5-27 所示。由于这类仓库能充分利用空间储存货物，故常形象地被称为"立体仓库"。

图 5-27　自动化立体仓库

立体仓库的产生和发展是第二次世界大战之后生产和技术发展的结果。20 世纪 50 年代初，美国出现了采用桥式堆垛起重机的立体仓库；50 年代末 60 年代初出现了司机操作的巷道式堆垛起重机立体仓库；1963 年，美国率先在高架仓库中采用计算机控制技术，建立了第一个由计算机控制的立体仓库。此后，自动化立体仓库在美国和欧洲得到迅速发展，并形成了专门的学科。20 世纪 60 年代中期，日本开始兴建立体仓库，并且其立体仓库的发展速度越来越快，日本成为当今世界上拥有自动化立体仓库最多的国家之一。

我国开始对立体仓库及其物料搬运设备进行研制的时间并不晚，1963 年研制成第一台桥式堆垛起重机，1973 年开始研制我国第一个由计算机控制的高达 15 米的自动化立体仓库，该库 1980 年投入运行。到目前为止，我国每年新建自动化立体仓库的数量在 100 个左右。立体仓库由于具有很高的空间利用率、很强的入出库能力、采用计算机进行控制管理而利于企业实施现代化管理等特点，越来越受到企业的重视。自动化立体仓库应用范围很广，几乎遍布所有行业。在我国，应用自动化立体仓库的行业主要有机械、冶金、化工、航空航天、电子、医药、食品加工、烟草、印刷、配送中心、机场、港口等。

5．清点库存自动化技术及设备

清点库存是仓储管理过程中的日常工作，工作量大，也较为烦琐。通过清点库存机器人，我们可以轻松高效地完成库存盘点任务。目前，典型的清点库存机器人包括 Robi、Shelfie 以及清点库存无人机"飞行盒子"。

（1）Robi 清点库存机器人

Surgere 与 Fetch Robotics 合作推出了"机器人优化和平衡库存"系统，即被称为"Robi"的清点库存机器人，如图 5-28 所示。Robi 可在汽车制造和仓储环境中自动循环计数以提高现有库存的总体准确性。

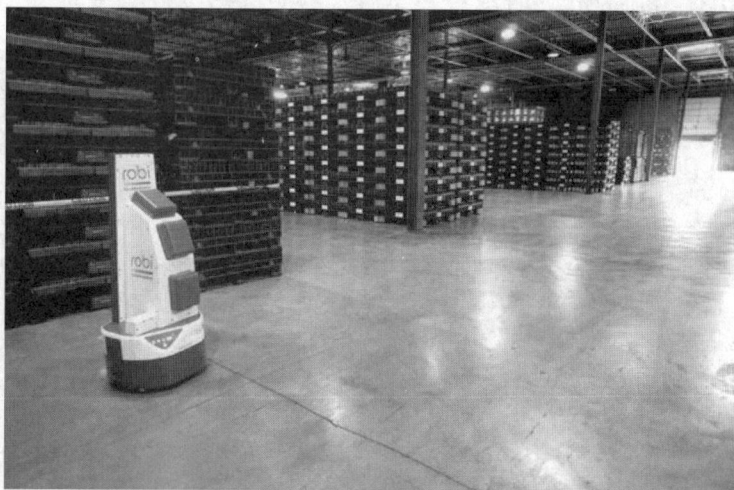

图 5-28　Robi 清点库存机器人

Robi 结合了 RFID 技术和 Fetch Robotics 的移动机器人平台，能从各个角度和方向自动读取标签信息。仓库中所有零部件的信息及位置数据已被事先记录在 Surgere 的云端资产管理系统中，通过在设定的路线上移动，Robi 能读取零件、工具及其他资产的标签，将信息传送到云端进行比对、审核，以此判断仓库的库存量变化。

就清点库存而言，Robi 有人工难以媲美的两个优势：一是能采集包括物品堆叠高度、存储深度和机器人移动速度等多个数据，完全免去了人工手动搜索的麻烦；二是能绘制记录设施和货物位置信息的 3D 地图。随着库存定位越来越精准，Robi 采集的各类数据日益丰富，将在仓库管理中扮演越来越重要的角色。

（2）Shelfie 清点库存机器人

对于动辄就要处理数万种商品的连锁超市来说，一个高效的库存管理系统不但能提高超市的工作效率，还能大幅降低管理成本。现在，一家英国连锁超市就用悉尼新创公司 Lakeba 研发的云计算清点库存机器人对自家的库存管理系统进行了现代化改造。这款名为 Shelfie 的清点库存机器人已进入英国的 Co-Op 连锁超市，它结合了图片捕捉、数据分析等功能，而背后的云计算大脑则来自微软 Azure 平台。该机器人能扫描货架和产品价签，并实时将库存情况反映给销售人员。

将 Shelfie 连上超市的 Wi-Fi 系统，它就能熟悉超市的布局、扫描货架和价签并获取详细的库存信息。如果发现货架缺货，它还会自动提示超市雇员补货。从零开始盘完一整个超市的货，Shelfie 仅需 3 个小时。Shelfie 还可以根据超市的库存和布局为其打分，经过一系列优化后，该机器人每年可为每家超市省下 30 万美元，如果是连锁超市，其省钱能力简直不可估量。

（3）清点库存无人机"飞行盒子"

德国林德公司推出了清点库存无人机"飞行盒子"，作为林德搬运机器人使用的附加选择，如图 5-29 所示。无人机"飞行盒子"投放在空中，它约有 50 厘米宽，配有 6 个转子、摄像头、条码扫描仪和测距器，它慢慢地移到货架的前面，拍摄每一个托盘，捕获存储货物的条形码。当到达货架顶端时，它会向右侧或左侧移动，与地面上的托盘堆垛车同步，并继续进行从底部到顶部的文档处理程序工作。然后进入下一个位置再次重复相关动作，直至拍到所有托盘，并且传回计算机。这样，所有存货都已经归档入案，我们可随时按需导出货物，并通过应用软件，在屏幕上查看其货架的位置、条形码以及照片。

图 5-29　林德清点库存无人机"飞行盒子"

该"飞行盒子"的一大亮点就是把无人机与智能化的机器人叉车联结在一起。在整个盘点的过程中，这个"飞行盒子"被林德搬运机器人 L-MATIC（托盘堆垛车）引导，两个设备通过电压转换器和自适应线缆互相结合。它大大简化了盘货流程，节省了宝贵的工作时间以及企业成本。

第三部分 | 课题实践页

一、实训题

实训 条形码制作实训

在商业自动化系统中，商品条形码是关键。在国家标准 GB/T 12904 中，商品条形码被定义为用于标识国际通用的商品代码的一种模块组合型条形码。EAN/UPC 码作为一种消费单元代码，被用于在全球范围内唯一标识一种商品。本实训主要学习 EAN13 条形码的制作。

1．实训任务简介

（1）清楚条形码制作方法，并独立完成实验案例中设置货物的条形码制作。

（2）课后查询资料，了解条形码的制作及条形码应用的相关信息。

条形码制作的主要工具及其用途如表 5-2 所示。

表 5-2 条形码制作的主要工具及其用途

辅助工具	主要用途说明
条形码制作软件	采用 Argox Special Edition BarTender Ultralite，主要用于在计算机上制作条形码、设置条形码规格大小等
条形码打印耗材	即条形码纸，制作好的条形码需要被打印在条形码纸上
工业级条形码打印机	主要用于打印制作好的一维条形码或二维条形码
RF 便携条形码打印机	主要用于打印制作好的一维条形码或二维条形码，支持 Wi-Fi、蓝牙等连接方式

需要制作条形码的货物信息如表 5-3 所示。

表 5-3 货物信息

商品条形码	商品名称	制造商	商口规格	生产日期	保质期	单价（元）
6902083880975	娃哈哈八宝粥	娃哈哈	360 克	2018 年 2 月 7 日	6 个月	4.80

2．实训目的和内容

① 学会使用条形码制作软件；② 学会制作一维条形码；③ 了解条形码制作中需要注意的事项。

3．实训操作指导

（1）双击启动桌面的条形码制作软件，进入条形码制作界面。

（2）在图 5-30 所示的界面中选择所需的条形码类型，并拖入编辑界面。

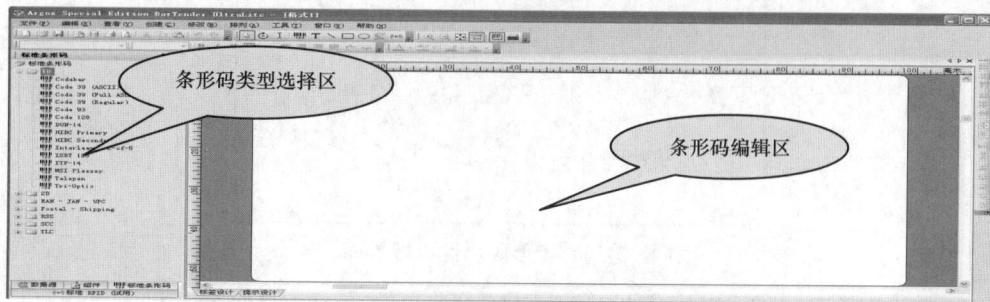

图 5-30 条形码制作界面

（3）从条形码类型选择区中选择一种类型的一维条形码，单击选中并按住鼠标左键不放，将其拖到条形码编辑区，松开鼠标左键即可生成一条新的一维条形码，如图 5-31 所示。或在任务栏上单击"▦"按钮，然后将鼠标放到条形码编辑区，单击鼠标左键即可成功生成一条一维条形码，如图 5-32 所示。

图 5-31　从条形码类型选择区生成条形码

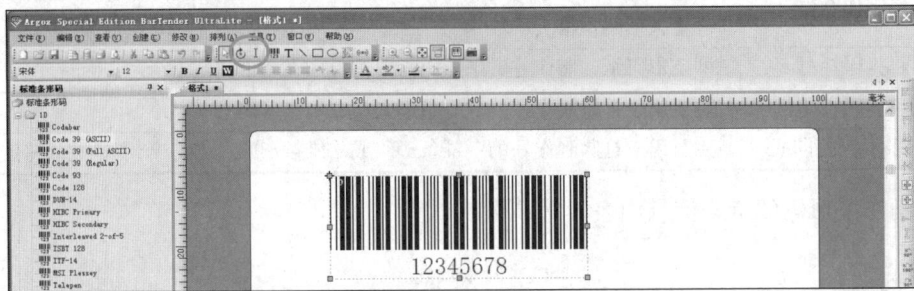

图 5-32　从任务栏选择区生成条形码

（4）双击生成的一维条形码，对其属性进行设置，包括条形码的尺寸等，如图 5-33 所示。

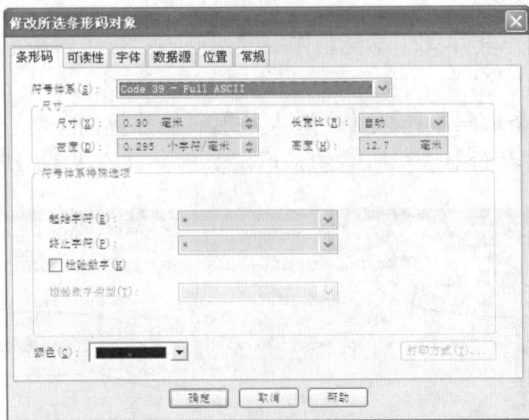

图 5-33　条形码属性设置界面

（5）选择"条形码"选项，可以对符号体系、尺寸进行设置，在"符号体系"中选择"EAN/JAN-13"

选项，符号体系设置为国际商品条形码体系；分别选择"可读性""字体""数据源""位置"
"常规"选项，可以对条形码的可读性、位置、字体大小、屏幕数据、标签位置、商品属性进行相
应设置，设置成功后，单击"确定"即可，如图 5-34 至图 5-39 所示。设置完成后的效果如图 5-40
所示。

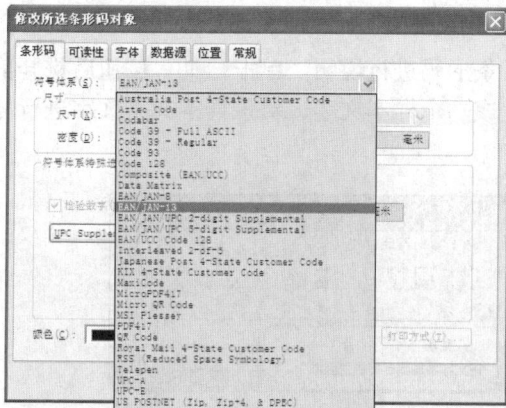

图 5-34　符号体系设置

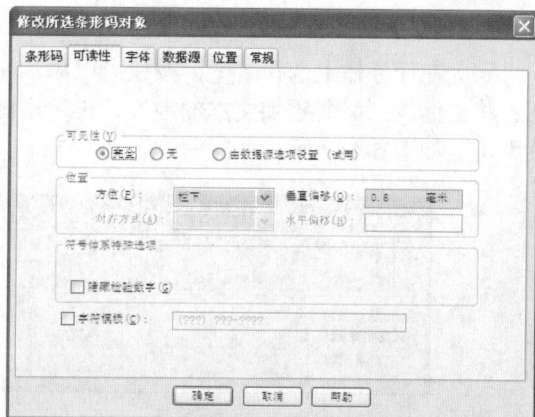

图 5-35　设置条形码可读性

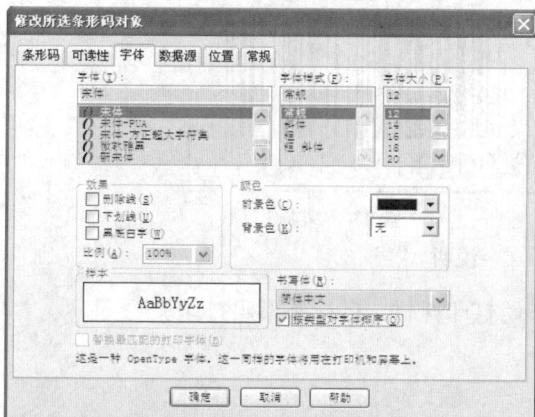

图 5-36　设置条形码字体效果

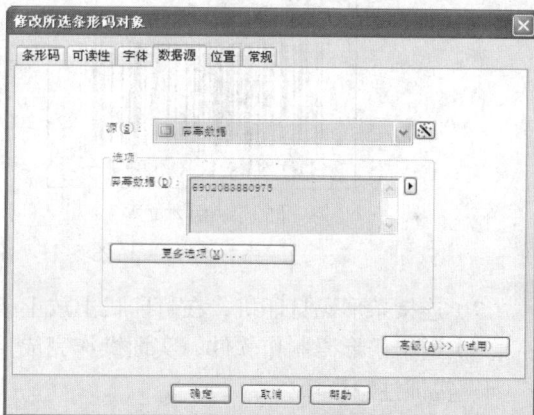

图 5-37　设置条形码数据源

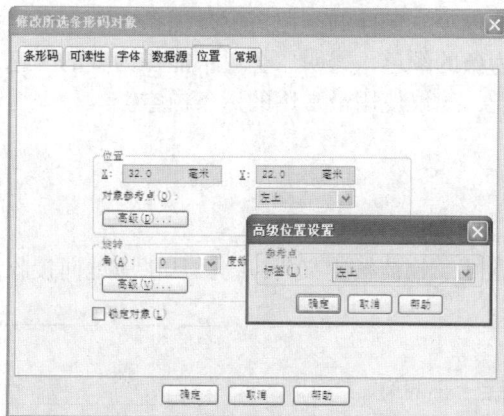

图 5-38　设置条形码的位置

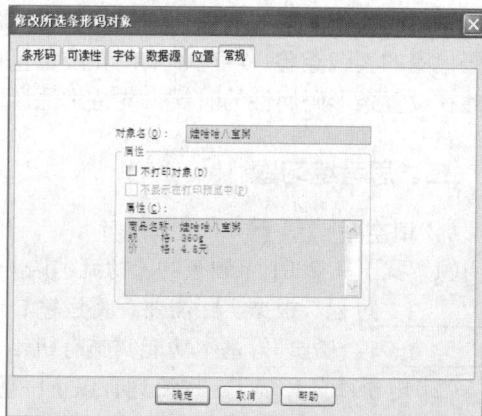

图 5-39　设置条形码的属性

图 5-40　设置相关属性后的条形码

（6）在任务栏上选择"**T**"按钮可以添加文本对条形码进行说明。单击"**T**"按钮后松开鼠标，将鼠标放到需要添加文本的地方，再单击即可生成一个样本文本，对该样本文本文字进行修改即可，如图 5-41 所示。

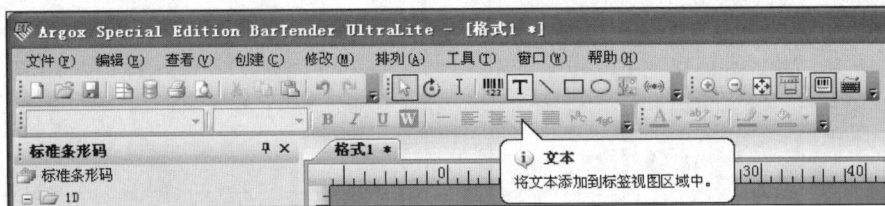

（a）选择文本按钮

（b）添加样本文本　　　　　　　　　　　（c）修改样本文本

图 5-41　添加文字说明

（7）连接条形码打印机，在打印机上放上条形码打印耗材，进行条形码打印。

（8）退出条形码制作软件，实训操作完成。

4. 实训注意事项

由于条形码的识读是通过条形码的条和空的颜色对比度来实现的，一般情况下，只要能够满足对比度（PCS 值）的要求的颜色即可使用。通常采用浅色作为空的颜色，如白色、橙色、黄色等，采用深色作为条的颜色，如黑色、暗绿色、深棕色等。最佳的颜色搭配是黑条白空。根据条形码检测的实践经验，红色、金色、浅黄色不宜作为条的颜色，透明、金色不能作为空的颜色，因此在设置条形码属性的时候，要特别注意颜色搭配，建议使用最常用的黑条白空。

二、思考练习题

1. 填空题

（1）我国在 2001 年颁布的《物流术语》国家标准中，物流被定义为：物品从供应地向接收地的_____过程。根据实际需要，将运输、储存、_____、_____、_____、_____、信息处理等基本功能实施有机结合。

（2）电子商务环境下，物流具有以下一些新的特点：信息化、_____、_____、_____、_____等。

（3）物流的价值主要包括_____、_____、_____。

（4）电子商务中的任何一笔交易，都包含着几种基本的"流"，即信息流、商流、资金流、_____。

（5）亚马逊_____机器人是 AGV 的典型代表。

（6）_____设备主要是为了解决电子商务中的"最后一公里"配送问题。

2. 选择题

（1）物流概念最先由（　　　）提出。

    A. 日本　　　　　　B. 美国　　　　　　C. 德国　　　　　　D. 荷兰

（2）下列关于物流的说法不正确的是（　　　）。

    A. 物品从供应地向接收地的实体流动过程

    B. 物品从接收地向供应地的实体流动过程

    C. 为了满足顾客而对原材料、半成品、成品及其相关信息从生产地到消费地有效率地移动和保管进行计划、实施、统管的过程

    D. 从物流的定义可以知道，通过运输、储存、装卸、搬运、包装、流通加工、配送、信息处理等基本功能，物流活动可以实现物品包括空间和时间的位置移动以及形态性质的变动

（3）"物流管理"这一名词，最早出现在（　　　）领域。

    A. 生产企业管理　　B. 军火物资管理　　C. 流通企业管理　　D. 仓库管理

（4）下列关于物流的说法不正确的是（　　　）。

    A. 社会发展初期，商流与物流是统一的，随着生产力的发展，商流与物流逐渐分离

    B. 在当今高度发达的市场经济环境中，物流发生的同时，物品所有权也随之转让了

    C. 在一定条件下，商流与物流分离可以降低物流成本

    D. 采取赊销购物方式，会引起物流在前、商流在后的物流分离

（5）生产与流通之间的关系是（　　　）。

    A. 生产与流通之间是互为决定的关系

    B. 流通规模决定生产规模，生产对流通有反作用

    C. 生产与流通之间没有关系

    D. 生产规模决定流通规模，流通对生产有反作用

（6）为加速出入库而采用托盘堆叠储存时，一般用（　　　）存取。

    A. 人工　　　　　　B. 叉车　　　　　　C. 吊车　　　　　　D. 堆垛机

（7）下列仓储技术装备属于按作业方式分的有（　　　）。

    A. 搬运机械设备　　B. 分拣设备　　　　C. 移动式货架　　　D. 计量设备

（8）企业自动化物流系统主要包括（　　　）（多选）。

    A. 自动化仓库　　　　　　　　　　B. 自动输送系统

    C. 自动导引搬运车系统　　　　　　D. 流通加工作业系统

    E. 自动控制系统

（9）仓储技术装备按作业方式分为（　　　）（多选）。

    A. 搬运机械设备　　　　　　　　　B. 起重吊装机械设备

    C. 存取设备　　　　　　　　　　　D. 分拣设备

    E. 计量设备

（10）分拣方式有（　　　）（多选）。

    A. 人工分拣　　　　B. 机械分拣　　　　C. 半自动分拣　　　D. 自动分拣

　　E．半机械分拣

3．名词解释

（1）物流；（2）企业物流；（3）物流活动的基本要素；（4）物流自动化；（5）自动导引小车 AGV；（6）"最后一公里"配送。

4．简答题

（1）现代物流与传统物流相比，具有哪些特征？

（2）简述物流的价值。

（3）简述电子商务与物流的关系。

（4）电子商务环境下物流的特点有哪些？

（5）简述国内外典型的物流无人机产品。

（6）简述运用末端配送设备自提柜的优势。

三、实践练习题

（1）两个同学为一组，都注册成为淘宝网的用户，一个同学在淘宝上拥有网上商店，充当卖家，另外一个同学到该网上商店购物，充当买家。买家付款后，卖家使用淘宝网推荐物流服务，委托推荐物流公司送货，体验淘宝推荐物流的使用流程，并对推荐物流公司的服务质量进行评价。之后，买卖双方角色互换。

（2）假如你拥有一部智能手机，请下载安装地图软件（如高德地图、凯立德地图、百度地图等），尝试使用手机的定位功能，查找周围有什么吃喝玩乐的好地方；另，如果需要你和朋友从甲地驱车前往乙地，尝试使用手机的导航功能，看看导航的精确度如何。

（3）中国北斗卫星导航系统（BeiDou Navigation Satellite System，BDS）是中国自行研制的全球卫星定位与通信系统，是继美国全球卫星定位系统（GPS）和俄罗斯全球卫星导航系统（GLONASS）之后第三个成熟的卫星导航系统。北斗卫星导航系统和美国全球卫星定位系统、俄罗斯格洛纳斯系统及欧盟伽利略定位系统一起，是联合国卫星导航委员已认证的供应商。请你浏览相关网站，自主学习北斗卫星导航系统的定位原理及其主要功能，并将其与 GPS 进行比较，分析北斗卫星导航系统的优势。

课题六
网上贸易

知识目标

➤ 理解网上贸易的概念
➤ 理解网络采购和网络销售的概念
➤ 理解电子合同的概念
➤ 理解网上售后服务的概念
➤ 了解网上贸易的安全常识

技能目标

➤ 分析知名的网上贸易平台
➤ 掌握网络采购和销售流程
➤ 掌握电子合同的管理流程
➤ 掌握网上售后服务的策略
➤ 掌握网上贸易的安全措施

建议学时

6 学时

第一部分 │ 案例与分析

案例 6-1 找钢网

找钢网成立于 2012 年年初，是一家采用标准创投模式成立的公司。2015 年年底，找钢网获得了来自京西创业、中泰证券等著名机构的人民币战略投资 11 亿元，在此之前，找钢网还获得了 IDG 资本、华晟资本、雄牛资本、红杉资本、经纬中国、险峰华兴、真格基金等知名基金公司的风险投资。目前，找钢网团队规模超过 1 400 人。除上海总部外，找钢网已形成了辐射全国的营销服务网络，全国范围内的分支机构已覆盖 29 座城市，共计 42 个，包括北京职能中心、武汉研发中心、长沙工业智能中心及 39 个运营分支机构，同时围绕"一带一路"倡议布局，找钢网在韩国、越南、泰国、阿联酋的四家海外分公司已经投入运营。傲人的发展成绩使找钢网成为中国最大的钢铁全产业链电商平台，也是中国产业互联网的标志性企业，其主页如图 6-1 所示。

图 6-1 找钢网网站主页

找钢网的发展经历了如下四部曲。

（1）为小买家提供优质服务，成为行业订单的入口。找钢网快速吸引大批钢铁零售商的办法是瞄准它们的核心刚需，解决它们找货难的问题。由于找钢网找货快、比价快、议价能力强，并且是免费服务，因此其撮合交易量迅猛攀升。

（2）以海量订单吸引厂家和代理商，赚佣金而非博差价。从"钢厂→大代理商→中间商→零售商→终端用户"，到"钢厂→找钢网→零售商→终端用户"，找钢网对钢铁交易链条做了一次明显的优化。

（3）优化产业链，靠服务赚钱。找钢网不追求单纯的利润，而以低佣金来做大规模，再通过规模向下游做产业链优化，靠服务赚钱。零售商只要在找钢网平台上买货，就有胖猫物流跟进去运货，找钢网还提供仓储和加工服务。因为交易格式化、可监控，金融机构也愿意与找钢网一起向零售商提供金融服务。找钢网发展产业链金融的资金来自铜板街、京东金融等互联网金融公司。找钢网的产业链金融能给互联网金融公司一个很好的资产包。

（4）"找钢模式"的未来：反向定制与敏捷采销。找钢网的交易环节是"钢厂→找钢网→终端用户"，交易和物流次数已经精简到非常理想的两次，这是大数据带来的效率提升。如果未来反向定制得以普及，钢铁业的整体效率将达到非常理想的状态，如图 6-2 所示。

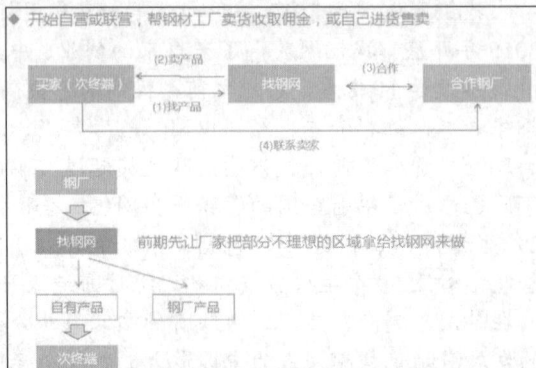

图 6-2 找钢网的交易环节

第二部分 | 课题学习引导

6.1 网上贸易概述

1. 网上贸易的概念

（1）网上贸易的概念

网上贸易是指在网络平台的基础上直接进行在线交易，利用数字化技术将企业、海关、运输、金融、商检和税务等有关部门有机连接起来，实现从浏览、洽谈、签约、交货到付款等全部或部分业务自动化处理。它是电子商务的重要组成部分。

（2）网上贸易的特点

网上贸易具有广泛性、时效性、风险性等特点。网上贸易的广泛性也叫整体性，是指网上贸易的产生不受地域和时间限制，即整个网上贸易的主体是一个整体，网上贸易对谁都是平等的。其中包括随时性，即网络商店不存在打烊，只要服务器不关，就是 24 小时全天候营业。对于商人来说，时间就是金钱，网上贸易的时效性非常强，正如广告词所说："商机无处不在，只需你现在就点。""现在"这个词就充分体现了其具有较强的时效性。对于一条有用的商业信息，谁先把握，谁就能最先获利；同样，相同的商业信息，谁先发布，谁就可能先获利，后者就可能失去这样的机会。由于网上贸易买卖双方是不见面的，整个交易过程是在网上进行的，因此存在一定的风险性，买家在购买商品之前可能见不到实物，只能通过文字介绍或者一些图片信息及视频资料了解产品的相关信息，所以在进行交易的时候，存在被卖方欺骗的可能。购买方只能通过自己的判断，确定信息的真实性与有效性，确保自己的利益不受损失。

（3）网上贸易的优势

与传统的贸易方式相比，网上贸易主要有以下几个优势。

① 网上贸易会大大降低买卖双方的交易成本。买卖双方通过网络直接接触，无须贸易中介的参与，减少了交易的中间环节；参与交易的各方只需支付较低的网络通信和管理费用就可存储、交换和处理信息，节省了资金，降低了成本。由于互联网是全球性开放网络，这有利于交易双方获得"完整信息"，降低了市场搜寻成本，减少了交易的不确定性；在网上直接传递电子单证，既可节约纸质单证的制作费用，又可缩短交单结汇时间，节省了利息开支。

② 网上贸易提高了工作效率。现有的网络技术实现了不同国家和地区的商业用户间标准格式文件（如合同、提单、发票等）的即时传送和交换，买卖双方足不出户，就可在网上直接办理订购、谈判、签约、报关、报检、租船订舱、缴税、支付结算等各项外贸业务手续，大大缩短了交易时间，从而提高了金融、海关、运输、保险等有关部门的工作效率。

③ 网上贸易有利于企业增强竞争地位。公司和厂商可以申请注册域名，在互联网上建立自己的网站，通过网页介绍产品、劳务和宣传企业形象，有利于提高企业知名度，开拓海外市场和提高国际竞争力。此外，网上贸易无时间、地域的限制，受自然条件影响小，可以进行"全天候交易"，同时又有助于企业及时、准确地掌握市场动态，密切与客户的业务联系。

（4）网上贸易的现状和发展趋势

网上贸易发展时间虽短，然而其发展速度却令人惊叹。电子商务研究中心 2018 年 6 月发布的《2017 年度 B2B 电商市场数据监测报告》显示，近年来，我国 B2B 电商市场交易规模逐年上升，从 2012 年只有 6.25 万亿元人民币，发展到 2017 年达到 20.5 万亿元人民币，同比 2016 年增长 22.75%。

未来的网上贸易将会呈现如下特点。① 跨越时空性。利用互联网能够超越时间约束和空间限制进行信息交换，因此使得商业贸易可以脱离时空限制，企业可以开展全天候的贸易服务，相应地扩大了企业的贸易市场。② 多媒体。互联网上的多媒体技术越来越成熟，可以同时传输多种形式的信息，如文字、声音、图像、视频等信息，使得网上贸易同传统贸易中的面对面的贸易形式一样丰富多彩。③ 交互式。企业可以在互联网上展示商品目录、提供有关商品信息的查询、与顾客做互动双向沟通、收集市场情报、进行产品测试及消费者满意调查等，是产品设计、商品信息提供以及服务的最佳工具。④ 拟人化。网上贸易是一对一的、理性的、消费者主导的、非强迫性的、循序渐进式的，而且是一种低成本与人性化的贸易形式，避免了推销员强势推销的干扰，企业能够通过信息提供和与顾客互动，与顾客建立长期良好的关系。⑤ 成长性。随着互联网用户的增多和大多数企业网站的建立，网上贸易所面对的市场也将扩大。

2. 网上贸易交易平台

国内从事网上贸易的交易平台重点介绍如下。

（1）阿里巴巴

阿里巴巴是由马云在 1999 年于杭州创立的企业对企业（B2B）的网上贸易市场平台，包含国际站（见图 6-3）和中文国内站（见图 6-4）。阿里巴巴通过旗下 3 个交易市场协助世界各地数以千万计的买家和供应商从事网上交易。3 个网上交易市场包括：集中服务全球进出口商的国际交易市场，集中国内贸易的中国交易市场，以及通过一家联营公司经营、促进日本外销及内销的日本交易市场。此外，阿里巴巴也在国际交易市场上设有一个全球批发交易平台，为规模较小、需要小批量货物快速付运的买家提供服务。阿里的所有交易市场形成一个拥有来自 200 多个国家和地区、超过 6 100 万名注册用户的网上社区。为了转型成为可让小企业更易建立和管理网上业务的综合平台，阿里巴巴也直接或通过其收购的公司，向国内外贸易商提供多元化的商务管理服务、互联网基础设施服务及进出口相关服务，并设有企业管理专才及电子商务专才培训服务。阿里巴巴亦拥有 Vendio 及 Auctiva，这两家公司为领先的第三方电子商务解决方案供应商，主要服务网上商家。如今，阿里巴巴已成为全球企业间（B2B）电子商务的著名品牌，是全球国际贸易领域内最大、最活跃的网上交易市场和商人社区，融合了 B2B、C2C、搜索引擎和门户，在全球范围内共设有 70 多个办事处，共有 2.4 万多名员工。

图 6-3　阿里巴巴国际站主页

图 6-4　1688（阿里巴巴中文站）主页

（2）慧聪网

慧聪网成立于 1992 年，是国内领先的 B2B 电子商务服务提供商。依托其核心互联网产品"买卖通"以及雄厚的传统营销渠道，慧聪网为客户提供线上、线下全方位的电子商务服务。这种优势互补、横立体的架构，已成为我国 B2B 行业的典范，对我国电子商务的发展具有革命性的影响。其首页如图 6-5 所示。目前，在国内 B2B 行业网站中慧聪网排名第二。

（3）淘金地

淘金地（原"商机网"）创立于 2005 年 8 月，致力于为中小企业提供一站式电子商务解决方案，曾经是华南地区规模最大的 B2B 电子商务平台，其网站首页如图 6-6 所示。淘金地是国家重点支持的 B2B 电子商务平台、工信部"中国互联网百强企业"、商务部"典型统计调查企业"、广东省首批电子商务示范企业、深圳市政府重点支持的第三方电子商务服务商。目前淘金地拥有 1 000 万注册会员、1 000 亿元交易量，覆盖 3 000 多个城市、300 多个行业，日均活跃用户超过 100 万，访问量超过 1 000 万，影响商务人群超过 1.2 亿人。其国际贸易平台拥有近 51 万企业注册会员，企业商情覆盖全球 90 多个国家和地区，为中国外贸企业的网络营销提供了高效的电子商务服务。淘金地的万网联播产品，提供行业垂直的线上推广服务，被誉为最具性价比的精准营销平台。淘金地"商铺+推广"的一站式产品以及人性化的服务，正受到越来越多中小企业的信赖与好评。

图 6-5　慧聪网主页

图 6-6　淘金地网站主页

6.2 网上交易管理

1. 网上交易过程

网上交易过程一般包括交易准备、贸易磋商、签订合同和执行合同4个阶段。交易准备阶段是商家或客户发布信息、收集过滤信息的阶段。当交易双方的供需信息匹配后，即进入贸易磋商阶段，贸易双方通过对商品和服务的洽谈，达成交易意向，此阶段涉及采购单、报价单、订购单等网上单证的制作和传递。在这以后，交易双方必须签订电子合同以完成对交易的确认（C2C或采用商城间接交易的B2C交易除外）。合同签订后即刻转入合同执行阶段，包括付款、发货、开出发票、提供售后服务等。网上交易的详细过程如图6-7所示。

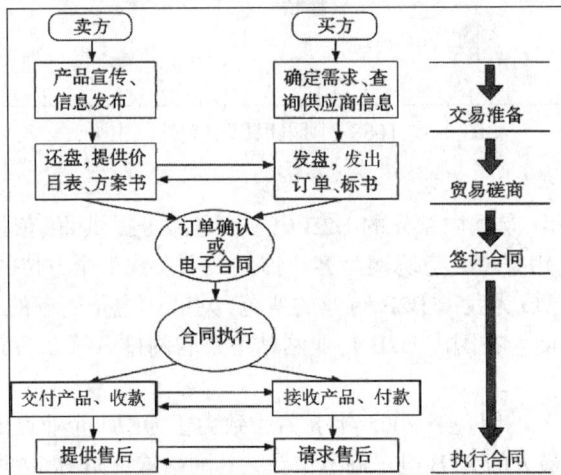

图6-7 网上交易的详细过程

2. 网络采购

（1）网络采购的概念

网络采购是电子商务的一种具体形式，就是使与采购相关的数据、信息、过程实现电子化。它所要达到的最终目标与传统的采购相同，只不过是充分利用网络来完成采购各环节的任务，这样能够更好地利用互联网所带来的便利。网络采购可以自行建立网络采购平台，也可以利用公共采购平台。

（2）网络采购的优势

相对于传统采购，网络采购具有以下优势。

① 公正透明。网络采购利用网络平台使采购信息公开化、过程透明化、竞争公平化、中标公正化。由于招标信息在网上发布迅捷、公开、通畅，能够有效扩大竞价范围，确保采购的产品质量合格、价格合适。

② 效率高。透明的采购过程，对采购过程中的关键环节全部实现标准化和电子化，使整个采购流程合理有序，有效提高了网络采购的效率，缩短了采购周期。网络采购把价格谈判的时间从几个月压缩到几个小时甚至更短，减少了商业环境剧烈变化对价格影响的可能性。网络采购企业对整个采购过程实行一站式管理，从联系确定供应商，到确定采购时间，最后完成采购竞价，进行全线跟踪管理。

③ 竞争性强。网络采购平台把竞争扩大到世界范围，公平竞争排除了原有供应商享有的一些优势，参加竞争的供应商有同等的机会赢得订单。扩大的市场偏向于有竞争能力的供应商，也就

是说，合格的供应商将来会被邀请参加当前的顾客所发起的网络采购，另外也有更多机会赢得来自新客户的业务；供应商因此能增加销售和扩大顾客范围，并节省了相关的销售和市场开销，参加网络采购的供应商能看到市场价格并验证自身的竞争能力。

④ 节约成本。网络采购能够有效地降低采购费用、降低材料和服务成本，这使得它备受企业和政府的青睐。企业和政府在网上寻找合适的供应商，从理论上讲具有无限的选择性。这种无限选择的可能性将导致市场竞争的加剧，并为采购商带来供货价格降低的好处。著名的 Mercer 管理顾问咨询公司分别对施乐、通用汽车、万事达信用卡 3 个具有行业代表性的企业做了一次详尽的电子化采购调查，比较了其运用互联网技术前后的采购流程成本控制，结论是：在采购成本上施乐公司下降了 83%、通用汽车公司下降了 90%，万事达信用卡公司下降了 68%。B2B 网络采购已经成为一个解决成本问题的有效办法。网络采购与传统采购的比较如表 6-1 所示。

表 6-1　　　　　　　　　　　　　　传统采购与网络采购的比较

序号	比较项目	传统采购	网络采购
1	通信费用	（电话、传真）高	（互联网）低
2	作用效率	（手工）低	（软件）高
3	办公消耗	（纸张、耗材）高	（电子单据）低
4	单据查询与共享效率	（纸张单据）低	（电子单据）高
5	询价处理周期	长	短
6	采购审批周期	长	短
7	业务报表	手工	自动
8	供货商资源共享	少	多
9	比价（竞价）效果	（人工操作，低效率）差	（软件操作，效率高）好
10	差错率	高	低
11	透明度	低	高
12	采购成本	高	低

利用网络采购可以大大弥补传统采购的不足，更有利于企业、政府的采购，充分体现采购在企业、政府运行中的地位与作用，能够更好地完成采购任务。

（3）网络采购的分类

① 按参与的对象分，网络采购可分为政府网络采购和企业网络采购。

政府网络采购是指政府利用在线网络对所需求的物品实行网上公告、发出标书、开标、评标、定标以及签订电子合同，实现电子化结算，甚至直接进行网上谈判来达到政府网络采购目标的一种方式。

企业网络采购是指制造和零售企业利用在线网络自动化，把采购人员的注意力从战术层面转移到战略层面，通过分析采购模式、监控存货与补货延误，更好地制定生产周期和销售计划。

② 按信息的来源分，网络采购可分为国际采购和国内采购。

国际采购还可进一步按国别细分，国内采购也可细分为中央采购、地方采购。

③ 按过程管理分，网络采购可分为集中采购和分散采购。

集中采购是由各国各级政府或者其授权的机构确定并公布采购项目的采购行为。一般来说，集中采购的项目金额是有规定的，如《中华人民共和国政府采购法》第七条、第八条中就有相关规定。

分散采购是指政府采购中对集中采购目录以外的货物、工程、服务进行的非集中采购。与集中采购相对应，分散采购是由企业下属各单位（如子公司、分厂、车间或分店）实施的满足自身生产经营需要的采购。

④ 按进行的方式分，网络采购可分为卖方主导型、买方主导型和中介型。

卖方主导型。卖方为增加市场份额，以计算机网络为销售渠道而实施的电子商务系统。卖方在网站上列出销售商品目录、设置在线销售系统或在线拍卖系统，让买方选购或竞买，如戴尔、英特尔、联想集团等网上销售系统。

买方主导型。买方自己控制电子商务系统，在卖方的网站上列出要采购的产品和服务目录，设置在线采购招标系统，由卖方进行竞买，如美国三大汽车公司联合开发的全球汽车零配件供应商网络、海尔集团的网上招标和上下游供应商等。

中介型。中介型网络采购是中介机构设立的公共采购平台，将买卖双方要采购的或能提供的产品和服务目录列出来，买卖双方通过网上交易平台可以享受到各类信息查询、信用查询、贸易洽谈、签订合同、支付结算等在线服务。中介型网络采购平台通常有综合市场中介和行业市场中介两种类型。

3．网络销售

（1）网络销售的概念

网络销售，是指通过互联网进行产品销售。它围绕着互联网展开，有四大定位。

① 产品特点定位：知道产品的核心竞争力是什么，也就是通常所说的卖点。

② 产品人群定位：一定要知道自己的产品是卖给谁的，对相应的客户群体进行分析。

③ 产品市场定位：要知道自己的产品在市场上的份额是多少，竞争对手又是谁。俗话说："知己知彼，百战不殆。"

④ 网络销售方法定位：根据上述产品的卖点、客户群体分析、竞争对手及市场分析，选择适合自己的网络销售方式。

（2）网络销售的过程

首先，要找到潜在的客户群和决策人。网络销售最基础的推广铺垫工作是发布信息广而告之。在各大论坛、行业网站、博客和微信上等发布信息，一方面可以推广产品，另一方面也是宣传企业自身的需要。之后与网友互动交流，找到潜在客户和企业的相关决策人。

其次，接近客户，让你的目标客户发现你的商品。以阿里巴巴为例，在产品搜索中，影响排序的主要因素有相关性、交易因素、信息质量、公司因素、点击转化率、服务质量、个性化、反作弊等方面。

① 相关性是指用户输入的关键词和搜索返回的产品搜索结果的匹配程度。当用户输入一个关键词如"连衣裙"的时候，返回的产品中会包含"连衣裙"这个关键词，这就是相关性的原始含义。相关性是排序中最重要也是最基础的因素，产品信息和用户输入的关键词匹配是排名靠前的基础。相关性好，排名才有可能靠前；相关性不好，则排名一定不会靠前。而且用户看到的往往是用户关键词所对应行业的产品信息，不相关行业的产品信息一般不会展现出来。相关性因素在很大程度上保证了产品信息的搜索排名是在相同行业、类似产品之间进行的，不大会产生"服装"与"钢材"之间的排名类比情况。

② 交易因素是指产品的历史在线交易记录在搜索排序中会得到体现。在线交易记录是指在阿里巴巴网站通过支付宝交易的记录，不包括网上银行交易和现金交易。拥有线上交易记录的产品信息，在同等条件下的搜索排名将会靠前，获得更多的曝光机会。

③ 信息质量是指产品信息的质量情况，包括信息的完整度、描述是否清楚、图片是否清晰等。

信息质量高，店铺的权重会比同等条件下信息质量不高的店铺高。

④ 公司因素是一个统称，主要包括诚信与保障、公司交易、橱窗、商家实力等。

⑤ 搜索的点击转化率是指一条产品信息在产品搜索中得到曝光的机会越多，那么被买家点击的机会也会越多。如果曝光很多，但没什么人点击，那么你的产品排到前面肯定是有问题的。所以，标题描述清楚、图片主题明确、图片清晰，才能吸引买家的眼球，增加点击量。

⑥ 服务质量是指卖家在售前咨询及售中、售后服务阶段所提供的服务能否符合买家的需求。目前，旺旺是否保持在线并及时回复买家的咨询，是考量服务质量的重要部分。保持旺旺在线并及时回复旺旺上的买家咨询，是很有必要的。

⑦ 目前在搜索中也逐步开始加入个性化的因素。个性化主要表现为聚类分层，即将部分行为表现类似或偏好相同的买家聚成一类，当这一类人在使用搜索时，给他们提供更加符合其偏好或需求的产品信息。

⑧ 反作弊是针对搜索规则之外一些不合理的行为进行识别，然后在排序中予以惩罚，以保证市场的公平公正，让诚信经营的卖家权益得到有效保障。目前搜索反作弊主要包括交易反作弊、点击反作弊、堆砌反作弊、类目反作弊、价格反作弊、信息除重等。

⑨ 其他因素包括随机因素、主营产品违反诚信规则的相应处罚等。建议发布专业内容，不要频繁重发信息，保持产品的信息新鲜度及价格真实、产品描述最新即可。诚信通会员要珍惜橱窗、搜索推荐和优先展示的机会，将最好的产品展示给买家。要熟悉电商平台的诚信规则，不要发布违反国家法律法规、涉嫌侵害他人利益、干扰平台运营秩序或违背禁售限售规则的产品信息，否则将会受到相应的平台规则处罚。

总体来说，信息标题与买家搜索的关键词相关性高、发布信息的会员具有诚信方面的保障、有历史在线交易、情况良好、信息质量好、服务质量好的信息才有机会排名靠前。

除此之外，影响浏览量的还有一个重要因素，就是商品的下架时间（也归结于商品发布时间）。商品发布的时间是卖家必须掌握的一个非常重要的内容，将上架/下架时间定在什么时候，关系到商品被浏览和有效浏览的数量，进而直接关系到商品的销售量。据统计，从一天的时间上讲，商品发布的最佳时间是上午 9～11 点，下午 4～6 点，晚上 9～11 点。从一周的时间上讲，星期二至星期四是商品的最佳发布时间。但是由于销售的商品不同，针对的客户群必然不同，而不同的客户群的上网时间也是存在差异的，所以要先了解商品的买家群体，再确定商品发布时间，才能将商品的点击量转化为商品的有效浏览量，进而才可能转化为成交量。

通过优化上述影响产品排序的因素并确定目标客户后，就可以开始进行商务谈判，直至签署合同了，接着进入履行合同的环节。

4. 电子合同管理

（1）电子合同概述

电子合同是指双方或多方当事人之间通过电子信息网络以电子的形式达成的设立、变更、终止财产性民事权利义务关系的协议。

电子合同是计算机技术和网络通信技术高度发展的产物。与传统合同相比，电子合同有以下特点。① 主体的虚拟化。合同一方或双方在网上大都以网址的形式存在，其真实姓名、地址在网上并不明示显现。目前，上网建立网页进行销售活动和交易没有完全置于法律控制之下，任何人都可以成为合同的主体。② 合同订立过程中的无纸化。电子合同是通过网络进行的，合同双方互不见面，电子合同的签署和履行是在网络空间进行的，合同的订立是双方在网上通过披露信息来完成的。③ 履行的无纸化。即所谓的在线签约，它是通过网上信息传递来代替合同的实物履行，用信息流代替实物流。合同履行内容中（付款、交货、提供服务和劳务等）除必须实物交货和提供劳务的电子合同之外，其他电子合同都可以直接在网上进行和完成。电子货币、电子钱包、网上银行、电子票据完全可以实现支付功能；以计算机软件、图纸、音乐等为内容的无形产品，可以通过网上下载、电子邮件等方式进行交货；提供服务类的合同包括技术咨询、培训，也可以通过网络数字信息的传递来完成。④ 履行的超时空化。在网络世界里没有距离和国界，因而电子合同的签订、履行不受时间和空间的限制。

电子合同的当事人、要约、承诺及合同效力等问题都是现代立法中的难点。在电子商务中，合同的意义和作用没有发生改变，但其形式却发生了极大的变化。电子合同与传统合同有着显著的区别。① 合同订立的环境不同。传统合同发生在现实世界里，交易双方可以面对面地协商；而电子合同发生在虚拟空间中，交易双方一般互不见面，在电子商务交易中，甚至不能确定交易的双方，他们的身份依靠密码的辨认或认证机构的认证。② 合同的形式发生了变化。电子合同所载信息是数据电文，不存在原件与复印件的区分，无法用传统的方式进行签名和盖章。③ 合同当事人的权利和义务有所不同。在电子合同中，既存在由合同内容所决定的实体权利义务关系，又存在由特殊合同形式产生的形式上的权利义务关系，如数字签名法律关系。在实体权利义务法律关系中，某些在传统合同中不很重视的权利义务在电子合同里显得十分重要，如信息披露义务、保护隐私权义务等。④ 电子合同的履行和支付较传统合同复杂。由于电子合同的形式不同于传统合同，电子合同的要约与承诺的发出和收到时间、合同成立和生效的构成条件都有所不同，因此电子合同的履行和支付比传统合同复杂，但是从费用、效率、安全性角度考虑，电子合同均优于传统合同。⑤ 电子合同形式上的变化对与合同密切相关的法律产生了重大影响，如知识产权法、证据法等。电子合同形式的变化，给世界各国都带来了一系列新的法律问题。电子商务作为一种新的贸易形式，与现存的合同法发生矛盾是非常容易理解的事情。但对于法律法规来说，就有一个怎样修改并完善现存合同法以适应新的贸易形式的问题。

（2）电子合同的签订

电子合同的签订过程大致包括：买卖双方 CA 认证、询价和报价、洽谈、签约和执行，如图6-8 所示。其中，除了询价和报价之外，其他 3 个过程的所有信息都通过交易中心的设备加密传输和分发，并且根据用户的要求保留其中间过程的所有（或部分）内容和结果。

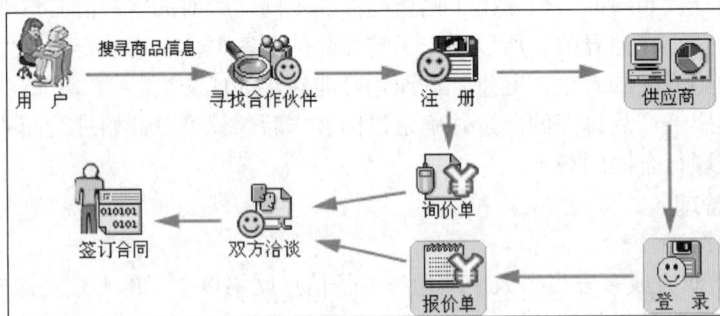

图 6-8　电子合同的签订过程

5. 网上售后服务管理

就目前来说，售后服务可分为传统售后服务和网上售后服务两种。传统售后服务主要是通过人工进行的一种售后服务，是由企业员工与顾客面对面地接触完成其服务过程，它是传统市场营销中提高顾客满意度的一种行之有效的策略；而网上售后服务主要是借助互联网进行网上互动的售后服务，以便捷的方式满足客户对产品或服务的需求，它是网络营销中增加顾客满意度的一种理想选择。随着上网企业的日益增多，网上销售业务的日益扩大，网上售后服务越来越重要。

（1）网上售后服务的优势

网上售后服务这一网络营销策略亦被越来越多的企业所重视，它主要有以下优势。

① 便捷性。网上服务不受地域、时间的限制，全球用户可享受每天 24 小时实时服务，企业通过互联网提供售后服务，用户可以随时随地上网寻求支持和服务，无须长时间等待。

② 低廉性。网上售后服务的自动化和开放性，使得企业可以减少人力、物力的开支。一方面企业可以减少售后服务和技术支持人员，免除长途跋涉之苦，另一方面可以大大地减少不必要的管理费用和服务费用。

③ 灵活性。通过网上服务，对于用户的共性问题，企业可在主页上集中解答，介绍保养知识及维护方式等，而用户则可以根据自己的需要从网上寻求相应的帮助；对于个性化的问题，用户可通过 BBS 或使用电子邮件传送图示、照片来显示故障部位，并与服务人员进行反复讨论，以便排除故障。

④ 直接性。客户通过网络可以直接寻求服务，避免传统方式中的经过多个中间环节才能得到满意答复的弊端。例如，传统服务需经过电话服务员将问题记录下来，再根据问题的性质转交相关部门和人员，在问题解决后还须经过售后服务人员进行协调，由此增加了许多中间环节。

⑤ 个性化。通过网络能与顾客建立持久的"一对一"服务关系，能以其低成本为客户提供个性化的售后服务。

（2）网上售后服务的形式

开展网上售后服务和免费服务是网站制胜的法宝，每个网站都会结合自己的经营业务为顾客提供相应的服务。

尽管各家网站提供的网上服务各不相同，但归纳起来主要有如下三种形式。

① 销售过程的售后服务。这类服务是指产品的买卖关系已经确定，为客户提供从下单订货到产品送达指定地点这一过程的服务，包括提供下单订货便利、帮助顾客在网上了解订单执行情况、产品运输情况等。例如，Expro 公司是一家向石油公司提供零部件的机械制造企业，该公司在网上建立了在线交易网页，使远在海上石油平台的壳牌石油公司（Shell Oil）的工程师通过网页就可以立即下单订货，而不需像原来那样必须回到岸上来操作。

② 网上产品支持和技术服务。这类服务包括热门问答（FAQ）、软件升级等。它帮助顾客在网上直接寻找问题的答案或升级软件，不仅节省了企业大量人力、物力，而且还提高了顾客的满意度。例如，一架新型波音飞机的维修手册厚达几千页，成本高不说，而且更新也极慢。现在波音公司通过网站公布其零件供应商的联系方式，同时将有关技术资料放到网站上，方便各地飞机维修人员及时地索取最新资料和寻求技术帮助，大大提高了维修工作的效率。

③ 推销型售后服务。这类服务包括根据顾客的爱好为其推荐新产品，提供相关新闻或其他个性化服务。企业要尽可能地把推销融于服务中。例如，一对父母为他们新生的宝宝在网上购买婴儿用品，那么企业就可以根据他们的购买行为判断婴儿的年龄、性别情况，同时判断他们的收入、偏好情况，从而有针对性地通过电子邮件为这对父母提供育儿建议，把各种婴儿产品（如婴儿玩具、婴儿服装、婴儿营养品和婴儿护肤品）的信息发送给这对父母，使他们能根据这些信息很方便地买到自己需要的商品，也可以使企业大幅度地提高商品的销售额。

（3）网上售后服务策略

企业建立了自己的网站后，要多途径地为网络用户提供十分便捷的免费服务，以吸引客户，提高商品的销售额。依据当前的网络营销实践，网上售后服务的策略主要有以下几种。

① 设计 FAQ 页面。

FAQ（Frequently Asked Questions）页面是几乎所有的电子商务网站都必须有的页面，这个页面主要为顾客提供有关公司及其产品的常见问题及其答案。这种策略的基本思想是：将用户可能遇到的各种问题加以罗列并给予正确解答，以"一问一答"的方式向用户提供服务信息。这样有利于节省用户支持人员的时间，让他们集中精力去应付那些较冷僻的问题。例如，著名计算机公司戴尔在世界范围内向它的客户发布两套"常见问题解答"，用户可以通过电子邮件、FTP（文件传送）以及有关的讨论小组获取这些服务信息。这种方法对于我国中小型企业也是适用的，它投入的费用低，而且不需要熟练的计算机软件人员。

企业在设计面向顾客的 FAQ 时，在策略的运用上要注意区分两个层次：第一层次是针对潜在顾客或新顾客，这个层次的 FAQ 主要是提供关于公司、产品的最基本问题的答案；第二个层次是针对老顾客，他们对公司的产品有所了解，这个层次的 FAQ 主要是提供有关产品的详细技术细节、技术改进等信息。

② 提供"免费下载"或"软件库"。

在科学技术高速发展的今天，产品的更新换代异常迅速，可能上个月刚刚购买的产品，到了这个月你就发现它有些过时了。尤其是在计算机软件方面，从原来的 Windows 3.2 变成了今天的 Windows 10，从原来的 IE 3.0 提高到了现在的 IE 12.0，可以说是一天一个样。至于那些应用软件，版本变化的速度之快更是让人有些无所适从，往往是这个版本人们还没有完全明白，下一个版本就已隆重推出了。这就使得顾客在购买产品时不得不考虑产品更新的问题，以防止自己刚刚购买不久的产品因为版本更新被淘汰。因此，对于产品的生产企业而言，想要消除顾客的这种疑虑，促进产品的销售，就必须为用户提供产品自动升级服务。例如，戴尔在互联网的一个 FTP 站点提供 1 万多个公司的文件与软件以及将近 40 万个公用软件，供互联网用户免费使用。

③ 网上 BBS 或新闻组。

网站应有在线 BBS，以供客户直接通过网络寻求帮助。一方面，企业的相关人员可以提供相应的网上帮助；另一方面，其他有相同问题的客户也能相互提供帮助。尤其对于大公司，由于其产品遍布全球，更应在互联网上建立起与其产品相关的讨论小组。例如，美国的 Silicon Graphics 公司在网上建立了若干个与其产品直接相关的讨论小组，公司内有一个工作组密切跟踪这些小组提出的问题，并对其加以综合分析，然后适时地将答案在小组内公布。这样，公司不但帮助了在小组中提出问题的用户，而且还帮助了那些遇到类似问题但还没有提出问题的用户。

④ 建立电子邮件用户支持渠道。

电子邮件是最常用的提供用户支持的工具之一。为了有效地建立电子邮件用户支持渠道，企业内部可设专人阅读邮件并及时处理它们。一种较好的方法是在企业网站上设置一个电子邮件自动答复功能，收到每个电子邮件后，系统会自动向来件的用户发回一个电子邮件，告之用户的电子邮件已收到，目前正在处理中。对于用户提出的种种问题以及答案，要分门别类地加以整理，不断完善与扩大为用户提供支持的信息库的内容。这样，对于某些经常在电子邮件中提出的问题，有关人员不必重复逐个给予回答，只需在回件中告诉用户获取信息的 URL（地址），用户自己就能够在互联网上浏览或下载所需的信息。

⑤ 定期向顾客提供"电子杂志"。

电子杂志是一个统称，泛指通过互联网定期向订阅者提供信息内容的网上新媒体。电子杂志的作用主要表现在以下 3 个方面：第一，宣传企业，提高企业的知名度；第二，向目标顾客推荐新产品，提高网上产品的销售量；第三，答疑解惑，解决顾客在产品使用中遇到的问题，提高顾客的满意度。电子杂志在策略的运用上，应注意以下 3 点：第一，可在登载顾客感兴趣的内容的同时，顺便推销新产品；第二，欢迎和鼓励顾客积极投稿，以此来吸引顾客关注企业、关注产品；第三，鼓励顾客通过电子杂志介绍产品使用和维护的小窍门，以便为其他顾客提供帮助。

（4）开展网上售后服务应注意的问题

① 网上产品问题解决和技术支持的信息要丰富、全面。否则客户在网上寻求不到直接支持，有可能转为寻求传统方式解决，这样就发挥不了网上售后服务的优势。

② 网上服务和人工服务相结合。售后服务单靠互联网是不够的，还须与传统售后服务渠道相结合，如产品的维修等问题大部分还须通过传统方式来进行。

③ 注意网上服务的及时性。客户在网上寻求产品支持和技术帮助时，如果企业回答不及时，可能导致客户失去耐心，转而寻求人工服务方式，因此需要配备专人来解决网上咨询的问题。

④ 强化网上售后服务的质量控制。就目前来说，客户对于网上服务有一种陌生感，因此，网站在为客户解决问题时和问题解决后应发送 E-mail 与客户保持密切联系，以降低客户的不信任感。

⑤ 定期发送企业的产品动态和服务信息。保持与客户联系，方便客户寻求帮助和注意产品的更新换代。

6.3　网上贸易安全

1. 网上贸易安全常识

互联网在有力地推动社会发展的同时，也面临着越来越严重的威胁和攻击，网络安全问题越来越受到重视。

网上贸易中的安全问题主要包括传输问题、信用问题和管理问题。

（1）传输问题。在进行网上交易的时候，因传输的信息失真或者信息被非法窃取、篡改和丢失，从而导致网上交易的损失。从技术上看，网上交易的信息传输问题主要包括冒名偷窃、篡改数据、信息丢失、信息传递过程中的破坏和虚假信息等。

（2）信用问题。信用问题主要表现在：买方可能利用信用卡恶意透支，或者使用伪造的信用卡来骗取卖方的货物；卖方不能按质、按量、按时寄送消费者购买的货物，或者不能完全根据合同来履行合同内容，造成对买方权益的损害。

（3）管理问题。管理问题主要表现在：交易流程管理方面的问题主要是交易平台监督不到位；人员管理方面的问题主要是公司对人员管理不善，或者内部人员缺乏职业道德，导致机密文件泄露；交易技术管理方面的问题主要是网上交易系统可能存在技术漏洞。

2. 网上贸易风险的种类

（1）交易对象识别风险。传统的交易是面对面的，比较容易建立起交易双方的信任关系和保证交易过程的安全性；而电子商务活动中的交易行为是通过网络进行的，买卖双方互不见面，因而缺乏传统交易中的信任感和安全感。近年来，网络骗局层出不穷，很多都是因为不法分子假扮买家或卖家进行恶意诈骗。

（2）产品识别风险。由于网络的虚拟性，卖方在把一件立体的实物变成平面图片的过程中，商品本身的一些基本信息可能会丢失，买方不能从网站的图片和文字描述中得到产品全面、准确的资料。这会给买方带来产品识别的风险，这种风险会涉及产品的性能、质量等诸多方面。

（3）质量控制风险。电子商务中的卖方可能并不是产品的制造者，质量控制便成为风险因素之一，这就有可能使买方承担这一风险。

（4）网上支付风险。作为电子商务的一部分，支付手段也会有所变化，许多买家仍然担心安全问题而不愿使用网上支付手段，因此，支付问题是电子商务的风险因素之一。

（5）物权转移中的风险。电子商务需要建立远程作业方式，商品在转移过程中意外情况的发生都会影响交易的成功，物权转移过程中也会产生相应的风险管理问题。

（6）信息传送风险。电子商务的主要业务过程是建立在互联网基础上的，许多信息要在网络中传送。网络安全或信息安全是进行电子商务的又一个风险因素，如果遭受计算机黑客的攻击，重要的企业信息甚至支付权限被窃取，其后果将是异常严重的。

3. 网上贸易风险的识别

以阿里巴巴为例，可以从以下几个方面来识别网上贸易潜在的风险。

（1）信息内容辨别真伪

如果在询盘信息中，买方公司的介绍太简单，求购意图不明显，地址也写得很模糊，预留的公司网站是虚假地址或者并非卖方网站会员统一的格式，在通常情况下，这些就有可能是虚假的信息。虽然人们并不能从这些信息中完全断定对方的询盘是虚假的，但至少可以提高警惕。

（2）查询诚信体系

阿里巴巴的诚信体系包括诚信等级和诚信档案。

诚信体系商业等级，简称诚信等级。企业的诚信等级依据企业在社会经济生活中的客观信息综合评估得出，这些信息分为以下五个维度：基本信息、经营行为、履约历史、关联关系和法定代表人。

① 基本信息：包括企业在政府监管机构备案的基本信息（如注册资本、成立年限等），资质情况（如商标、专利、特许经营权等），企业的资产负债、现金流等信息，这些是对企业基础情况及基础能力的考量。

② 经营行为：包括企业在线上及线下的贸易订单记录，经营流水，税务信息，在处理贸易纠纷与投诉过程中的行为记录，以及在经营过程中受到的处罚记录等，是评估企业信用情况的核心元素。

③ 履约历史：指企业在过往经营活动中的履约以及违约情况记录，包括但不限于企业的信贷表现、诉讼记录等信息。丰富的履约记录对评估结果有正面影响，失信行为将对评估结果产生负面影响。

④ 关联关系：指与本企业有商业、社交等关联关系的企业信用情况，包括股东情况及投资关系、上下游贸易关系，与法定代表人或实控人的关系等，同时也包括企业所处的环境要素（即宏观环境和行业地域的状况）。

⑤ 法定代表人：指企业法定代表人或经营者的基本情况及个人信用记录情况，仅在获得法定代表人或经营者同意的情况下采用。对于中小企业而言，法定代表人或经营者的个人情况对企业的信用尤为重要。

阿里巴巴诚信分为五个等级（AAA、AA、A、BBB和BB），一般而言，诚信等级越高，企业信用越好。

阿里巴巴诚信档案包括详细的企业基本信息、经营状况、知识产权和风险信息，可以有效地帮助我们鉴别对方身份的真伪。

（3）查询企业交易信用记录

通常情况下，阿里巴巴的会员可以将信息发布方的公司名称输入阿里巴巴企业诚信体系数据库，查询信息发布方的信用记录。在阿里巴巴的企业信用数据库中，可以查询到很多信用不良的企业被投诉的记录，这些记录可以帮助用户判定信息发布方的诚信程度。当然，如果用户或其他相关人员遇到欺诈行为，也应该到阿里巴巴网站上去投诉，这样可以帮助其他会员免受欺诈。

（4）从论坛搜索相关信息

阿里巴巴论坛"商友圈"是网商们交流信息的园地，其中有不少信息是揭露网络骗子的信息，因此，用户在对某企业诚信程度不能把握的情况下，可以到阿里巴巴论坛中去搜索相关信息。只要把某个企业的名称输入阿里巴巴论坛中进行搜索，如果发现有网商发帖子揭露该企业的不诚信行为，那么用户与该企业进行商业贸易的风险就比较大了。

（5）通过搜索引擎搜索

前面4项防范贸易风险的措施，均是依据阿里巴巴网站获取信息来进行的，除此之外，也可以借助其他工具获得相应的信息。而通过搜索引擎获取某个企业的贸易诚信信息也不失为一个好办法。借助百度等一些著名的搜索引擎，用户可以比较方便地查找所需的资料。用户可以将某个企业的名称、地址，联系人的姓名、手机，企业的电话、传真等信息，输入到搜索引擎中，找到和其相关的信息，就可以据此做出综合的判断。当然，在进行商业贸易的过程中，判定搜索引擎搜索到的信息是否真实可靠也是很重要的，这需要运用其他手段来完成。互联网上的信息浩如烟海，相互矛盾的信息也屡见不鲜，需要时时提高警惕。

（6）通过工商管理部门网站查询

我们还可以通过国家权威部门的网站了解交易对方诚信的信息。例如，可以通过国家企业信用信息公示系统查到交易对方的企业代码、法人代表、地址以及联系方式等信息，帮助用户了解对方公司的真实注册情况。在国家权威部门网站上查询到的资料，具有很高的可靠性，用户可以根据权威部门提供的信息做出正确的判断。

（7）手机归属地判断

在交易对方所提供的企业联系方式中，通常有手机号码。因此，可以通过手机归属地查询来判断对方信息的真实性。可以通过移动与联通的官方网站或者其他网站核实对方所提供信息的真实性。例如，全国通网站包含电话号码归属地查询、手机号码归属地查询、身份证号码查询、IP地址查询等功能，可以帮助访问者了解手机主人的注册地以及身份证登记所在地。

（8）专业性测试

网络骗子的最终目的是通过网络获取非法收入，因此，通常情况下其专业知识是有限的。大多数网络骗子是通过格式化的传真或求购函，四处散发类似于传单的求购信息。网络骗子们没有真实的采购意图，往往对产品本身并不了解或是了解不多，因此，用户在与其进行沟通的过程中，可以运用自己对产品了解到的知识，设定一些问题，测试对方是否了解所需采购的产品，进而判断对方是否有真实的采购意图。

4．网上贸易风险的防范

（1）买家风险防范

在网上贸易中除了会在网上出售公司的产品外，还会涉及购买产品。在网上购买产品需要注意以下安全问题。首先，可以通过上述8种方法核实对方的信息；其次，买家要重点防范以下两类安全风险。

① 低价陷阱

作为买家总是希望在同等质量的情况下，买到的产品价格越低越好。这样的心理往往会被骗子利用，这一类骗局叫作低价陷阱。低价陷阱诈骗的基本特点是：产品价格非常低；同意少量出售；使用私人银行账户；不愿意当面交易。

② 付款安全

在核实了对方身份、判定交易不属于低价陷阱之后，自然要进入下一个环节——付款。一旦涉及货款的问题，特别需要谨慎对待，推荐使用以下3种较安全的付款方式。第一，对公账户汇款。企业的对公账户，是以企业身份在银行登记的账户，银行已经核实了对方企业的注册情况。因此，企业的对公账户是可以选择的安全汇款方式。第二，法人代表的私人账户。由于对公账户会涉及税收问题，针对这个问题，我们可以要对方提供企业法人的私人账户，因为只有法人的私人账户才能和这个企业直接挂钩，也是比较可信的汇款方式。第三，支付宝交易。如果对方不愿提供法人的私人账户，而随意提供一个陌生账户，自称是公司财务的账号，那么就一定要求使用支付宝。

最后，牢记下列买家防骗宝典。如果无法做到见面交易，在选择供应商的时候，尽可能考虑选择诚信通会员。诚信通会员网站中的公司介绍、诚信通档案都是参考依据，同时也可以留心一下该会员的"会员评价"，看看其他会员对其评价情况。每次查看供应信息详细介绍页面的时候，请在登录状态下单击"查看该企业信用记录"。这样，论坛中任何会员对该企业的评价都会显示出来。查看对方的联系方式一定要仔细。通常正规商家都会留固定电话。如果有公司网页的话，可以通过查看该公司网页的情况来判断公司的实力等。

（2）卖家风险防范

卖家在网络上接到了一个采购函，经核实未发现问题后，便可进行实质性的交易。卖家都希望自己的产品价格卖得越高越好、对方给的订单越大越好，这样才能获得更多的利润。这样的心理成为很多商人的弱点而被骗子们利用。

卖家防骗应注意以下几点。

① 对即将发生关系和已经有业务关系的企业或公司的情况要进行深入了解，而且时刻注意其经营情况的变化，主要是指企业或公司资金状况的变化。

② 对公司注册资金过大或过小的公司和企业，尤其要注意。

③ 对"急于要货的订单"也要特别注意。

④ 尽可能采用现款现货的方式，原则上不允许"赊销"；尽可能选用支付宝交易，确保货、款安全。

⑤ 尽量不与某些"职业骗子的集散地"的单位和人做任何生意。

⑥ 为防止银行支票和汇票的风险，建议采用款到账才发货的方式。

⑦ 为防止假期资金风险，企业可以采用早放假、晚收假、多放假的方法，以避开因为银行票据交换而可能出现的问题，因为"非诚信分子"完全可以利用假期中银行结算速度慢和时间差来骗取不正当收入。

⑧ 和业务合作单位的负责人或老板成为真正的朋友。

⑨ 了解对方法人代表的实际情况，因为其是企业在法律上的责任人。

5. 网上贸易账户的安全

阿里巴巴集团各网站无论是供应商会员、诚信通会员、支付宝会员还是阿里旺旺的用户，都有其专属的账户和密码。因此，设置符合规则的密码是成功地进行网络交易的基本条件，也是防范网上贸易风险的第一道关口。近几年，各大网站密码被盗的现象时有发生，作为阿里巴巴网站的会员，提高账户密码的可靠性才能保证网上贸易的正常进行。

对于阿里巴巴网站而言，密码被盗会有两种危害：一种情况是诚信通会员密码被盗，会导致网络骗子利用诚信通会员的账号，假借其名义行骗，使诚信通会员的名誉受损；另一种情况是支付宝和网上银行密码被盗，导致直接的钱款损失。

2006年5月，阿里巴巴公司经过调查发现，阿里巴巴诚信通会员中有1万人左右设置的密码过于简单。部分诚信通用户为了容易记住密码，将密码设置成了手机号码、电话号码、传真号码等常用号码。而这些号码在阿里巴巴诚信通会员资料中可以很容易取得，这就容易造成心怀不轨者利用公开的资料对诚信通会员的密码进行试探，最终非法获取密码。

针对此类不安全的行为，阿里巴巴连续发布了三期密码安全通告，提醒用户将过于简单的密码修改为安全密码。阿里巴巴要求诚信通会员按以下规则管理密码：① 密码长度应该在 8 位到20 位；② 密码使用不同符号组合，如字母加数字；③ 切不可将密码设置成与公开的信息一致的符号；④ 定期更改密码；⑤ 企业内掌握密码的人数应尽量少；⑥ 不同的账户设置不同的密码，以免多个账户同时被盗；⑦ 不能将企业的重要资料告诉他人，以免他人据此要求阿里巴巴系统管理员更改密码，这里所说的重要资料，是指企业营业执照复印件、税务登记证等。

除了严格遵守密码管理规范之外，养成良好的网络使用习惯也是防范网上贸易风险的措施之一。如不要打开来历不明的邮件、邮件附件和网络链接；尽量不要在网吧里登录阿里巴巴诚信通账户或支付宝账户；输入密码时尽量使用"复制+粘贴"的方式，以防止键盘记录木马；在使用贸易通和客户沟通时，一定要注意陌生人发过来的链接，如果对方发过来一个文件，可以使用杀毒软件先行检测，确定不是病毒文件后再打开。

利用木马病毒盗取他人密码是网络黑客常用的手段。之前贸易通中曾经流行这样一个病毒：部分会员会收到有关产品的询盘信息，当会员怀着期望的心情接收求购订单并打开之后，木马程序便进入会员的计算机中。因此，安装正版杀毒软件与防火墙，经常启用查杀木马程序，也是防止密码被盗的好方法。平时不要轻易访问不正规的陌生网站，或者轻易下载免费软件，否则极容易将木马程序种在自己的计算机中。

利用虚假网站盗取用户密码也是网络诈骗者经常使用的手段之一（俗称"网络钓鱼"），网络诈骗者设计与制作出与著名网站外表极相似的网站，并利用网站域名极小的差别来欺骗用户。当网站访问者将自己的账号与密码输入时，诈骗者就轻而易举地取得相应信息，然后再到真实的网站上行骗或者盗取钱财。对此我们也应小心提防。

第三部分 | 课题实践页

一、实训题

实训 6-1　在 1688 上进行网络采购

1．1688 网络采购流程说明

1688 网络采购流程如图 6-9 所示。

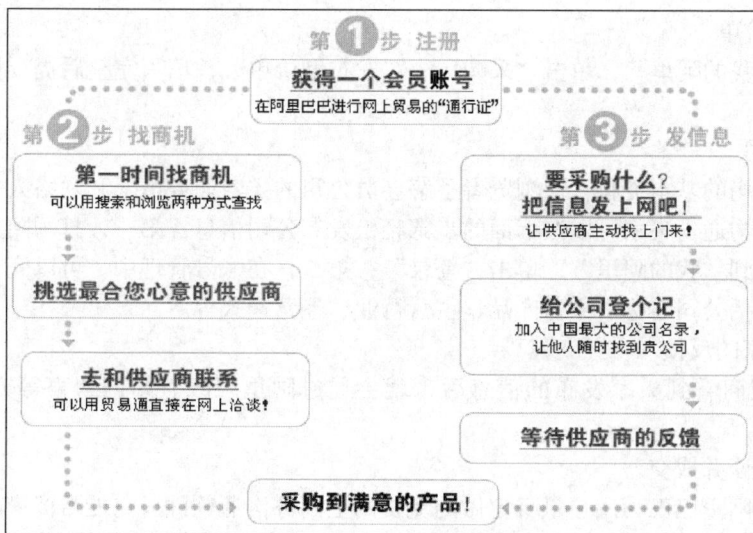

图 6-9　1688 网络采购流程

2．实训目的和内容

① 掌握在 1688 注册会员账号的方法；② 掌握在 1688 上寻找商机的方法；③ 掌握在 1688 上发布信息的方法；④ 掌握利用阿里旺旺工具在线洽谈并成交的方法。

3．实训操作指导

（1）注册

拥有阿里巴巴会员账号，就相当于拥有了在阿里巴巴进行网上交易的"通行证"，然后买卖双方可以在阿里巴巴的交易市场中找商机、发信息、谈生意。可以在网上注册企业账户和个人账户，也可以通过手机短信方式快速注册。

（2）找商机

① 第一时间找商机

1688 拥有全球最大的商机搜索引擎，选择"产品""公司"或"资讯"，买家可以快速、准确地找到所需要的信息，及时把握商机。

在首页搜索结果显示页面中，可以通过所在地区、公司经营模式等筛选信息；可以设置是否在线、是否使用支付宝等筛选条件；可以选择感兴趣的产品参数进行过滤。找信息的时候，如果觉得搜索结果内容太杂，建议根据产品所属的行业类目查看，从而精确锁定目标。买家也可以对显示的信息按照"人气""销量"和"价格"等重新排序。

② 挑选最合心意的卖家

搜索的结果出来后，买家可以打开产品介绍页面精心挑选，选择最合心意的卖家。通过产品介绍，买家可以了解该产品的详细信息、批发说明、运费说明等，同时可以查看产品供应商的企业网站、诚信通档案、公司介绍等，通过对比，从中选择最满意的供应商及其产品。

③ 去和卖家联系

选择好最满意的产品后，买家可以通过以下几种方式和对方联系：单击"在线洽谈"，通过阿里旺旺与对方业务代表进行在线交流；单击"站内留言"，通过站内信的形式进行询价；查看信息后面该公司的"联系方式"，包括电话、E-mail 等。通过这些信息可以直接与卖家联系。如果买家想直接订购，可单击"立即订购"进行购买。

（3）发信息

① 发布询价单

买家登录"我的阿里"，单击"采购"→"发布询价单"，填写完整后提交信息（有红色星号的为必填项）。

② 登记公司

买家填写公司的基本资料，使浏览者了解会员公司的主营业务情况和联络人的相关性，促进双方展开有效的沟通。买家可以按下面的步骤轻松发布公司信息：第一，打开阿里巴巴中文站，在页面的顶端找到"我的阿里"，单击"登录"；第二，在账号管理中，可以完善公司信息，星号是必填项，包括公司名称、主营产品、主营行业、经营模式等。

③ 等待卖家的反馈

适合的供应商看到买家发布的信息后，就会通过阿里旺旺、站内留言等方式与买家直接联系。

（4）在线洽谈并成交

阿里旺旺是阿里巴巴为用户量身定做的免费网上商务沟通软件。它能帮商家轻松找客户，发布、管理商业信息；及时把握商机，随时洽谈做生意。通过阿里旺旺即时通信工具，买卖双方可以进行交易磋商，在双方满意的情况下成交。

实训 6-2 在 1688 上进行网络销售

1. 1688 网络销售流程说明

1688 的在线销售可以简单地划分为以下几个步骤，如图 6-10 所示。

图 6-10 1688 在线销售步骤

2. 实训目的和内容

① 掌握在 1688 发布产品供应信息的方法；② 掌握在 1688 上寻找有采购意向的买家的方法；③ 掌握在 1688 上卖家发货和提供物流信息的方法；④ 掌握在 1688 上卖家查收货款的方法。

3. 实训操作指导

（1）卖家发布支持网上订购的产品供应信息

① 登录"我的阿里"，找到并进入"供应产品"应用。

② 进入产品发布页面，在出现的界面中单击"我要发布"。

③ 在打开的信息发布页面，按照提示选择类目，单击"下一步，填写信息详情"开始发布供应产品，或者单击"导入已发布的供应产品"，进行快速发布。

④ 填写信息详情。填写相应的产品属性：详细而全面地填写产品参数，有利于产品曝光，便于用户通过参数筛选找到产品；填写合适的标题：一个标题只含有一个产品名称；上传产品图片，以增强效果，真实、形象地展现产品（注：诚信通会员可选配 3 张图片，多角度地展现产品）；详细说明要尽量对所经营的产品或服务进行全面的介绍，用更多的产品细节图展示专业品质；填写交易信息：如果您的产品支持网上订购，请选择"支持网上订购"，并填写相应交易信息；选择信息有效期。

⑤ 填写完整后，单击页面最下方的"同意协议条款，我要发布"按钮，发布信息。发布的信息将在工作时间（周一到周五 9:00～17:00）2 小时内发布上网，非工作时间 24 小时内发布上网。

（2）卖家主动寻找阿里巴巴上有采购意向的买家

① 打开阿里巴巴中文站首页，在搜索框上选择"求购"，并在搜索框中输入要销售的产品名称，单击"搜索"按钮，所有发布了该产品求购信息的买家都会被搜索出来。

② 在搜索出来的页面中，可以通过系统推荐的相关关键词，或者选项中的条件对所有搜索结果进行筛选。

③ 单击标题，即可看到采购详情，普通会员没有权限查看买家联系方式，诚信通会员可以单击页面进行报价或者给买家留言。

（3）买家订购并付款后，卖家发货并提供物流信息

如果买家购买了您的产品，您可以进入"我的阿里"，找到并进入"卖家交易管理"应用，单击"已卖出的货品"，找到当前订单状态为"等待卖家发货"的订单。如果查看相关订单没有问题可以发货，就单击"发货"按钮；并将物流信息提供给买家；如果该订单有问题，建议及时和买家沟通联系。

具体发货操作如下。

① 单击"发货"按钮。

② 勾选确认待发货品，并选择对应的发货方式提交即可。

（4）买家确认收货，支付宝付款给卖家

卖家可以在"我的阿里"→"我要销售"→"交易管理"→"已卖出的货品"菜单下，查看到订单的交易状态为"交易成功"的订单。然后即可登录自己绑定的支付宝账户查看该笔交易款项。

实训 6-3　在 1688 上管理电子合同

1．1688 电子合同管理说明

以 1688 采购商合同管理为例，买家可以设置、修改、删除合同提醒，从而有效地进行电子合同的管理。

2．实训目的和内容

① 掌握在 1688 上设置合同提醒的方法；② 掌握在 1688 上修改合同提醒的方法；③ 掌握在 1688 上删除合同提醒的方法。

3．实训操作指导

（1）设置合同提醒

① 在"我的阿里"中找到并进入"询价管理"应用，单击"管理询价单"菜单，在某条询价单的最右侧"操作"栏下单击"管理"按钮查看所有供应商的报价信息，找到需要设置合同提醒的供应商报价后，可以单击"设置合同提醒"按钮。

② 系统会弹出"设置合同提醒"窗口，填写完整的合同内容，填写完成后即可单击"确认"按钮，系统将会通过旺旺、邮件提醒您合同到期、付款等信息。

③ 设置成功后，会显示"合同提醒"，单击后可以进行查看、修改和删除等操作。

（2）修改合同提醒

成功设置合同提醒后，可以单击"修改合同提醒"进行修改操作，系统将会弹出"修改合同提醒"窗口，显示之前设置的所有内容，采购商可以逐项操作修改。

（3）删除合同提醒

如您不希望保留已设置的合同提醒，则可以单击"删除合同提醒"。删除后可以重新设置。

实训 6-4　电子合同在线电子签名操作

目前，国外著名的电子合同平台有 DocuSign，国内具有代表性的电子合同主流服务商有契约锁、e 签宝和法大大等。本实训以契约锁为例，进行电子合同在线电子签名的操作。

1．电子合同在线电子签名操作说明

在契约锁电子合同云平台，进行电子合同在线电子签名的操作，解决电子合同信息的完整性、不可否认性和签约身份的真实性等问题。

2．实训目的和内容

① 掌握在契约锁官方网站上注册及登录的方法；② 掌握在契约锁平台上签署电子合同的方法和步骤。

3．实训操作指导

（1）在契约锁网站上进行注册并登录

① 登录契约锁官方网站，单击首页右上角"免费注册"按钮，输入手机号及验证码，进入下一步，输入想要设置的密码和手机短信收到的验证码，完成注册。

② 注册之后将自动登录，如果退出以后需要登录，单击首页右上角"登录"按钮，输入用户名和密码，单击"登录"按钮即可。

（2）体验签署电子合同

契约锁平台首页下方，有一份示例合同，可以体验签署，文档如图 6-11 所示。

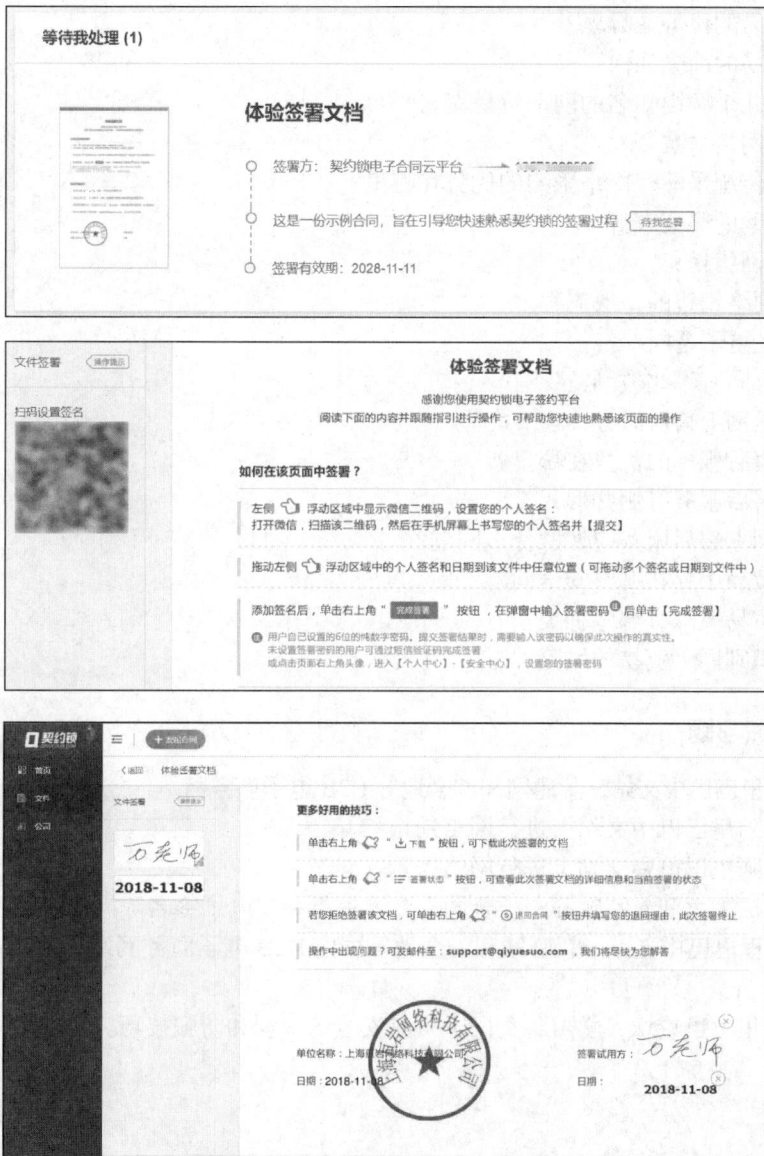

图 6-11　在契约锁平台体验签署文档

① 单击"等待我处理"栏目下的"体验签署文档"，进入"体验签署文档"页面。

② 用微信扫描页面左侧的二维码，在手机上输入契约锁的用户名和密码，进入设置个人签名页面，保存之后网页左侧的二维码会变成设置好的签名和当天日期。

③ 拖动页面左侧浮动区域中的个人签名和日期到合同的合适位置，单击页面右上方"完成签署"按钮，设置并输入签署密码，完成签署。

④ 签署完成之后，可单击页面右上方的"下载"按钮，将合同保存到本机。

二、思考练习题

（1）什么是网上贸易？

（2）网上贸易的特点有哪些？

（3）网上贸易的优势在哪里？

（4）网上贸易的前景如何？

（5）请列举几个国内知名的网上贸易交易平台。

（6）什么是网络采购？

（7）相比于传统采购，网络采购的优势在哪里？

（8）网络采购的类型有哪些？

（9）什么是网络销售？

（10）简述网络销售的一般流程。

（11）什么是电子合同？

（12）电子合同有哪些类别？

（13）什么是网上售后服务？

（14）网上售后服务的优势在哪里？

（15）网上售后服务有哪些形式？

（16）开展网上售后服务应注意什么问题？

（17）网络贸易中存在哪些安全问题？

（18）网上贸易风险有哪些种类？

（19）如何识别网上贸易的风险？

三、实践练习题

（1）浏览阿里巴巴中文站、慧聪网和淘金地等 B2B 电子商务网站，分析其各自的优势和特点。

（2）尝试在阿里巴巴中文站上进行网络销售。

（3）尝试在阿里巴巴中文站上进行网络采购。

（4）尝试在法大大和 e 签宝等电子合同平台上进行在线电子签名等操作。

（5）浏览阿里巴巴中文站、慧聪网和淘金地等国内 B2B 电子商务网站，看看它们都提供了哪些网上售后服务。

（6）浏览阿里巴巴论坛，学习各种网上贸易安全的知识和防骗技巧。

课题七
网络零售

知识目标

- ➤ 理解网络零售的内涵
- ➤ 了解网络零售的优势和劣势
- ➤ 理解网络零售的商品和服务理论
- ➤ 熟悉 B2C 网络零售模式
- ➤ 掌握移动零售的特点与趋势

技能目标

- ➤ 初步具备网络零售市场分析能力
- ➤ 掌握网上商品和服务的评估方法
- ➤ 掌握 B2C 平台购物的业务流程
- ➤ 分析比较 C2C 平台的购物流程
- ➤ 掌握移动零售的优劣势与用户需求

建议学时

6 学时

第一部分 | 案例与分析

案例 7-1 网络零售的天猫模式

天猫（英文名：Tmall，原名"淘宝商城"），其主页如图 7-1 所示，是阿里巴巴旗下的一个综合性购物网站，是一个整合了数万家品牌商、生产商，在商家和消费者之间提供一站式解决方案的 B2C 服务平台。

1. 天猫的由来

2008 年 4 月，淘宝商城建立。鉴于淘宝网运营 C2C 的成功经验和已经积累的顾客资源，淘宝商城一经建立，就吸引了众多的品牌在其平台上开设官方旗舰店，包括李宁、优衣库、联想、Kappa、杰克琼斯、苏泊尔、惠普、迪士尼等。

图 7-1 天猫 PC 端和移动端

2010 年 11 月，淘宝商城"TMALL.com"独立域名上线；2011 年 6 月淘宝商城从淘宝网中分离出来独立运营；2011 年 11 月 11 日，"双十一"狂欢节当天，淘宝商城创造了单日 33.6 亿元的交易额。

2012 年 1 月 11 日，淘宝商城正式更名为天猫商城。3 月，天猫发布全新的 Logo 形象。

2012 年 6 月 1 日，"淘宝牌"正式更名为"天猫原创"，同时天猫官网公布的"天猫原创"品牌有 121 家，拥有独立 B2C 网站入驻天猫的有 87 家，其中包括我国图书零售第一的当当网。

2018 年 11 月 11 日，天猫购物狂欢节销售额达到 2 135 亿元。

迄今为止，天猫已经拥有 4 亿多买家，5 万多家商户，7 万多个品牌。

2．天猫的竞争力

天猫的目标是成为网购世界的第五大道、香榭丽舍大街，成为全球 B2C 的地标，为消费者提供最时尚、潮流的商品。天猫的定位比较清晰。对内，天猫承担着 B2C 电子商务发展的重担；对外，天猫要打造成一个多元化、时尚、品质和服务都非常好的时尚虚拟商圈。

天猫清晰的市场定位、卓著的经营业绩，归功于它所具有的核心竞争力和创新的盈利模式。

天猫具有五大核心竞争力。① 特有商家服务：信用评价无负值；店铺装修自定义；产品展示全方位；商城认证保信用。② 特有消费者服务：七天无理由退换货；正品保障；信用评级。③ 严格申请条件，保证商家质量。④ 用户基数有保障。具有淘宝网这样强大的用户基数，天猫从不担心没有浏览者。⑤ 技术支撑，提升客户体验。天猫采用 AR（增强现实技术），将网络商品通过试、听、触、动虚拟环境和显示的传感设备，让用户感觉置身其中。

天猫作为网络零售中 B2C 的服务平台，它建立的是一种新的 B2C 模式，传统的 B2C 盈利模式主要在于压低生产商的价格，进而在采购价与销售价之间赚取差价。天猫的 B2C 模式是让生产商直接充当卖方角色，直接让生产商获取更大的利益，而天猫作为一个平台只收取一定的技术服务费。这种模式中间省去了分销环节，使电子商务直接介入商品从生产到价值变现的流程中来。

3．天猫的未来

天猫的未来在 2012 年 1 月的改名中已凸显无疑，天猫延续开放理念，通过社会化分工协作，让每一环发挥价值，提供服务；建立符合商业逻辑的规则，通过资源配置机制，为商家搭建良性的商业环境；最终打造一个千人千面的购物场所，为消费者提供确定性的商品和服务。

2017 年 5 月，天猫在上海宣布其品牌口号从"上天猫就够了"升级为"理想生活上天猫"，并发布了天猫 2017 五大趋势词——"乐活绿动""独乐自在""人设自由""无微不智""玩物立志"，清晰定义了当代社会消费升级下的理想生活内涵。

全面升级的背后，是天猫从满足消费需求到定义未来消费的嬗变，是从传统零售到新零售时代的跨越。阿里巴巴集团 CMO 董本洪表示："作为最懂消费趋势的新零售平台，天猫展现出越来越强大的商业力量，成为全球品牌转型升级主阵地。""新零售+全球化"的发展思路，必将使天猫迈上一个新台阶。

第二部分 | 课题学习引导

7.1 网络零售基础

互联网的发展给我们的生活带来了惊喜。我们能从互联网上买到生活用品、计算机配件、图书、软件；在网上，我们还能试穿衣服，配眼镜，选购家具等。网上几乎可以买到你想要的任何东西。网络零售正在潜移默化地改变着我们的生活方式和消费观念。

1. 网络零售的内涵

网络零售是指通过互联网或其他网络在线渠道，针对个人或家庭的需求销售商品或提供服务的活动。

通常，人们会将网络零售、网上贸易、网上交易的概念混淆或等同，因此，我们需要从以下 4 个方面来理解网络零售。第一，网络零售是为个人或家庭提供的服务，不包括为企业提供的服务，因为我们这里讲的是"零售"。因此，B2B 的电子商务活动不属于网络零售活动的范围。第二，网络零售的渠道不单纯指互联网平台，也包括其他网络在线渠道，例如专用网络。第三，网络零售商品既包括有形商品，也包括无形服务。网络零售活动不仅可以销售商品，还可以提供服务，例如网上商旅订票服务。第四，网络零售活动既包括商品交易活动，也包括提供信息服务活动。尽管门户网站、搜索引擎等提供的信息服务是免费的，但它们有自己的盈利模式，利用互联网平台来获取收益，因此，这类网站也属于网络零售网站的范畴，而该类网站的信息服务也划归网络零售活动当中。但是，单纯由政府、协会等主办的纯信息服务性网站，其主要依靠拨款等为公众提供服务，没有自己的盈利模式，因此，该类网站不在网络零售网站范畴之内。

从发展速度和发展前景来看，网络零售近几年已发展成为电子商务的重要组成部分。需要注意的是，尽管网络零售主要涵盖 B2C 和 C2C 模式，但由于 B2C 平台提供的商品在质量、品牌和售后服务等方面比 C2C 更有优势，且 B2B 与 C2C 又融合在一起，建立 B2B2C 的业务模式，因此，B2C 事实上才是网络零售的主体。

2. 网络零售的发展特征

（1）网络零售已成为重要的零售渠道

新的购物模式一方面引导消费者，另一方面消费者的认可又推动它的发展，网络零售就是在这种相互促进中发展起来的。随着互联网的快速崛起，网购已成为重要的零售渠道，同时网上购物在零售市场中的占有率也在逐年递增，其重要性越来越明显。

（2）中国网络零售市场持续增长

中国网络零售市场自 2013 年后进入高速增长期，已经连续五年成为全球最大的网络零售市场。电子商务研究中心发布的《中国网络零售市场数据监测报告》显示，2017 年国内网络零售市场规模达 71 751 亿元，同比增长 39.17%。同时，2017 年我国网络零售市场交易规模占到社会消费品零售总额的 19.6%，较 2016 年的 14.9%，增幅提高了 4.7%。

（3）中国网络零售正由规模化向生态化方向发展

中国网络零售虽然起步较晚，早期的网络零售企业多为中小企业，规模不大。但是，自 2007 年起，网络零售进入迅速放量增长阶段。随着中国网购市场的稳定快速发展，市场环境进一步成熟，线上线下融合持续推进，新技术推动服务升级，网络零售的渗透作用持续增强，呈现出规模化的增长态势。近年，网络零售的持续蓬勃发展促进了宽带、云计算、大数据、IT 外包、网络第三方支付、网络营销、网店运营、物流快递、咨询服务等整个产业链服务业的发展，形成庞大的电子商务生态系统。

（4）网络零售市场各模式相融，实现多元化蜕变

网络零售市场上的电商模式丰富多样，电商品类不断细分。跨境电商、母婴电商、生鲜电商、金融电商、农村电商成为近年各大平台的发力点。电子商务研究中心监测数据显示，2017 年中国出口跨境电商网络零售市场交易规模为 1.2 万亿元，同比增长 21.2%。2017 年我国生鲜电商交易规模为 1 402.8 亿元，较 2016 年 913.9 增长 53.5%。2017 年农村网购市场规模达 1.24 万亿元，较 2016 年农村网购市场规模的 8 945.4 亿元，同比增长 39%。各电商企业间的发展模式不再是一个绝对、清晰的界点，而是各种模式相融、共存。

（5）网络零售深受消费者喜爱

根据电子商务研究中心监测数据显示，截至 2017 年底，我国网络购物用户规模达到 5.33 亿人，较 2016 年增长 14.3%，占网民总体的 69.1%。

中国网民喜欢网络购物的原因主要包括以下几点。① 政府出台了一系列的鼓励和规范文件，对网络购物的扶植和促进力度明显加大；商务部联合企业整顿市场秩序，打击假货，使网络诚信环境得到改善；新消费者权益保障法规定网上 7 天无理由退货，保护了消费者权益。② 网民数量持续增长、购买力提升、线上消费习惯的养成，成为促进网络零售市场繁荣的重要基础。③ 传统企业加速进军电子商务带动了网络零售市场的繁荣和服务水平的升级。丰富的线上商品和线上线下互动，提升了用户的购买体验。④ 常态化的网络促销激发消费者的购买欲望。激烈竞争导致电商之间频繁的价格战，店庆促销、节假日促销、特卖会、1 元秒杀等营销手段的频繁使用，极大地刺激了消费者的购买欲望。伴随着团购等新型业态的兴起，网上商品的价格优势深入人心，也开辟了餐饮、健身等服务型商品的网销渠道。⑤ 便利的移动电子商务促进了网络零售。移动互联网的发展和智能手机的普及使得移动支付、移动购物快速增长，手机端和 PC 端的相互补充，促进了网络零售市场的繁荣。⑥ 电商平台与快递企业合作提升物流效率，比拼配送时间的精准度推动了电商企业的服务能力和影响力进一步提升；企业基于大数据应用推出 C2B 定制化创新模式更好地匹配了用户个性化需求，实现了精准销售。

3．网络零售的优势与劣势

（1）网络零售的优势

相比于传统零售，网络零售具有如下优势。

① 选址不再重要。选址是传统零售业成功的要素。在传统零售业中，好的店址非常昂贵，店面选址的成本也非常高。而网络零售可以避开实体选址，不再受其牵制。即使采用 O2O 的线上线下融合的电商模式，实体选址也不再成为成功与否的重要因素。

② 规模的大小不再重要。小型网络零售商可以与零售商巨头进行相对公平的竞争。

③ 节约人员和成本。实体店根据规模的大小，需要聘用不同职能的管理人员、销售人员、维护人员等，各项成本费用支出较多。而网络零售店无论规模，一个人可以分饰不同职能角色，降低了人工成本、店铺成本、交易成本等多项成本，且进货、发货方式灵活，避免了大量资金的占用。

④ 24 小时接受订单，个性化服务获得更多的顾客。网络零售店可 24 小时接受顾客的订单，服务时间的无限制扩大了服务的顾客数量。受实体店选址的影响，个性化的服务较难在实体店商业圈以外的地方开展。而网络零售没有区域的限制，可以为更广泛的顾客提供更多的个性化服务。

⑤ 精准传播，吸引高收入的消费群体。网络零售店可以通过搜索引擎服务收集客户名单，建立客户数据库，针对客户名单和消费行为开展精准营销。而且，还可以锁定符合要求的高价值潜在目标人群或具有品牌消费经验的用户，主动发出邀请，进行"一对一"的精准营销。

⑥ 提升和优化消费者体验。网络零售由"价格驱动"转向"服务驱动"，越来越重视消费者的体验。通过建立供应链，提升顾客服务速度；通过线上线下融合，提升顾客服务质量；通过 VR/AR 新技术的应用，重构消费场景，让购物更有趣。

（2）网络零售的劣势

① 零售商可能缺乏专业技术知识，或缺乏充足的资金来度过发展的"瓶颈期"。网络零售店的低成本和低门槛，会促使一些人盲目开展网上业务，例如乐酷天（由百度、乐天联合投资）、团宝网、耀点 100 等一些网商只是昙花一现。从企业的生命周期来看，网络零售店的前期投资虽然比实体企业要小，但要想度过网店发展的"瓶颈期"，建立稳定的收益模式和稳定的客户群体，却需要更多的资金投入和专业化的技术知识。

② 对消费者的影响力弱。传统零售重视消费体验，店面的奢华布置、营销人员的热情、商品的华丽陈设，都能给消费者一种享受，尤其是试穿、试用、试吃、试品等都能从视觉、听觉、触觉和感觉甚至味觉等方面来形成"氛围"，刺激消费者的购物欲望。网络零售使消费者的购物决策更为理性，放弃购物变得更容易。

③ 销售利润和价格上的压力大。顾客很容易在网上进行价格比对，这也给网络零售的获利带来很大的压力，同时也会促使消费者形成在购物时一直期待持续低价的心理。

④ 服务质量难以监控。网络零售中的服务包括在线沟通、物流配送和售后服务等。其中，物流配送多为第三方物流公司，商品的配送质量难以控制。异地售后服务的开展也比较困难，尤其面对海外的消费者时，这个问题变得更加棘手。

⑤ 消费纠纷多。由于国内网络零售相关的法律法规体系尚不成熟和完善，消费者在面对商品质量或服务等方面的问题时就会陷入维权难的境地。如果购买者和供货商不在同一个国家（地区），那么，两国（地区）的法律和税收问题也可能存在冲突。2019 年 1 月 1 日《电子商务法》实施后，这一劣势将逐步得到扭转。

实例 7-1　淘品牌"夏娜"，微淘 C2B 无线突围

定位日系甜美风的淘品牌女装"夏娜"，通过手机淘宝的公众账号平台"微淘"，走出了一条"微定制"的用户个性化定制之路。关于个性化定制，以往商家遇到的最大难题莫过于如何快速找到消费端用户的需求，并且还要保证消费端用户一定程度的稳定性。这个难题，阻挡了很多试水个性化定制模式的企业和商家。但借力微淘平台，夏娜女装轻松找到了解决之道。

1. 一条征集广播，轻松锁定 C 端需求

2013 年年底，作为一家创立 6 年的淘品牌女装，"夏娜"积累了数十万老客户，这些客户被亲切地称作"娜米"。时任夏娜总经理的李政刚说："作为一个互联网起家的品牌，我们非常关注市场受众的真实需求，非常重视跟店铺老客户们的互动。任何能跟消费者及时互动、搜集他们需求的工具，我们都会第一时间尝试。"

2013 年 10 月 16 日，夏娜通过他们的官方微淘账号"Shinena 夏娜旗舰店"发布了一条微淘广播——"娜米微定制"娜米专属定制专题，广播中写道："邀您一起成为我们的民间设计智囊，在这里诠释灵感、交流创意……信息由您提供，款式由您设计，让您的创意在夏娜无限释放"，号召客户参与进来设计自己的私服，并承诺会随机抽取一位设计智囊团成员，第一时间奉上专属定制款美衣。活动经微淘发布后，粉丝们的热情和认真超出了李政刚的预期。经过和夏娜本身风格定位的匹配以及设计需求的明确度考量，最终纳入考虑的设计图约为80份左右。这是真正来自消费者的定制需求。而搜集C端需求的成本基本为零，只需要通过微淘发布一条广播就可轻松实现。

2. 老客户聚集地，消费者选己所爱

事实上，在"娜米微定制"栏目正式运行之前，夏娜已经通过微淘发起了多次"选款投票"主题活动。新品投票和投票选款，从网店运营的角度而言，是希望严格按照真实市场数据（用户喜好）进行备货，从消费端需求反向影响供应链，提升商品的周转速度。

为什么选择微淘作为移动端"微定制"的通道呢？夏娜运营负责人小周介绍说，夏娜的供应链一直在顺应互联网个性化、柔性化的生产需求，力求依照消费需求进行数据化运营。如何搜集到真实有效的市场数据呢？小周主要依靠两个渠道，一个渠道是PC端，当新品上新后，将它们集合成一个款式页面，根据钻展广告或者引导用户点击进行数据测试；另一个搜集老客户需求的重要渠道则是微淘。

2013年，夏娜的微淘账号粉丝为56.3万，而这批粉丝主要由PC端有购买行为的老客户转移而来。店铺老客户满足一定门槛（如购买金额达到某个值）后扫描微淘二维码关注微淘后，才能获得微淘的抽奖机会或其他奖励，"正因为微淘是店铺老客户聚集地，所以我们非常重视这里的消费者互动和信息反馈。"

如何让微定制模式应用在微淘场景内呢？

以夏娜2013年"双11"备货为例，选款需要提前一个季度进行操作，从8月就开始测试。首先由设计师画出版图，夏娜运营团队内部做款式淘汰（此环节大概会淘汰掉30%～40%的款式），其余款式做成样衣，并让模特进行拍摄。然后把样衣成片搭配商品方案，做好商品编号，发布一条"投票选款"的广播，用户只需要回复喜欢的款式编号即可参与选款。作为一个测试老客户喜好的重要阵地，小周非常重视微淘投票选款的数据结果，把评论数据化之后，即可对老客户的需求做到比较准确的把握。

考虑到微淘主要覆盖店铺老客户人群，小周也会结合PC端的测试数据一起确定最终的款式。过去十多次的投票选款数据中，微淘跟PC端的选款数据比较契合，主推款的指向比较明确。如果遇到某些款式，微淘的数据出色而PC端数据一般，说明这些款式是店铺老客户的喜好，夏娜会把该款商品做成老客户定制款。

3. 微淘发力，粉丝参与零成本

将产品的主导权和先发权，由商家交还给消费者，用户参与到产品的设计和创造中，这既能满足用户的个性化需求，又能让用户体验专属的乐趣，夏娜在微淘平台的选款投票和娜米微定制活动，正是个性化定制模式的移动端尝试。

不带营销色彩却结合商品本身的投票选款，让粉丝乐于品鉴参与，让商家利于商品布局。粉丝随心品评，满足了抒发欲望，表达了内心需求；商家则据此确定主推款式，更科学地备货。这种互动模式增强了粉丝互动体验，也帮助了商家的商品管理，形成良性循环。粉丝自己上传设计稿并最终获得品牌的认可制作成成衣，让消费者变身品牌的设计师，本身增强了粉丝的参与感、荣誉感以及成就感，也有效提升了品牌的亲和力与品牌形象。

夏娜的微定制之路还在继续。可以肯定的是，通过微淘不仅可以把品牌多年沉淀的优质老客户圈到一个"池子"里，更能随时随地跟这批忠实顾客进行关于产品定制化的深度互动，商家端和消费者端的互动营销通路已经打开。

数据来源：电子商务案例云服务平台

7.2 网络零售的商品和服务

1. 网上购物测试

德科勒·西尔弗（DeKare Silver）经过大量的研究提出了用来评估网络零售商品和服务的适应性的理论框架。网上购物测试，即 ES 测试从顾客购买的角度，使用 3 个因素来同时评估商品在网络零售的适应性：① 商品特征；② 顾客对所购商品的熟悉度和自信度；③ 顾客特征，如图 7-2 所示。

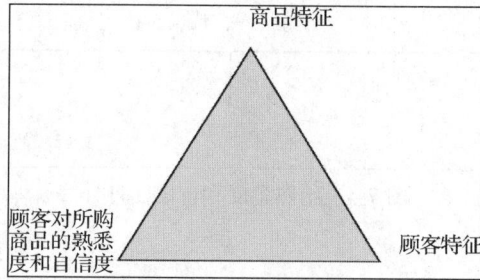

图 7-2 ES 测试三因素

（1）商品特征

一些顾客在购买商品时，往往需要利用看、听、闻、尝、摸这 5 种感官中的一种或多种。从这个角度来讲，可以实体接触的商品，例如生鲜食品、茶叶等适合选择实体零售渠道。主要依靠视觉和听觉的商品，如图书、音像等则适合网络零售环境。根据这种思路，人们就可以使用德科勒·西尔弗的测试来评估某种商品或服务在网络零售的适宜度。在各类商品中，很少有"纯粹"依靠触觉、味觉、嗅觉来感知的商品，很多商品需要同时利用两种或两种以上感官。对于依赖视觉和触觉的商品，网站必须营造一种类似的实体环境来进行营销。

根据商品特征给网上购物打分。测试使用 10 分制，该商品越倾向于适合实体渠道，打分结果就越接近 0 分；该商品越适合进行网络零售，分数就越接近满分 10 分，如图 7-3 所示。

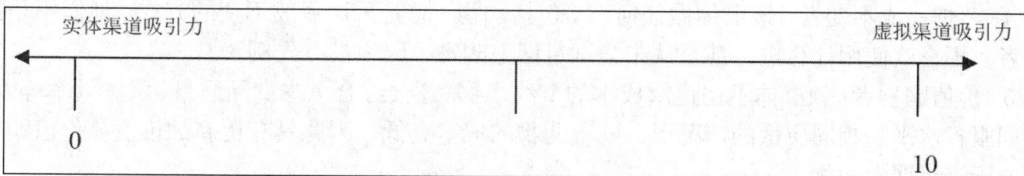

图 7-3 给商品特征打分

（2）顾客对所购商品的熟悉度和自信度

ES 测试的第二项是检测顾客对于想购买的商品或服务的熟悉度。如果顾客曾经购买过该商品或该类商品，则对该类商品有一定熟悉度，同时具有更高水平的自信度。熟悉度和自信度越高，顾客在购买中接触实体商品的需求度就会越低，并且愿意从网上购买商品。

顾客自信度除了源自个人亲自体验，还可以从家人和朋友的评价中获得，或从商品品牌的信誉度中获得。即使顾客并没有使用过某个品牌的某种商品，也可以通过家人或朋友的使用和评价来感知和识别该品牌的价值。品牌的社会地位和质量取决于品牌的声誉，顾客的决定取决于尝试新事物的相关体验。一个强调普遍品牌识别的网络零售商并不满足于吸引自信的网上购物者，同时也会吸引缺乏网上购物经验的潜在消费者。

根据熟悉度和自信度给网上的商品打分。使用 10 分制进行评估。熟悉度和自信度由 3 个因素决定，即以往购得的商品、使用商品而增加的满意度以及对品牌的熟悉度。以往使用过，且使用的次数越多，得分越高；使用商品后的满意度越高，得分也越高；顾客对该品牌越熟悉，得分也越高，如图 7-4 所示。

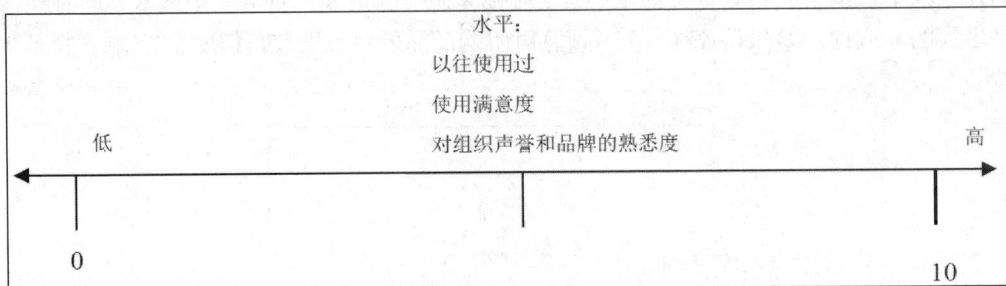

图 7-4　给熟悉度和自信度打分

（3）顾客特征

商品或服务的体验本身并不是零售环境的唯一决定因素。20 世纪 90 年代末期许多网络零售商失败了，其教训就在于他们错误地认为网络本身具有充足的吸引力，具有绝对的营销优势。传统零售商会深入研究消费者的特点和行为，网络零售商同样应该借鉴此经验，识别顾客特点、购物动机和购物出发点。

通过考察消费者的购物情况，尼尔森（Nielsen）将顾客分为以下 6 类。

① 社会购物者：这类群体喜欢借鉴购物经历，可能通过家人、朋友或社交圈对购物经历的描述而产生愉快购物经历的设想，从而选择某家商店进行购物。

② 试验购物者：该群体愿意尝试新的店面、品种或购物方式，如网上购物或移动购物。

③ 便利购物者：该群体侧重于节约购物时间，目标性比较强，要求尽量避免实体购物的时间推延，如寻找停车场或结账的排队等候等。他们偏爱网上购物，认为此渠道可以去掉“不便利”的购物步骤。

④ 习惯一成不变者：该群体做任何事（包括购物）总是采用一成不变的方式。他们不是技术爱好者，不喜欢使用计算机，甚至从未尝试过网上购物，因为没有先例。

⑤ 价值购物者：该群体不但追求成本的节约，通常还会综合考虑商品质量、服务效率等因素。在相同服务水平、相同质量的情况下，网上购物的成本更低，因此具有更高的价值。价值购物者会倾向于进行网上购物。

⑥ 道德购物者：该类群体规模虽小但增长迅速，他们不关心购物渠道的选择，而更重视社会和道德问题，如商家是否重视社会责任，有没有降低包装浪费和减少污染等。道德购物者通常选择那些具有一定信任度并且符合道德规范的零售渠道。

根据各类购物者的特征，可知其网上购物潜力从高到低的依次顺序是：便利购物者、试验购物者、价值购物者、道德购物者、习惯一成不变者、社会购物者。

根据顾客特征给网上购物打分。总分 30 分。ES 测试的第三步为评估一种商品面对的各类顾客（如社会购物者、道德购物者、便利购物者）所占比重，然后评估哪类顾客在市场中占主导地位。最后，判断占主导地位的顾客种类是否拥有足够大的规模，能否维持网上购物的目标市场，即该群体的回报是否大于网络零售商组织营销资源的支出。

ES 测试从以上 3 个角度来评估一种商品品类是否适应网络零售。将各个因素的得分进行加总，ES 测试的满分为 50 分。

2．网络零售的品类

（1）网络零售品类的发展

我国网络零售的品类经历了三个阶段。第一阶段，以图书音像、日化用品为代表的标准化程度高、轻服务的品类，最早成为各个电商线上销售的主营品类；第二阶段，服饰、鞋包等非标准化、轻服务的品类，这些品类近年线上销售额高速增长，尤其生鲜类发展迅猛；第三阶段，随着互联网对居民生活渗透的持续深入，一些非标准化的、重服务的品类，如家居家装、房产汽车等得到越来越快速的发展。

随着居民收入不断提高，居民消费结构中服务和享受型消费的占比进一步增加。在新的消费形势下，除了实物商品的拓展以外，电商平台也开始向服务类商品进行延伸。一方面，越来越多的电商平台开始为销售的实物商品提供附加服务，如 3C 商品的维修、保养、回收服务，汽车的维修、保养服务，家电的安装、清洁服务等；另一方面，在实物产品之外，电商平台也开始提供更多的服务类商品，例如宠物服务、旅游度假、教育培训等。

在互联网、移动支付与网络购物不断发展的同时，那些曾经线上渗透率不高的非传统零售尤其是大额交易的品类，近年开始逐渐被各大电商平台视作发展的新蓝海，综合电商平台开始进一步拓展自身电商服务的宽度，例如房地产、医疗健康、拍卖等泛零售品类高速发展。以京东商城为例，其医药健康类商品 2016 年第一季度至 2018 年第一季度销售额增长了 309 倍，其中 2017年销售额最高的品类为医疗器械。拍卖商品 2016 年第一季度到 2018 年第一季度，成交额增长了1 833%，成交量增长了 300%。

（2）布尔塞模型及其应用

随着信息技术的发展，将会有更多的商品或服务通过网络来销售。在当前发展水平下，预测一种产品或服务是否能在网上销售成功，可以运用"布尔塞"模型。

"布尔塞"的意思是"靶的中心"。布尔塞模型是由 30 个因素（或标准）构成的，是预测网上销售特定产品或服务成功概率的模型。如果该产品或服务在布尔塞模型中的打分很高，那么该产品或服务就极有可能成功在网上销售。

布尔塞模型的 30 个因素分别来自于 6 大类指标：目标市场、产品与品牌、分销、价格、促销和市场环境。企业或个人对每个标准所提出的问题进行回答，以决定产品销售成功的概率。对企业要通过网络投放的产品或服务，可以根据每个布尔塞标准打分：如果产品根本就不符合标准要求，计为零分；如果完全符合标准，计为 10 分；如果与标准非常接近，计 8～9分；如果既不算太符合标准，但又不算太差，根据情况计 2～7 分。得分系统如表 7-1 所示。表 7-2 是运用布尔塞模型对某摄影器材进行的分析。表 7-3 是该摄影器材布尔塞模型的市场得分合计数。

表 7-1　　　　　　　　　　　　　　　　得分系统的划分

评价	得分
低（极不相符）	0 或 1
低（中等相符）	2、3 或 4
中等相符	5、6 或 7
高度相符	8、9 或 10

表 7-2   "布尔塞"模型应用——某摄影器材

产品：摄影器材	公司：某某公司	公司简介：摄影器材销售商
网络布尔塞模型标准		**得分**
1. 目标市场		
没有专门瞄准计算机使用者市场		3
没有瞄准早期科技使用者市场		2
瞄准了高薪阶层		9
瞄准的是受过高等教育的阶层		8
男性和女性都购买该产品		10
目标市场的辨别与进入比较困难		3
网络用户只是目标市场的一部分		8
2. 产品与品牌		
与计算机关系不大		6
不必在购买前先看到产品		3
该产品容易识别、定购		7
有形产品（但也可数字化并方便地传送）		3
该产品既不是高科技又不是"低"科技产品		4
几乎是一种"标准品"		8
不是新产品，没有独特性能与外观		5
主要在国内有市场		5
是一种市场比较集中的产品		6
公司的名气不大		3
3. 分销		
传统渠道能提供类似的该产品		7
有较好的国内、国际分销能力		5
4. 价格		
价格适中		7
需要经常改变报价		3
5. 促销		
可以利用一些传统的广告创造商机		6
6. 市场环境		
合法产品		9
网络可以提供较低的成本结构及运送、服务费用		8
在网上或现实市场中都有类似的产品		9
社会认可该产品		8
匿名并不重要		8
政治不是决定因素		9
经济发展缓慢		3
目标市场为本国（地区）及其他发达国家（地区）		5

表 7-3　　　　　　　　　　　　该摄影器材布尔塞模型的市场得分合计数

市场标准	得分	全部可能得分	得分率（%）
目标市场	43	70	61
产品与品牌	50	100	50
分销	12	20	60
价格	10	20	50
促销	6	10	60
市场环境	59	80	74
合计	180	300	60

最后的合计得分率意味着，如果该公司要用网络来销售该摄影器材或者与该摄影器材相似的产品，获得成功的概率为 60%。

3．网上商店的设计

与实体商店的设计相比较，网上商店的设计对零售商品和服务的成功影响更大。网页布局、导航性与互动性、网页氛围是网店设计的重要因素。

（1）网页布局

当前，网上店铺的布局主要有 3 种形式：一是网格式布局（见图 7-5），页面上是一排排的货架，这是一种垂直的选购方式，在超市类网店中占主导；二是自由式布局（见图 7-6），页面凌乱而有趣，这在时装商店很流行；三是跑道式布局（见图 7-7），它使用的是一种循环路线。

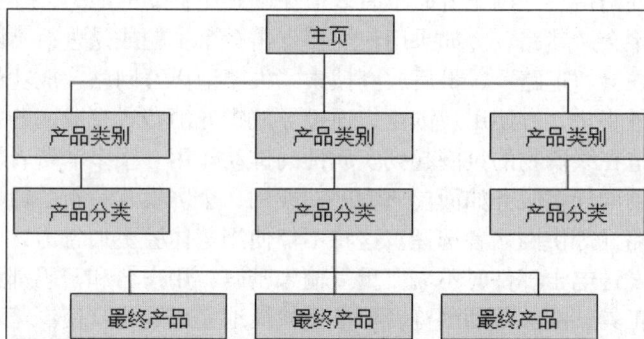

图 7-5　网格式网页布局图

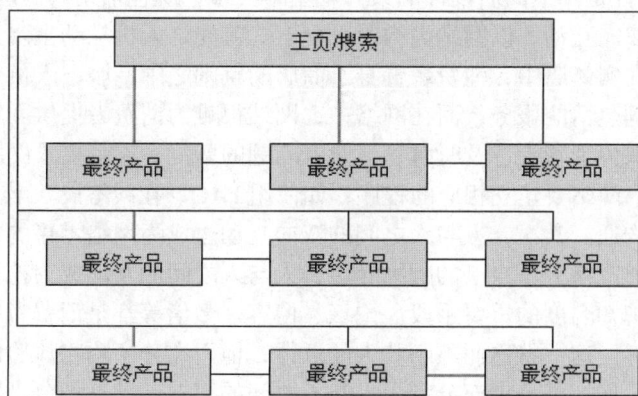

图 7-6　自由式网页布局图

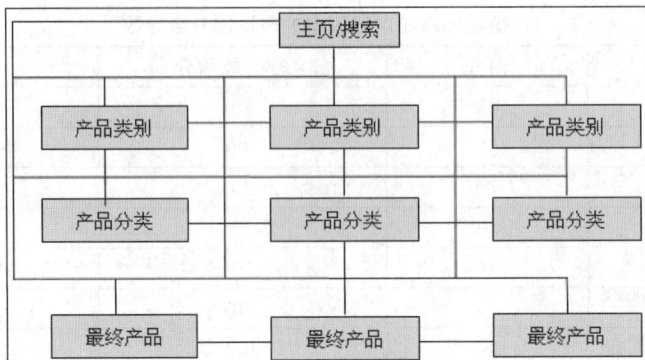

图 7-7 跑道式网页布局图

从布局来看，网格式布局强调产品分类，点击进入相应产品分类后才能浏览对应产品，中规中矩的布局会禁锢浏览者的搜索乐趣，缺失搜索功能的网格式布局会更加失去网页氛围的作用；自由式布局则在网站中加入了搜索功能，浏览者可以从海量商品中搜索自己喜欢的商品，也可以在琳琅满目的商品中自由浏览，增加了浏览的乐趣，但由于该种布局缺乏产品分类，使浏览者很难轻易查找到目标商品，在导航性方面具有一定劣势；而跑道式布局则结合了以上两种布局的优势，扬长避短，既保留了网格式布局的导航性优势，又凸显了自由式布局的网页氛围，并利用搜索功能将二者有效融合，是目前网络零售网站中比较受青睐的一种布局，如京东商城。

（2）导航性与互动性

① 导航性。导航性是指引导浏览者简单有效地在网站中移动的能力，是网站设计的基本部分，简单来说就是让用户不会"迷路"。如果用户需要点击多个主题或是进行不同层次的搜索才能找到相关信息，他们往往会"迷路"，最后放弃搜索，失望地离开网站。成功的导航性设计就在于使网站的深度和冗余最小化，方便用户浏览。通过导航指导消费者完成网购是在线购物体验的必需要素，它能够对营造在线购物的氛围起到实质性的推动作用。很多消费者希望获得可靠和快捷方便的服务，使用方便的导航服务如面包屑型网站架构、全屏模式、新的窗口工具、添加回到主页的链接、使用菜单路标等供网购者选择。这将不仅使浏览体验更加省力，而且鼓励搜索者点击更多的网页。同时，发送电子邮件时不需要重复输入密码，用户名和密码都设置自动保存功能，这些都是理想的导航工具，能够帮助浏览者更方便快捷地完成购物，使浏览和购物真正成为一种享受，而不会使浏览者因为"迷路"而失去购物的兴趣。

② 互动性。互动性是网上商店设计的又一个基本要素，既包括用户与网站之间的人机互动，也包括人与人之间的双向互动（以网站为沟通平台）。首先，人机互动主要是指网站为用户提供的一些互动性服务。在实体店中，消费者置身于商店的氛围之中，服务人员热情、耐心的介绍和推荐，使消费者体验到热情的服务；而在网络中，网站很难为消费者提供面对面的服务，网页必须取代销售人员完成取悦消费者、及时解答消费者问题的职能，这就要求网站具备强有力的信息处理能力和互动能力，网站要建立相应的程序，如使用 FAQ、在线答疑、电子邮件、电话沟通等方式，与消费者进行沟通。其次，人与人之间的双向互动也成为网络零售的重要环节。越来越多的年轻消费者喜欢通过网络分享自己的购物经历，人与人之间的互动成为挖掘潜在客户、提高消费者忠诚度、提高品牌知名度的重要手段。论坛、博客、微信等都是消费者钟情的互动平台。网络中甚至出现了"晒客"这一特殊而不断壮大的群体，他们在分享购物体验的同时，无形之中刺激了他人的消费欲望。例如蘑菇街充分利用人与人之间的双向互动这种分享购物、讨论时尚的模式来获得更多顾客。

（3）网页氛围

网页氛围主要通过视觉、听觉、嗅觉以及个性化等方面来营造和体现。网页氛围类似于实体店面的氛围，网页氛围的好坏能直接对消费者的满意度、购买数量、浏览时间等产生影响。

视觉。视觉体现在使用的色彩、幻灯片、视频剪辑、商品的三维效果图、商品图片的排列、文本字体大小、能够互动的闪存媒体、全屏模式以及图片等形式。视觉效果是零售商用来吸引消费者的重要因素之一。视频是一种有效的视觉工具，播放简洁而恰如其分地反映商品的视频能营造网上购物环境，使网上购物者更加兴奋。互动式 Flash 动画是另一个视觉工具，有助于丰富网上的购物气氛。如 Coach 公司就利用这种工具在公司网站上展示产品目录。Coach 公司还有一个值得称赞的工具——3D 虚拟壁橱，购物者输入确切身高和体重等数据就能在线观看服装穿在身上的效果，使自己对商品有更加清晰的认识。

听觉。当消费者走入一家实体商店时，会被它的音乐类型、音量、音调、节奏等声音形式带入一种轻松、愉快的购物环境中，同时这也会刺激购物者们的购物潜意识。这种促销策略同样可以移植到网络虚拟环境中，让网络用户在浏览购物网店时也能够在一种放松的音乐环境中完成购物经历。例如，香奈儿公司在产品介绍的网页上提供背景乐器演奏就为购物者营造了这种氛围。

嗅觉。嗅觉如何介入网络虚拟环境是对人们的一大挑战，现代的科技进步已经使其成为现实。一种被称为 DigiScent 的嗅香软件通过类似话筒的装置与计算机连接并发出香气。网店可以利用这种嗅香装置促销那些特别倚重于嗅觉的商品，如食品、茶叶、香水和化妆品等。此外，网店也可以通过派发样品解决这一问题。人们在第一次购买某种香味的商品后，通常会购买相似香味的其他商品。所以，有香味的商品的在线重复购买率会非常高。人们很容易记住某种香味，对特殊香味的联想也不会随着年龄的增长而遗失。

个性化。产品定制和个性化产品、服务以及网页已成为越来越多消费者的诉求。在当今社会，每个消费者都希望备受重视，受到尊重。提供及时的、尊重顾客个性化需求的产品或服务，会提高消费者的购物满意度。

导航性、互动性和网页氛围三者在网上商店设计中相互联系，相互影响。导航性是网店设计基础，对其他两个方面都产生影响，但它自身却是独立存在的，不受其他因素影响。

导航性首先会对网页氛围产生影响。用户如果能在网站中更自由、更便利、更有效率地浏览，他就会更乐意享受这个网站的氛围：良好的视觉感受、轻快的音乐、活泼的 Flash 动画甚至是香味的熏陶。反之，如果一个网站的导航性很差，浏览起来速度很慢，就会令人感到失望，那么用户可能就会失去耐心而离开，而网站也就失去了向用户展示网页氛围的机会。

导航性同样会对互动性产生影响。用户如果能有效率地浏览，那么他就更渴望与网站进行互动，或更有兴趣将自己的感受记录下来与他人分享。换句话说，如果网站速度过慢，或导航过于混乱，浏览者就不会在网站多待，甚至会选择永远舍弃该网站。

网页氛围和互动性同样关系密切。享受到网页氛围的用户可能更倾向于寻求互动和沟通，这将会刺激消费者的购物欲望。三者的相互关系对网上商店设计提出了更大挑战，设计者必须将 3 个方面的内容进行通盘考虑。

总之，网络零售商如果想要提高顾客满意度，就必须关注上述每一个内容，改进其网上店铺的设计。网络零售商需要考虑通过网页布局、导航性、互动性和网页氛围来提高网站的性能标准。

（4）网店设计的其他要素

在网店设计中，还需要重视以下要素。

① 注意细节。就内容开发而言，关注细节尤为重要，它能够避免在线销售的劣势，为顾客营造全面的购物体验。可以用图片近距离展示产品的不同方位、细节特征，甚至是内部构造，还可以通过文字向顾客讲述品牌内涵、历史故事，描述产品特性等。

② 尊重并保护顾客的隐私。相比于实体商店，网上商店会掌握顾客更多的信息，这也是一些网络用户所担心的。尽管大多数网店跟踪顾客信息的目的是为了探寻该商品的受欢迎程度。例如，顾客目前对哪些商品感兴趣，顾客近期的购物频率、购物金额等，这些信息能帮助网店制定准确的营销计划。但是，网店在获得和利用顾客信息时，一定要注意尊重和保护顾客的隐私。

③ 以顾客为中心。要树立"以顾客为中心"的理念，探寻他们内心真正的需求，在与顾客接触的每一个环节都要尽力做到最好，网站应该提供翔实的产品信息、便捷的网上购物体验、专业的咨询建议以及准时的送货服务等，做好这些对于网络零售商而言是同等重要的，因为任何一个给顾客带来不愉快感受的细节都会破坏网站的经营。

④ 强调产品包装。对于多数的网络零售商而言，尤其是对于价值比较高的商品而言，其包装关系到网站的形象和对顾客的重视程度。因此网络零售商可以选用统一设计的包装盒、礼品袋，用统一的包装方式来表达对顾客的尊重。

⑤ 注重服务质量。网络零售商提供的服务是多方面的，包括网页设计服务、内容服务、呼叫服务、支付流程服务、配送服务等。内容服务要翔实，及时更新，有吸引力；呼叫服务要注意在与顾客互动的过程中尽可能解决顾客的咨询、质疑、抱怨等问题，服务态度要和善可亲；支付流程要顺畅、便利，并保障顾客的个人隐私及支付的安全性；配送服务要注意快速、准确。高质量的服务，不但会提高顾客的购物满意度，也会带来深度购物。

7.3　B2C 网络零售模式

1. B2C 网络零售模式

B2C 电子商务模式是指以互联网为主要手段，由商家或企业通过网站向消费者提供商品或服务的一种商务模式。目前，互联网上有各种类型的 B2C 网站，提供鲜花、书籍、计算机、汽车等各种消费品的买卖和服务。由于各种因素的制约，现在以及未来一段时间内，这种模式的电子商务占的比重较小。但从长远来看，B2C 电子商务将取得快速发展，并将最终在电子商务领域占据重要地位。B2C 电子商务的主要形式有门户网站、电子零售商、内容提供商、交易经纪人以及社区服务商等。

（1）门户网站

门户网站是指在一个网站上向用户提供强大的 Web 搜索工具，是高度集成的信息与服务提供者。

网络发展的初期，网站数量比较少，人们在网上搜寻信息的能力较弱，搜寻成本较高，门户网站为人们了解更多的网络信息提供了方便。而今天，网络技术的不断发展，尤其是信息搜索技术的不断提高，门户网站成了网络的重要组成部分。门户网站除了保持强大的网络搜索功能以外，还向人们提供了一系列高度集成的信息内容与服务，如新闻、电子邮件、即时信息、购物、软件下载、视频流等。从广义上来说，门户网站是搜索的起点，向用户提供易用的个性化界面，帮助用户找到相关的信息。新浪网、搜狐网、网易是门户网站成功的范例。

在门户网站的发展中，逐步形成了水平型门户网站和垂直型门户网站两种类型。水平型门户网站将市场定位于互联网上的所有用户，如美国在线、新浪网、搜狐网、网易等。垂直型门户网站将市场定位于某个特定的主题和特定的细分市场，如雅昌艺术网，将市场定位于大型艺术品，通过信息、交流、交易等多个方面功能的整合，将艺术机构的传统形象及服务带入互联网世界，建立多赢的商业模式。

门户网站的营利模式主要有收取广告费、订阅费以及交易费等。但并非每个门户网站都能够有很好的收益。事实上，排名前十位的门户网站约占据了整个门户市场搜索引擎流量的90%。究其原因，很多排名靠前的门户网站都是最早开展网上业务的网站，因而具有先行者的优势，从而可以不断积累品牌知名度。消费者信任可靠的网络服务提供商，如果要他们转移到其他网络服务商的网站，他们会承担更大的转移成本，因此，消费者对品牌门户网站更为偏好。

（2）电子零售商

电子零售商是在线的零售店，其规模各异，内容也相当丰富，既有像当当网一样大型的网上购物商店，也有一些只有一个 Web 页面的小商店。

1996 年前后，欧美国家出现了基于互联网的零售形式——电子零售。在随后的几年中，我国也产生了众多的网上商店。由于电子零售具有省时、方便、省钱等优点，因此赢得了越来越多消费者的青睐。

电子零售商通常分为两大类：一类是将传统实体商店与网络商店相结合形成的网络销售商店，人们通常称之为"鼠标加水泥"型，如戴尔的网上商城、网上天虹商城等；另一类是没有实体商店、只有网上商店的虚拟销售商店，如亚马逊、当当网等。然而，当前最为流行的还是 O2O（线上线下）模式，一些网络企业或品牌创业者为了给消费者提供更全面的服务，先通过线上获得顾客，然后通过线下让顾客获得更多的真实体验。

（3）内容提供商

内容提供商是通过信息中介商向最终消费者提供信息、数字产品等内容的信息生产商，或直接给专门信息需求者提供定制信息的信息生产商。内容提供商通过网络发布信息内容，如数字化新闻、音乐、流媒体、数据资源等，将市场定位于信息内容的服务，因此，优质的信息内容是内容提供商模式的关键因素。信息内容的定义很广泛，包含了知识产权的各种形式，即以有形媒体（如书本、光盘或者网页等）为载体的各种形式。

内容提供商的盈利模式主要有收取内容订阅费、会员推荐费以及广告费等。由于内容服务的竞争日趋激烈，一些内容服务商的网络内容并不收费，如一些报纸和杂志的网络版纷纷实行了免费的举措，它们主要通过网络广告或者借助网络平台进行企业合作促销、产品销售链接以及网友自助活动等获得收入。

（4）交易经纪人

交易经纪人是指通过电话或者电子邮件为消费者处理个人交易的网站。采用这种模式的多是金融服务、旅游服务以及职业介绍服务等的网站。例如，金融服务方面，招商银行、工商银行等推出的网上银行服务成为金融个人服务的新亮点；旅游服务方面，以携程网、春秋旅行网等为代表的旅游电子商务网站也纷纷通过电话或者邮件形式为旅游者提供便利；职业介绍服务方面，中华英才网、前程无忧等是网上职业经纪人的代表。

交易经纪人的盈利模式主要是通过每次交易的用户收取佣金获得收入。例如，在网上股票交易中，无论是按单一费率还是按与交易规模相关的浮动费率，每进行一次股票交易，交易经纪人就获得一次收入；在线成交一次机票、景点门票以及酒店客房的预定，经纪人便按一定比例获得提成；职业介绍网站一般是预先向招聘企业收取招聘职位排名的服务费，然后向求职者收取会员注册费用等，再对招聘企业和求职者进行撮合、配对等服务。

（5）社区服务商

社区服务商是指那些创建数字化在线环境的网站，有相似兴趣、经历以及需求的人们可以在社区中交易、交流以及相互共享信息。

网络社区服务商的构想来源于现实的社区服务，但实际的社区服务通常受到地域限制，并不能够很好地整合需求，从而无法实现个性化的服务。而网络社区服务商通过构建数字化的在线环境，将有相似需求的人联系在一起，甚至让人们利用在线身份扮演一些虚幻的角色。社区服务商的关键价值在于建立一个快速、方便、一站式的网站，使得用户可以在这里关注他们最感兴趣、最关心的事情。社区服务商的营利模式较为多样化，包括收取信息订阅费、获得销售收入、收取交易费用、收取会员推荐费用以及收取广告费等。

B2C 商业模式的特点如表 7-4 所示。

表 7-4　　　　　　　　　　　　　　　B2C 商业模式的特点

模式类型	特点	举例	营利模式
门户网站	提供集成的综合性服务与内容，如搜索、新闻、购物、娱乐等	新浪、搜狐、网易	收取广告费、订阅费、交易费等
电子零售商	在线的零售商店，提供在线的零售服务	当当网、京东商城、苏宁易购	收取广告费、订阅费、交易费，取得产品销售收入等
内容提供商	以提供信息和娱乐服务为主，是网络中的传媒信息提供商	央视网、新华网	收取广告费、订阅费、会员推荐费等
交易经纪人	在线的交易处理人，帮助客户完成在线交易	前程无忧、携程网	收取交易费等
社区服务商	建立网上平台，集中有共同兴趣、爱好、需求的人交流、交易	健康村	收取广告费、订阅费、会员推荐费等

另外，根据电子商务参与主体类型和交易主体在商务流程中的位置，又将 B2C 网络零售模式分为 4 个类别，如表 7-5 所示。

表 7-5　　　　　　　　　　　　　　　B2C 网络零售模式

类别		代表企业
制造商直销模式	只在网络销售	Dell
	兼有实体店面	达芙妮、海尔
中间商模式	垂直型	凡客、红孩子、易迅
	综合型	京东商城、网易严选、唯品会、小红书
第三方交易平台模式		天猫
传统零售商网络销售模式		天虹、国美、苏宁

2．我国网络零售的市场结构

中国电子商务研究中心监测数据显示，我国网络零售市场在 2017 年规模已达 71 751 亿元。2012 年—2017 年，我国网络零售交易额增长情况如图 7-8 所示。（数据来源：中国电子商务研究中心）

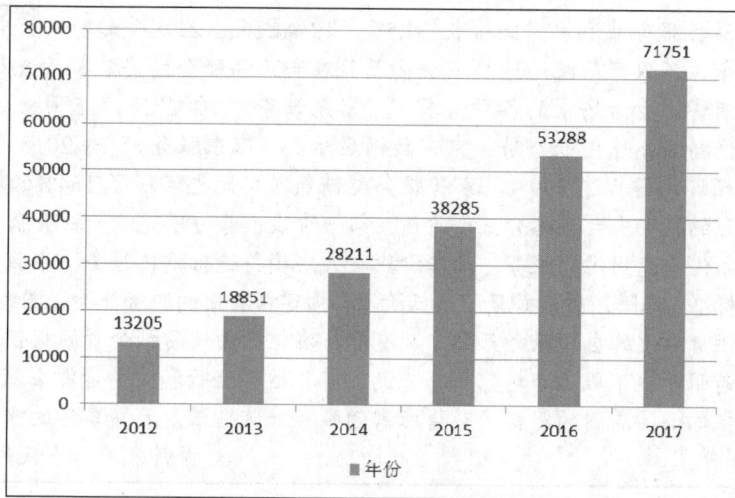

图 7-8　2012—2017 年我国 B2C 市场交易额增长

　　持续增长的市场规模，显现出开放平台的发展已经成熟。根据中国电子商务研究中心的数据，2017 年我国 B2C 网络零售市场（包括开放平台式与自营销售式，不含品牌电商），天猫依然稳居首位，在市场中的份额占比为 52.73%，较 2016 年降了 4.97%；京东商城凭 32.5% 份额，较往年提高了 7.1%，紧随其后；唯品会的市场份额基本维持，2017 年为 3.25%，继续保持第三；排名第 4-8 的电商分别为：苏宁易购（3.17%）、拼多多（2.5%）、国美在线（1.65%）、亚马逊中国（0.8%）、当当网（0.46%）；其他电商平台占 2.95%。其中，拼多多发展迅猛，2017 年较 2016 年增长了 2.3%。天猫和京东商城占据市场总份额的 85.23%，天猫与京东商城的双寡头局面形成，给其他电商形成强有力的竞争压力（见图 7-9）。

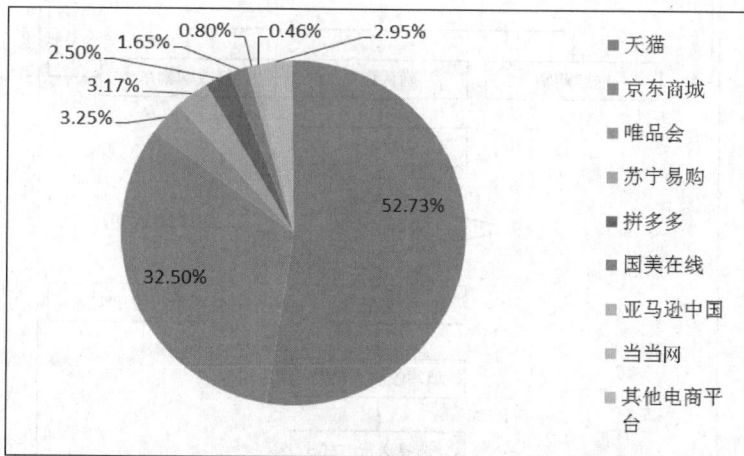

图 7-9　2017 年中国 B2C 购物网站交易规模市场份额

实例 7-2　服务平台品牌——京东服务+

　　"京东服务+"是京东集团旗下独立的服务品牌，于 2018 年 5 月在京东一级频道正式上线，主要聚焦 3C、家电、家居三大领域的安装、维修、清洗等服务，是为消费者提供标准化、产品化、透明化服务的高品质平台。

　　国家统计局数据显示，2018 年 7 月服务业增长比较抢眼，全国服务业生产指数同比增长

7.6%。其中，生活性服务业利润同比增长 34.5%，增幅较大。在这一趋势下，电商不断围绕全链条服务展开竞争，不仅产品配送速度更快，而且在与产品配套的安装、清洗及居家服务上大力拓展，以满足消费者生活场景的各种需求。"京东服务+"自 2018 年 5 月上线以来，迅速受到消费者青睐，保持着高速增长态势。京东数据显示，"京东服务+"自 2018 年 6 月至 8 月的家电服务类销售额环比增长达 299%，家居服务类销售额环比也实现了 164%的增长。

"京东服务+"的服务平台战略分三个阶段：第一阶段，着力搭建统一社会服务入口，为用户提供标准化、产品化、透明化的服务；第二阶段，大规模打造标准化服务，在服务规范、时效、流程等方面统一标准，保障消费者体验；第三阶段，构建社会化的服务平台，围绕高品质的家庭、办公服务，既提供标准化的自营服务产品，又有非标准化的由优质社会资源提供的服务。同时，"京东服务+"还着眼于线下服务市场，用京东的品牌、运营经验和流量资源去赋能线下。未来，线上下单，你将在你小区周围的非标店获得所需的服务。这也正是无界零售的意义所在。

资料来源：人民网—IT 频道

3. B2C 网上购物的流程

消费者到 B2C 网上商店购物的过程与实体商店类似，每个具体的网上商店在流程方面可能存在差异，一般购物流程如图 7-10 所示。

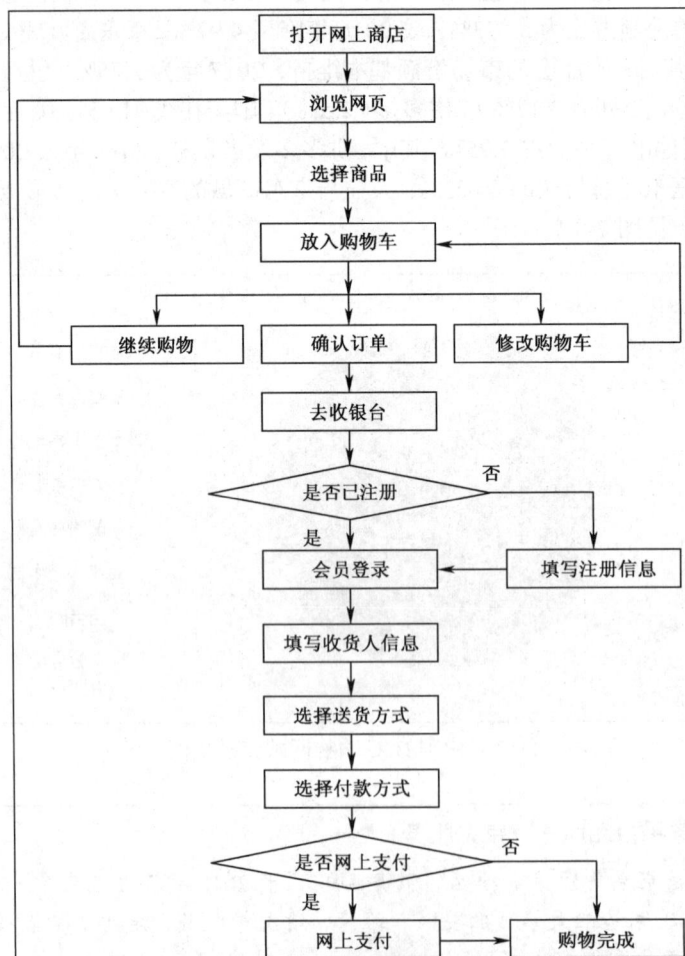

图 7-10　B2C 网上购物业务流程图

① 浏览商品。消费者通过网上商店提供的多种搜索方式，如产品组合、关键字、产品分类、产品品牌等对商店经营的商品进行查询和浏览。

② 选购商品。消费者按个人喜好或习惯的搜索方式找到所需的商品后，可以浏览该商品的使用性能、市场参考价格、用户评价以及本人在该店的购物积分等各项信息。然后在查询到的想要购买的商品后的购物条中输入所需的数量，并单击"订购"按钮，即可将商品放入购物车。在购物车设置中会列出所购商品的各项信息，如商品编号、商品名称、商品单价、选购数量、会员价格小计等。在购物车中可以修改购买数量或取消商品的购买。如果还要选购可单击"返回继续购物"按钮来实现，或通过单击"去收银台"按钮付款结账来结束选购商品。

③ 用户注册。为了便于对消费者进行管理，一般采用免费的会员注册制度。如果首次来访，建议注册为会员，单击页面导航条上的"会员注册"，根据提示完成注册。另外，也可在选购好商品后去收银台时，再注册。

④ 配送货物。网上购物者在确定需购买的商品后，即可选择货物配送方式。送货方式一般有国内和国际的区别。国内送货一般有：送货上门服务、国内普邮、国内快件等。国际送货一般采用国际快递如 UPS、DHL 等。当商店在确定了客户所订购的商品后，可以根据客户的要求在其希望的时间内将商品邮寄或送货上门。另外，网上商店还会根据客户选择所在位置的不同及购买物品量的多少加收一些费用。

⑤ 支付货款。由于在网上商店购物属于远程购物，不像一般日常现实购物可以当时结算、直接拿走商品，所以购物者在选购完商品后必须确认一种支付方式并选择一种送货方式，以便于商店查收账款、按时发货。选择一种由系统给出的支付方式及送货方式，执行"决定购买"操作，即向商店确定了此订单。如果选择在线支付，系统在客户确认订单后会直接转入在线支付系统，让客户直接在线付款。在线支付货款有多种形式：首先，可以采用各商业银行的信用卡、借记卡进行支付；其次，可以用微信扫一扫二维码支付，或用支付宝等工具支付，还可以用银联电汇，或通过邮政汇款的方式。除了网上支付之外，货到付款也是众多网上购物者的付款方式之一，特别是在同城 B2C 交易中。客户在收到货物及发票后将钱款直接交付给配送人员，并由配送人员带回客户意见。

⑥ 查看订单状态。购物者通过会员登录，在"我的订单"栏中可以随时查看、跟踪或咨询所购商品现在的状态。商品的运行状态有：等待审核、审核中、审核通过、已发货、已确认收货等。

⑦ 评价商家。购买者的评价对其他购买者或潜在购买者影响较大，直接关系到商家的信誉。当成功购买了商品之后，购买者就可以对该商品进行购物或使用评价，还可以对商家的服务进行评价。

4．B2C 网上购物流程实例

这里以当当网为例进行介绍。该网站于 1999 年 11 月正式开通，如图 7-11 所示。当当网在线销售的商品包括家居百货、化妆品、数码、家电、图书、音像、服装及母婴等几十个大类，逾百万种商品，在库图书达到 60 万种。当当网提供繁多的商品、优惠的价格、快捷的搜索、灵活的付款方式、迅速的送货服务，通过不断提升各种网络功能，保持并扩大在全球中文书刊和音像网络零售业务上的领先地位。当当网首家提出"顾客先收货，验货后才付款""免费无条件上门收取退、换货"以及"全部产品假一罚一"的承诺，用自己的成功实践经验为国内电子商务企业树立了的"诚信经营，健康发展"的榜样。

图 7-11　当当网首页

假设消费者要在当当网上买书，那么主要流程如下。

① 选购商品放入购物车。首先，打开当当网首页。其次，利用当当网提供的搜索功能，搜索你需要的书籍；查看书籍的详细介绍；单击立即"购买"按钮即可将其放入购物车。进入购物车后，如果你还想购买其他感兴趣的商品，单击购物清单中的"继续挑选商品"按钮即可；如果你不需要其他商品，即可单击购物清单中的"结算"按钮，即进入注册/登录页面。

② 注册/登录。如果从未在当当注册过，则需要选择"注册"页面，输入手机号码，设定登录密码，查看系统发送到该手机号码的短信验证码并完成输入，单击"注册"按钮，完成开户。已注册用户则直接登录。

③ 填写收货信息。完成注册/登录后，单击"结算"按钮，进入"填写订单"页面，填写收货人的详细信息。为了保证你的商品顺利配送，请准确填写收货人的姓名、地址、邮编、电话等信息。

④ 送货方式。填写完收货人信息后，在"请选择配送方式"栏，当当网已经为顾客默认了送货方式为"当当快递"，顾客可以根据自己的情况来选择"配送时间"。如果你选择的商品非当当自营商品，那么送货方式将由卖家决定。

⑤ 选择支付方式。完成收货人信息填写后，即可选择该订单的付款方式以及填写发票信息等。当当网为你提供了多种支付方式，你可以选择网上支付、货到付款、银行转账、他人代付等。

⑥ 订单支付。填写并确认完以上信息后，如果你选择的支付方式是"货到付款"，那么单击最下面的"提交订单"按钮，会返回一个订单提交成功的页面，它会提示你此次购买已成功，等待当当的发货即可。如果你选择的是"网上支付"，单击"去支付"按钮，会转入支付页面。选择合适的支付方式进行订单支付，支付完成后，等待当当网发货。

⑦ 查看订单状态。单击当当网首页右上角的"我的订单"链接。进入管理页面，可以看到最近的订单，在每个订单的右侧通过点击"订单详情"来查看订单目前的状态。

⑧ 购物反馈。收到商品后，在"我的订单"中查看已购商品。单击"评价商品"，对已购商品进行评价。

7.4　移动零售

随着 4G 的成熟，5G 时代的到来，智能手机的功能越来越强大，互联网、浏览器、移动线上支付、丰富交互应用程序等功能的不断成熟，使得移动电子商务的发展速度越来越快，消费者可以通过移动设备完成购物过程。

1. 移动电子商务

（1）移动商务概述

移动商务（M-Commerce）是指通过移动通信网络进行数据传输并且利用移动终端（手机、个人数字助理等）开展各种商业经营活动的一种新型电子商务模式。移动商务是与商务活动参与主体最贴近的一类电子商务模式，其商务活动中以应用移动通信技术、使用移动终端为特性。由于用户与移动终端的对应关系，通过与移动终端的通信可以在第一时间准确地与对象进行沟通，使用户更多脱离设备网络环境的束缚最大限度地驰骋于广阔的商务空间中。移动商务也可以称为移动办公，是一种利用手机、个人数字助理（PDA），实现企业办公信息化的全新方式，它是移动通信、PC 与互联网三者融合的信息化成果。

（2）移动商务的特点

移动电子商务改变着人们的生活方式与旧的商业模式。相比传统的电子商务活动，移动电子商务具有以下特点。

① 移动支付。移动支付功能为人们提供了更加便捷的服务，越来越多的人通过手机进行交水电费、话费，订餐，打车，购买电影票、机票、车票等生活业务。

② 随时随地。移动电商具有个性化的特征，弥补了传统电商需要有线接入的缺憾，让人们随时随地地进行移动支付、服务预订、商务沟通、远程购物等，获得独特的体验。

③ 完全个性化。由于智能移动设备具有比 PC 端更高的可连通性与可定位性，因此商家或企业可以更好地发挥主动性，为不同消费者提供个性化的定制服务。例如，酒店或餐饮预订系统通过自动定位顾客的位置，帮助顾客推荐周边的酒店和美食，更有针对性的服务让顾客更满意。

④ 更加安全可靠。移动终端中所用的 SIM 卡具有强大的内置认证特性，其中 SIM 卡号的唯一性和存储的信息可以用来确认手机用户身份的唯一性，可编程的 SIM 卡可以存储用户的银行账号、CA 证书等信息。移动终端本身的密码锁认定功能也更具安全性能，用户在进行支付时通过短信认证来确保交易的安全性。

（3）移动商务的应用

当前，移动电子商务主要提供以下 8 种服务：① 以社交、游戏、视频、有声书、运动健身为主的娱乐生活服务；② 以手机网上商城为主的移动购物服务；③ 通过移动终端完成支付活动的移动支付业务；④ 以企业内部和企业之间的无线商务办公为主的移动办公服务；⑤ 为客户提供通过手机完成银行转账、查询、炒股等各类金融业务的移动金融服务；⑥ 通过与销售商进行合作，对接受移动广告的客户群、合作伙伴提供商品打折或免费递送服务，同时通过无线的方式提供信息发布、业务咨询、业务服务的移动广告及促销服务；⑦ 通过移动在线系统提供以医疗咨询、医院挂号、信息跟踪等为主的无线医疗服务；⑧ 以移动应用服务提供商（MASP）为主的移动技术支持服务。

2. 在线零售的移动电子商务

零售业历经近两百年的发展变革，零售方式层出不穷。购物者通过各种各样的方式进行购物，包括传统店面购买、邮件订购、电话订购、电视购物、网上购物以及越来越成为主流的移动购物。移动购物更多的是一种销售商品或提供服务的手段，突破了购物时间和地点的局限性，为消费者提供了更大的灵活性。如果说网上购物的优势是没有时间限制，那么移动购物的优势就在于可以让消费者实现随时随地的购买商品和定制服务。

（1）移动零售的商品与用户特征

零售移动电商提供的商品主要有两种类型。① 实物商品，主要通过手机商城，如天猫、京东商城、亚马逊等 App 软件进行售卖。② 虚拟商品和劳务，如音像下载、付费观看、付费订阅、广告支持等业务。

有别于 PC 端与 PAD 端，手机端的用户具有如下特点（见表 7-6）。

表 7-6　　　　　　　　　　　　　　手机端与 PC 端及 Pad 端的特点比较

	优势	劣势	用户需求	用户场景
PC 端	屏幕大 体验好 效率高	不能随时随地打开使用 开机需要等待启动	有计划的需求 闲逛的需求	工作时间 有一段完整时间 安心坐在计算机前
PAD 端	屏幕大小够用 体验不错 开机速度极快	不能随时随地打开使用	有计划的需求 闲逛的需求	放松地坐着或靠着 不愿意打开计算机 相对有一段完整时间 相对比较安心地坐着
手机端	随时随地，即时性 可感知地理位置 可感知声音 可感知运动 可感知图像	屏幕小 体验没有桌面好 键盘输入内容很困难	闲逛的需求 即时的需求	可能是站立状态 可能是放松地坐着或靠着 不愿意打开计算机 碎片时间 可能随时被打断 耐心比 PC 端用户差

（2）移动零售的 B2C 模式

以 B2C 电子商务为主的网上零售或网上商店，在移动端仍是应用最普遍、发展速度最快的。根据提供的商品类型，移动 B2C 电商可分为如下四大商业模式。① 以天猫为代表的平台型商城。平台知名度高、入驻商家多、客户流量大、同类产品竞争激烈。② 以红孩子为代表的垂直型独立平台电商。垂直型平台的商品具有更大的相似性，满足具有同类需求的顾客，商品与商品之间的竞争也更激烈。它专注于某垂直领域，自建物流体系，有利于形成自己的渠道品牌影响力。③ 以京东商城为代表的综合型独立平台。像京东商城、当当网等，既有主打的自营商品，也建立了自有仓库，能够为顾客提供快速的物流配送服务。④ 以美团为代表的团购网站。该类移动零售商定位于为顾客发现值得信赖的商家，让顾客享受低折扣的优质服务。该模式的优势是一次销售数量大，以限时超低价吸引消费者。商家仅需要支付少量费用，就可以享受到移动互联网爆炸式的宣传效果。

（3）微店的崛起

微店是全球第一个云推广电子商务平台，是帮助卖家在手机开店的 App。微店于 2013 年 8 月由深圳市云商微店网络技术有限公司投资创立。微店不像传统电商过度依赖于像天猫、京东商城、淘宝网这样的平台，而是更依赖于店主的客户，以及与客户保持联系的渠道，形成了一种去中心化、去流量化、去品牌化、聚合各类社交媒体的新微商模式。

要想运营微店，先要进行注册。注册后，微店店主就拥有了一座全场优质正品的网上商城，里面的商品全部由厂家和批发商供货。店主只需要把自己微店的网址通过 QQ、博客、论坛、邮件等方式发布出去，让更多的访客进入你的微店购买他们所需要的商品，你就获得了推广佣金。

微店的特点包括如下几个方面。

① 使电商分工进一步细化。传统电子商务平台是提供一个模板网站，店主根据网站平台运营规则，自己来推广、找货源、销售商品、产生订单。微店的做法：一方面，让不擅长网络推广的店主从中解放出来，只需把产品发布上去，就有无数的微店为其销售，自己只要处理好货源、客服、售后即可；另一方面，对于没有或缺乏货源的店主，不需要到处找货，也不需要一笔笔给消费者发快递，整个微店就是一座天猫商城，"衣、食、住、行、用、玩"只要有人购买，自己就有佣金。云集微店平台还集成了多种基础服务，从供应链到 IT 系统、仓储配送、客服、内容（美工设计、营销文案）、培训等都包括在内。店主在购买开店服务包之后，即可获得全面的平台服务，不会美工文案不会选品都没有问题，"小白"经过手把手培训后同样可实现一键开店。

② 拥有独立的分销体系。介绍他人来开微店，他们就成了你的分销商，消费者在你分销商的微店产生了购买，你可以获得 30%的推广佣金。分销越多，你得到的奖励越多。

③ 拥有独有的佣金分成法则。卖别人的产品，赚自己的佣金。注册一个微店，你就拥有了整个云端产品库的产品销售权，即获得了一座网上百货商城。消费者进入你的微店产生了购买，你可以获得 70%的推广佣金。

④ 实现供应商信息双通道传播。广度上，消费者在所有微店都可以找到您的产品，覆盖了我国主流网购人群。深度上，供应商的产品，除了能在自己的微店展示外，也能在自己分销体系内的所有微店上优先展示。而发展分销商的难度也不高，直接或间接把链接推出去，就有无数的网民成为你的直接分销商，他们的微店都会优先展示你的商品。这种关系是永久绑定的，无须你再出钱购买，可积累、可持续、可扩展。

微店打造了 S2B2C 的移动社交电商模式，帮助店主实现低门槛创业。《中国社交电商大数据白皮书（2017）》显示，云集微店日活跃店主保持在 20 万以上。在移动社交爆发的年代，S2B2C 模式赋能、自营正品保障、良好的激励机制，是推动云集微店快速崛起的三大重要因素。移动社交逐渐成为人们工作和生活的中心，社交电商的市场规模还将继续扩大，但同时也将面临传统电商社交化的冲击。

（4）移动零售的困境与发展趋势

① 移动零售面临的问题

● 移动终端设备的局限。由于智能手机本身屏幕小、体验没有 PC 桌面好、键盘输入内容很困难等特点，消费者在标准化商品消费方面，仍以 PC 端为主，例如电子产品、书、居家产品等消费品。

● 技术的安全性。首先，4G、5G 技术的发展、通信速度的大幅提升为手机用户进行购物提供良好条件的同时，无线网络的安全问题也越来越突出，如通信内容被窃听、通信双方的身份容易被假冒以及通信内容被篡改等。其次，个人隐私泄露及安全隐患问题仍是用户在进行移动支付时最担心的问题。另外，移动终端虽然体积小、重量轻、方便携带和使用，但是也容易丢失和被盗。对个人而言，手机的丢失，会使其他人看到移动设备上的数字证书和其他重要数据信息。而目前手机移动终端最大的问题是缺乏一个特定的用户实体认证机制。

● 监督管理不完善、法律法规不健全。目前，移动电子商务相应的法律法规严重落后于当前移动商务发展的速度，缺少对交易双方相应的保护，交易双方的责权同样没有相应的法律规范，这些都对移动电商的健康发展造成了威胁。另外，移动电商的信用体系建设仍存在很大漏洞，如虚假交易、刷单炒信、恶意差评以及滥用、泄露和倒卖个人信息等违纪违规行为，缺少有力的监督管理和技术支持，给消费者造成了恶劣的影响甚至严重的后果。

② 移动零售的发展趋势

随着法律法规的不断完善、安全性的提高和网络信息技术的升级，移动电商的购物过程简化且极速缩短，这使得手机购物的数量和比例越来越大。在此环境趋势下，移动零售逐渐形成了一些新的发展趋势。

- 全渠道、线上线下融合发展的趋势。一方面，移动电商时代，消费者的需求和网购发展环境均有较大改变，用户希望随时随地精准购买到所需的商品和服务；另一方面，由于商品供大于求，单一渠道发展的增量空间有限，线上和线下均在布局全渠道发展。线下消费体验和线上购物便利的双向需求将带来线上和线下的融合，未来线上线下融合是新零售时代的重要发展趋势。

- 社交化、内容化、粉丝化、场景化的移动电商时代新营销方式。一方面，以微博、微信等移动社交平台为依托，通过自媒体的粉丝经济模式的分享传播来获取用户，消费者的购买需求会在人们碎片化的社交场景中被随时激发。另一方面，移动电商时代，用户的消费路径和习惯发生了很大的变化，消费需求场景化，移动购物模式多样。内容化、粉丝化和场景化成为吸引流量的新方式。

- 垂直品类经济或人群经济成为发展新趋势。随着国民经济快速发展，人民生活水平提高，各方面的消费力量蓬勃发展。一方面，90 后、女性等细分用户成为消费新动力；另一方面，用户更加注重商品品质，更多选择符合自身特征的商品。在此基础上，基于特定品类和特定人群的垂直经济成为新的发展趋势。

- 大数据将成为移动电商的核心驱动引擎。随着互联网计算处理技术的逐渐成熟，大数据开始应用到各行各业。移动电商流量红利渐失，大数据将成为新的利益推动点，精准匹配供求信息，做好个性化推荐、用户偏好预测、优化页面，将极大地提升运营效率。

实例 7-3　拼多多

拼多多成立于 2015 年 9 月，是一家专注于 C2B 拼团的第三方社交电商平台。用户通过发起和朋友、家人、邻居等的拼团，可以以更低的价格购买优质商品。其中，通过沟通分享形成的社交理念，形成了拼多多独特的新社交电商思维。拼多多上线还不到一年的时候，其单日成交额已突破 1 000 万元，付费用户数突破 2 000 万。值得注意的是，拼多多的活跃用户数和交易笔数已经可以与唯品会相提并论。这意味着，拼多多用不到 10 个月的时间就走完了老牌电商三四年走的路。

拼多多是如何做到的呢？

第一，平台玩法。拼多多的平台玩法主要有以下几类：直接去拼团；邀请参与拼单；邀请助力：砍价免费拿、团长免费拿、助力享免单；分享互惠：现金签到、分享领红包。

其中，分享是拼团模式的核心、社交电商的灵魂是交互，这决定着平台的很多关键指标，分享成功直接影响"病毒式"传播的效果。分享的广告价值体现在：通过反复曝光增加用户品牌认知和功能体验；分享的流量转化价值体现在：注册或下单转化，消费者被引导使用同样的功能后再购买商品。

第二，用户。拼多多的用户分为三类。（1）分享用户。这类是平台老用户，擅长并乐于利用各种优惠玩法。这类用户是拼团的发起者，一般有明确的购物需求，并通过邀请好友助力获得相应的优惠。这种用户首先关注玩法，其次是商品，因此会有冲动消费，并愿意用社交货币换取优惠。（2）不分享用户。这类用户一般直接参与拼团，其关注点主要在平台上性价比高的目标商品，属于相对理性消费用户。（3）被分享用户。这类用户属于被动触发者，如果是新用户，可能在反复触发后形成拉新转化；如果是老用户，则有可能带来留存量和活跃度。

第三，平台场景。拼多多平台的场景特征有以下几个方面。（1）社交货币兑换优惠。拼多多除了社交功能的分享和在选品上根据群体特征做到差异化、精细化外，对高频、刚需的消耗品实施优惠策略，仍是刺激消费者购买的一大亮点。（2）降低决策门槛。通过全场包邮、没有购物车、价格实惠、玩法相对单一、好友社交背书、从众心理等降低消费者的决策门槛。（3）强化场景感，追求高性价比。在拼多多的场景里，追求性价比是所有用户的潜意识。

这既是拼多多自创立初期到现在都很清晰的低价电商定位，也是它成功的关键所在。

第三部分 | 课题实践页

一、实训题

实训　网上购物体验

1. 实训目标

① 掌握网上购物的流程；② 正确进行网上购物注册；③ 会进行在线支付；④ 会查看订单状况。

2. 实训内容

假如你需要购买一批 T 恤作为班服（或其他需要的商品）。你先到淘宝网、当当网或京东商城上去查看该商品的情况。经过浏览比较，你选定一家网店进行购买。

3. 实训步骤

① 浏览产品。通过网上商店提供的多种搜索方式，对你要购买的商品进行查询和浏览。

② 选购产品。在查询到的想要购买的商品的购物条中输入所需的数量，并单击"订购"按钮，即可将商品放入购物车。如果有变动，在购物车中可以修改购买数量或取消商品的购买。如果还要选购，可单击"返回继续购物"按钮，或通过单击"去收银台"按钮付款结账来结束选购商品。

③ 用户注册。单击页面导航条上的"会员注册"，根据提示完成注册。或者也可在选购好商品后"去收银台"时，再进行注册。

④ 配送货物。确定需购买的商品后，即可选择货物配送方式。注意配送的时间和配送费用。

⑤ 支付货款。确认订单后，必须确认一种支付方式以便于商店查收账款、按时发货。

⑥ 查看订单状态。在网上商店首页，"我的订单"栏中可以随时查看、跟踪或咨询所购商品现在的状态。商品的运行状态有等待审核、审核中、审核通过、已发货、已确认收货等。

⑦ 评价商家。当成功购买了商品之后，你就可以对该商品进行购物或使用评价，还可以对商家的服务进行评价。

4. 组织形式

① 每个学生根据以上购买流程进行操作；② 将每一步骤的操作画面进行截图，整理在一个 WORD 文档中，并对每一张图片进行简单说明，以电子邮件附件的形式发给老师记录成绩。

5. 考核要点

① 操作流程正确；② 文档中图片说明准确。

二、思考练习题

（1）网络零售的优势有哪些？劣势有哪些？

（2）简述可以进行网络零售的商品有哪些共同点。

（3）运用布尔塞模型分析网络销售家具用品的可能性。

（4）简述网上店铺设计的3个重要因素及其相互关系。

（5）简述网络零售的模式。

（6）移动零售的优、劣势各有哪些？用户需求有什么不同？

（7）简述微店的商业模式。

（8）举例说明网上购物的流程。

三、实践练习题

（1）分别浏览天猫、京东商城和小红书三家电子商务企业，解释它们在运营模式上的异同，并找出它们各自的特色。

（2）每4个人一组，利用院校所拥有的网络资源和网店模拟系统软件进行B2C网上店铺的设计和交易。

（3）如果让你经营一家网店，你认为销售什么商品比较好？谈谈你的想法和计划。

（4）在自己的智能手机上，下载安装天猫或京东等B2C网上商城的手机客户端，进行商品信息浏览，也可以练习手机购物和手机在线支付。

（5）浏览一个网络零售商店，通过以下问卷列表，来评价该网店的导航性如何。

	问题	答案
1	导航简单吗	
2	导航有效率吗	
3	导航迅速吗	
4	网站版面易于使用吗	
5	网站有一个好的菜单系统吗	
6	总体上看，网站设计简单吗	
7	总体来说，你喜欢吗	

课题八
网络营销

第一部分 | 案例与分析

案例 8-1 戴尔计算机公司的网络营销

戴尔公司是世界上最成功的采用网络直销计算机的公司。迈克尔·戴尔于 1984 年创立戴尔公司。他的理念非常简单：按照客户要求制造计算机，并向客户直接发货，使戴尔能够最有效和明确地了解客户需求，继而迅速做出回应。这个直接的商业模式消除了中间商，减少了不必要的成本和时间，让戴尔能更好地理解客户的需要。这种直接模式允许戴尔能以富有竞争性的价位，为每一位消费者定制计算机并提供丰富的配置。平均 4 天 1 次的库存更新速度远远快于那些采取分销模式的公司。

在美国，戴尔公司是商业用户、政府部门、教育机构和消费者市场名列第一的个人计算机供应商。目前戴尔公司在亚太地区 13 个市场开展直线订购业务，客户可以直接在线订购产品，并可在 7～10 天内收到订货。戴尔公司于 1998 年 8 月将直线订购模式引入中国，在上海、深圳等地建立了全球采购据点，以加强与中国供应商的伙伴关系，提高全球采购效率。

案例分析

1．戴尔的网上直销模式

戴尔发挥互联网的优势，进一步推广其直线订购模式，不断地增强其竞争优势。戴尔通过首创的革命性的"直线订购模式"，与大型跨国企业、政府部门、教育机构、中小型企业以及个人消费者建立直接联系。在戴尔网站上，用户可以对全系列产品进行评比、配置，并获知相应的报价。用户也可以在线订购，随时监测产品制造及送货过程。戴尔和供应商共享包括产品质量和库存清单在内的信息，全球数十万个商业客户通过戴尔网站进行商务往来。

数字化定制生产和直销是戴尔从一家规模很小的公司成长为全球最大计算机公司的最重要的经营模式。戴尔通过网络与客户建立直接的联系，只生产与客户签下的订单。这样做的好处是可以用当时主流部件来组装计算机、及时交货、减少库存、加快流动资金周转速度、降低成本、提供更加完善的售后服务等。戴尔的网上营业额有90%来自中小企业和个人用户，尽管需求千差万别，但每台计算机都是根据客户的具体要求组装生产的，戴尔以低于竞争者的价格向客户提供个性化的服务，将交货时间从原来的一周缩短到1～2天，这不仅显著地降低了生产经营成本，而且提高了客户满意度。

戴尔采用的网上直销模式是第三方的连锁直销平台。在美国销售更多的是依靠网络，基本上可以不要门店。戴尔网站实际提供了一个跟踪和查询客户订单状况的接口，客户可以查询从订单发出到产品送到客户手中整个过程的订单状况。戴尔的物流服务也是配合定制生产和直销这一政策而制订的。

戴尔的物流从确认订货开始，确认订货以收到货款为标志，在收到货款之后需要两天时间进行生产准备、生产、测试、包装、发运准备等。

戴尔的直销方式对用户的价值体现在个性化生产上，同时精简的生产、销售、物流过程也可以省去一些中间成本。一个覆盖面较大、反应迅速的物流网络和系统是戴尔直销系统成功的关键。如果戴尔按照承诺将所有的订货都直接从工厂送货上门，必然会造成过高的物流成本。因为用户分布的区域很广，订货量又少，所以这种系统因库存降低而减少的库存费用是无法弥补因送货不经济导致的运作成本上升的。如戴尔在中国厦门的工厂，其物流发货委托给了一家货运公司，并承诺在款到后2～5天送货上门，对某些偏远地区的用户每台计算机还要加收200～300元的运费。

2．戴尔的网上直销流程

戴尔的直销流程分为3个阶段及8个步骤。

第一阶段：订货阶段。

第一步：订货处理。首先检查项目是否填写齐全，然后检查订单的付款条件，并按付款条件将订单分类。采用信用卡支付方式的订单将被优先满足，其他付款方式则要花费更长时间来进行付款确认。只有已付款确认的订单才会立即自动发出零部件采购订单，并转入生产数据库中，订单也才会立即转到生产部门进行下一步作业。用户可以通过互联网对产品的生产制造过程、发货日期甚至运输公司的发货状况等进行网上跟踪。用户在表格中填入订单号和校验数据，将填好的表格提交以后即可得到查询结果。

第二步：预生产。戴尔在正式开始生产之前，需要等待零部件到货，这就叫作预生产。预生产的时间因客户所订的系统而异，主要取决于供应商的仓库中是否有现成的零部件。一般戴尔要确定一个订货前置时间，即需要等待零部件并且将订货送到客户手中的时间，该前置时间在戴尔向客户确认订货时通过电话或电子邮件告诉给客户。

第二阶段：生产阶段。

第三步：配件准备。当订单转到生产部门时，所需的零部件清单也就自动产生，将零部件备齐通过传送带送到装配线上。

第四步：装配。组装人员将装配线上传来的零部件组装成计算机，然后进入测试过程。

第五步：测试。对组装好的计算机用戴尔特制的测试软件进行测试，通过测试后将系统送到包装车间。

第六步：装箱。测试完的计算机被放入包装箱中，同时要将鼠标、键盘、电源线、说明书及其他文档一同装入箱中。产品打好包后要加以密封，然后装入相应的卡车运送给顾客。

第三阶段：发运阶段。

第七步：送货准备。一般在生产过程完成的次日完成送货准备，但大订单及需要特殊装运作业的订单可能花的时间要长些。

第八步：发运。将顾客所订货物发出，并按订单上的日期送到指定的地点。戴尔设计了几种不同的送货方式，由顾客订货时选择，一般情况下，订货将在 2.5 个工作日送到订单上的指定地点，即送货上门，同时提供免费安装和测试服务。

第二部分 | 课题学习引导

互联网使传统的、有形的市场空间受到了网络的、虚拟的市场冲击，在这种冲击中网络营销也应运而生。网络营销相对于传统的市场营销有着明显的优势，带来了营销观念的革命。

8.1 网络营销概述

21 世纪，人类社会进入数字化时代，电子商务改变着工业化社会传统的、物化的营销模式。互联网对于传统的市场营销最具有革命性的影响就在于缩短了生产与消费之间的距离，减少了商品流通环节，消费者可以直接在网上完成购买行为。网络与经济的紧密结合，推动市场营销进入了崭新的阶段——网络营销阶段。

1. 网络营销的基本概念

网络营销（On-line Marketing 或 E-Marketing）就是以国际互联网络为基础，利用数字化的信息和网络媒体的交互性来辅助营销目标实现的一种新型的市场营销方式。图 8-1 为网络营销示意图。这是一种通过互联网的"双向沟通"方式，企业可将其产品、服务及广告等信息存放在自己的网站上，并通过互联网让消费者获悉；消费者也可从企业的网站上获取所需要的信息，并且能订购商品或留置信息。

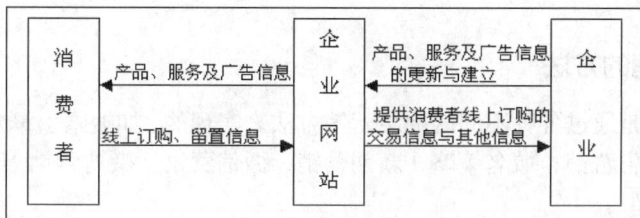

图 8-1　网络营销示意图

2. 网络营销的特点

互联网可以将企业、团体、组织以及个人跨时空联结在一起进行信息的交换。因此，网络营销呈现出以下一些特点。

① 跨时空。营销的最终目的是占有市场份额，由于互联网能够超越时间约束和空间限制进行信息交换，使得营销脱离时空限制进行交易变成可能，企业有了更多的时间和更大的空间进行营销，可每周 7 天、每天 24 小时随时随地提供全球性营销服务。

② 多媒体。互联网可以传输多种媒体的信息，如文字、声音、图像等信息，这使得为达成交易进行的信息交换能以多种形式存在和交换，从而可以充分发挥营销人员的创造性和能动性。

③ 交互式。互联网通过展示商品图像、利用商品信息资料库提供查询和反馈等，来实现供需互动与双向沟通。

④ 整合性。互联网营销也是一种全程的营销渠道。可以将不同的传播营销活动进行统一设计规划和协调实施，以统一的传播信息向消费者传达信息，避免不同传播中不一致性产生的消极影响。

⑤ 高效性。计算机及互联网高速高效，商家能据此及时有效了解并满足顾客的需求。

⑥ 经济性。互联网营销可以减少印刷与邮递成本，可以无店面销售，减少损耗，节约成本。

⑦ 技术性。网络营销是建立在以高技术作为支撑的互联网的基础上的，企业实施网络营销必须有一定的技术投入和技术支持。

3. 网络整合营销理论

整合营销理论，英文缩写为 IMC，即 Integrated Marketing Communication，是指在基于互联网的网络营销中，将传统 4P 营销组合理论与以顾客为中心的 4C 组合理论进行有机整合，实现以消费者为中心的传播统一性和双向沟通，用目标营销的方法来开展企业的营销活动。

在传统的市场营销理论中，产品、价格、销售渠道和促销被称为营销组合"4P"，是整个市场营销学的基本框架。传统的 4P 理论，即产品策略（Product）、定价策略（Price）、渠道策略（Place）、促销策略（Promotion），其基本出发点是企业的利润，而没有把顾客的需求放到与企业的利润同等重要的位置上，它指导的营销决策是一条单向的链。然而网络营销需要企业同时考虑顾客需求和企业利润。企业关于 4P 的每一个决策都应该给顾客带来价值，否则这个决策即使能达到利润最大化的目的也没有任何用处。但反过来讲，企业如果从 4P 对应的 4C 出发（而不是从利润最大化出发），在此前提下寻找能实现企业利益的最大化的营销决策，则可能同时达到利润最大和满足顾客需求两个目标。这应该是网络营销的理论模式，即：营销过程的起点是消费者的需求；营销决策是在满足 4C 要求的前提下的企业利润最大化；最终实现的是消费者满足和企业利润最大化。

网络整合营销从理论上离开了在传统营销理论中占中心地位的 4P 理论，逐渐转向以 4C［顾客策略（Customer）、成本策略（Cost）、沟通策略（Communication）、便捷策略（Convenience）］理论为基础和前提。

8.2 网络营销的方法

网络营销的职能是通过各种不同的网络营销方法来实现的，如搜索引擎营销、电子邮件营销、病毒式营销、网络广告营销、域名策略、新闻营销、微信营销、微博营销等。

1. 搜索引擎营销

搜索引擎是互联网上进行信息资源搜索和定位的基本工具，是为了帮助用户从成千上万个网站中快速有效地查询，找到想要的信息而出现的。如果说互联网上的信息浩如烟海，那么搜索引擎就是"海洋"中的导航灯。

所谓搜索引擎营销（Search Engine Marketing，SEM），就是根据用户使用搜索引擎的方式，利用用户检索信息的机会尽可能将营销信息传递给目标用户。目前，搜索引擎仍然是最主要的网站推广手段之一。

搜索引擎营销可分为 4 个层次：存在层、表现层、关注层和转化层。下面重点介绍搜索引擎注册、搜索引擎优化、搜索引擎广告等搜索引擎营销方法。

（1）搜索引擎注册

网站是企业网络营销的主窗口。但网站宣传的前提是别人必须了解你的网址。那么，如何才能使搜索引擎查找到自己的企业网站呢？那就需要通过搜索引擎注册。搜索引擎注册，就是将你的网站基本信息（尤其是 URL）提交给搜索引擎的过程。

要让别人知道你的网站，你就要想办法让搜索引擎把你的网站收录进去。但仅仅这样是不够的，像 Google、百度等有名的搜索引擎，每天申请登录的就有几千个网址，你的网站虽然被收录了，可是也许只能排在很靠后的位置。大部分搜索引擎都使用计分的方法或可能相关性的方法，即按照搜索关键字在数据库中文档的重要性、重复次数、分布情况以及位置等来确定（或计算）返回文档或网站的排列顺序。因此，搜索引擎注册中，最关键的问题是如何使用好关键字。

设定关键字时，要注意以下几点。① 用足够数量的关键字。一般搜索引擎都限制关键字的数量，如要求 25～50 个关键字。你最好用足这个数量，关键字越多，你的网站可能被找到的机会就越大。② 能够描述企业网站的特征。要选择与站点内容最为贴切的两三个关键字，并且这些关键字首先要在标题中出现，正文也要尽量重复这些关键字。③ 充分考虑访问者使用"搜索词"的习惯。如果你使用的关键字十分生僻，访问者根本不会或者很少使用，说明你的关键字选择是失败的。另一个小技巧是在网站主页上加一个元标记，使网站对搜索引擎友好。元标记是页面上不显示出来的特殊 HTML 标记，它含有表示页面内容的关键字。这样，搜索引擎就可用它来构造指向网站页面的索引。

（2）搜索引擎优化

所谓搜索引擎优化（Search Engine Optimization，SEO），是指针对各种搜索引擎的检索特点，让网站建设和网页设计的基本要素更适合搜索引擎的检索原则，从而达到被搜索引擎收录并在检索结果中排名靠前的目的。

一个搜索引擎友好的网站，应该方便搜索引擎检索信息，并且返回的检索信息会让用户看起来有吸引力，这样才能达到搜索引擎营销的目的。搜索引擎优化本身并不是一项专门的技术或者工程，而是一种经营思想，将这种经营思想运用于网站建设之中去，自然就获得了搜索优化的效果。

搜索引擎优化应该重视网站内部的基本要素：网站结构、网站内容、网站功能和网站服务。尤其以网站结构和网站内容优化最为重要，一个网站的结构和网站内容优化做好了，那么至少完成了 70% 的搜索引擎优化工作。

（3）搜索引擎广告

对于搜索引擎而言，靠网站优化获得好的排名是免费的，因此这应该是搜索引擎营销的首选任务，经过优化设计也是网站专业性的标志之一。但通常情况下，仅靠网站优化设计还不足以使得多个重要关键词都获得好的排名，一种有效的方法是利用搜索引擎广告。搜索引擎广告投放的方法很简单，可以自己操作，也可以委托专业服务商代理有关业务。

搜索引擎广告是付费搜索引擎营销的一种形式，也可称为关键词广告、付费搜索引擎关键词广告等，自 2002 年之后是网络广告中市场增长最快的网络广告模式。Google 的搜索引擎广告是最有影响力的付费搜索引擎关键词广告业务。

搜索引擎广告的基本形式是：当用户利用某一关键词进行检索时，在检索结果页面会出现与该关键词相关的广告内容。由于搜索引擎广告具有较高的定位，其效果比一般网络广告形式要好，因而获得快速发展。

由于网络营销的任务之一就是尽可能多地创造用户发现企业的机会，因此，在可能的情况下，同时采用多种推广方式会比单一方式获得更好的效果。

2. 电子邮件营销

（1）电子邮件营销的定义

电子邮件营销（E-mail Direct Marketing，EDM），是指通过电子邮件的方式向目标用户传递有价值信息的一种网络营销手段。

电子邮件（E-mail）自 1994 年诞生至今已有 20 多年的历史，以其覆盖面广、成本低、效率高等特点越来越受青睐，也成为企业主要的网络营销手段。一家企业营销管理软件提供商 Unica Corporation 通过调查 300 多名英国、法国和德国商业服务、制造商、零售商和技术提供商的企业营销主管，了解欧洲企业使用的市场营销方法，结果发现这些欧洲国家的企业使用率最高的营销方法就是电子邮件营销。

最早的电子邮件营销来源于垃圾邮件。根据中国互联网协会的界定，垃圾邮件包括下述属性：① 收件人事先没有提出要求或者同意接收的广告、电子刊物、各种形式的宣传品等宣传性的电子邮件；② 收件人无法拒收的电子邮件；③ 隐藏发件人身份、地址、标题等信息的电子邮件；④ 含有虚假的信息源、发件人、路由等信息的电子邮件。垃圾邮件的危害性主要包括：占用网络带宽，造成邮件服务器拥塞，进而降低整个网络的运行效率；侵犯收件人的隐私权，侵占收件人邮箱空间，清理需要耗费收件人的时间和精力；被黑客利用成为钓鱼邮件犯罪工具；严重影响 ISP 的服务形象；而妖言惑众、骗人钱财、传播色情等垃圾邮件，已经对社会造成严重危害。

电子邮件并非专为营销而产生，但当电子邮件成为大众的信息传播工具时，其营销价值也就逐渐体现出来了。在欧美国家，电子邮件营销已经相当成熟，并在 B2B、B2C 等领域得到广泛应用。在国内，电子邮件营销的发展稍显滞后，人们往往把电子邮件营销误解为群发垃圾邮件。

将电子邮件营销概念进一步推向成熟的是"许可营销"理论的诞生。许可式电子邮件营销，是指在用户事先许可的前提下，通过电子邮件的方式向目标用户传递有价值信息的一种网络营销手段。这个概念需要同时具备三个基本要素：① 事先得到用户许可；② 通过电子邮件传递信息；③ 信息对用户有价值。许可式电子邮件营销具有针对性强、成本低、反馈率和精准度高的特点。许可式电子邮件营销遵循的基本原则包括：及时回复；避免无目标投递；"一对一"发送，尊重客户；内容要言简意赅；附上联系方式；尊重隐私权等。

（2）开展电子邮件营销的手段

开展电子邮件营销的基础之一是拥有潜在用户的电子邮箱地址资源。电子邮件营销的重要内容之一就是用户邮件地址资源的获取和有效管理及应用。按照电子邮件地址资源的所有权，电子邮件营销常用的方式有内部列表和外部列表两种基本形式。

内部列表是一个企业/网站利用一定方式获得用户自愿注册的资料来开展的电子邮件营销方式，包括企业自己拥有的各类用户的注册资料，如免费服务用户、电子刊物用户、现有客户资料等。这是企业开展网络营销的长期资源，也是电子邮件营销的重要内容。

外部列表是指利用专业服务商或者具有与专业服务商一样可以提供专业服务的机构提供的电子邮件营销方式，自己并不拥有用户的电子邮件地址资料，也无须管理维护这些用户资料。外部列表包括各种可以利用的电子邮件营销资源，常见的形式是专业服务商，如专业电子邮件营销服务商、免费邮件服务商、专业网站的会员资料等。

（3）获取邮件列表用户资源的基本方法

网站的访问者是邮件列表用户的主要来源，网站的推广效果与邮件列表订户数量有密切关系，通常情况下，我们可以采取一些推广措施来吸引用户的注意和加入。

① 充分利用网站的推广功能：网站本身就是很好的宣传阵地，利用自己的网站推广邮件列表。除了在首页设置订阅框之外，网站主要页面都设置一个邮件列表订阅框，同时给出必要的订阅说明，这样可以增加用户对邮件列表的印象。

② 合理挖掘现有的用户资源：在向用户提供其他信息服务时，不要忘记介绍最近推出的邮件列表服务。

③ 提供部分奖励措施：可以将某些在线优惠券只通过邮件列表发送，某些研究报告或者重要资料也需要加入邮件列表才能获得。

④ 可以向朋友、同行推荐：如果对邮件列表内容有足够的信心，可以邀请朋友和同行订阅，获得业内人士的认可也是一份邮件列表发挥其价值的表现之一。

⑤ 为邮件列表提供多订阅渠道：如果采用第三方提供的电子发行平台，且该平台有各种电子刊物的分类目录，不要忘记将自己的邮件列表加入到合适的分类中去，这样，除了在自己网站为用户提供订阅机会之外，用户还可以在电子发行服务商网站上发现你的邮件列表，增加了网站被潜在用户了解的机会。

⑥ 请求邮件列表服务商的推荐：如果采用第三方的专业发行平台，可以取得发行商的支持，在主要页面进行重点推广。

获取用户资源是电子邮件营销中最为基础的工作内容，也是一项长期工作。在获取邮件列表用户资源过程中应利用各种有效的方法和技巧，这样才能真正做到专业的电子邮件营销。

3．病毒式营销

（1）病毒式营销的定义

病毒式营销（Viral Marketing），也可称为病毒性营销，是一种常用的网络营销方法，常用于进行网站推广、品牌推广等。病毒式营销利用的是用户口碑传播的原理，这种"口碑传播"在互联网上更为方便，可以像病毒一样迅速蔓延，因此病毒式营销是一种高效的信息传播方式。这种传播是在用户之间自发进行的，是一种几乎不需要费用的网络营销手段。

（2）病毒式营销的基本思想

病毒式营销是一种常用的网站营销推广的手段。借鉴病毒传播的方式，通过提供有价值的信息和服务，利用用户之间的主动传播来实现网络营销信息传递的目的。病毒式营销同时也是一种网络营销思想，其背后的含义是如何充分利用外部网络资源（尤其是免费资源）扩大网络营销信息的传递渠道。

很多病毒式营销的创意适合于小企业，例如提供一篇有价值的文章、一本电子书、一张优惠券、一个祝福卡、一则幽默故事、一个免费下载的游戏程序等，只要恰到好处地在其中表达出自己希望传播的信息即可。电子书不拘形式、出版方便、传播发行快捷，而且，很多电子书都是免费的，优秀的电子书可以在网民中广为流传，于是，电子书成为病毒式营销的理想媒介。事实上，很多营销人员也都在利用这种营销手段。

4．网络广告营销

20 世纪 90 年代伴随着网络应用的迅速普及和发展，网络广告应运而生，成为网络营销的重要组成部分。根据艾瑞咨询 2017 年度中国网络广告核心数据显示，中国网络广告市场规模达到 3 884.1 亿元，随着网络广告市场发展的不断成熟，网络广告未来几年的增速将趋于平稳，预计至 2019 年整体规模有望突破 6 000 亿元。

（1）网络广告的概念与要素

网络广告是指利用国际互联网载体，通过图文、多媒体形式发送的旨在推广产品、服务或站点的信息传播活动；它是一种由广告主自行或者委托他人设计、制作，在网络上发布或向目标消费者传送的非人员推广形式的有偿信息传播。与传统的广告相同，网络广告也包括 5 个基本要素，即广告主、广告费用、广告媒体、广告受众和广告信息。

（2）网络广告的特点

与传统的媒体广告相比，网络广告有着得天独厚的优势。

① 广泛性。网络广告的传播范围广泛，不受时间与空间的限制，可以通过互联网把广告信息全天候、24 小时不间断地传播到世界各地。世界上任何一个国家的互联网用户都可以通过互联网随时随地浏览广告信息，这种效果是传统媒体所无法达到的。

② 主动性。众所周知，报纸广告、杂志广告、电视广告、广播广告、户外广告等都具有强制性，都是要千方百计吸引你的视觉和听觉，强行灌输到你的大脑中；而网络广告则属于按需广告，具有报纸分类广告的性质却不需要你彻底浏览，网上广告的阅读取决于浏览者的意愿，它可让你自由查询，将你要找的信息集中呈现给你，这样就节省了你的时间，避免无效的、被动的注意力集中，既经济又快速。

③ 易统计性。利用传统媒体做广告，很难准确地知道有多少人接收到了广告信息。以报纸为例，虽然报纸的读者是可以统计的，但是刊登在报纸上的广告有多少人阅读过却只能估计推测而不能精确统计，至于电视、广播和路牌等广告，其受众人数就更难估计；而在互联网上，网络服务器大都有 LOG 访问记录软件的设置。广告买主通过这些软件可以随时获得访问者的详细访问记录，并且可以随时检测广告投放的有效程度并据此调整市场策略。

④ 交互性。这是网上广告的最大优势。采用交互式界面，可以使访问者对广告的阅读层次化。网络广告的载体基本上是多媒体、超文本格式文件，只要受众对某样产品感兴趣，仅需轻按鼠标就能进一步了解更多、更为详细、生动的信息，从而使消费者能亲身"体验"产品、服务与品牌。

⑤ 实时性。在传统媒体上做广告，发版后很难更改，即使可改动往往也须付出很大的经济代价；而在互联网上做广告能按照需要及时变更广告内容，且花费很小，不会造成浪费。这样，经营决策就能得到及时的实施和推广。

⑥ 经济性。相对于平面媒体广告在图片拍摄、描绘、印刷等上的花费，以及电视广告在场景拍摄上的花费，网络广告者可以以较低的成本达到图文并茂的效果。网络广告的这个特性使得小网络广告公司可以单独承担重大的广告项目。网上广告的成本极为低廉，因此在价格上具有极强的竞争性。

（3）网络广告的形式与发布

网络广告可有文字、图像、表格、声音、动画、三维空间、虚拟视觉等多种表现形式，可根据创意任意组合成多种多样的表现形式，直至实现令人炫目的广告效果。网络广告最初的形式就是网站本身。但目前对于大多数企业来说，建立网站要花费大量的资金，所以一般都采用了其他网络广告的发布形式。

常见的网络广告形式有旗帜广告、按钮式广告、邮件列表广告、电子邮件广告、赞助式广告、竞赛和推广式广告等。

5. 域名策略

域名是企业在互联网上的特色标识，具有唯一性，也是计算机处理过程中 IP 地址的助记符。域名是企业开展电子商务必不可少的要素，域名如同企业的名称、产品的商标一样，代表了企业在网络中的品牌和形象，是企业的无形资产。企业注册自己的域名，可以保护企业的无形资产，树立良好的企业形象，对网站的推广具有很重要的意义。

（1）域名的定义

域名是由个人、企业或组织申请的独占使用的互联网上标识，并对提供的服务或产品的品质进行承诺和提供信息交换或交易的虚拟地址。域名不但具有识别功能，还提供在互联网上进行信息交换和交易的虚拟地址。

企业在互联网上进行商业活动，同样存在被识别和选择的问题，由于域名是企业站点联系地址，是企业被识别和选择的对象，因此提高域名的知名度，也就是提高企业站点知名度，也就是提高企业被识别和选择的概率，域名在互联网上可以说是企业形象的化身，是在虚拟网上市场环境中商业活动的标识。所以，必须将域名作为一种商业资源来管理和使用。

正因为域名具有商标特性，使得某些域名已具有潜在价值。如以 IBM 作为域名，使用者很自然联想到 IBM 公司，联想到该站点提供的服务或产品同样具有 IBM 公司一贯承诺的品质和价值，如果被人抢先注册，注册者就可以利用该域名所附带的一些属性和价值，对于被伤害企业而言，不但有丧失商业利润的风险，还会有让品牌形象受到无形损害的风险。

（2）域名的注册

互联网这个信息时代的宠儿，为越来越多的人所认识，电子商务、网上销售、网络广告已成为商界关注的热点。"上网"已成为不少人的口头禅。但是，要想在网上建立服务器发布信息，则必须首先注册自己的域名，只有有了自己的域名才能让别人访问到自己。注册域名比较简单，例如，可以登录域名注册网站，在域名注册一栏键入你意欲申请的域名，之后单击"查询"按钮，如果查询结果显示"已被注册"或"不可使用"，则表明您不能申请该域名；如果查询结果显示"可以注册"，则表明该域名未被注册，就可以单击"在线注册"并提供注册人相关信息了。这时候域名并没有注册成功，你需要交纳费用后域名才会被正式提交到根库。

6. 新闻营销

<u>新闻营销是运用新闻为企业宣传的一种营销方式。</u>新闻营销在营销活动中有效综合运用新闻报道传播手段，创造最佳传播效能。它具有目的性、传播性、嵌入性、炒作性等特点。

企业在不损害公众利益的前提下，利用具有新闻价值的真实事件，或者有计划的策划、组织各种形式的活动，借此制造"新闻热点"来吸引媒体和社会公众的注意与兴趣，以达到提高社会知名度、塑造企业良好形象并最终促进产品或服务销售的目的。借新闻的权威性，达到最佳的企业宣传效果，是所有营销方法中效果非常好的一种方式。

新闻营销包括新闻策划、新闻撰稿、媒体发布、发布跟踪四个步骤。

（1）新闻策划

① 产品营销：新产品上市新闻、产品测评点评、买家体验新闻、产品联动新闻。

② 企业营销：重大企业事件、参与慈善活动、行业特色事件、危机公关事件。

③ CEO 营销：CEO 故事访谈、发表行业性观点、社会热点点评、荣誉及社会责任。

④ 文化营销：企业价值理念、企业文化观、企业成长历程、品牌故事。

（2）新闻撰写

网络新闻与传统新闻相比，写作要求较低，内容不限，甚至题材不限，且一般短小精悍。

（3）媒体发布

新闻的发布可以求助百度新闻源列表，或者在专栏、博客等比较权威的栏目发表，大部分新闻源、专栏、博客都是免费的。

（4）发布跟踪

在百度中以网页形式或新闻形式搜索新闻标题，百度快照收录得越多，也就意味着传播的范围越广。

7. 微信营销

微信是腾讯旗下的一款即时通信产品，支持发送语音短信、视频、图片和文字，可以群聊。2011年4月，微信以英文名WeChat正式进入国际市场。

微信营销是网络经济时代企业营销模式的一种创新，是伴随着微信的火热而兴起的一种网络营销方式。微信不存在距离的限制，用户注册微信后，可与周围同样注册的"朋友"形成一种联系，用户订阅自己所需的信息，商家通过提供用户需要的信息，推广自己的产品，从而实现点对点的营销。

（1）微信营销的特点

① 点对点精准营销。微信的高精准度在于企业对于目标人群尤其是新老客户的控制。很多企业做微信营销的时候首先是把所有老客户加进来，然后想方设法把潜在目标人群加进来，这样企业进行营销的时候就拥有极高的精准度，这也是微信的核心价值所在。微信拥有庞大的用户群，借助移动终端、天然的社交和位置定位等优势，每个信息都是可以推送的，它能够让每个个体都有机会接收到这个信息，继而帮助商家实现点对点精准化营销。如酒类行业知名媒体佳酿网旗下的酒水招商公众账号，拥有近万名由酒厂、酒类营销机构和酒类经销商构成粉丝，这些精准用户粉丝相当于一个盛大的在线糖酒会，每一个粉丝都是潜在客户。

② 强关系的机遇。微信的点对点产品形态注定了其能够通过互动的形式将普通关系发展成强关系，从而产生更大的价值。通过互动的形式与用户建立联系，互动就是聊天，可以解答疑惑、可以讲故事甚至可以"卖萌"，用一切形式让企业与消费者形成朋友的关系，你不会相信陌生人，但是会信任你的朋友。由于公众账号的粉丝都是主动订阅的，信息也是主动获取，完全不存在垃圾信息招致抵触的情况。

（2）微信营销的优势

① 微信实现了真正的对话，一对一，一对多，文字、图片、视频等都在"手指尖"。所以微信是一个非常方便的沟通工具。营销需要用户和便捷的沟通，以上这些优势就为微信营销打下了坚实的基础条件。

② 微信的曝光率几乎是100%的。曝光率是衡量信息发布效果的另一个指标。微信的传播率是非常高的，和发送短信一样，直接到达用户手机上，用户几乎百分百可以看到信息。

③ 便捷、亲和的展示方式，让人无距离感。微信沟通就和平时的短信、电话沟通一样，甚至微信也可以进行视频交流。所以沟通起来非常便捷，因此微信营销的本质是F2F营销。

④ 非常好的客户管理工具。微信公众平台可以为企业服务，通过它可以很好地进行客户管理。例如，我们每天都会遇到垃圾短信，其产生的原因之一就是没有很好地对客户进行管理，没有分好老客户、新客户等，把发给新客户的信息一箩筐发给了老客户，从而产生了很多垃圾信息。而微信可以对客户很好地进行归类，然后向某一类人群定时发送他们需要的信息，还可以和客户互动，设置查询、搜索等功能，所以微信是一个非常好的客户管理工具。

（3）微信营销的方式

① 位置签名：商家可以利用"用户签名档"这个免费的广告位为自己做宣传，结合微信的另一个特色应用"查看附近的人"，用户可以根据自己的地理位置查找到周围的微信用户。如果"查看附近的人"使用者足够多，商家利用"用户签名档"产生的广告效果也会很好，而签名栏也变成了移动的"黄金广告位"。

② 二维码：用户可以通过扫描识别二维码身份来添加朋友、关注企业账号；企业则可以设定自己品牌的二维码，用折扣和优惠来吸引用户关注，开拓O2O的营销模式。

③ 开放平台：通过微信开放平台，应用开发者可以接入第三方应用，还可以将应用的LOGO放入微信附件栏，使用户可以方便地在会话中调用第三方应用进行内容的选择与分享。例如，美丽说的用户可以将自己在美丽说中的内容分享到微信中，可以使一件美丽说的商品得到不断的传播，进而实现口碑营销。

④ 公众平台：在微信公众平台上，每个人都可以用一个QQ号码来打造自己的微信公众账号，并在微信平台上实现和特定群体的文字、图片、语音的全方位沟通和互动，这打通了企业与目标客户在移动端直接进行F2F（Face to Face）营销的"任督二脉"。

⑤ 社交营销。微信拥有比以往任何沟通工具都优越的功能，并且在此基础上，衍生出了很多非常实用，又很有趣的功能应用，例如，微信群、朋友圈都是很好的社交营销工具。杭州出租车司机们用微信群调度运力，乘客只需加入该微信群，提前在群里说好乘车的时间、地点、目的地，就可以在基本上打不到车的地方便捷地获得出租车服务。

8. 微博营销

微博有很大的群众基础，尤其是企业微博，做得好不仅可以宣传公司形象，还可以宣传自己的产品以及服务，从而达成交易。

（1）微博营销的定义

微博营销是指通过微博这一社交平台，为企业、商家、个人等创造价值的营销方式。每一个人都可以注册一个微博，然后通过更新自己的微型博客向网友传播企业、产品的信息，从而树立良好的企业形象和产品形象。

（2）微博营销的特点

① 操作简单，信息发布便捷。一条微博，最多140个字，只需要简单的构思，就可以完成一条信息的发布。

② 低成本。做微博营销的成本比做论坛营销等的成本低很多。

③ 针对性强。关注企业或者产品的粉丝都是本产品的消费者或者是潜在消费者。企业可以向其进行精准营销。

④ 传播速度快。微博最显著的特征之一就是传播迅速快。一条微博在触发微博引爆点后短时间内就可以被互动性转发到微博世界的每一个角落。

⑤ 互动性强。博主能与粉丝即时沟通，及时获得用户反馈。

（3）微博营销的技巧

在微博营销的过程中，怎样才能吸引到更多的粉丝呢？下面总结了几点技巧。

① 注重价值的传递

企业微博是一个给予平台，只有那些能对浏览者创造价值的微博自身才有价值，只有这样的企业微博才可能达到期望的商业目的。企业只有认清了这个因果关系，才可能从企业微博中受益。

② 注重微博个性化

微博的特点是"关系""互动"，因此，虽然是企业微博，但也切忌成为一个官方发布消息的冷冰冰的窗口。企业微博也可以给人感觉像一个人一样，有感情、有思考、有回应，有自己的特点与个性。

③ 注重发布的连续性

微博就像一本随时更新的电子杂志，要注重定时、定量、定向发布内容，让大家养成经常浏览的习惯。如果每次粉丝登录微博后，第一时间就来你的微博有什么新动态，这才是成功的最高境界。

④ 注重互动性加强

微博的魅力在于互动，拥有一群不说话的粉丝是很危险的，因为他们慢慢会变成不看你内容的粉丝，最后就可能离开。因此，互动性是使微博持续发展的关键。我们可以适当在微博做一些互动，如微博有奖竞猜、抽奖活动等，这样既可以增加微博的活跃度，同时也带动了粉丝的活跃性，从而吸引更多的粉丝关注你的微博。

⑤ 注重方法与技巧

想把企业微博经营好，单纯在内容上传递价值还不够，还必须讲求一些技巧与方法。例如，设定微博话题时，表达的方法就很重要。如果你的博文是提问式的或是带有悬念的，就能引起粉丝的思考与参与，浏览和回复的人自然就会多，也容易给人留下印象。反之如果是像新闻稿一样的博文，会让粉丝想参与都无从下手。

第三部分 | 课题实践页

一、实训题

实训　戴尔笔记本计算机在线定制

1. 戴尔网站简介

戴尔公司是伴随着互联网而发展起来的一家新型的 IT 企业，其享誉业内外的网上直销业务降低了公司的经营成本，促成了公司的快速发展。在这种销售模式中，其网站扮演着非常重要的作用。

2. 实训目的和内容

① 了解戴尔公司的网站功能、设计风格特色；② 掌握在线定制产品的业务流程。

3. 在线定制业务流程操作指导

第一步：访问 DELL 公司网站。

登录 DELL 公司网站，DELL 公司网站的主页如图 8-2 所示。

图 8-2　DELL 公司的主页

选择不同使用对象的登录入口。例如，选择家庭与个人产品中的台式机与一体机产品的登录入口。

第二步：选择产品并定制。

顾客先根据个人的需要进行产品的筛选，如图 8-3 所示，得到图 8-4 所示的结果。

图 8-3　产品的筛选

图 8-4　产品的筛选结果

例如，选择 Vostro 成就 3667 系列（微塔式机）进行个性化配置，如图 8-5 所示。

图 8-5　配置清单

第三步：填写结账。

选择付款方式、送货信息，如图 8-6 所示。

图 8-6　结账

第四步：完成支付信息的选择。

（1）记住戴尔公司的收款账号。戴尔公司的订单必须在 7 天内付款才能生效，否则作废。

（2）确认并提交订单，如图 8-7 所示。

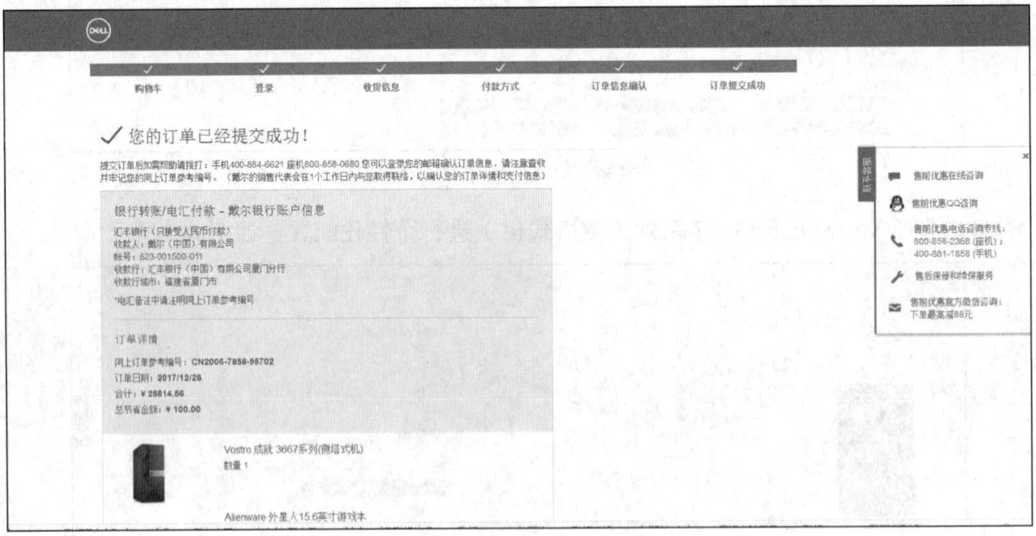

图 8-7　确认并提交订单

第五步：检查电子邮箱中的订单确认信。

登录个人电子邮箱，确认收到戴尔公司的订单确认信。

二、思考练习题

（1）简述网络营销的概念及其特点。

（2）简述网络营销与传统营销的区别。

（3）简述搜索引擎在网络营销中的作用。

（4）简述搜索引擎注册中设置关键词应注意的事项。

（5）简述电子邮件营销的定义和开展电子邮件营销的基础条件。

（6）什么是病毒式营销？病毒式营销的思想是什么？

（7）简述网络广告的概念及其特点。

（8）微信的本质是什么？

三、实践练习题

（1）近年来，我国的家用轿车市场发展迅速，作为一家位于省会城市的汽车经销商，为了了解该市场的潜力和未来发展趋势，希望利用互联网获得如下信息：① 我国目前家用轿车市场的规模；② 市场增长趋势；③ 目前市场上的领导品牌；④ 其他你认为有关的因素。假如你是该经销商市场部的一位营销人员，请你利用互联网获得上述信息，写一份市场调研报告。

（2）以"本校电子商务专业毕业生就业情况"为题制作一份网上调查问卷，问题设置数量不少于 10 个，问题类型在 3 种以上。并在网上发布该问卷。

（3）学生免费申请微信个人订阅号进行练习。具体操作指导书参见支撑课程网站-教学课件展示栏目相关内容。

课题九
跨境电商

知识目标

➢ 理解跨境电商的概念
➢ 了解跨境电商平台分类
➢ 理解进口跨境电商生态圈
➢ 掌握从业人员的素质要求

技能目标

➢ 掌握跨境电商的概念、分类和特点
➢ 掌握出口跨境电商平台分析技能
➢ 掌握进口跨境电商平台分析技能

建议学时

6学时

第一部分 | 案例与分析

案例 9-1 跨境电商快速发展

近年来,庞大的市场需求为我国跨境电商带来前所未有的发展机遇。国内各大电商巨头、各大城市都在加快跨境电商布局。艾媒咨询发布的数据显示,2018年我国跨境电商交易规模达到9.1万亿元,用户规模超过1亿人。

(1)政策加持跨境电商快速发展。2018年6月13日,国务院常务会议表示要支持跨境电商的发展以及加强进一步扩大进口的措施;7月13日,国务院再设22个跨境电子商务综合试验区,希望能进一步促进外贸稳定发展,提高国际竞争力。综试区从试点到普惠,足以说明国家政策对跨境电商行业的持续利好。

(2)出口电商升温倒逼"中国制造"转型升级。出口跨境电商是我国当前跨境电商的主体,由于我国制造业在成本及规模上具有较高优势,同时受到"一带一路"倡议及资本市场的推动,出口电商行业发展迅速,出口电商能够帮助中国制造业更加便捷地拓展国际化市场,促进"中国

"制造"借助互联网的方式实现更好的转型升级。

（3）进口电商向线下实体业务发展。2018 年上半年，进口跨境电商纷纷尝试向线下实体业务发展。2018 年 4 月 20 日，天猫国际全国首家跨境线下店在西湖银泰店开业；4 月 28 日，网易考拉首家线下实体店在杭州大厦中央商城内正式开业。众多进口跨境电商企业纷纷将业务的触角伸向线下，看好线下实体的发展潜力，都期望在新零售时代中占得发展的先机。

那什么是跨境电子商务？和电子商务有什么区别？和传统的国际贸易有什么区别？带着这些问题，我们进入这部分课题的学习。

第二部分 | 课题学习引导

在全球化和互联网的影响下，国际贸易的模式正在发生改变，传统的国际贸易不断线上化和网络化，越来越多的外贸企业从网上获得商机，跨境电子商务应运而生。跨境电子商务在整个国际贸易中的比重不断上升，增速超过线下贸易。随着互联网技术的进步，贸易需求的小单化和中国制造的升级，国际贸易的电商化势不可当，我们已经走入了一个"挡不住的跨境电商时代"。

在未来，"全球买，全球卖"不再是梦想，全球各地的企业和消费者都可以在互联网上形成一个贸易生态圈，电商平台上的商品流、信息流和物流将连接全球。更多的国家、企业、消费者将卷入新一轮跨境电商形态的贸易中。不仅是发达国家，新兴经济体、发展中国家也越来越多地加入到这个新兴的贸易体系中，人类历史上新的贸易阶段即将到来。

9.1 跨境电商概述

1．跨境电商的概念

（1）跨境电商的内涵

跨境电子商务（Cross-border E-commerce），简称跨境电商（本书中有时使用简称），是指分属不同关境的交易主体，通过电子商务手段达成信息交流、商品交易、提供服务的国际商业活动。跨境电商将传统进出口贸易中的合同磋商、合同订立、合同履行等环节电子化，并通过跨境物流及异地仓储送达商品、完成交易。

跨境电子商务分为跨境零售和跨境批发两种模式。

跨境零售包括 B2C（Business-to-Customer）和 C2C（Customer-to-Customer）两种模式。跨境 B2C 是指分属不同关境的企业直接面向消费个人开展在线销售商品和服务，通过电商平台达成交易、进行支付结算，并通过跨境物流送达商品、完成交易的一种国际商业活动。跨境 C2C 是指分属不同关境的个人卖方对个人买方开展在线销售商品和服务，由个人卖家通过第三方电商平台发布商品和服务的信息和价格等内容，个人买方进行筛选，最终通过电商平台达成交易、进行支付结算，并通过跨境物流送达商品、完成交易的一种国际商业活动。

跨境批发也就是跨境 B2B（Business-to-Business），是指分属不同关境的企业对企业，通过电商平台达成交易、进行支付结算，并通过跨境物流送达商品、完成交易的一种国际商业活动。

（2）跨境电商务生态圈

为了更好地理解跨境电子商务的概念，我们通过跨境电子商务的生态圈来认识跨境电子商务。在全球化和互联网的影响下，国际贸易不再是传统的链状结构，而是呈现网状结构。在不同国家和地区的贸易活动中，由于地理距离、市场和法律制度的不同，跨境电子商务通常要由多种商业角色来完成，一个典型的跨境电商生态圈以跨境电商平台为中心，由卖家、买家、服务商、政府监管机构 5 个方面的参与者构成，如图 9-1 和图 9-2 所示。

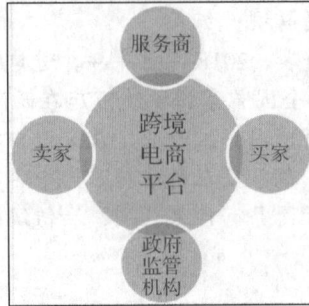

图 9-1　跨境电商生态圈

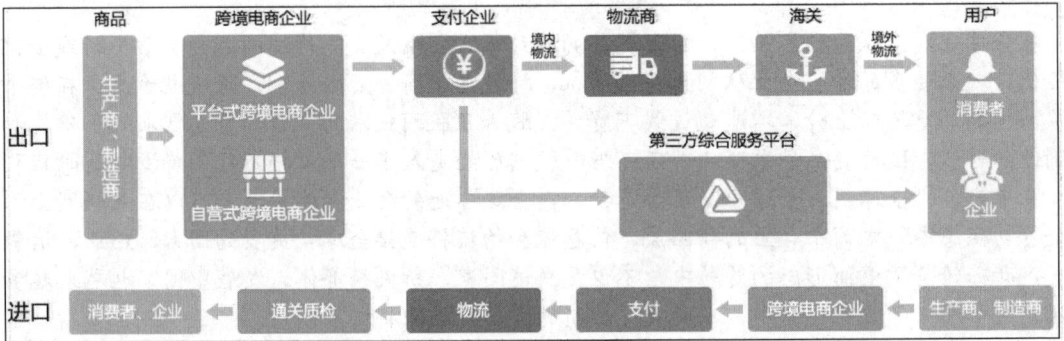

图 9-2　跨境电商流程图

（3）跨境电子商务与国内电子商务的区别（见表 9-1）

表 9-1　　　　　　　　　　　　　　跨境电子商务与国内电子商务的区别

区别	跨境电子商务	国内电子商务
业务环节	业务环节复杂，需要经过海关通关、检验检疫、外汇结算、出口退税、进口征税等环节。在货物运输上，跨境电商通过邮政小包、快递方式出境，货物从售出到送达国外消费者手中的时间更长，因路途遥远，货物容易损坏，且各国邮政派送的能力相对有限，急剧增长的邮包量也容易引起贸易摩擦	业务环节简单，以快递方式将货物直接送达消费者，路途近、到货速度快，货物损坏概率低
交易主体	跨境电子商务的交易主体是不同关境的主体，可能是国内企业对境外企业、国内企业对境外个人或者国内个人对境外个人。交易主体遍及全球，有不同的消费习惯、文化心理、生活习俗，这要求跨境电商对国际化的流量引入、广告推广营销、国外当地品牌认知等有更深入的了解，需要对国外贸易、互联网、分销体系、消费者行为有很深的了解，要有"当地化/本地化"思维	国内电子商务交易主体一般在国内，国内企业对企业、国内企业对个人或者国内个人对个人
交易风险	跨境电子商务行为发生在不同的国家，每个国家的法律都不相同，当前有很多低附加值、无品牌、质量不高的商品和假货仿品充斥跨境电子商务市场，侵犯知识产权等现象时有发生，很容易引起知识产权纠纷，后续的司法诉讼和赔偿十分麻烦	国内电子商务行为发生在同一国家，交易双方对商标、品牌等知识产权的认识比较一致，侵权纠纷较少，即使产生纠纷，处理时间较短，处理方式也较为简单

续表

区别	跨境电子商务	国内电子商务
适用规则	跨境电子商务需要适应的规则多、细、复杂。例如平台规则，跨境电商经营的平台很多，各个平台均有不同的操作规则，跨境电商需要熟悉不同海内外平台的操作规则，具有针对不同需求和业务模式进行多平台运营的技能。跨境电商还需要遵循国际贸易规则，如双边或多边贸易协定，需要有很强的政策、规则敏感性，及时了解国际贸易体系、规则、进出口管制、关税细则、政策的变化，对进出口形势也要有更深入的了解和分析能力	国内电子商务只需遵循一般的电子商务规则

（4）跨境电子商务与传统国际贸易的区别

跨境电子商务与传统国际贸易模式相比，受地理范围的限制较少，受各国贸易保护措施影响较小，交易环节涉及中间商少，因而价格低廉，利润率高。但同时也存在明显的通关、结汇和退税障碍，贸易争端处理不完善等劣势（见表9-2）。

表9-2 传统国际贸易与跨境电子商务的区别

区别	传统国际贸易	跨境电子商务
运作模式	基于商务合同的运作模式	借助互联网电子商务平台
订单类型	大批量、少批次、订单集中、周期长	小批量、多批次、订单分散、周期相对较短
交易环节	复杂（生产商——贸易商——进口商——批发商——零售商——消费者），涉及中间商众多	简单（生产商——零售商——消费者或者生产商——消费者），涉及中间商较少
运输方式	多通过海运和空运完成，物流因素对交易主体影响不明显	通常借助第三方物流企业，一般以航空小包的形式完成，物流因素对交易主体影响明显
通关、结汇	海关监管，规范，可以享受正常的通关、结汇和退税政策	通关缓慢或有一定限制，易受政策变动影响，无法享受退税和结汇政策
争议处理	健全的争议处理机制	争议处理不畅，效率低

2．跨境电商的分类

基于不同的标准，跨境电商可以分为以下几类，如表9-3所示。

表9-3 跨境电商的分类

分类标准	类型	特征
1．按照交易主体分类	B2B 跨境电商	B2B 跨境电商是企业对企业的电子商务，是企业与企业之间通过互联网进行的商品、服务及信息的交换。中国跨境电商市场交易规模中 B2B 跨境电商市场交易规模占总交易规模的 90%以上。在跨境电商市场中，企业级市场始终处于主导地位，代表企业有阿里巴巴国际站、环球资源网、中国制造网等
	B2C 跨境电商	B2C 跨境电商是企业针对个人开展的电子商务活动，企业为个人提供在线商品购买、在线医疗咨询等服务。由于消费者可以直接从企业买到商品，减少了中间环节，通常价格较低，但是物流成本较高。中国 B2C 跨境电商的市场规模在不断扩大，代表企业有速卖通、亚马逊、兰亭集势、米兰网、大龙网等

分类标准	类型	特征
1. 按照交易主体分类	C2C 跨境电商	C2C 跨境电商是通过第三方交易平台实现个人对个人的电子交易活动，代表企业有 eBay 等
2. 按照服务类型分类	信息服务平台	信息服务平台主要为境内外会员商户提供网络营销平台，传递供应商或采购商等商家的商品或服务信息，促成双方完成交易。代表企业有阿里巴巴国际站、环球资源网、中国制造网等
	在线交易平台	在线交易平台不仅提供企业、商品、服务等多方面信息展示，还可以通过平台线上完成搜索、咨询、对比、下单、支付、物流、评价等全购物物链环节。在线交易平台模式正逐渐成为跨境电商中的主流模式。代表企业有敦煌网、速卖通、米兰网、大龙网
	外贸综合服务平台	外贸综合服务平台可以为企业提供通关、物流、退税、保险、融资等一系列的服务，帮助企业完成商品进口或者出口的通关和流通环节，还可以通过融资、退税等帮助企业资金周转。代表企业有阿里巴巴—达通
3. 按照平台运营方式分类	第三方开放平台	平台型电商通过线上搭建商城，并整合物流、支付、运营等服务资源，吸引商家入驻，为其提供跨境电商交易服务。同时，平台以收取商家佣金以及增值服务佣金作为主要盈利手段。代表企业有速卖通、敦煌网、环球资源网、阿里巴巴国际站等
	自营型平台	自营型电商在线上搭建平台，平台方整合供应商资源，通过较低的进价采购商品，然后以较高的售价出售商品。自营型平台主要通过赚取商品差价盈利。代表企业有兰亭集势、米兰网、大龙网等
	外贸电商代运营服务商模式	在这种模式中，服务提供商是不直接参与任何电子商务买卖过程的，而只为从事跨境外贸电商的中小企业提供不同的服务模块，如"市场研究模块""营销商务平台建设模块""海外营销解决方案模块"等。这些企业以电子商务服务商身份帮助外贸企业建设独立的电子商务网站平台，并提供全方位的电子商务解决方案，使其直接把商品销售给国外零售商或消费者。服务提供商能够提供一站式电子商务解决方案，并能帮助外贸企业建立定制的个性化电子商务平台，其主要是靠赚取企业支付的服务费用盈利。代表企业有四海商舟、锐意企创等

3．跨境电商的特征

跨境电子商务融合了国际贸易和电子商务两方面的特征，具有更大的复杂性，这主要表现在三个方面：一是信息流、资金流、物流等多种要素必须紧密结合，任何一方面的不足或衔接不够，都会阻碍整体跨境电子商务活动的完成；二是流程繁杂，法规不完善，电子商务作为国际贸易的新兴交易方式，在通关、支付、税收等领域的法规还不完善；三是风险触发因素较多，容易受到国际政治经济宏观环境和各国政策的影响。具体而言，跨境电子商务具有以下特征。

（1）全球性

跨境电子商务依附于网络，具有全球性和非中心化的特性。任何人只要具备了一定的技术手段，在任何时候、任何地方都可以让信息进入网络，相互联系进行交易。跨境电子商务是基于虚拟的网络空间展开的，丧失了传统交易方式下的地理因素要素，跨境电子商务中的制造商可以隐匿其实际位置，而消费者对制造商的所在地也是漠不关心的。例如，一家很小的爱尔兰在线公司通过一个可供世界各地的消费者单击观看的网页，就可以在互联网上销售其商品和服务，消费者只需接入互联网就可以完成交易。

（2）可追踪性

跨境电子商务在整个交易过程中，议价、下单、物流、支付等信息都会有记录，消费者可以实时追踪自己的商品发货状态和运输状态。例如，对跨境进口商品，我国对跨境电商企业建立了源头可追溯、过程可控制、流向可追踪的闭环检验、检疫监管体系，这样既提高了通关效率，又保障了进口商品的质量。

（3）无纸化

跨境电子商务主要采取无纸化操作的方式，电子计算机通信记录取代了一系列的纸面交易文件，用户主要发送或接收电子信息。电子信息以字节的形式存在和传送，这就使整个信息发送和接收过程实现了无纸化。无纸化使信息传递摆脱了纸张的限制，但由于传统法律的规范是以"有纸交易"为出发点的，因此，无纸化也带来了一定程度上的法律混乱。

（4）多边化

跨境电子商务整个贸易过程的信息流、商流、物流、资金流已经由传统的双边逐步向多边的方向演进，呈网状结构。跨境电商可以通过 A 国的交易平台、B 国的支付结算平台、C 国的物流平台，实现与国家间的直接贸易。跨境电子商务从链条逐步进入网状时代，中小微企业不再简单依附于单向的交易或是跨国大企业的协调，而是形成一种互相动态连接的生态系统。依托于跨境电商生态圈，中小微企业之间可以不断达成可能的新交易，不断以动态结网的形态来组织贸易，也可以从中不断分享各类商务知识和经验。未来跨境电商的制高点是"基于云和数据的全球电商生态圈"，中小企业能够便利地获取跨境贸易所需要的各种服务，而通过各种服务，中小企业将会不断积累数据和信用。

（5）透明化

跨境电子商务不仅可以通过电子商务交易与服务平台，实现多国企业之间、企业与最终消费者之间的直接交易，而且在跨境电子商务模式下，供求双方的贸易活动可以采取标准化、电子化的合同、提单、发票和凭证，使得各种相关单证在网上即可实现瞬间传递，增加贸易信息的透明度，减少信息不对称造成的贸易风险。这将传统贸易中一些重要的中间角色被弱化甚至替代了，使国际贸易供应链更加扁平化，形成了制造商和消费者的"双赢"局面。通过电子商务平台，跨境电子商务大大降低了国际贸易的门槛，使得贸易主体更加多样化，大大丰富了国际贸易的主体阵营。

4．跨境电商存在的问题

随着跨境电商的飞速发展，跨境电商平台、跨境电商物流、跨境电商支付、跨境电商通关和融资等相关的外贸综合服务诞生，贸易的便利化程度大大提高，但是在商品、物流、通关和法律法规等方面也存在一些行业性难题，这些难题成为制约跨境电商发展的重要因素。

（1）商品同质化严重，品牌意识不强

跨境电商发展迅速，吸引了大量商家的涌入，行业竞争加剧。一些热销且利润空间较大的商品，众多跨境电商公司都在销售，商品同质化严重，行业内甚至出现恶性的价格战。跨境电商的发展在很大程度上要依靠价格低廉的商品来吸引消费者。大部分跨境电商企业还未进入品牌化建设阶段，知识产权意识不够，导致很多商品因为知识产权问题不能出口。

（2）通关结汇难，物流时间长

随着跨境贸易逐渐向小批量碎片化发展，小额贸易存在难以快速通关、规范结汇、享受退税等问题。虽然目前国家针对跨境电商零售出口实行"清单核放、汇总申报"的通关模式，但该政策仅针对 B2C 企业，大量从事小额 B2B 的外贸中小企业仍存在通关困难的问题。在进口过程中，存在进口商品品质难以鉴别、消费者权益得不到保障等问题。

跨境电商由于涉及跨境和路途遥远，而且各国间政策差异较大，因此物流时间较长，商品从我国到美国和部分欧洲国家一般要 7～15 天，到南美、俄罗斯需要 30 天左右。除了物流时间长，收货时间波动也很大，消费者有时 7 天可收到商品，有时 20 天才能收到。

（3）信息网络安全体系不完善

电子商务的运作涉及多方面的安全问题，如资金安全、信息安全、货物安全、商业机密等，特别是有关网上支付结算的信息安全性和可靠性，一直困扰着电子商务的发展。网络安全是发展电子商务的基础，网络传输的误码以及网络连接的故障率都应尽可能低。当前我国一些电子商务网站在安全体系上没有设防，很容易受到计算机病毒和网络黑客的攻击，为电子商务的发展带来很多安全隐患。跨境电商还面临交易安全的挑战，在跨境电子商务活动中，合约、价格等信息事关商业机密，而网络病毒和黑客侵袭会导致商务诈骗、单据伪造等行为。许多外贸公司不敢上网签约或交易结算，严重影响了跨境电子商务的发展。

（4）电子商务法律制度不健全

虽然在跨境电商方面，国家出台了一些政策和法规，但是在跨境电商征税、网上争议解决、消费者权益保护等方面的法律法规还较为缺乏。跨境电商是一项复杂的系统工程，它不仅涉及参加贸易的双方，而且涉及不同地区、不同国家的工商管理、海关、保险、税收、银行等部门。跨境物流存在运费高、关税高且安全性低等问题，支付环节则涉及外汇兑换和资金风险，如何公平仲裁、保障贸易纠纷双方利益，需要有统一的法律和政策框架以及强有力的跨地区、跨部门的综合协调机制。但是，目前我国有关电子商务的法律并不健全，如知识产权保护问题、信息资源与网络安全问题、电子合同的效力和执行问题等都需要法律方面的进一步完善。此外，在跨国家、跨地区、跨部门协调方面也存在一些问题，需要不断完善。

（5）跨境电商人才缺口大

跨境电子商务在快速发展的同时，逐渐暴露出综合型外贸人才缺口严重等问题。主要原因一方面是语言方面的限制，当前做跨境电商的人才主要来自外贸行业，英语专业人才居多，一些小语种跨境电商人才缺乏。另一方面是对跨境电商人才综合能力的要求高，跨境电商从业者除了要熟悉电商和外贸的基本知识外，还要了解国外的市场、交易方式、消费习惯以及各大平台的交易规则和交易特征。基于这两方面，符合跨境电商要求的人才很少，跨境电商人才缺乏已经成为业内常态。

5. 跨境电商的发展趋势

从 2011 年开始，我国的跨境电商经历了一轮高速增长，从跨境电商交易规模结构来看，以 B2B 为主，占 90%左右，B2C 规模逐年递增，占 10%左右；从跨境电商进出口规模结构来看，以跨境出口为主，占 85%左右，跨境进口逐年递增，占 15%左右；跨境电商规模占整个进出口贸易总额的比例在不断攀升，已经占到 20%左右。跨境电商出口使中国商家直接面对外国消费者，这种结构的改变将有效地提升中国相关行业的制造与服务水平；而跨境电商进口让中国消费者购买到更多物美价廉的商品。随着中国与韩国、澳大利亚等国签订自由贸易协定，大批商品都将实现零关税，未来的跨境电商商品流动数量恐怕远超想象，将创造出更多的需求。

（1）商品品类和销售市场更加多元化

随着跨境电商的发展，跨境电商交易商品向多品类延伸、交易对象向多区域拓展。从销售商品品类看，跨境电商销售的商品品类主要为服装服饰、电子商品、计算机及配件、家居园艺、珠宝、汽车配件、食品药品等方便运输的商品。不断拓展销售品类已成为跨境电商业务扩张的重要手段，品类的不断拓展，不仅使"中国商品"和全球消费者的日常生活联系更加紧密，而且也有助于跨境电商抓住最具消费力的全球跨境网购群体。

从销售目标市场看，以美国、英国、德国、澳大利亚为代表的成熟市场，由于跨境网购观念普及、消费习惯成熟、整体商业文明规范程度较高、物流配套设施完善等优势，在未来仍是跨境电商零售出口产业的主要目标市场，且将持续保持快速增长。与此同时，不断崛起的新兴市场正成为跨境电商零售出口产业增长的新动力：俄罗斯、巴西、印度等国家的本土企业并不发达，但消费需求旺盛，中国制造的商品物美价廉，在这些国家的市场上优势巨大。在中东欧、拉丁美洲、中东和非洲等地区，电子商务的渗透率依然较低，有望在未来获得较大突破。

（2）交易结构上，B2C 占比提升，B2B 和 B2C 协同发展

跨境电商 B2C 这种业务模式逐渐受到企业重视，近两年出现了爆发式增长，究其原因，主要是跨境电商 B2C 具有一些明显的优势。相对于传统跨境模式，B2C 模式可以跳过传统贸易的所有中间环节，打造从工厂到商品的最短路径，从而赚取高额利润。在 B2C 模式下，企业直接面对终端消费者，有利于更好地把握市场需求，为客户提供个性化的定制服务。与传统商品和市场单一的大额贸易相比，小额的 B2C 贸易更为灵活，商品销售不受地域限制，可以面向全球 200 多个国家和地区，可以有效地降低单一市场竞争压力，市场空间巨大。

（3）交易渠道上，移动端成为跨境电商发展的重要推动力

移动技术的进步使线上与线下商务之间的界限逐渐模糊，以互联、无缝、多屏为核心的"全渠道"购物方式将快速发展。从 B2C 方面看，移动端购物使消费者能够随时、随地、随心购物，极大地拉动了市场需求，增加了跨境零售出口电商企业的机会。从 B2B 方面看，全球贸易小额、碎片化发展的趋势明显，移动技术可以让跨国交易无缝完成，卖家可随时随地做生意。基于移动端媒介，买卖双方的沟通变得非常便捷。

（4）在大数据时代，产业生态更为完善，各环节协同发展

跨境电子商务涵盖商检、税务、海关、银行、保险、运输各个部门，产生物流、信息流、资金流、单据流等数据，在大数据时代，这些都是可利用的信息，企业通过对数据的分析，为信用、融资、决策提供了依据。随着跨国电子商务经济的不断发展，软件公司、代运营公司、在线支付公司、物流公司等配套企业都开始围绕跨境电商进行集聚，其服务内容涵盖网店装修、图片翻译描述、网站运营、营销、物流、售后服务、金融服务、质量检验、保险等，整个行业生态体系越来越健全，分工更清晰，并逐渐呈现出生态化的特征。

6. 跨境电商岗位和职业素养

目前，跨境电商从业人员主要在跨境电商企业或者外贸企业从事外贸电子商务和网络营销相关的工作，典型职业岗位以及对应的从业人员的职业素养要求如表 9-4 所示。

表 9-4　　　　　　　　　　　　　跨境电商职业岗位和职业素养

岗位级别	职业岗位	职业素养
初级岗位	客户服务	能运用邮件、电话等沟通渠道，熟练运用英语以及法语、德语等小语种和客户进行交流
	视觉营销	既精通设计美学又精通视觉营销，能拍出合适的商品图片和设计美观的页面
	网络推广	熟练运用信息技术编辑、上传、发布商品，能利用搜索引擎优化、交换链接、网站检测等技术和基本的数据分析方法进行商品推广

岗位级别	职业岗位	职业素养
中级岗位	市场运营管理	既精通互联网，又精通营销推广，了解当地消费者的思维方式和生活方式，能够运用网络营销手段进行商品推广，包括活动策划、商品编辑、商业大数据分析和用户体验分析等
	采购与供应链管理	所有电商平台的成功都是供应链管理的成功。跨境电商从商品方案制订、采购、生产、运输、库存、出口到物流配送等一系列环节都需要专业的供应链管理人才
	国际结算管理	灵活掌握和应用国际结算中的各项规则，能有效控制企业的国际结算风险，切实提升贸易、出口、商品及金融等领域的综合管理能力和应用法律、法规水准
高级岗位	高级职业经理人	具有管理和掌控跨境电商企业的综合素质
	跨境电商领军人物	具有前瞻性思维，引领跨境电子商务产业发展

目前，跨境电商企业多处于初创阶段，客服人员、网络推广人员、视觉设计人员等是最迫切需要的初级人才。随着企业向纵深发展，竞争不断加剧，企业对负责跨境业务运营的商务型中级人才的需求会越来越迫切。而有 3～5 年大型跨境电商企业管理经验，能引领企业国际化发展的战略管理型高级综合人才却是一将难求。

9.2 跨境电商第三方平台

B2C 跨境电商平台主要分为第三方电商平台和独立电商平台。第三方平台主要有 eBay、速卖通、亚马逊、Wish、敦煌网等，这几个平台适合个人、中小型企业入驻，门槛不高，申请账户即可使用。独立电商平台主要以兰亭集势等为代表。

每个平台各有自己的优劣势，买家可根据自己的企业规模和商品特性，选择适合的电商平台。

1. 跨境电商第三方平台的定义

跨境电商的模式主要有两种，一是自建跨境电商平台，二是入驻第三方跨境电商平台。目前自建跨境电商平台的企业规模达到 5 000 多家，而在各类跨境电商第三方平台开展业务的企业已经超过 20 万家。所以主流跨境电商模式还是入驻第三方平台。

跨境电商第三方平台即电商销售平台，是外贸企业展示商品和进行交易的场所。其买卖双方一方是作为卖家的国内外贸企业，另一方是作为海外买家的消费者。第三方平台提供方是为外贸企业自主交易提供信息流、资金流和物流服务的中间平台，它们不参与物流、支付等中间交易环节，其盈利方式是在交易价格的基础上增加一定比例的佣金作为收益。

跨境电商第三方平台是互联网时代下的产物，相比传统贸易方式有着巨大的优势和市场活力，现已成为对外贸易的新锐力量，也推动着跨境零售出口成为新的外贸交易增长点。

当前跨境出口领域比较有代表性的平台有 eBay、速卖通、Wish、亚马逊等。

2. 跨境电商第三方平台的类型

按交互类型，跨境电商平台主要分为 B2B（Business-to-Business）模式跨境电商平台、B2C（Business-to-Customer）模式跨境电商平台、C2C（Customer-to-Customer）模式跨境电商平台三类。

B2B 跨境电商主要是指通过互联网进行企业与企业之间的贸易往来与交易，大多是大宗贸易往来。B2B 模式跨境电商平台为不同国家或地区的企业提供商品的展示与营销平台，从而帮助企业最终达成交易。B2B 模式跨境电商平台的订单金额比较大，目前在跨境电商市场上占有重要地位。B2B 模式跨境电商平台的代表是阿里巴巴集团的国际站。

B2C 跨境电商通常是指分属于不同国家或地区的企业和消费者，借助互联网技术，实现商品的查询、选择、购买、支付，最后企业将商品用物流的方式运送到消费者手中的过程。B2C 模式跨境电商平台利用互联网技术为企业与消费者搭建一个交易的平台，在这个平台上，企业直接将商品卖给消费者，平台通过提供支付、物流、营销展示等服务获得利润。B2C 模式跨境电商平台通过互联网将商品信息发布到电商平台，全球消费者也通过电商平台选择来自全世界各地的商品，减少了原有的批发商、零售商等一些中间环节，使得跨境交易更加便捷。B2C 模式跨境电商平台的代表是全球速卖通。

C2C 跨境电商同目前盛行的"海淘"模式比较相像。C2C 模式跨境电商平台上聚集了世界各地的买家，是一个供个体与个体进行交易的场所，在这个平台上，大部分卖家都是个人。C2C 模式跨境电商平台同传统的海外代购相比也有着较大的优势：跨境电商平台会审核并提供相应保障来增加交易双方的信任度，同时又满足了不同消费者个性化的需求。C2C 模式跨境电商平台的代表是 eBay。

3. 主要跨境电商第三方平台介绍

（1）全球速卖通平台

全球速卖通，简称速卖通，是阿里巴巴集团旗下覆盖全球的跨境电商平台，在这个平台上，你可以把商品卖到你可以想到的几乎任何国家去。从 2010 年开始，经过 7 年的飞速发展，速卖通已拥有 44 个品类，18 个语种站点，业务遍及全球 220 多个国家和地区，成为全球最活跃的跨境电商平台之一，也是我国最大的国际 B2C 交易平台。

速卖通面向的客户群体广泛，但是主要针对的是新兴市场，俄罗斯和巴西的客户是平台的主要客户。同为阿里巴巴旗下的平台，最初的速卖通与淘宝共用大量的用户，并继续沿袭淘宝低价的营销策略，且绝大多数商品采用平邮小包的物流方式，商品利润低，客户体验差。但是，经过几年的不断改进，速卖通对于招商和用户考核的标准不断提高和完善，服务水平不断提高。2015年，其出台的个人卖家转企业卖家策略，在 2016 年已完成，该策略要求所有商家必须是企业并且要有自己的品牌。速卖通可以短期吸引大批卖家的原因之一是操作起来很简易，规则不多，很适合跨境电商"小白"，并且速卖通平台上有许多的线上视频培训课程，基本上涵盖了卖家会遇到的所有问题，这更为跨境新人入门创造了条件。全球速卖通平台的特点和运营模式如表 9-5 所示。

表 9-5　　　　　　　　　　　　全球速卖通平台的特点和运营模式

特点	运营模式
进入门槛低，能满足众多小企业做出口业务的愿望。阿里巴巴的速卖通平台对卖家没有企业组织形式与资金的限制，方便进入	信息流运作模式：一个市场能否正常和有效地运作，首先取决于交易双方能够获取的信息量和信息的可靠程度，掌握大量真实可靠的信息是任何交易进行的第一步。速卖通为交易提供了便捷的交流工具，开发了"Trade Message"软件，可以确保买卖双方信息的高效传递
交易流程简单，买卖双方的订单生成、发货、收货、支付等，全在线上完成	速卖通物流运作模式：速卖通支持四大商业快递、速卖通合作物流以及邮政大小包等多种国际快递方式。小卖家作为独立的经营主体，可以自行联系物流并进行发货。除了个体单独发货之外，卖家可以借助速卖通的平台在线发货。此外，速卖通正式开启了美国、英国、德国、西班牙、法国、意大利、俄罗斯、澳大利亚、印度尼西亚 9 个国家的海外仓服务

续表

特点	运营模式
双方的操作模式如同国内的淘宝平台操作，非常简便。商品选择品种多，价格低廉	速卖通资金流运作模式：速卖通的资金流动方式与淘宝相似，速卖通只充当中介的作用。类似于淘宝的支付宝，速卖通开发了阿里巴巴国际支付宝 Escrow。目前，国际支付宝 Escrow 支持多种支付方式，包括信用卡、T/T 银行汇款、MoneyBookers 和借记卡等，并在继续开拓更多的支付方式。除了 Escrow，速卖通也同时支持电汇和其他跨国在线支付方式
速卖通平台上的商品具有较强的价格竞争优势，跟传统国际贸易业务相比，具有较强的市场竞争优势	速卖通的盈利模式：速卖通平台的收入来源主要包括技术服务费年费和交易服务费两种。除此之外，速卖通也会对卖家使用的广告营销服务收取服务费

（2）亚马逊平台介绍

Amazon，中文名亚马逊，是美国最大的一家网络电子商务公司，位于华盛顿州的西雅图，是最早开始经营电子商务的公司之一。亚马逊成立于1995年，一开始只经营网上书籍销售业务，现在已成为全球商品品种最多的网上零售商。亚马逊在全球共有 10 个站点，拥有跨越全球的 109 个运营中心所组成的物流体系，物流配送覆盖 185 个国家和地区，全球活跃用户超过 2.85 亿人。

亚马逊"全球开店"是专门针对中国卖家通过亚马逊在网上向全球消费者销售商品的项目，目前该项目已扩展至美国、日本、英国等 8 个国家。亚马逊美国网站和英国网站已推出全中文化的操作平台，这也是亚马逊美国网站首次推出非英文的卖家支持工具。亚马逊平台的特点和盈利模式如表 9-6 所示。

表 9-6　　　　　　　　　　　亚马逊平台的特点和盈利模式

特点	盈利模式
亚马逊重商品轻店铺：亚马逊一直以来都是重商品轻店铺，亚马逊上的每件商品只有一个详情页面。相对其他平台，亚马逊的搜索结果清晰明了，每个商品只会出现一次。如果多个卖家销售同一款商品，不同卖家的报价会在商品的卖家列表上显示，消费者不需要在大量重复的商品列表里大海捞针	亚马逊的收入来源于自营商品的销售收入和平台的服务费。针对使用亚马逊平台的卖家，亚马逊一般收取 5%～15%的佣金，如果卖家使用亚马逊物流，亚马逊还会额外收取物流费和仓储费
亚马逊物流（Fulfillment by Amazon，FBA）："亚马逊物流"是"亚马逊全球开店"的一项重要服务，卖家只需将商品发送到当地的亚马逊运营中心，亚马逊就会提供商品的拣货、包装、配送、客服以及退换货等服务。加入 FBA 的卖家能够提高商品的曝光率，直接接触到亚马逊的 Prime 用户。卖家只需专注于如何提升商品质量和打造品牌，由亚马逊提供快捷方便的物流服务。平台也为使用亚马逊物流的卖家提供用所在国语言回答买家的订单疑问服务，这为卖家提供了强大的支持后盾	
支持货到付款的方式	
亚马逊不卖仿品	
一台电脑只登录同一个账号，和买家沟通耐心、快速，基本不会有太大的安全问题	

（3）eBay 平台介绍

eBay 是一个可让全球民众上网买卖物品的线上拍卖及购物网站。eBay 集团于 1995 年 9 月成立于美国加州硅谷。eBay 是全球最大的 C2C 平台，其在全球范围内拥有 3.8 亿海外买家，1.52 亿活跃用户，以及 8 亿多件由个人或商家刊登的商品，其本地站点覆盖了全球 38 个国家和地区。eBay 对卖家的要求很严格，对商品质量要求较高，有价格优势，能做到真正的物美价廉。eBay 平台的特点和运营模式如表 9-7 所示。

表 9-7　　　　　　　　　　　　　eBay 平台的特点和运营模式

特点	运营模式
卖家可通过两种方式在该网站上销售商品，一种是拍卖，另一种是一口价。其中拍卖模式是这个平台的最大特色。一般卖家通过设定商品的起拍价以及在线时间开始拍卖，然后看下线时谁的竞拍金额最高，最高者获得拍卖物品	eBay 信息流运作模式：eBay 提供了"站内信"的功能，使卖家能够轻松管理买家的电子邮件，与买家进行沟通
二手货交易占较大比重	eBay 物流运作模式：国际 e 邮宝为 eBay 中国寄件人提供发向美国等国家的包裹寄递服务。此外，2014 年 eBay 与万邑通签署战略合作协议，万邑通以海外仓为基础，依靠大数据，为 eBay 卖家提供海外仓管理和"最后一公里"派送的服务
	eBay 资金流运作模式：PayPal 是 eBay 推荐的收付款工具。PayPal 在全球范围内拥有超过 1.57 亿活跃用户，服务遍及全球 193 个国家及地区，共支持 26 种货币收付款交易。PayPal 可以让中国卖家无须在海外设立账户就能进行收付款
	eBay 盈利模式：eBay 的收费项目繁多，当卖家在 eBay 上刊登物品时，eBay 会收取一定比例的刊登费；物品售出以后，卖家需要缴纳小额比例的成交费。因此在 eBay 上交易所产生的基本费用为刊登费加上成交费。此外，为物品添加特殊功能和买家工具的使用还需缴纳相应的功能费。开设 eBay 店铺的卖家，每月还需额外支付相应的店铺月租费，根据所选的店铺级别不同，其月租费也不尽相同

（4）敦煌网介绍

敦煌网创建于 2004 年，是我国首家为中小企业提供 B2B 网上交易服务的网站，是为国外众多的中小采购商有效提供采购服务的全天候国际网上批发交易平台。目前，敦煌网已经实现 120 多万国内供应商在线、在售 3 000 多万种商品、业务遍布全球 224 个国家和地区以及达到了 1 000 万买家在线购买的规模。敦煌网每小时有 10 万买家实时在线采购，每 3 秒就产生一张订单。敦煌网的特点和运营模式如表 9-8 所示。

表 9-8　　　　　　　　　　　　　敦煌网平台的特点和运营模式

特点	运营模式
敦煌网在交易成功的基础上，根据不同的行业特点，向海外买家收取不同比例的服务费佣金，一般在交易额的 7%左右，而一般传统的 B2B 电子商务网站普遍是向国内卖家收取会员费	敦煌网信息流运作模式：敦煌网针对买卖双方分别开设中英文站点，并且提供了相应的翻译工具。敦煌通是为了方便买卖双方即时在线沟通交流的一种聊天工具，可以让卖家更加方便快捷地了解客户的需求及问题，简单快捷地管理买家信息

续表

特点	运营模式
敦煌网提供诚信担保机制，还能实现 7～14 天的国际贸易周期，是小制造商、贸易商与零售卖家之间的对接	敦煌网物流运作模式：敦煌网携手各大第三方物流和货运代理公司，为卖家推出了"仓库发货"物流服务。卖家只需在线填写发货预报，将货物线下发货至合作仓库，并在线支付运费，即可由平台直接提供国际物流的配送。此外，敦煌网在西班牙、俄罗斯、葡萄牙、意大利、德国、法国 6 国开启了海外仓服务
敦煌网针对一些已经接触过电子商务、有货源但是技能跟不上的企业，推出了外贸管家服务。针对这些企业，敦煌网会定期与企业见面，将客户对商品的样式、质量的反馈以及要怎么样推广这些商品与企业及时交流，以保证企业的交易成功率	敦煌网资金流运作模式：DHpay 是敦煌网旗下独立的第三方支付工具，至今已支持全球 224 个国家和地区 400 万规模的买家实现在线跨境支付。除此之外，敦煌网支持 Visa、MasterCard 信用卡、西联支付、MoneyBookers、BankTransfer 等国际化支付方式。这些支付方式可以很好地覆盖并服务全世界买家
	敦煌网盈利模式：敦煌网采取佣金制，免注册费，只有买卖双方交易成功后才收取费用。平台采用统一佣金率，实行"阶梯佣金"政策，平台的佣金规则为：当订单金额≥300 美元时，平台佣金=订单金额×佣金率（4.5%）；当订单金额<300 美元时，平台佣金=订单金额×佣金率（按类目不同为 8% 或 12%）

（5）Wish 平台介绍

Wish 平台创办于 2013 年，是一家新兴的移动 B2C 跨境电商平台，2014 年成为跨境电商界的黑马。Wish 不同于前 4 家跨境电商平台，移动端是其客户的主要来源。Wish 日均活跃用户超过 100 万，日均新用户超 9 万，超过 90%的用户来自移动端。其 App 上销售的商品物美价廉，包括非品牌服装、珠宝、手机、淋浴喷头等，大部分商品都直接从中国发货。Wish 擅长用户数据的深度挖掘，采用数据算法进行商品推荐，紧密结合用户特征进行精准营销。

Wish 低调、飞速的崛起可以说是科技、广告和折扣策略完美应用的结果。与传统购物网站不同的是，Wish 一开始就十分注重智能手机的购物体验，通过商品图片给用户提供视觉享受。同时，Wish 的大幅折扣刺激了用户的购买欲。作为一个电商新手，Wish 完全没有 PC 端购物平台的设计经验，这也使 Wish 能够不带任何思想包袱地开拓移动端市场。

Wish 平台的特点如下。（1）平台针对不同顾客，推送个性化的商品信息。平台注重用户的购物体验，具有更多的娱乐感和用户黏性，呈现给用户的商品大都是用户关注的、喜欢的，每一个用户看到的商品信息是不一样的，同一用户在不同时间看到的商品信息也不一样。（2）不依附于其他购物网站，本身就能直接实现闭环的商品交易。在 Wish 平台上，用户在浏览到喜欢的商品图片后，可以直接在站内实现购买。Wish 淡化了品类的浏览和搜索，去掉了促销功能，专注于关联推荐。Wish 会随时跟踪用户的浏览轨迹以及使用习惯，以了解用户的偏好，进而再推荐相应的商品给用户。

9.3 进口跨境电商

据电子商务研究中心监测数据显示，2018 年上半年中国进口跨境电商交易规模达 1.03 万亿元，同比增长 19.4%。进口跨境电商平台逐渐出现，跨境网购用户也逐年增加，我国进口跨境电商市场规模增速迅猛，2015 年由于进口税收政策的规范以及部分进口商品关税的降低，跨境进口电商爆发式的增长。近年来，进口跨境电商在激烈竞争中不断提升用户体验，不断扩展平台商品种类、完善售后服务，未来我国进口跨境电商市场的交易额会持续增长。

1. 进口跨境电商的生态圈

进口跨境电商生态圈包括品牌商、一级代理商、贸易商、零售商和消费者，它通过线上和线下的途径，用代购和转运的手段，把商品送到消费者手里。

（1）海外品牌商

品牌商的职责是定位客户、做好商品、提升品牌价值，然后根据商品特点和品牌价值选择适合的分销模式和渠道。对于在中国已经有成熟的分销体系的海外品牌而言（通常都是一线品牌），经过多年的品牌和渠道经营，中国消费者对其品牌已经耳熟能详，其国内销售渠道也早已多元化和成熟化。而对于在中国没有分销体系的海外品牌商，只能由代购推动。当前品牌商在跨境电商生态圈中仅为供应商角色，离贸易商很近，离零售商甚远。

（2）中间交易商

一级代理商、贸易商、分销商、供应链金融服务商这个群体是真正卖货的，在品牌商缺位的情况下，他们是激活市场的重要力量，跨境电商的价值链都有他们的存在，他们通过给电商供货、给代购供货、给微商供货等方式形成当下的跨境供应链体系。

因为互联网和电商天然就是"去中间化"的，在国内电商圈，品牌商和电商直接对接，中间商的地位显得并不重要。而在跨境电商中，中间商的地位非常重要，是海外品牌商和零售商的贸易润滑剂。例如，海外品牌商不给买家账期或账期很短，而贸易商现金采购，并给跨境电商赊账。在这种情况下，贸易商承担了供应链金融的角色从而促成了交易。不了解中国市场的海外品牌商需要通过中间商去推动品牌影响力和销售业绩，甚至需要引领需求和创造需求。

（3）物流服务商

物流服务商群体大致包括海外仓/保税仓、空运/海运、国内快递/邮政、清关行、转运商和物流解决方案服务商，这些群体基本搭建起了跨境电商的物流服务体系。在这个体系中，清关是最重要的环节，清关的重点在于关税。跨境电商阳光清关模式基本上包括 B2B2C、B2C、个人物品和邮政包裹。

（4）零售商

线上电商、O2O 零售商统归为零售商，他们是真正接触消费者、促进消费者下单的群体。从零售商的规模或实力划分，零售商大致可以分为两类。

① 零售巨头。现有国内电商"巨头"旗下的跨境业务板块有天猫国际、京东、唯品会、考拉等。这些"巨头"代表现有电商格局，目标是凭借现有的用户规模、流量和资金优势继续维持乃至扩大其在电商市场的份额和地位。

② 创业者。这些创业者都是跨境电商政策放开前后拿到风投的创业公司，代表有小红书、达令、蜜芽、洋码头。面对市场的不确定性，零售巨头们可以凭借其母公司源源不断的现金流而生存下去，但创业者们首要的任务却是为生存而战。中国在线零售几乎格局已定，市场份额、用户规模、公司实力产生的规模效益，对零售这一最强调规模效应的商业模式而言，让新进入者门槛极高。创业者的毛利率很低，只有通过创新产生差异化，才能生存，机会可能出现在创新的差异化内。例如，深圳海豚村就掌握了众多的澳、欧、日韩海外零售商资源，且这些资源具有排他性；格格家以食品为主，食品是天然可以从线下获取流量的品类，用户好切入，民以食为天；豌豆公主拥有强大的日本商品供应链优势，等等。

2．进口跨境电商的价值链

按照商业模式、供应链形态和清关模式的不同，将跨境电商分为两个链条：其一是电商链、其二是代购链。

（1）电商链

电商链商业模式上多是线上电商、O2O 电商；供应链形态不外乎 B2B2C 备货、海外仓备货和海外寄售模式；清关采用 B2B2C/B2B、个人物品、邮政包裹等阳光清关方式。零售巨头和创业者基本都在这个链条上，这条链国家政策是鼓励的，但是竞争也非常激烈。其 2016 年的市场份额大概是 400 亿元，其中零售巨头大约占了 300 亿元，创业者大约占了 100 亿元。电商链总的市场太小，下游的服务商也显得供给过剩，好在中间商和物流服务商可以为不同的客户提供服务。

（2）代购链

代购链就是指代购和转运模式，供应链形态多采用店头扫货，清关多采用个人物品和邮政包裹等阳光清关方式。代购和转运业务根据不同国家不同的零售业特点、供应链特点而不同。

美国是现代品牌理论的发源地，有着全球最多的世界知名品牌，同时美国具备线上和线下都发达的零售体系，这使得美国成为国内海淘、代购的发源地；同时也使得美国代购具有线上和线下双繁荣的特色，既有遍地开发的收货点，也有数量众多的转运物流商。

在国内跨境电商新业态的大潮下，代购业态正在发生巨大的变化。这个变化主要体现在供应链的变化上：标类商品正在由代购店头扫货向供应商一件代发给代购转变；非标类商品由个体的店头扫货向买手或物流商批量扫货发展，批量扫货后再一件代发给代购。这些都代表供应链采购集中的趋势，在这个趋势逐步推进的过程中，代购者在价值链中会承担角色的演变。

3．进口跨境电商的模式

进口跨境电商根据运营模式不同，可以分为海外代购模式、直发/直运平台模式、自营 B2C 模式、导购/返利模式、海外商品闪购模式。

（1）海外代购模式

海外代购模式是消费者熟知的跨国网购概念，是身在海外的人或商户为有需求的境内消费者在境外采购所需商品并通过跨国物流将商品送达消费者手中的模式。海外代购平台的运营重点在尽可能多地吸引符合要求的第三方卖家入驻，平台并不会深度涉入采购、销售以及跨境物流环节。入驻平台的卖家根据消费者订单集中采购特定商品，通过跨境物流将商品发至境内订单买家。海外代购平台走的是典型的跨境 C2C 平台路线，代购平台通过向入驻卖家收取入场费、交易费、增值服务费等获取利润，入驻平台的卖家通常要具有海外采购能力或者跨境贸易能力。海外代购模式的优势在于为消费者提供了较为丰富的海外商品品类选项且用户流量较大。其劣势是消费者对于入驻商户的真实资质持怀疑态度，交易信用环节可能是 C2C 海外代购平台目前面临的最棘手的难题。此外，海外代购模式对跨境供应链的涉入较浅，或难以建立充分的竞争优势。代表商家包括淘宝全球购、京东海外购、易趣全球集市、美国购物网等。

（2）直发/直运平台模式

直发/直运平台模式又被称为 drop shipping 模式。在这一模式下，电商平台通常不需要商品库存，而是把接收到的消费者订单信息发给批发商或厂商，后者按照订单信息以零售的形式对消费者发送货物。直发/直运平台的部分利润来自于商品零售价和批发价之间的差额。由于供货商是品牌商、批发商或厂商，因此直发/直运是一种典型的 B2C 模式。该模式一般对跨境供应链的涉入较深，后续发展潜力较大。直发/直运平台在寻找供货商时往往与可靠的海外供应商直接谈判签订跨境零售供货协议；在跨境物流环节通常可能会选择自建国际物流系统（如洋码头）或者和特定国家的邮政、物流系统达成战略合作关系（如天猫国际）。该模式也存在不容忽视的劣势，如招商缓慢，前期流量相对不足；前期所需资金体量较大；买家信息直接透露给供货商；环节涉及多方，贸易纠纷处理不便；货物品类受限，商品价值较高才能适用。代表商家包括天猫国际（综合）、洋码头（北美）、跨境通（上海自贸区）、苏宁全球购、海豚村（欧洲）、一帆海购网（日本）、走秀网（全球时尚百货）等。

（3）自营 B2C 模式

自营 B2C 模式分为综合型自营和垂直型自营两类。综合型自营跨境 B2C 平台的跨境供应链管理能力强，拥有强势的供应商管理和较为完善的跨境物流解决方案，大部分后备资金充裕。但自营 B2C 模式同样面临着业务发展受到行业政策变动影响显著的问题。代表商家有亚马逊和 1 号店的"1 号海购"。垂直型自营跨境 B2C 平台在选择自营品类时会集中于某个特定的范畴，如食品、奢侈品、化妆品、服饰等。供应商管理能力相对较强，但前期需要较大的资金支持。代表商家包括中粮我买网（食品）、蜜芽宝贝（母婴）、寺库网（奢侈品）、莎莎网（化妆品）、草莓网（化妆品）等。

（4）导购/返利模式

导购/返利模式是一种比较轻松的电商模式，我们可以将其分成两部分来理解：引流部分+商品交易部分。引流部分是指通过导购信息、商品比价、海购社区论坛、海购博客以及用户返利来吸引用户流量；商品交易部分是指消费者通过站内链接向海外 B2C 电商或者海外代购者提交订单实现跨境购物。为了提升商品品类的丰富度和货源的充裕度，这类平台通常会搭配海外 C2C 代购模式。因此，从交易关系来看，这种模式可以被理解为是海淘 B2C 模式+代购 C2C 模式的综合体。通常导购/返利平台会把自己的页面与海外 B2C 电商的商品销售页面进行对接，一旦产生销售，B2C 电商就会给予导购平台 5%～15%的返点。导购平台则把其所获返点中的一部分作为返利回馈给消费者。其优势在语言平台定位于对信息流的整合，模式较轻，较容易开展业务。引流部分可以在较短时期内为平台吸引到不少海购用户，可以比较好地理解消费者的前端需求。但长期而言，由于对跨境供应链把控较弱且进入门槛低，竞争优势建立困难，若无法尽快达到一定的可持续流量规模，其后续发展可能比较难以维持下去。代表商家有 55 海淘、一淘网、极客海淘网、海淘城、海淘居、海猫季等。

（5）海外商品闪购模式

除了以上进口零售电商模式外，海外商品闪购是一种相对独特的做法，我们将其单独列出。海外商品闪购模式是以互联网为媒介的 B2C 电子零售交易活动，以限时特卖的形式，定期定时推出国际知名品牌的商品，一般以原价 1 折至 5 折的价格供专属会员限时抢购，每次特卖时间持续5 天至 10 天不等，先到先买，限时限量，售完即止。顾客在指定时间内（一般为 20 分钟）必须付款，否则商品会被重新放到待销售商品的列表里。

闪购平台一旦确立行业地位，将会形成流量集中、货源集中的平台网络优势。聚美优品的"聚美海外购"和唯品会的"全球特卖"频道纷纷高调亮相网站首页。两家公司都宣称对海外供应商把控能力强、绝对正品、全球包邮、一价全包。闪购模式对货源、物流的把控能力要求高；对前端用户引流、转化的能力要求高。其任何一个环节的能力有所欠缺都可能导致失败。代表商家包括蜜淘网、天猫国际的环球闪购、1 号店的进口食品闪购、聚美优品海外购、宝宝树旗下的杨桃派等。

4. 进口跨境电商的流程

（1）调研市场，选择商品

选品，即选品人员从供应市场中选择适合目标市场需求的商品。从这个角度看，选品人员必须一方面把握用户需求，另一方面，从众多供应市场中选出质量、价格等最符合目标市场需求的商品。成功的选品，是最终实现供应商、客户、平台多方共赢的关键。选品要结合以下因素来考虑。

一是公司的定位和网站定位。明确公司的整体定位和策略，是以建立品牌为主还是追求销量为主。选品人员要考虑网站平台的目标市场或目标消费群体，通过对网站整体定位的理解和把握，进行市场调研、同行分析等，选择适合的品类进行研究分析。

二是目标客户定位。选品人员从客户需求的角度出发，选品要满足客户对某种效用的需求，如带来生活方便、满足虚荣心、消除痛苦等心理或生理需求。近年来的《跨境网购调查报告》显示，在消费者进行跨境网购品类偏好方面，集中度比较高、消费者最热衷购买的商品是服饰、母婴商品、护肤美妆、食品/保健品、电子商品五大类消费品。

三是商品的毛利。选品人员要了解物品的重量和体积，外贸中商品价格和重量/体积比例数值越大越好。考虑到碎片化销售，运费在总成本中的占比不容忽视。选品人员在选品时应该尽量选择单件重量轻、体积小而价值高的商品，实现高单价、高毛利率、高复购率，如前述的消费者跨境网购集中的五大类消费品。由于需求和供应都处于不断变化之中，选品也是一个无休止的过程。

四是政策和法规。选品人员必须熟悉和了解国家法律法规。跨境零售商品应为个人生活消费品，国家禁止和限制进口的物品除外。

目前，试点保税进口模式的商品是部分品类，主要为民生日用消费品，如食品饮料、母婴用品、服装鞋帽、箱包、家用医疗保健、美容器材、厨卫用品及小家电、文具用品及玩具、体育用品等，其中酒类不包含其中。很多贸易商认为，品类越广越丰富，经营越容易成功。尽管品类丰富会方便客户一站式购物，商品间也可能产生关联销量，但是商品线过广的弊端也很多。首先，保障所有商品的库存充足很难，偶尔的拆补在所难免，但常常拆补可能造成经营混乱，一旦缺货，电商企业可能遭遇投诉、退单，影响客户体验。其次，商品太多，定价可能不够精准，缺乏竞争力。再次，非畅销商品滞销，临期过期产品难免被打折处理，影响利润率。最后，商品线过长，人力有限，对商品的熟悉和了解不够深入，可能造成商品描述缺乏吸引力、咨询解答不够及时准确等，从而影响销售。

商品线的选择不是一次性到位的，电商企业可以根据销售情况，不断调整优化。随着对商品情况、行业情况等的理解加深，电商企业会更了解竞争对手品类的动态和价格变化，更重要的是，能够通过行业和店铺的热销品牌、飙升品牌、货品的综合对比，分析布局商品线。

（2）确定物流模式和选择支付方式

传统的国内跨境电子商务进口物流方式是中国境内贸易公司通过一般贸易方式将商品进口到中国境内之后，再通过自己的电商平台销售，或交由其他电商平台销售。这是在跨境贸易电子商务服务试点推行前，绝大多数合法商家都采取的方式。除此之外，还有其他五种物流模式，介绍如下。

① 旅客行李：是指进出境旅客携带的全部行李物品。海关对行李物品的界定是自用合理数量，非以盈利为目的，因此并不适合跨境电子商务。

② 个人邮递物品：指通过邮运渠道进出境的包裹、小包邮件以及印刷品等物品。通过邮运渠道到口岸邮局办事处监管清关的货品量较大，但处理时效和服务质量有待提高。

③ 快件：指进出境快件营运人，以向客户承诺的快速的商业运作方式承揽、承运的进出境的货物、物品。进出境快件监管一般都有信息化系统，因此处理能力和稳定性都比较好。

④ 跨境试点一般进口：2014 年增列的海关监管方式，全称"跨境贸易电子商务"，适用于境内个人或电子商务企业通过电子商务交易平台实现交易（保税电商除外），并采用"清单核放、汇总审批"模式办理通关手续的电子商务零售进出口。此种方式清关费用比邮件低，处理能力比

邮件稳定。

⑤ 跨境试点保税进口：不但因备货仓储在境内而运营成本较境外低，而且发货时效快，退换货操作方便，用户体验好，综合物流成本最低。

跨境电商进口的物流模式表现出多样化的特点，贸易商应根据各自的需要选择适合的物流方式。跨境电商进口的竞争正从商品的竞争向供应链和整体服务的竞争转移，因此跨境试点一般进口和保税进口代表着跨境电商进口的发展方向。

根据海关总署公告 2014 年第 56 号《关于跨境贸易电子商务进出境货物、物品有关监管事宜的公告》，电子商务企业或个人通过经海关认可并且与海关联网的电子商务交易平台实现跨境交易进出境货物、物品的，电子商务企业、监管场所经营企业、支付企业和物流企业应当按照规定向海关备案，并通过电子商务通关服务平台实时向电子商务通关管理平台传送交易、支付、仓储和物流等数据。企业开展跨境电商进口，通常需要具备自营或平台网站/网店，网站已完成 ICP 备案且正常运作，与海关、商检、电子口岸等完成对接。如果采用保税进口模式，根据海关总署《关于跨境电商服务试点网购保税进口模式问题通知》，参与试点的电商、物流等企业必须在境内注册，并按照先行海关管理规定进行企业注册登记，开展相关业务，并能实现与海关等管理部门的信息系统互联互通。

目前，各试点城市都推出了自己的跨境贸易电子商务平台，如上海的跨境通、宁波的跨境购等，而与海关签约且有保税仓库的企业也不少，以深圳为例，包括深圳保宏、前海电商供应链、捷利通达等。

此外，跨境电商在选择支付伙伴时，最好和已经获得政府主管部门准入的公司合作。目前可以开展跨境电商支付的有支付宝、中国银联、PayPal、易极付、快钱、中国工商银行、财付通等。

（3）制定进口商品经营方案

企业在对进口商品价格趋势有一定的把握和预测、了解了供应商的资信以及明确了适合的物流模式后，就可以展开进口成本核算、制订进口商品经营方案了。进口商品的作价，应以平等互利的原则为基础，以国际市场价格水平为依据，结合企业的经营意图，制定进口商品的适当价格。

国内销售价格=进口价格+进口费用+进口利润

进口费用=国外运费+国外保费+进口关税+进口消费税+进口增值税+实缴增值税+国内费用

对于进口税，跨境零售目前实行不同于货物渠道的进口税，即不征收进口关税和进口环节税，而代之以行邮税。根据《海关法》的规定，个人携带进出境的行李物品、邮寄进出境的邮递物品，应当以自用合理数量为限。

行邮税=完税价格×税率

按照《中华人民共和国海关总署公告 2010 年第 43 号》规定，个人邮寄进境物品，海关依法征收进口税，但应征进口税税额在人民币 50 元（含 50 元）以下的，海关予以免征。个人寄自或寄往港、澳、台地区的物品，每次限值为 1000 元人民币。个人邮寄进出境物品超出规定限值的，应办理退运手续或者按照货物规定办理通关手续。但邮包内仅有一件物品且不可分割的，虽超出规定限值，经海关审核确属个人自用的，可以按照个人物品规定办理通关手续。

海关总署公告 2010 年第 54 号《关于进境旅客所携行李物品验放标准有关事宜》规定，进境居民旅客携带在境外获取的个人自用进境物品，总值在 5 000 元人民币以内（含 5 000 元）的，非居民旅客携带拟留在中国境内的个人自用进境物品，总值在 2000 元人民币以内（含 2000 元）的，海关予以免税放行，品种限自用，数量应合理，但烟草制品、酒精制品以及国家规定应当征税的20 种商品等另按有关规定办理。进境居民旅客携带超出 5 000 元人民币的个人自用进境物品，经海关审核确属自用的；进境非居民旅客携带拟留在中国境内的个人自用进境物品，超出人民币2000 元的，海关仅对超出部分的个人自用进境物品征税，对不可分割的单件物品，全额征税。有关短期内多次来往旅客行李物品征免税规定、验放标准等事项另行规定。

应征行邮税的，海关总署公告 2012 年第 15 号规定，进境物品完税价格遵循以下原则规定：《完税价格表》已列明完税价格的物品，按照《完税价格表》确定；《完税价格表》未列明完税价格的物品，按照相同物品相同来源地最近时间的主要市场零售价格确定其完税价格；实际购买价格是《完税价格表》列明完税价格的 2 倍及以上，或是《完税价格表》列明完税价格的 1/2 及以下的物品，进境物品所有人应向海关提供销售方依法开具的真实交易的购物发票或收据，并承担相关责任。海关可以根据物品所有人提供的上述相关凭证，依法确定应税物品完税价格。

5. 进口跨境电商未来的发展

（1）政策动向

母婴、食品、低价化妆品类保税税率提高，直邮与一般进口利好。一段时间以来，按行邮税征收的模式对国家税收造成一定流失，并对一般贸易进口和国内商品销售造成影响。有关消息称，我国将以新税制取代行邮税：取消 50 元以下免征政策，按增值税和消费税缴税，并减免 30%。这一政策如果发布，将对不同品类的税率造成不同影响。其中，母婴、食品、100 元以下化妆品等品类税率将提高，保税模式下的这些品类相对于直邮和一般贸易进口的优势将减少。而轻奢服饰、100 元以上化妆品等品类税率将降低，其优势将进一步扩大。

此外，我国也将针对直邮模式发布更为严厉的监管政策，在漏税较多的物流方式中采取信息联网监管，以进一步减少税收逃逸。这一政策将使部分海外直邮模式的电商及代购的成本上升。

（2）物流发展

跨境物流将进一步信息化、多功能化和低成本化。未来，跨境物流将不断优化：流程方面，物流信息将更加全面地对接到系统，使电商平台、海关、用户实现物流信息共享，以便于海关监管并提升用户体验的效果；模式方面，与物流仓储相关的配套设施将逐渐健全，保税物流中心在仓储配送外，还将提供商品分拣、贴标、融资、质押监管、退换货等多项增值服务，并将联合商家开展保税商品线下展示体验，形成 O2O 闭环以促进用户购买；在成本方面，各电商企业将加大海外建仓力度，以大宗运输代替小包，促进跨境物流成本不断下降。

（3）品牌打造

用户需求升级，电商需要从智能选品、社交等方面培养用户的忠诚度。随着跨境网购逐渐被消费者熟悉，用户的需求也将逐步升级。更多用户从对低价的追求升级为对品质的追求，时间也逐渐成为比价格更敏感的因素。因此，跨境电商将在解决用户基础需求、完善跨境电商基本设施的基础上，逐步培养用户对电商品牌的黏性和忠诚度。其在选品上将更加精准和有特色，利用如大数据智能化选品等方式，进行更有针对性的选品。此外，电商还将更加关注转化率，通过如社区、社交等与电商结合的方式，提高用户对平台的信任度，促进下单转化、培养使用习惯，最终提高用户对电商品牌的黏性和忠诚度。

第三部分 ｜ 课题实践页

一、实训题

实训 9-1　跨境电商的十大模式分析

【模式一】"自营+招商"模式

典型案例：苏宁海外购

模式概述："自营+招商"模式就相当于发挥最大的企业内在优势，在内在优势缺乏或比较弱的方面就采取外来招商以弥补自身不足。苏宁选择该模式可以在传统电商方面发挥它供应链、资金链的内在优势，同时通过全球招商来弥补其国际商用资源上的不足。苏宁进入跨境电商，也是继天猫、亚马逊之后该市场迎来的又一位强有力的竞争者。

分析师点评：中国电子商务研究中心网络零售部高级分析师莫岱青认为，苏宁如能利用好国际快递牌照的优势建立完善的海外流通体系，充分利用自有的支付工具以及众多门店优势，苏宁进军跨境电商市场的前景就更加值得期待。另外，国外品牌商借助苏宁进军中国市场也会有更大空间。

【模式二】"直营+保税区"模式

典型案例：聚美海外购

模式概述："直营+保税区"模式就是跨境电商企业直接参与到采购、物流、仓储等海外商品的买卖流程，其物流监控和支付都有自己的一套体系。

目前，河南保税物流区已为聚美优品开建上万平方米自理仓，其进口货物日处理规模预计在 2015 年年底可达 8 万包，聚美优品和河南保税物流中心在 2014 年 9 月完成对接。保税物流模式的开启会大大压缩消费者从订单到接货的时间，加之海外直发服务的便捷性，聚美海外购的购买周期较常规"海淘商品"购买周期，可由 15 天压缩到 3 天，甚至更短，且其物流信息全程可跟踪。

分析师点评：中国电子商务研究中心主任曹磊认为，聚美做海淘有三大优势：用户优势（黏性、消费习惯、消费能力、高购买频率）、品类优势（体积小、毛利率高、保质期久、仓储物流成本低）和品牌优势（上市公司、资本、品牌商整合）。对此，中国电子商务研究中心网络零售部高级分析师莫岱青认为，在物流上打速度战，聚美海外购整合全球供应链的优势，直接参与到采购、物流、仓储等海外商品的买卖流程当中，或独辟"海淘""自营"模式。聚美利用保税区建立可信赖的跨境电子商务平台，提升供应链管理效率，破解仓储物流难题，是对目前传统海淘模式的一次革命，让商品流通不再有渠道和国家之分。

【模式三】"保税进口+海外直邮"模式

典型案例：天猫国际

模式概述：在跨境这方面，天猫通过和自贸区的合作，在各地保税物流中心建立了各自的跨境物流仓。它在宁波、上海、重庆、杭州、郑州、广州 6 个城市试点跨境电商贸易保税区，与产业园签约跨境合作，全面铺设跨境网点，获得了法律保障，压缩了消费者从下订单到接货的时间，提高了海外直发服务的便捷性。据中国跨境电商网监测显示，2014 年"双 11"，天猫国际一半以上的国际商品就是以保税模式进入国内消费者手中的，这是跨境电商的一次重要尝试。

分析师点评：这种模式可以大幅降低物流成本，提高物流效率，给中国消费者带来更具价格优势的海外商品。但值得一提的是，目前"保税进口"模式的政策还不算特别明朗，因此未来走向还有待观察。

【模式四】"自营而非纯平台"模式

典型案例：京东海外购

模式概述：京东在 2012 年年底时上线了英文版，直接面向海外买家出售商品。直到 2014 年年初，刘强东宣布京东国际化提升，采用自营而非纯平台的方式发展，京东海外购成为京东海淘业务的主要方向。京东控制所有的商品品质，确保发出的包裹能够得到消费者的信赖。京东初期可能会依靠品牌的海外经销商拿货，今后会尽量和国外品牌商直接合作。

分析师点评：京东海外购从目前来看已经布局完成，仍在等待未来进一步的发力。京东的海外购并不是走全品类路线，而是根据京东会员需求来选择商品品类的。与其他电商，如天猫国际、亚马逊、1号店相比，京东在开展海淘业务方面的优势还未显现，京东将继续"深耕细作"海淘业务，等待收获。

【模式五】"自营跨境B2C平台"模式

典型案例：亚马逊海外购、1号海购、顺丰海淘

模式概述：亚马逊要在上海自贸区设立仓库，以自贸模式（即保税备货）将商品销往中国，这种模式目前还在推进中。海外电商在中国的保税区内自建仓库的模式，可以极大地改善跨境网购的速度体验，因此备受电商期待。据中国跨境电商网发布的信息，1号店是通过上海自贸区的保税进口模式或海外直邮模式入境，可以提前将海外商品进口至上海自贸区备货。除此之外，1号店的战略投资方沃尔玛在国际市场的零售和采购资源整合优势将利好"1号海购"业务。2015年1月9日，顺丰主导的跨境B2C电商网站"顺丰海淘"正式上线。其提供的商品涉及美国、德国、荷兰、澳大利亚、新西兰、日本、韩国等海淘热门国家。"顺丰海淘"提供商品详情汉化、人民币支付、中文客服团队支持等服务，提供一键下单等流畅体验。目前，上线的商品锁定在母婴、食品、生活用品等品类。货物可在5个工作日左右送达。

分析师点评：对此，中国电子商务研究中心网络零售部高级分析师莫岱青认为，保税进口模式在备货时占用的资金量大，对组织货源的要求高，对用户需求判断的要求高。而且，这种模式会受到行业政策变动的影响。

【模式六】"海外商品闪购+直购保税"模式

典型案例：唯品会全球特卖

模式概述：2014年9月，唯品会的"全球特卖"频道亮相网站首页，同时唯品会开通了首个正规海外快件进口的"全球特卖"业务。唯品会"全球特卖"全程采用海关管理模式中级别最高的"三单对接"标准，"三单对接"实现了将消费者下单信息自动生成用于海关核查备案的订单、运单及支付单，并实时同步给电商平台供货方、物流转运方、信用支付系统方等三方，形成"四位一体"的闭合全链条管理体系。

分析师点评：对此，中国电子商务研究中心网络零售部高级分析师莫岱青认为，唯品会的跨境电商模式让商品与服务更加阳光化、透明化。

【模式七】"直销、直购、直邮"的"三直"模式

典型案例：洋码头

模式概述：洋码头是一家面向中国消费者的跨境电商第三方交易平台。该平台上的卖家可以分为两类，一类是个人买手，模式是C2C；另一类是商户，模式就是M2C。它帮助国外的零售企业跟中国消费者直接对接，就是海外零售商直销给中国消费者，中国消费者直购，中间的物流是直邮，概括起来就是三个直："直销、直购、直邮。"

分析师点评：洋码头作为跨境电商的先行者，向第三方卖家开放，因此也面临着与亚马逊、京东、苏宁等电商的正面较量。洋码头想要立足，还是要在海外供应商、商品体验、用户体验以及物流方面下足功夫。

【模式八】"导购返利平台"模式

典型案例：55海淘网

模式概述：55海淘网是针对国内消费者进行海外网购的返利网站，其返利商家主要是美国、英国、德国等B2C、C2C网站，如亚马逊、eBay等，返利比例2%～10%不等，商品覆盖母婴、美妆、服饰、食品等综合品类。

分析师点评："导购返利平台"模式是一种比较新的电子商务模式，技术门槛也相对较低，可以分为引流与商品交易两部分。这就要求企业在 B 端与境外电商建立合作，在 C 端从用户中获取流量。从目前来看，55 海淘在返利额度上有一定优势，但与商家合作方面的特色还未完全体现出来。

【模式九】"垂直型自营跨境 B2C 平台"模式

典型案例：蜜芽宝贝

模式概述："垂直型自营跨境 B2C 平台"模式是指平台在选择自营品类别时会集中于某个特定的领域，如美妆、服装、护肤品、母婴等。蜜芽宝贝主打"母婴品牌限时特卖"，每天在网站推荐热门的进口母婴品牌，以低于市场价的折扣力度，在 72 小时内限量出售，致力于打开跨境电商业务。据中国母婴电商网监测数据显示，目前蜜芽宝贝用户已经超过百万，2014 年 10 月，它的 GMV 超过 1 亿元，月复购率达到 70%左右。据中国电子商务研究中心研究发现，蜜芽宝贝的供应链模式分为四种：从品牌方的国内总代采购体系采购；从国外订货直接采购，经过各口岸走一般贸易形式；从国外订货，走宁波和广州的跨境电商试点模式；蜜芽的海外公司从国外订货，以直邮的模式报关入境。

分析师点评：对此，中国电子商务研究中心网络零售部高级分析师莫岱青认为，这类跨境电商平台因其自营性，供应链管理能力相对比较强，从采购到商品到达用户手中的整个流程比较好把控。但是值得注意的是，其前期需要比较大的资金支持。

【模式十】"跨境 C2C 平台"模式

典型案例：淘宝全球购、美国购物网

模式概述：全球购于 2007 年建立，是淘宝网奢侈品牌的时尚中心，全球购帮助会员实现"足不出户，淘遍全球"的愿望。全球购期望通过严格审核每一位卖家，精挑细选每一件商品，为淘宝网的高端用户提供服务。美国购物网专注代购美国本土品牌商品，经营范围涵盖服饰、箱包、鞋靴、保健品、化妆品、名表首饰等。该网站主打直邮代购，以批发零售为兼顾。代购的商品均由美国分公司采用统一的物流——纽约全一快递配送，由美国发货直接寄至客户手中，无须经过国内转运。

分析师点评：对此，中国电子商务研究中心网络零售部高级分析师莫岱青认为，淘宝全球购和美国购物网是国内第一批代购网站，走跨境 C2C 平台路线。与之类似的还有易趣全球集市等。这类网站一方面对跨境供应链的涉入较浅，难以建立充分的竞争优势，另外在消费者的信任度方面也比较欠缺。伴随着京东、苏宁、1 号店、亚马逊等平台的加入，这类海外代购平台已受到巨大冲击。

思考：试分析跨境电商十种模式的特征和发展趋势。

实训 9-2　进口跨境电商模式分析

消费升级，模式迭起，进口零售跨境电商行业谁主沉浮？谁能获得消费者的青睐，维护好消费者的体验？接下来我们将对 2015—2016 年新晋迭代的具有代表性的进口零售跨境电商模式进行案例分析及阐述。

一、网易考拉海购

网易考拉海购：媒体驱动型跨境电商

项目背景：网易旗下以跨境业务为主的综合型电商平台

上线时间：2015 年 1 月上线公测（见图 9-3）

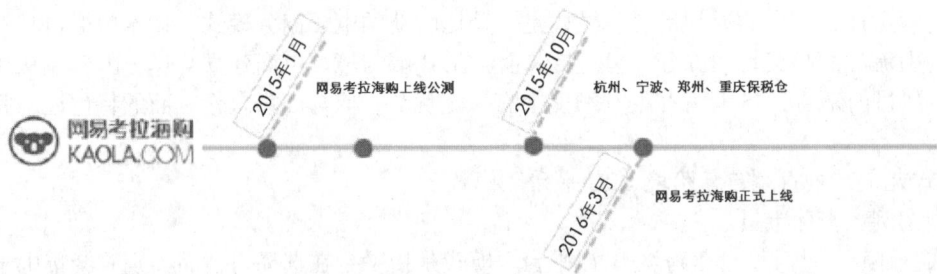

图 9-3　网易考拉海购发展线

经营模式：自营模式为主，入驻式模式为辅

配送模式：国内保税仓配送+第三方卖家配送

网易考拉海购：平台型电商 分销流量辅助

用流量起家的网易，通过自营加进驻线上商城，打造全球的供应链合作，4 大保税仓（预计将拓展为 6 大）储存及出货，将原有媒体的信息流量充分利用起来，便流量转化为商城的销量。2015 年上线公测起，网易考拉海购凭借其网易主体背景，借助自有媒体（网易游戏、网易新闻客户端、网易云音乐、网易邮箱）（见图 9-4），迅速将自有流量转化为自有平台的经营流量，并在 B2C 市场上迅速获得一定的份额。

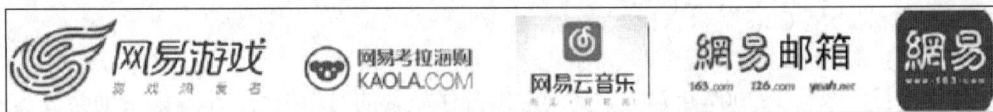

图 9-4　网易自有媒体

网易考拉海购：难以摆脱 B2C 平台的流量瓶颈

但作为平台型电商，网易考拉海购要获得应有的流量、转化率和销售量，不但需要大量的投入、广泛且有代表性的资源的支持，更要面临虎口夺食时的恶性竞争。网易考拉海购虽有网易做流量支撑，但也面临着流量补充及转化的问题。为了弥补流量缺乏的问题，网易考拉海购可选择的方式有二：烧钱铺广告买流量，利益出让招人引流。最终网易考拉海购选择了方式二。2016 年年末，网易考拉海购开启 CPS（销售返佣）方式（见图 9-5），进一步通过个人流量为平台带来增长，将零散流量转化为消费行为，从而为自营商城获得了更大的流量价值，同时也获得了平台流量收入。

图 9-5　网易考拉海购的销售返佣

二、洋葱海外仓

洋葱海外仓：供应链+渠道连锁型跨境电商

项目背景：传统贸易转型企业，拥有得天独厚的海外供应链体系及渠道加盟模式

上线时间：2015 年 9 月上线（见图 9-6）

经营模式：纯自营直采模式

配送模式：海外直采集货直邮

洋葱海外仓：进口品销售渠道拥有者

由传统贸易转型而创立的洋葱海外仓，深知分销渠道和聚合供应链的重要性。基于这样的出发点，在项目上线之前，它已经逐步搭建起自有的全球聚合供应链，将原产地采购、海外仓储物流、海外物流直达线等环节牢牢掌控在自己手上。其定位集中在纯进口品、纯自营商品的操作上。洋葱海外仓对海外直邮、自营商品的执着，非比寻常。

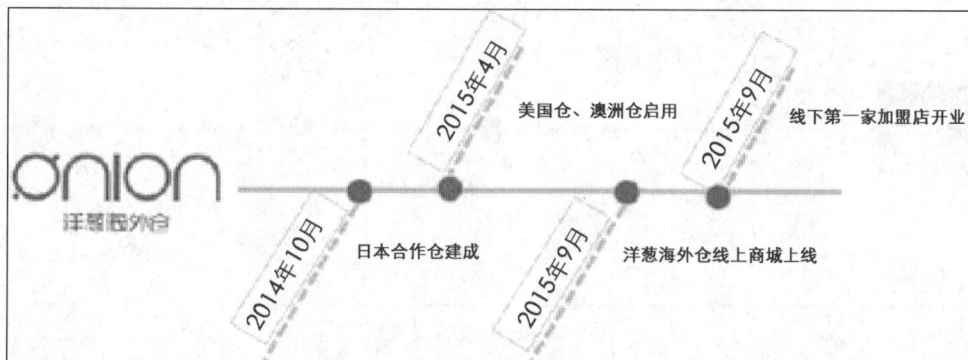

图 9-6　洋葱海外仓发展线

2015 年上线以来，洋葱海外仓把更多的销售机会放给了加盟渠道，通过代理商及店主加盟制进行海外商品分销销售。其实这也是一种传统的渠道加盟业态。在短短的一年多的时间，它已经积累了 5 万多的加盟店主，2000 多线下实体加盟店。

洋葱海外仓：渠道商为王

洋葱海外仓在全球海外供应链的支撑下，其优势也突显在成本控制及商品品质上。批量化的采购，品牌直出，量化的集货海外仓储及直发，获得了更大的商品综合优势。洋葱海外仓的商品销售者均为店主；商城系统销售者均为代理商。这就说明，店主和代理商与洋葱海外仓的利益紧密联系。在商品定价中，其也保证了店主和代理商的足够利润空间，让渠道商赚钱并保有其独立经营权，模式相对稳健及具备发展深度。而洋葱海外仓自身则侧重渠道品牌建设，通过持续的海外品牌引进及附加值输出，获得上游品牌的返利空间（见图 9-7）。

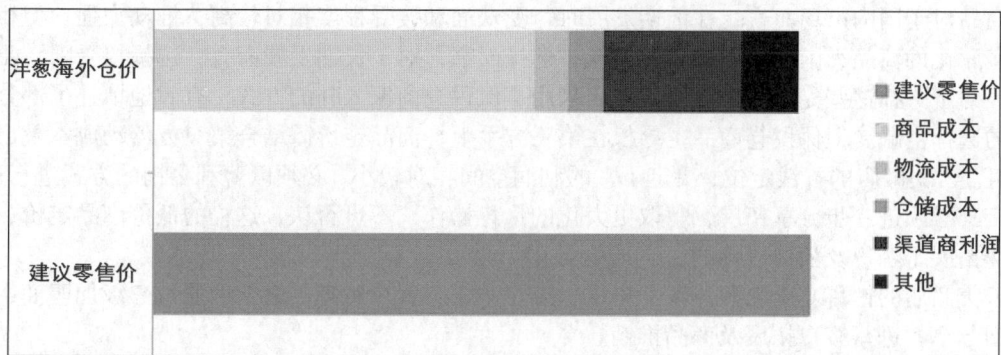

图 9-7　洋葱海外仓商品定价

三、云集微店

云集微店：娱乐分享型电商

项目背景：淘宝电商营销背景，期望打造成为一个全球精品超市

上线时间：2015年5月上线（见图9-8）

经营模式：入驻式模式为主，国内品牌为核心

配送模式：内地仓配送+香港合作仓配送+进驻方配送

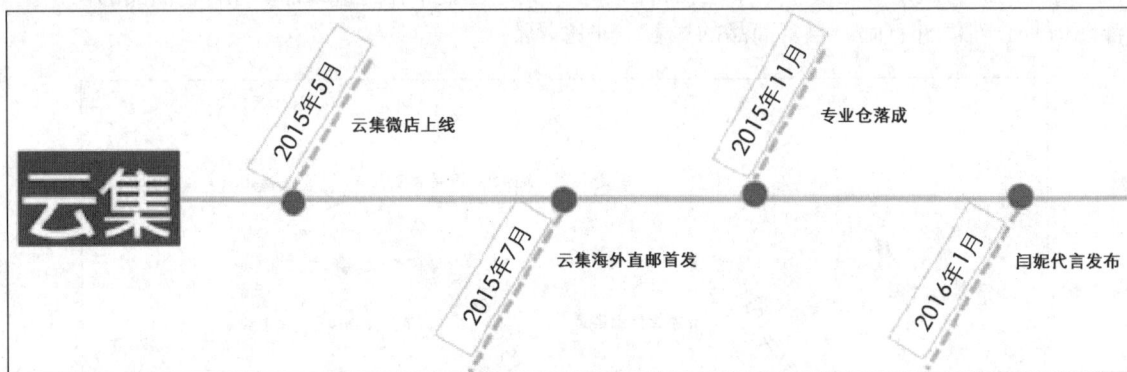

图9-8　云集微店发展线

云集微店：娱乐分享型电商

2014—2015年，传统的朋友圈微商由于都是以个人经营为主，没有能力获得最优价格的正品货源，也没有精力提供售前售后服务，假冒伪劣商品的横行，让微商信誉一度跌至谷底，难以为继。而云集微店正是从中发现商机，充分利用微商的方式，通过"自用省钱、分享赚钱"的理念，让活跃在各个社交平台的分享达人们纷纷参与到云集微店中来。云集微店由此借助社交圈"病毒式"传播的天然流量优势，来帮助商品迅速实现传播销售二合一，大大减少了营销成本。与此同时，其通过规模化的采购和集中式的运作同步缩减了人员管理费用和中间渠道成本，从而有更多的盈利空间可以分享给平台上开店的店主，最终形成了一种共赢的商业模式。

娱乐分享型定位就注定了需要有娱乐的入手点。而省钱、分享正是云集微店的入手点，在发展中同时也成为云集微店的一个标签。

云集微店：进口零售跨境电商中的国产商品主导者

基于省钱的定位，云集微店的商品结构为国产商品为主（80%），进口商品为辅（20%）。国产商品对于国内市场而言，在前期发展时，受众面和接受程度相对较高，推动力强。但相对于全球多元化的商品，国内品牌知名度偏低，选择面窄，对于长期发展而言，选择权受限，驱动力不足。为了弥补这些先天不足，云集微店采用了保税仓商家入驻的方式，有效地填补了部分海外商品的选择空缺。但保税仓商品主导权在第三方手上，商品定价需结合第三方浮动成本及市场价格制订。云集微店的省钱定位，决定了它的利润空间相对较小，必须以薄利多销的方式进行运营，也注定其必须进一步分享拓展，争取更大化的量化操作。不可否认，这样的低价商品定价，也确实迅速拓展了客户及消费群体的。

云集微店的销售基于加盟体系（店主、客户主管、客户经理）之上，通过三级加盟商，借用社交圈分享，进行客户拓展及商品推销。

思考：试分析三种进口跨境电商模式的特征，结合实际，说说它们的联系和区别。

二、思考练习题

（1）跨境电商的内涵是什么？跨境电商如何分类？

（2）跨境电商与国内电子商务的区别是什么？

（3）跨境电商与传统国际贸易的区别是什么？

（4）跨境电商具有哪些特征？

（5）当前跨境电商存在的问题是什么？

（6）跨境电商的发展趋势是什么？

（7）阐述亚马逊、eBay、速卖通、敦煌网、Wish 5 大跨境电商平台的特点。

（8）简述进口跨境电商生态圈。

（9）简述进口跨境电商价值链。

（10）进口跨境电商的分类有哪些？各有什么特点？比较不同类型的进口跨境电商平台。

三、实践练习题

（1）制作一份关于跨境电商的职业规划。（选做）

（2）作为卖家，针对企业现状和产品特性选择合适的跨境电商平台后，还应该做哪些准备工作以完成产品的交易？

（3）了解了 5 种典型跨境电商平台的相关基础知识后，小茗作为公司的总经理，想选择一个适合本企业的跨境电商平台推广公司的有机 T 恤。小茗该如何做出决策？

（4）以某一商品进口为例，简述进口跨境电商的流程。

（5）以 PPT 的形式详细介绍某一种进口跨境电商平台。

课题十
客户关系管理

知识目标

> 理解客户关系管理的内涵
> 理解客户关系管理的内容
> 理解客户生命周期的含义
> 理解客户价值的内涵
> 理解 CRM 软件系统的功能

技能目标

> 掌握获取目标客户的步骤
> 掌握提高客户满意度的技巧
> 掌握提高客户忠诚度的方法
> 掌握防止客户流失的技巧
> 掌握对客户进行分级管理的要点

建议学时

6 学时

第一部分 | 案例与分析

案例 10-1 亚马逊 Prime 会员，成就高净值且高忠诚度客户

根据亚马逊 2017 年 Q1 财报，其净营收同比增长 23%，高达 357.1 亿美元。而同时净利润增长 41%，高达 7.24 亿美元。这是亚马逊连续第三个季度刷新历史最高利润，收入获四年以来最快增长，连续第五个季度实现盈利。分析其原因，2006 年开始推行的 Prime 会员功不可没。

首先，Prime 会员能够直接贡献超高收入和利润。粗略估计，仅 Prime 的入会费用就能为亚马逊带来 80 亿美元收入！

其次，Prime 大幅提高用户黏性和忠诚度，刺激用户在平台购买更多商品，从而带动更多的服务项目。美国市场研究公司 CIRP 2016 年报告显示，亚马逊 Prime 会员平均每年在亚马逊的花费高达 1 500 美元，而非会员平均年花费仅 625 美元。

此外，仅仅针对 Prime 会员推出的亚马逊 Prime Day 全球购物日，继 2016 年第一次举办后，2017 年再次取得巨大成功，在吸引更多新 Prime 用户加入的同时，在美国的销售额较去年购物日也增长了 50%，甚至比"黑色星期五"的销售额高近 20%。这其中，亚马逊重度用户（每个月在亚马逊购物超过 4 次以上的用户）贡献了 Prime Day 销售额的 56%。

2015 年，亚马逊推出了没有年费的亚马逊 Prime 信用卡，用户用其支付亚马逊订单可得 5% 返现。因为美国传统的信用卡刷卡手续费普遍 3～4%，因此这对 Prime 会员有巨大的吸引力。

持续的利好策略让 Prime 会员对亚马逊的忠诚度越来越高。根据一家研究机构的分析，购买相同商品时，只有不到 1% 的 Prime 会员会考虑到亚马逊竞争对手那里购买。以 Target.com 为例，非 Prime 会员从亚马逊转到 Target.com 购物的可能性是 Prime 会员的八倍多，而后者几乎毫不犹豫地会选择亚马逊。这让对手们想要对亚马逊 Prime 会员产生消费决策影响的机会越来越渺茫。

简而言之，亚马逊 Prime 服务是为大量高净值且高忠诚度的用户设计的，亚马逊通过这项服务为用户带来很大的便利价值，同时也实现了对用户的锁定。

第二部分 | 课题学习引导

21 世纪是服务制胜的时代，谁真正了解客户、拥有客户并有效地服务于客户，谁就能赢得一切。而客户关系管理正是快捷、精准实现这一任务最有效的手段。电子商务发展迅猛，如果不匹配良好的客户关系管理，电商企业就无法给客户提供高品质服务，进而无法高效实现经营目标。

10.1 客户关系管理的基本概念

1. 客户与客户关系

（1）客户

客户，是指购买企业产品或服务的个人或企业组织。其范畴如下。

① 消费者：购买最终产品与服务的零售客户，通常是个人或家庭。

② B2B 客户：将购买的产品或服务附加在自己的产品上一同出售的客户（例如，麦当劳将可口可乐附加到套餐中出售；耐克将 YKK 拉链附加到运动衣中出售）。

③ 渠道客户：购买产品，作为企业在当地的代表并出售所购产品的客户（例如，沃尔玛购买可口可乐，出售给消费者）。

④ 内部客户：企业（或联盟公司）内部的员工。

（2）客户关系

客户关系指的是企业在经营管理过程中，与客户所建立的各种联系。这种联系可能是单纯的交易关系，可能是通信/信息联系，可能是与客户之间特殊的接触机会，也可能是因双方利益而形成的联盟关系。

客户关系的建立为企业的经营管理提供了一种重要思路，使企业建立了以客户价值为核心的商业模式。客户的个性化需求被企业满足时，会积极与企业进行沟通并且向企业提供信息作为回报，这就会形成良好的客户关系。这一客户关系所隐含的意义在于：客户为企业提供机会，向企业传达他们需要的是什么，企业要领会并且运用所接收的信息，将其转化为产品/服务提供给客户。客户传达给企业的信息越多，企业就越能找到客户真正的需求，提供客户真正需求的产品/服务，如此客户在企业的消费与投资就会越来越多。这意味着客户需求的满足与企业利润的提高，也就是客户与企业的双赢。客户关系的建立如图 10-1 所示。

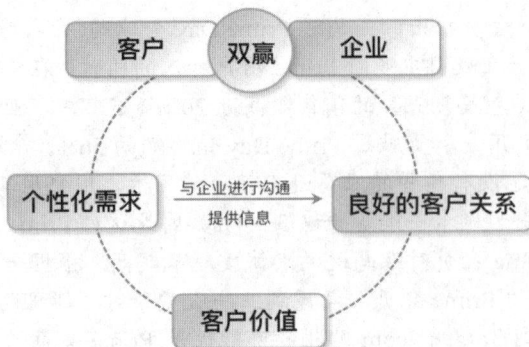

图 10-1　客户关系的建立

2．客户关系管理的定义与含义

（1）客户关系管理的定义

不同的研究机构、专家学者和相关企业在定义客户关系管理时，侧重点有所不同，因此并未形成统一的定义。其中，具有代表性的定义如表 10-1 所示。

表 10-1　　　　　　　　　　　　　　　　客户关系管理的定义

定义者	侧重点	定义
SAS 公司	技术	客户关系管理是一个过程，通过这个过程，企业最大化地收集与利用客户信息，提高客户的忠诚度，延长客户关系生命周期
麦肯锡公司	关系	客户关系管理是持续的关系营销，企业应该寻求最有价值的客户，以不同的产品和渠道来满足不同客户的需求，并与客户保持沟通，根据客户消费行为的改变而调整企业战略
美国营销协会	关系	客户关系管理是协助企业与客户建立良好关系，使双方都得利的管理模式
菲利普·科特勒	价值	客户关系管理是通过传递客户价值和满意，以建立和维持客户关系的整个过程

我们结合这些定义，将客户关系管理定义为：企业对客户特征、需求变化、市场趋势及竞争对手等相关信息进行获取、提炼与解读，从而持续提供满足客户需求与期望的产品/服务，从而保持客户满意度与忠诚。

（2）客户关系管理的含义

对客户关系管理可以从三个层次理解其含义：交易关系管理、信息管理及价值管理。

① 交易关系管理。即在交易过程中，为客户提供快捷并且周到的服务，与客户建立并且维护一种紧密信任的关系。在电子商务中体现为客服管理，包括售前、售中及售后管理。在产品/服务同质化、差异性不显著的情况下，良好的交易关系管理有利于企业提高客户的满意度与忠诚度。

② 信息管理。即企业对客户信息的获取、提炼以及良好运用的过程。企业要做到比竞争对手与客户自身更了解他们，首要就是从客户那里获取信息，这里的信息包括客户主观的偏好、需求信息，也包括客户所留下的各种客观数据信息（如网页浏览、购买记录等）以及市场需求变化趋势。因此客户关系管理是一种技术或者流程，用来收集并提供有助于企业制定战略决策所需的信息。

③ 价值管理。即企业根据所掌握的客户需求与偏好，为客户创造价值。以客户得到的价值来讲，价值是企业可以提供给客户的独特产品/服务，是让客户愿意开心买单的原因。以企业得到的

价值来讲，价值是客户在企业的投资与消费。价值管理过程是一个双向的共赢过程：首先，企业向客户提供价值，也就是满足客户需求与期望；接着，客户向企业提供价值，也就是保持客户忠诚，让企业有利可图。

3．客户关系管理的内容

客户关系管理的内容主要包括三个方面：获取更多数量的优质新客户（关系更多），提高现有客户的盈利性（关系更深），以及延长客户关系的生命周期（关系更久），如图 10-2 所示。

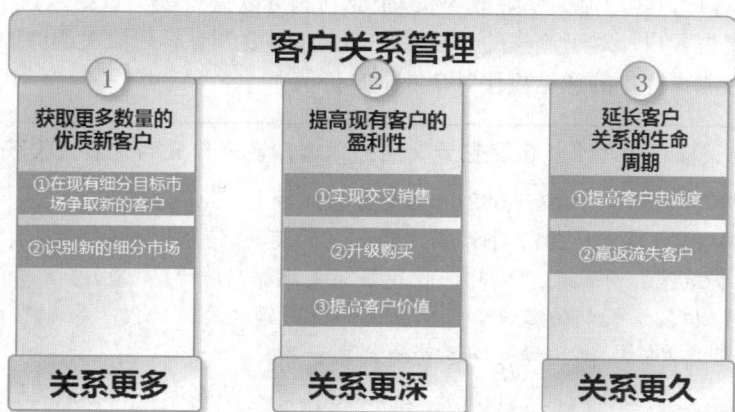

图 10-2　客户关系管理的内容

（1）获取更多数量的优质新客户

即增加客户数量，可以分解为两个方面的内容。

① 在现有细分目标市场争取新的客户。包括吸引全新潜在客户，以及吸引竞争对手的客户。例如，星巴克依旧以不变的价格销售着焦糖玛奇朵、美式咖啡以及抹茶星冰乐等产品，品牌定位没有变，目标客户群也没有改变，只是通过客户关系管理策略去吸引更多之前并没有饮用咖啡习惯的潜在客户来购买；或者去吸引之前在 Costa 咖啡消费的客户来星巴克购买咖啡。

② 识别新的细分市场。许多企业在发展初期，只服务于一个细分市场。随着企业实力的提高与经验的积累，企业可以通过探索新的细分市场来获取更多客户。例如，伊利、蒙牛等乳制品企业，在发展前期面对大众消费者推出平价产品，后来逐渐完善细分市场，针对高端细分市场推出高价格产品，如金典、特仑苏、安慕希、纯甄等；也针对幼儿市场推出幼儿 QQ 成长星、未来星等产品。

（2）提高现有客户的盈利性

即促进客户关系质量的提高，使客户对企业的信任度不断提高，同时价值贡献不断增长。可以分解为三个方面的内容。

① 实现交叉销售。企业增加客户使用同一家企业产品或服务的种类。例如，宝洁公司通过客户关系管理策略，增加现有客户对其旗下各种类产品（洗发、护发、护肤用品、化妆品、婴儿护理等）的选择；又如，携程通过客户关系管理策略，促使使用其机票预订服务的客户，也同时使用它的酒店、餐饮预订等服务。

② 升级购买。客户由购买低盈利性的产品转向购买高盈利性的产品，强调客户消费行为的升级。例如，苹果客户从购买 Macboook air 128g，到升级购买 Macbook pro 256g；宝马客户从购买 3 系产品，到升级购买 8 系产品。

③ 提高客户价值。企业需要为客户提供不同于竞争对手的产品/服务。

（3）延长客户关系的生命周期

即让企业和客户之间的关系更为长久。可以分解为两个方面的内容。

① 提高客户忠诚度。激发客户对企业的产品/服务强烈的在未来持续购买的欲望。亚马逊的战略就是保持客户忠诚，其59%的营业额几乎来自相同的客户。一般而言，老客户所创造的营业额是新客户的5倍。因此，相对于不断改进战略去吸引新客户，维系现有客户，与其建立更长久的客户关系更为重要。

② 赢返流失客户。客户流失率降低5%，企业利润可以提高25%～85%（行业差异），因此企业要尽力挽留流失客户。对于流失的长期客户，企业需要调查客户流失的原因，有针对性地做出改进，而这部分流失客户的意见往往对企业最具价值。

实例10-1　天猫"双11"1 682亿元背后："客户资产"成商家最大收获

（1）2017年"双11"，天猫1 682亿元交易额背后

2017年11月12日零点，2017年天猫"双11"的交易额最终定格在1 682亿元，交易覆盖全球225个国家和地区。商家在"双11"收获了为之满意的销量，吸引了大量的潜在客户，聚集了大量的粉丝，积累了长期的客户资产。巨大的交易额之外，天猫"双11"体现的是平台和商家更深远的商业布局——供品牌长期运营的客户资产。

2017年"双11"，更多的商家愿意在天猫平台上开发品牌建设和客户运营，新品首发、IP营销、粉丝经济、站内站外融合的全案营销等新的电商玩法。"双11"不只是帮他们卖更多货，还能使他们获得更多客户和粉丝的喜爱。

（2）重视客户运营的品牌的不俗表现

在各个行业，重视客户运营的品牌都表现不俗，客户成了爆发的重要动力，客户资产已然成为众多品牌关注的话题，卖货时代已经成为过去时，以客户诉求为驱动的整体运营和营销体系正逐渐在天猫和阿里平台上成为常态。

阿里巴巴CMO董本洪认为，把客户变成一种资产，为长期的品牌建设提供了一种可视化的参照。一个公司的市场部由花钱的部门变成投资部门，所有与品牌产生过关联的客户都可以成为这个品牌的资产储备。

（3）天猫成为品牌客户资产管理的最佳平台

让商家告别了一次性营销，收获可视化、可追踪、可运营的客户资产，是天猫赋予商家的更大价值所在，此次"双11"就是一次绝好的验证。阿里集团全域运营客户部总裁彭霹琦说："'双11'不是销售的终点，而是新的起点。"她认为，客户资产体现的是对客户全生命周期的管理，而非一次营销活动本身。这些数字由一次次营销活动累积而来，也将不断指导新的营销活动。品牌在此前营销活动中所积累的品牌资产在"双11"得以放大和增值，而"双11"所积累和放大的客户资产也将在之后的品牌运营中继续发挥重要作用。

10.2　获取客户与建立客户关系

对企业而言，成功地建立客户关系不仅意味着把产品/服务卖给消费者，更在于了解谁是自己的客户，并且了解自己的客户真正需要的服务和需求。企业应找到客户，并且能比其他竞争对手更好地满足客户的需求与期望。如何找到客户并且建立客户关系，是本节要学习的内容。任何企业都不可能服务于市场上所有的客户，它们需要根据自身的实力与目标，有针对性地锁定目标客户。因此企业需要对市场进行细分，识别自身的目标客户并且努力建立客户关系。

1．市场细分

市场细分是从客户个性化需求的角度对客户进行分类，把实际和潜在的客户划分为不同的客户群体的市场分割过程。市场细分的实质是对客户需求的界定，通过市场细分，企业可以认识到每个细分市场上客户需求的差异、需求被满足的程度，从而有针对性地服务客户。

市场细分主要包括以下两个方面内容。

（1）确定市场细分的依据

企业需要根据消费群体在需求上的差异性以及差异产生的深层原因，确定用来细分市场的依据。常用的市场细分依据如表 10-2 所示。

表 10-2　　　　　　　　　　　　　　　市场细分依据

细分依据	细分因素
地理依据	国家、地区或所在城市的规模等
人口依据	年龄、性别、家庭规模、收入，国籍、职业等（个人客户）；行业、企业的规模、注册资金、经营范围、经营期限、注册地点、企业法定代表人等（企业客户）
行为依据	购买时机、追求的利益、使用者的状况、使用率、品牌的忠诚度等
社会心理依据	个性、生活态度、受教育程度、价值取向、社会阶层、生活方式、生命周期阶段等（个人客户）；企业的组织气氛、企业文化等（企业客户）

（2）选定细分市场

企业根据选定的细分依据，将整个市场划分为一系列的细分市场，每一细分市场均由一组寻求相似利益、具有相似偏好的客户组成。接着对每个细分市场的客户需求和期望进行判断，同时也对企业自身满足客户需求的能力进行判断。结合两方面的判断，企业选择有能力服务、并且具有市场潜力的细分市场。

例如，每日优鲜按照消费者的习惯和生活方式，锁定"愿意足不出户，享受 1 小时生鲜产品送货上门服务"的客户群体；蜜芽依据生命周期阶段这个细分依据，主攻母婴市场。

2．识别目标客户

任何企业的资源都是有限的，需要在选定的细分市场中找到目标客户，并且对有限的资源进行有效组合，为企业"门当户对"的客户提供服务。在寻找目标客户的过程中，企业要熟练掌握和灵活运用以下常用的方法，如表 10-3 所示。

表 10-3　　　　　　　　　　　　　　　识别目标客户的方法

识别方法	操作步骤
公共媒体信息寻找法	从各种电话黄页、企业网站、广告、报纸、杂志或协会等处获取企业名录
国家统计局统计年鉴寻找法	统计年鉴是各城市统计局根据国家数据统计的要求对地方企业经济进行汇总分析的文献资料，它有企业销售、产值、利税等各种统计数据分析，大家可以通过地方的图书发行机构购买
会议寻找法	企业应关注城市的酒店、宾馆、大型会议展馆，及时收集各企业、机关、组织举行的各种展览、会议、贸易活动、市场推介会、促销会、培训等信息
委托调查公司	许多城市中都有专业的从事信息调查的公司，企业可以通过与其合作获得有效的信息
老客户介绍与推荐	企业通过老客户收集新客户和供应商名单，并再次进行跟进。这种寻找目标客户的方式是所有方式中最为有效的，并且获得的客户信息比较准确和翔实，更有利于企业对新客户的开发

识别方法	操作步骤
锁定具备二次购买可能的老客户	老客户资源就是最好的资源，利用企业客户俱乐部提供的资料，通过激励政策，挖掘客户升级版的需求
锁定竞争对手的客户	关注竞争对手的网站及发布信息的渠道和市场活动
网络寻找法	（1）企业可以根据自己的经营范围登录专业网站，浏览国内外的需求信息，也可以发布信息吸引客户；（2）企业可以通过多种网络交流渠道，如论坛、社交媒体寻找客户；（3）企业可以在自己的公司网站上，设计产品宣传页，吸引潜在的客户来与自己联系

3. 建立客户关系

寻找到客户不等于可以与客户建立关系，企业还需要吸引客户与说服客户。面对众多的产品/服务供应商，客户只有被企业吸引，才会与之建立关系。

（1）吸引目标客户的主要措施

① 提供适当的产品/服务。如今的电子商务市场竞争激烈，许多传统的现在企业也加入在线销售的队伍。企业要想在众多电商中脱颖而出，赢得客户的喜爱与信任，首要的是提供可以满足客户需求与期待的产品/服务。例如，网易严选提供的产品具有较高的品质、简约的外观设计，迎合了广大对生活品质具有较高要求但又不会选购奢侈品的客户群体需求。

② 保障产品/服务的质量。许多企业过度关注产品创新、外观及功能设计，反而忽视了最基本的产品质量。天猫、京东等电商平台屡屡被爆出产品质量不过关的丑闻，让许多客户做选择时心有余悸。

③ 凸显产品/服务的特色。使产品/服务具有与众不同的特色，吸引客户。例如，花+（Flower Plus）颠覆了人们多在节庆、纪念日购买的礼品花模式，通过手机端下单、包月制宅配，向客户灌输随时随地用鲜花点亮生活、点亮心情的理念，培育日常用花的消费模式。众多客户表示，包月鲜花（每周顺丰送花到家）的到来，也为他们带来了更多的惊喜。

④ 塑造品牌形象。每家企业都在为树立品牌付诸持续的努力，吸引目标客户是良好、知名品牌的关键作用之一。三只松鼠在主营坚果的电商中，品牌知名度较高。同时，它邀请青春偶像组合TFboys作为品牌代言人，获得了大批年轻消费者的关注与热捧。

⑤ 提高产品/服务的附加值。附加值是产品/服务超出基本与核心功能外的，可以提升客户对产品/服务评价的，为客户带来预期外的惊喜的部分。在大众观念里，消费者选择淘宝等电商平台购物是出于电商的价格优势，如何提高电商企业产品/服务的附加值，是电商面临的重要课题。

⑥ 确定适当的价格。价格是产品/服务是否具备吸引力的关键因素之一。目前，还有众多电商靠低价、大批量销售吸引客户。随着消费升级，越来越多的客户不再执着于价廉的商品，而是以产品质量为前提，优先选择高性价比产品。

⑦ 选择恰当的分销渠道。企业需要根据自身需要与目标客户特征，选择适合自己的渠道。

⑧ 进行有吸引力的推广活动。推广就是向目标客户宣传与传播自身的品牌/产品。随着新媒体的发展，企业的推广方式较传统推广发生了巨大改变，企业通过社交媒体、官网、公众号等新媒体，与客户进行在线互动。

（2）建立客户关系

客户被企业所吸引，并不意味着就顺理成章会购买企业的产品/服务，企业需要在客户提出询问或异议时，给予及时与专业的回复，消除客户疑虑，提升客户的购买意愿，最终达成初次交易，建立客户关系。这一环节需要客服人员具备如下的沟通技巧及专业素养（见图10-3）。

① 善于倾听。从客户的谈话中确定客户的客观问题与主观情感，不要打断客户讲话，并且适时表达自己的意见，在肯定对方谈话价值的同时，与客户进行商议。

② 善于表达。客服人员的表达与沟通能力十分重要，是否可以准确表达，给客户专业与体贴的回复，是促成交易的关键。

③ 掌握提问的技巧。首先提一个开放式的问题，如"有什么需要我帮忙的吗？"然后转提封闭式问题，如"是否对我们产品的质量有疑问？"能正确地、大量地提出封闭式问题，充分说明客服人员理解了客户的诉求与问题。

④ 关注客户需求。客服是与客户最近距离接触的企业员工，他们是否可以及时察觉客户需求，从而有针对性地为客户提供服务，是建立客户关系的关键。同时，客服需要收集、总结与反馈客户的诉求与反应，作为企业与客户间沟通的有力桥梁。

⑤ 专业性。在与客户沟通、互动的过程中，客服需要表现出较高的知识水平，帮助客户对产品/服务进行深入了解，促成交易。

⑥ 责任感。客服应该抱着对客户以及公司负责的态度，认真对待每次与客户接触并为客户服务的机会。

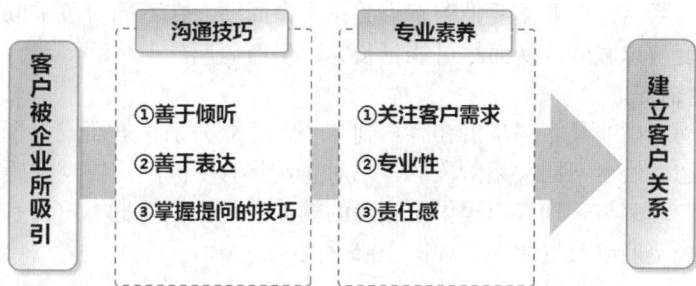

图 10-3　客服人员所需沟通技巧与专业素养

实例 10-2　电商寻找与建立客户关系的方式——推荐引擎

（1）"猜你喜欢"

淘宝购物车页面底部，有一栏"你可能还喜欢"，也就是"猜你喜欢"，即推荐引擎（见图10-4）。

目前主流的推荐引擎，如亚马逊、脸书等，都采用个性化协同推荐算法。这里包括两个基本的要素，即"个性化""协同"。个性化是指，算法要能追踪客户的每一个行为（如浏览过的页面、订单记录和商品评分），进行个性化推荐。协同是指，这种算法会同时考察和分析其他客户的选择和偏好，在此基础上将物品进行关联，或者将不同客户进行关联。推荐引擎，一般来说大约能够提高电商10%～30%销售量的。

（2）电商里面经典的推荐算法是什么

一般来说，常见的有两种推荐算法，一种是计算客户间的相似性（客户相似性矩阵），另外一种是计算物品之间的相似性（物品相似性矩阵）。

① 客户—客户：计算客户之间的相似性。计算一对客户之

图 10-4　"猜你喜欢"

间的"距离"，即他们对同一物品打分的相似程度。如果 A 和 B 都给"某品牌鼠标"打 5 分，那么他们之间的距离就为 0。如果 A 给"某品牌手环"打 5 分，但是 B 只给该手环打 2 分，那么 A 和 B 之间就是存在距离的。通过这种客户之间距离的计算，我们可以识别哪些客户偏好相似。如果 A 和 B 距离非常近，那么我们有理由认为 A 和 B 的偏好是类似的。因此，如果 A 采用和购买了某个产品，我们自然会认为 B 也会感兴趣甚至购买该产品，从而向 B 推荐该产品。

② 物品—物品：计算物品之间的关联。亚马逊作为推荐算法的鼻祖，采用的主要是物品相似性矩阵，如计算两本书、两部电影、两部手机之间的距离。如果 10 个客户给 A 书和 B 书都打了很高的分，或者很低的分，说明这两本书是比较类似的，距离比较近。一般来说，一对物品之间的距离是通过成百上千万客户的评分计算出来的。例如，计算结果表明物品 A 和物品 B 非常相似，此时，如果客户小白购买了物品 A，系统就会下意识向其推荐物品 B，这样小白有更大的概率会对物品 B 感兴趣，从而购买物品 B。

（本案例整理自公众号：比格堆塔）

10.3 维持客户关系

在与客户建立关系后，企业需要把握客户关系生命周期，在不同阶段采取相应的管理措施，持续提高客户满意度与忠诚度，从而尽可能延长客户生命周期。

1. 客户关系生命周期

客户关系生命周期指的是客户从潜在客户到与企业建立关系，进而成为企业长期保留和维护的对象的阶段化状态。处于不同关系阶段的客户对企业具有不同的需要、期望与行为模式。客户关系生命周期为企业理解与管理客户提供了明确的框架，这个框架把客户关系划分为四个阶段：考察期、形成期、稳定期以及退化期，如图 10-5 所示。

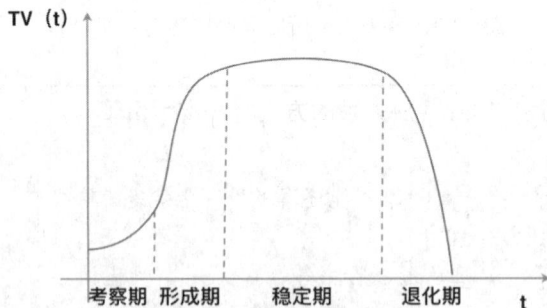

图 10-5　客户关系生命周期

（1）客户关系生命周期的划分

① 考察期。考察期是客户关系的探索与试验阶段，是客户关系的孕育。在这一阶段，双方考察与体验对方的实力、诚意及特点。考察期内，客户关系的基本特征是不确定性，因此此阶段的中心目标是评估彼此的潜在价值和降低不确定性。在这一阶段，企业获得了潜在客户的回应，形成多种形式的交流互动，并且客户开始下一些尝试性的订单。

② 形成期。形成期是客户关系快速发展的阶段。在考察期所获取的客户通过产品或服务的交换过程转变为真正的客户，这个过程为企业与客户双方都带来价值，客户有意向与企业进行更多的交易。在这一阶段，双方从关系中获得的回报日趋增多，交互依赖的范围和深度也日益

增加，逐渐认识到对方有能力提供令自己满意的价值和履行其在关系中担负的职责，因此愿意承诺一种长期关系。随着了解和信任的加深，双方关系日趋成熟，双方的风险承受意愿增加，交易不断增加。

③ 稳定期。稳定期是客户关系发展的最高阶段。此阶段，客户已经与企业建立相对紧密的联系，双方对彼此提供的价值高度满意，完成了大量的交易。同时，为了长期维持稳定的关系，双方都进行了大量有形和无形的投入。在这一阶段，企业需要尽可能地通过真正把握客户的需要与期望，并且提供恰当的解决方案来巩固与加深这种紧密联系。企业需要专注维护客户关系和保留客户，尽可能保持客户满意度，确保企业与客户彼此价值的提高，将客户转变为忠诚客户并且维持其忠诚度。这一阶段的工作重点在于完善售后服务以及理解与满足客户的新期望与需求。

④ 退化期。退化期是客户关系逆转的阶段。引起关系退化的原因有很多，如市场上提供同种产品或服务的新竞争对手的加入，现有竞争对手的全新营销策略，客户的品牌摇摆行为，企业自身原因导致的客户对企业或产品的不满意，竞争者促销活动等造成的客户冲动性购买或者高要求客户的猎奇行为。此时，企业有两种选择，一是加大对客户的投入，重新恢复与客户的关系，进行客户关系的二次开发；二是不再过多投入，渐渐放弃这些客户。

（2）利润在生命周期各阶段的变化趋势

影响企业在客户关系中所获取利润的主要因素有交易量、交易价格、成本、间接收益四个。由于这些因素随着客户关系生命周期的演进而变化，因此企业从客户关系中所获取的利润也随之改变，如图10-6所示。

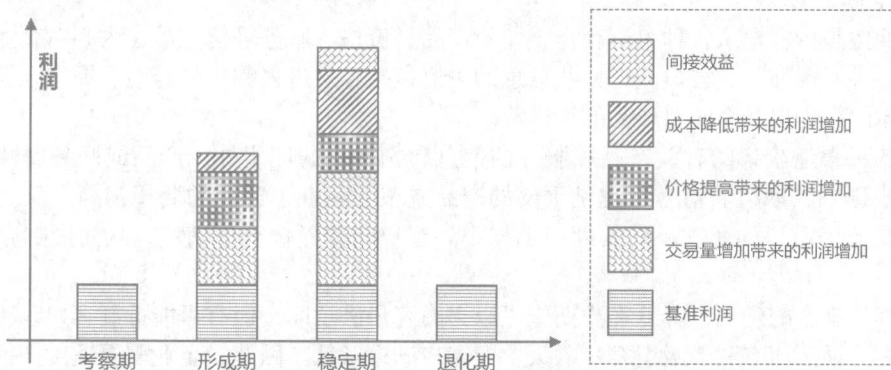

图10-6 利润随客户关系生命周期的演进而改变

① 考察期。由于此阶段客户关系存在较高的不确定性，客户只是试探性地下少量订单，交易量很小；客户不愿为此支付过多的金钱；同时企业为了吸引和获取客户，会增加服务成本、营销成本以及交易成本；客户所带来的间接收益几乎不存在，企业只能获取一些基准利润，客户对企业的利润贡献不大。

② 形成期。随着企业与客户双方了解和信任的持续加深，关系日趋成熟，业务在逐步扩大。企业的投入和开发期相比要少得多，主要是发展投入，目的是进一步融洽与客户的关系，提高客户的满意度、忠诚度。此阶段，交易量快速提高；客户的支付意愿也随着满意度的提高而提升；尤其随着与客户越来越默契，企业为维系客户的服务成本、营销成本及交易成本明显下降；客户开始产生传播企业正面口碑的意愿与行为。企业主要获得的是客户的基本购买量、增加购买量所带来的利润收益，甚至后期也可能获得交叉购买带来的利润。

③ 成熟期。企业与客户双方的交互依赖水平达到整个关系发展过程中的最高点，双方关系处于一种相对稳定状态。企业与客户间的交易量达到最多并且可以维持一段较长的时间；同时，由于企业对客户独特需求与期望的理解更加深刻，可以为客户提供的服务和信息更个性化具有价值，客户愿意为此支付更多的金钱；此时企业的投入较少，主要是与客户之间的情感交流；客户为企业做出较大的贡献，会主动传播企业正面口碑和为企业推荐新客户。

④ 退化期。企业与客户间的关系出现问题，交易量回落；客户对企业提供的价值不满意，支付意愿大幅下降；如果此时企业不愿意继续维持客户关系，则不会再投入相应的成本；客户有可能带来负面的企业口碑，此阶段利润快速下滑。

2．客户满意度管理

（1）客户满意度的定义

客户满意是客户的一种心理感受，是客户需求得到满足后形成的一种愉悦感或状态。客户满意度用公式可表示为：

$$客户满意度＝客户体验－客户期望$$

当客户体验与期望一致时，上述差值为零，客户是基本满意的。当客户体验超出客户期望时，上述差值为正数，客户就感到"物超所值"，就会很高兴，甚至赞叹。这个正数数值越大，客户满意度越高。相反，当差值为负数时，即客户体验低于客户期望时，客户是不满意的。这个负数数值越大，客户满意度越低。

（2）提高客户满意度的措施

根据客户满意度的定义，企业可以从客户期望与客户体验两个方面入手，提高客户满意度。

① 把握客户期望

客户期望是指客户从各种渠道获得企业及产品、价格、服务等信息后在内心对企业及产品服务等形成一种"标准"。客户获得这些信息的渠道包括客户过去购买的经验、周边人们的言论、该企业发布的广告以及企业对产品的许诺等。

除了各种渠道收集的有关产品和服务的信息影响客户的期望外，产品或服务属性对客户的重要程度也影响其期望。对客户越是重要的产品或服务属性，客户的期望越高。反之，客户认为对其越是不太重要的属性，对其期望也越小。客户期望影响客户满意，从而影响企业的销售量和收入。

根据客户满意的定义，降低客户期望可以提高客户满意度，但有可能抑制客户购买意愿。相反，提高客户期望值有利于吸引客户购买，但客户满意度低。因此，企业需要适度把握客户的购买意愿。

② 提升客户体验

企业所提供的一切东西，无论是产品还是服务，都会涉及客户体验，客户体验是客户根据自己与企业的互动产生的印象和感觉。一个企业如果试图向其客户传递理想的客户体验，势必要在产品、服务、人员以及过程管理等方面有上佳的表现。当然，由于客户的经历、背景、需求等方面的差异，不同的客户对同一产品/服务的体验感知水平并不一致。

根据客户满意的定义，客户满意度与客户体验同方向变化，在客户期望一定的情况下，客户体验越好，其满意度越高。因此，企业需要在与客户的每次接触中，尽可能提升客户体验。

实例 10-3 信仰品位与创新的网易，正在抓住中国中产用户

2017 年 11 月 16 日，网易公布了其第三季度财报，净收入为 123.78 亿元，同比增长 35.5%，净利润为 25.27 亿元。这份财报显示，网易邮箱、电商及其他业务净收入增幅最大，达到了

37.35%，同比增长 79.5%。

有品位和创新是网易创始人丁磊用来描述网易的形容词，而如今承担着"再造网易"任务的电商业务，似乎也符合这一点。

（1）消费升级思维

根据社科院的统计，我国中产的占比规模约以每年 1% 的增速扩大，其在 2020 年有望迈入占总人口 30% 的关卡，并使社会结构长成粗壮的"洋葱体形"。

新的消费人群带来了新的消费需求，这种升级需求并非简单地追求名牌，对于大多数身处一、二线城市的中产用户而言，他们已经跨过了鲍德里亚眼中的"消费主义时代"——用户从对物本身的消费，来到对物品背后符号的消费，如今又一次回到了对生活方式本身的追求，而非品牌符号。

这像极了 20 世纪 80 年代无印良品出现时的日本，人们的消费能力在飞速成长的同时，用户对生活方式的追求也已经不再仅仅局限于品牌，用户愿意为高品质的生活方式付费。

正如丁磊从客户角度提出的"新消费"概念，用户的消费观念和消费行为正在发生变化，新的需求自然会带来新的流量红利与机会，而扛起"有品位"大旗的网易恰恰站在了这样一个风口上。

（2）电商红海之中，网易赢在哪里

"网易是一家有工匠精神的企业。我们的产品有一个共性，不管是新闻客户端、有道词典，还是音乐、阅读，我们都是精益求精。"丁磊从不吝惜对网易调性的高度评价。在正确的时间节点，网易依靠自身积累的口碑，对产品细节的追求和品位，极大程度地提升了客户体验，成为消费升级下流量迁移红利的承接者，最终也成为这一波红利最大的受益者之一，在原本是红海的电商中创造出了一个新的蓝海。

3. 客户忠诚度管理

（1）客户忠诚的概念

当客户对企业提供的产品/服务形成依附性偏好时，会对企业产生高度认同和满意，产生对企业的产品和服务重复购买的行为趋向，也就是客户忠诚。企业的大部分销售收入均来自一小部分的忠诚客户，所以客户忠诚度是企业利润增长的重要推动力，是企业赢利的源泉和成长的基石，是企业最大的无形资产。根据客户忠诚的概念，对其内涵主要可以从以下两个方面来理解。

① 态度取向。态度取向代表了客户对企业产品积极情感的程度，也反映了客户将产品推荐给其他客户的意愿。当企业的营销行为或品牌个性与客户的生活方式或价值观念相吻合时，客户会对企业或品牌产生情感，甚至引以为荣，并将它作为自己的精神寄托，进而表现出持续购买的欲望。

② 行为重复。行为重复是指客户在实际购买行为上重复并持续地购买某一企业的产品，它以客户购买产品的比例、购买的顺序等指标来衡量。这种持续的购买行为可能出自客户对企业产品的好感和喜爱，也可能是由于客户的购买冲动、企业的促销活动、客户的购买习惯、客户的转移成本过高或企业的市场垄断地位等与感情无关的因素。

（2）客户忠诚的类型

根据客户忠诚的态度取向、行为重复两方面内涵，可将客户分为态度忠诚和行为忠诚。根据客户态度和行为忠诚程度高低的组合，可将客户忠诚分成如图 10-7 所示的四种类型。

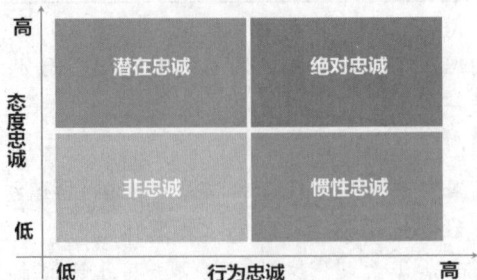

图 10-7　客户忠诚的类型

① 低态度忠诚、低行为忠诚——非忠诚：由于许多原因，某些客户对一定的产品和服务不会产生忠诚感，这种客户不能发展成为企业的忠诚客户，一般来说，企业要避免把目光投向这样的客户。

② 高态度忠诚、低行为忠诚——潜在忠诚：这种类型的客户对企业的产品和服务情有独钟，但出于购买力不足或对产品不再有需求等因素，没有重复购买。但这类客户会成为企业的业余推销员，对企业产品/服务会广为宣传，会极力推荐给亲戚、朋友和家人，这样其亲戚朋友等也可能发展为企业的潜在客户，因此他们对企业而言也很有价值。

③ 低态度忠诚、高行为忠诚——惯性忠诚：其忠诚来自于外在因素，一旦外在因素（如价格、地点等）发生变化，他们就不再购买企业的产品和服务。

④ 高态度忠诚、高行为忠诚——绝对忠诚：这是典型的感情或品牌忠诚，是真正的客户忠诚，既有态度上的认同，又有行为上的持久性，对企业来说是最有经济价值的。客户对其产品和服务不仅情有独钟，重复购买，而且乐此不疲地宣传它们的好处，热心地向他人推荐其产品和服务。

（3）提高客户忠诚度的策略

① 提高客户满意度。客户满意程度越高，则该客户的购买量越多，客户对企业及其品牌越忠诚。无论行业竞争情况如何，客户忠诚度都会随着客户满意度的提高而提高。如若客户不满意，大多数客户会无言地离去，不给企业任何留住他们的机会。所以说，客户满意度是提高客户忠诚度的重要因素之一。

② 提高客户价值。企业和客户间的关系终究是一种追求各自利益与满足的价值交换关系，客户忠诚的是企业提供的优异价值，而不仅仅是特定的某家企业或某个产品。企业让渡给客户价值的多少决定了客户对其忠诚的程度。

③ 关注客户个人特征。客户个人特征是影响客户忠诚度的重要因素，如客户的经济条件、文化背景对客户的忠诚度影响很大。一般而言，高收入人群对自己认可的品牌忠诚度高，低收入人群对自己认可的品牌忠诚度低。因为一旦竞争品牌提供优惠或折扣，低收入人群很容易转换品牌，而高收入人群相对来说对价格不太敏感。因此，了解客户个人特征，有助于培养客户忠诚。

④ 提高转换成本。转换成本是指企业设置的客户退出壁垒。客户如若要离开现有的品牌，必定要付出代价，如若这样的代价客户不愿付出或者是超出了客户的承受范围，客户则会留下来继续购买原品牌。

⑤ 加强客户互动。企业与客户之间的互动应当是双向沟通：一方面是企业与客户的沟通，是指企业积极保持与客户的联系，通过人员沟通和非人员沟通的形式，把企业的产品或服务的信息及时传递给客户，使客户了解并且理解和认同企业及其产品或服务；另一方面是客户与企业的沟通，是指企业要为客户提供各种沟通的渠道，并使客户可以随时随地与企业进行沟通。

⑥ 注重客户关怀。客户关怀是企业通过对客户行为的深入了解，主动把握客户的需求，通过持续的、差异化的服务手段，为客户提供合适的服务/产品，最终提高客户满意度与忠诚度。客户关怀的主要特点是有针对性、体贴性、精细化。

⑦ 关注竞争对手的表现。关注竞争对手的表现，从中借鉴其为人称道的做法，避免竞争对手犯的错误。

（4）客户忠诚度的衡量

客户忠诚度是客户对企业产品或服务态度的倾向性或行为重复性的程度，企业需要对客户的忠诚度进行衡量，从而有针对性地为不同忠诚度的客户提供产品/服务。实践中，客户忠诚度可以由客户调查、客户自愿反馈、正式市场研究、客户数据分析、服务一线员工报告、客户实际参与及服务组织的特定活动等方式来衡量。

客户忠诚度衡量标准如下。

① 重复购买的次数。一段时间内，客户对某一种产品或服务重复购买的次数。

② 交叉购买的数量。购买企业多种产品和服务的数量。

③ 增加购买的数量。追加销售或升级购买。客户购买某一特定产品或服务的升级品、附加品，或者其他用以加强其原有功能或者用途的产品或服务。

④ 购买时挑选产品/服务的时间。客户在购买产品和服务时挑选的时间越短，忠诚度越高。

⑤ 对待竞争产品/服务的态度。客户对竞争者表现出越来越多的偏好，表明客户对该企业的忠诚度下降。如果客户对竞争企业的拉拢和诱惑具有免疫力，则忠诚度较高。

⑥ 对产品/服务价格的敏感程度。敏感程度越低，客户忠诚度越高。

⑦ 对产品/服务质量事故的宽容度。客户对出现的质量事故越宽容，则说明对产品/服务或品牌的忠诚度越高，能够忍受企业偶尔的失误，不会立即流失。

⑧ 客户生命周期。在多数公司中，相比短期的客户，能长期留在公司中的客户忠诚度较高。

⑨ 客户满意度。客户的满意度越高，越容易变得忠诚，为企业带来的收入和利润也就越多。

⑩ 客户向其他客户的推荐和介绍（客户口碑）。忠诚的客户会对企业进行正面的口头宣传，会向其朋友或家人推荐公司的产品和服务，因此客户忠诚度与客户向其他客户推荐和介绍的力度一般呈正相关关系。

4. 防止客户流失

客户流失是指企业的客户由于种种原因，转向购买其他企业产品或服务的现象。由于当今市场竞争的白热化及客户购买行为的个性化，许多企业管理者都对这种流失不以为然。事实上，客户流失不断损耗着企业的人力、财力、物力。不重视对客户流失原因的分析，往往是一个成功企业逐渐丧失竞争优势的开始。

（1）造成客户流失的因素

① 核心服务出现失误。核心服务出现失误是导致客户流失的最大因素。例如，在一次产品/服务过程中发生了多项失误，或者在一次产品/服务过程中发生一个大的失误，都会导致客户损失。

② 客服人员的失误。客服人员的失误（如不关心、不礼貌、没有反应、无知无能等）是导致客户流失的一大因素。例如，没有倾听客户意见；服务态度不好；与客户缺少沟通，忽视了客户的提问；客服缺乏经验，能力不足，难以使客户对产品/服务树立信心。

③ 价格因素。价格因素还可细分成四种子因素：一是高价，即客户由于产品/服务价格高于自己的心理预期价格而转换商家；二是价格提高，即客户由于价格提高而流失；三是不公平的价格措施，即客户认为与其他客户或其他企业相比，价格不公平；四是欺诈价格，即客户因为感到

价格不实而流失。

④ 不方便因素。不方便因素包括客户对等待服务的时间、等待预约的时间等方面有不方便的感觉。

⑤ 对失误的反应。有时候客户的流失并不是因为产品/服务出现失误，而是企业对此做出了一些不恰当的反应。具体包括三个方面：第一，产品和服务供应商对客户指出的失误虽然做出了正面反应（如改正错误或补偿损失），但这种反应十分勉强和被动，显得供应商缺乏诚意；第二，对客户的抱怨和投诉没有反应；第三，对客户指出的失误蓄意做出负面的反应，把错误归咎于客户。

⑥ 竞争因素。客户因为竞争对手提供更为个人化的、更可靠或更高质量的产品或服务，而转向竞争者的产品或服务。即便有时这种商家转换是以损失金钱和便利为代价的。

（2）防止客户流失的策略

① 实施全面质量管理。为客户创造最大价值而提供高质量的产品和服务，是创造价值和使客户满意的前提。而实施全面质量管理，有效控制影响质量的各个环节、各个因素，是创造优质产品和服务的关键。

② 重视客户投诉管理。客户投诉是客户对企业产品和服务不满的反映，它表明企业经营管理中存在缺陷。很多企业对客户投诉持敌视的态度，对客户的抱怨感到厌恶和不满，认为他们会有损企业的声誉，给企业带来麻烦。这种看法是不对的，往往客户对企业负面的评价，是启发企业做出改进与提升的动力与源泉。

③ 提高员工满意度。员工满意度的提高会导致员工提供给客户的服务质量的提高，最终会导致客户满意度的提高。

④ 建立以客户为中心的组织机构。拥有忠诚客户的巨大经济效益让许多企业深刻地认识到，与客户互动的最终目的并不是交易，建立持久忠诚的客户关系才是最终的目的。这种观念要求每一个部门、每一个员工都应以客户为中心，所有的工作都应建立在让客户满意的基础上，为客户增加价值，以客户满意为中心，加强客户体验，让客户长期满意。

⑤ 建立客户关系的评价体系。客户关系的正确评价对于防范客户流失有着很重要的作用，企业只有及时地对客户关系的牢固程度做出衡量，才有可能在制定防范措施时有的放矢。

（3）挽回流失客户的措施

在客户流失前，企业要极力防范。而当客户关系破裂，客户流失已成为事实后，企业要采取挽救措施，竭力挽留有价值的流失客户，最大限度地争取与他们"重归于好"。具体挽回措施如下。

① 调查原因，缓解不满

首先，企业要积极与流失客户联系，访问流失客户，诚恳地表达歉意，减少他们的不满；然后，企业要了解客户流失原因，虚心听取他们的意见、看法，给他们反映问题的机会。

② 对症下药，争取挽回

企业要根据客户流失的原因制定相应的对策，尽力争取及早挽回流失客户。

③ 分门别类，区别对待

在资源有限的情况下，企业应该根据客户的重要性来分配投入挽回客户的资源，要对不同级别的流失客户采取不同态度。

• 对有重要价值的客户要极力挽回。一般来说，流失前能够给企业带来较大价值的客户，被挽回后也将给企业带来较大的价值。因此，企业要不遗余力地在第一时间将其挽回。

• 对流失的普通客户可见机行事。企业可根据自身实力和需要对流失的普通客户进行适当挽回。

- 基本放弃对小客户的挽回努力。由于小客户能带来的价值低，对企业又很苛刻，数量多且很零散，挽回他们需要很多成本。因此，企业对这类客户可以不予理会。

④ 必要时候要彻底放弃

有时需要彻底放弃一些不值得挽留的流失客户，以下客户就不值得挽留。

- 不可能再带来利润的客户。
- 无法履行合同规定的客户。
- 无理取闹、损害员工士气的客户。
- 需要超过了合理的限度，妨碍企业对其他客户服务的客户。
- 声望太差，与之建立业务关系会损害企业形象和声誉的客户。
- 信用差，应收账款长期拖欠，影响企业正常财务运转的客户。

10.4　提高客户价值

1. 客户价值的含义

越来越多的企业开始重视以创造客户价值为核心的战略导向。对客户价值的理解归纳起来有两种。第一，客户让渡价值。客户价值的方向是"企业→客户"，即企业为客户创造价值，其受益者和所有者是客户。第二，客户终身价值。客户价值的方向是"客户→企业"，即客户为企业创造了价值，其受益者和所有者是企业，如图 10-8 所示。

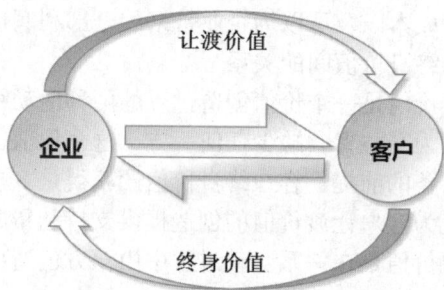

图 10-8　客户价值的两个方向

客户价值的内涵为包括以下两个方面。一方面，企业在充分考虑了客户的期望价值之后，通过其所提供的产品和服务，使客户获得符合他们期望的让渡价值，并产生满意感，形成重复购买意向和行为。同时，客户会认为只有该企业能够为他们提供最高让渡价值，而不受竞争者的诱惑，从而对该企业提供的价值产生忠诚。另一方面，企业不仅从客户那里获得交易的利润，而且在与客户保持的长期关系中获得更多的利润，也就是获取客户终身价值。

（1）客户让渡价值

客户让渡价值是指企业转移的、客户感受得到的实际价值，表现为客户购买总价值与客户购买总成本之间的差额。该价值是由企业创造并交付给客户的，价值的感受主体是客户，受益者也是客户。

客户购买总价值是指客户购买某一产品与服务所期望获得的一组利益，它包括产品价值、服务价值、人员价值和形象价值等。客户购买总成本是指客户为购买某一产品所耗费的时间、精神、体力以及所支付的货币资金等，因此，客户总成本包括货币成本、时间成本、精神成本和体力成本等，如图 10-9 所示。

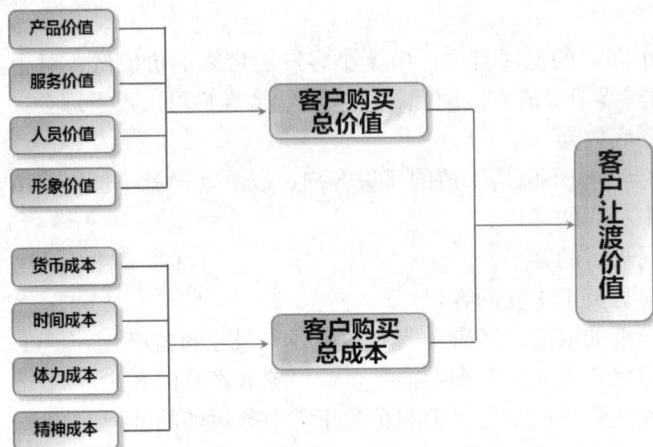

图 10-9　客户让渡价值的构成

（2）客户终身价值

客户终身价值是指客户生命周期内，除去为吸引、维系客户所发生的各种成本并且考虑收益的时间价值，企业能从客户那里获得的所有收益之和。该价值是由客户提供给企业的，并且是在一定的时间过程中产生的，其感受主体和受益者是企业。

从企业的角度来看，客户关系是一种投资，获得一个客户就意味着获得一项资产，可以在未来带给企业利润。然而，关系需要花费成本去维护，因此在评估客户终身价值的时候，要考虑客户在未来所要花费企业的全部成本以及可以为企业带来的全部利润这两个方面的金额。

（3）客户让渡价值与客户终身价值间的关系

客户让渡价值与客户终身价值是一个价值创造过程的两种活动结果。在这个价值创造过程中，企业与客户同时既为创造者又为受益者，缺少任何一方，这个价值创造过程都不存在。客户让渡价值的提供是客户终身价值受益的前提，客户终身价值的获得是客户让渡价值创造的结果。客户是客户终身价值的源泉，企业为客户让渡价值的创造提供支持和帮助，良好客户关系的维持是所有价值实现的媒介。因此，客户价值是在关系互动过程中由双方创造出来并交付对方的，如图 10-10 所示。

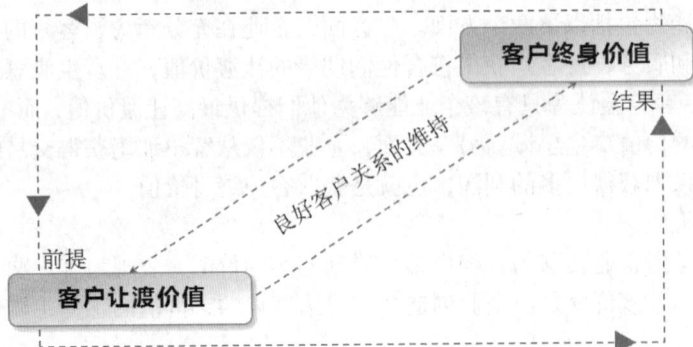

图 10-10　客户让渡价值与客户终身价值间的关系

2．客户价值管理

（1）提高客户让渡价值

企业可从两个方面着手提高客户让渡价值：一是通过改进产品、服务，改善形象，提高产品的总价值；二是通过降低生产与销售成本，减少客户购买产品的时间、精神与体力的耗费，从而降低货币与非货币成本。

① 提高客户购买总价值

● 提高产品价值。产品价值是由产品的质量、功能、规格、式样、特色等因素所产生的价值。产品价值是客户需求的核心内容之一，产品价值的高低也是客户选择商品或服务时所考虑的首要因素。

● 提高服务价值。服务可分为追加服务与核心服务两大类：追加服务是伴随产品实体的购买而发生的服务，其特点为服务仅仅是生产经营的追加要素（如安装服务）；核心服务是客户所要购买的对象，服务本身为客户创造了价值（如美容、娱乐及理财等服务）。

● 提高人员价值。提高企业员工的知识水平、业务能力、工作效率与质量、责任感以及应变能力等所产生的价值。

● 提高形象价值。提高企业品牌及其产品在社会公众中形成的总体形象所产生的价值。形象价值与产品价值、服务价值、人员价值密切相关，在很大程度上是上述三种价值综合作用的反映和结果。

② 降低客户购买总成本

● 降低货币成本。货币成本是客户在购买商品过程中所要支付的最重要的成本，也是客户在消费过程中最为关心的要素。因此，通过技术创新、改进生产以及再造业务流程等方式，提高生产效率来降低产品/服务的价格是企业降低客户购买总成本的根本途径。

● 降低时间成本。时间成本是客户为想得到所期望的产品/服务而必须处于等待状态的代价。为降低客户购买的时间成本，企业经营者必须对提供商品或服务有强烈的责任感，做好充足的准备，在渠道的广泛度和密集度等方面做出周密的安排；同时要提高工作效率，在保证产品/服务质量的前提下，尽可能减少客户的时间支出，如尽快发货，缩短物流时间等。

● 降低精神和体力成本。精神和体力成本是指客户在购买、使用产品时精神和体力的消耗与付出，涉及产品购买、使用过程的复杂程度，以及客户对产品存有的疑问（质量、功能、与描述是否相符等）。对此，企业需要通过有效的服务措施和畅通的信息沟通来有效降低这些成本。

（2）客户分级管理

基于客户的当前价值以及潜在价值，客户可被分成四类，如图 10-11 所示。

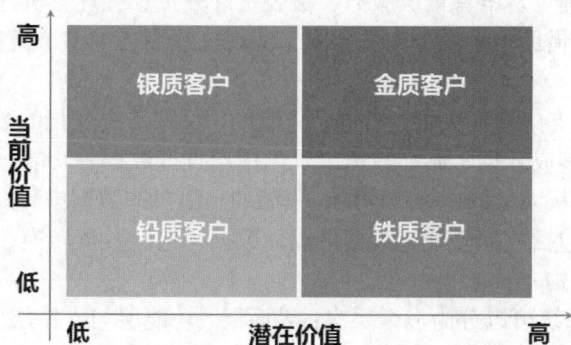

图 10-11　客户价值矩阵

① 低当前价值，低潜在价值——铅质客户。此类客户对公司来说是一个负担，因为他们从来不会对公司的收入有积极的贡献。增加这种客户不会增加平均客户终身价值，因此增加/保留这种客户的努力都是没有成效的。

② 低当前价值，高潜在价值——铁质客户。例如，当前购买力不足、而未来购买力看好的客户，或者当前没有购买需求而未来必定产生购买需求的客户。这类客户在将来有可能带来更高的收入流，企业应该投入更多的精力来与他们建立长期的关系，以保留客户并将潜在价值转换成真实的现金流。

③ 高当前价值，低潜在价值——银质客户。对待这类客户可以通过提供附加的产品/服务将之转化为高潜在价值的客户。

④ 高当前价值，高潜在价值——金质客户。此类客户对企业来说是真正的资产。即使需要投入更多的费用，企业也应尽力保留维持此类客户。

3. 客户关系管理系统

从信息技术角度来看，客户关系管理（CRM）是一种管理技术，是以客户关系为导向的一套计算机化的网络软件系统，其目的是有效收集、汇总、分析以及共享各类客户数据，积累客户知识，有效支持客户关系策略，实现客户价值的提高。

CRM 系统集成了 CRM 思想和最新信息技术成果，帮助企业最终实现以客户价值为中心的管理模式。为了赢得客户，提高客户满意度，并最终形成稳定客户群，企业必须准确把握客户需求，提供合适的营销手段和良好的售后服务。CRM 系统就是要全面管理企业与客户间发生的各种关系，以获得新客户，巩固现有客户，增进客户价值。

本部分首先介绍 CRM 系统的模块；进而介绍由不同模块构成的 CRM 系统的结构；最后，讲解如何选择适合企业的 CRM 系统。

（1）CRM 系统模块。

① 销售模块。提高销售过程的自动化程度和销售效果，该模块实现的主要功能包括销售、现场销售管理、电话销售与销售佣金等功能。

② 营销模块。对市场营销活动加以计划、执行、监视和分析，使得营销部门执行和管理多样的、多渠道的营销活动，实时跟踪营销活动的效果。

③ 客户服务模块。提高与客户支持、现场服务和仓库修理相关业务流程的自动化程度，主要包括现有客户管理（客户动态档案、联系人管理、任务管理）、客户生命周期管理、服务技术人员档案等功能。

④ 呼叫中心模块。利用电话促进销售、管理和服务，主要包括电话管理员（呼入/呼出电话处理、呼叫中心运营管理）、语音集成服务、报表统计分析、管理分析等功能。

⑤ 电子商务模块。借助电子商务相关技术，实现在线商务的整个流程，主要包括电子商店、电子货币与支付等功能。

⑥ 数据仓库模块。支持管理决策过程的、集成的、反映历史变化的数据集合，主要包括提供底层数据、提取数据、集成数据、储存数据以及供用户查询数据等功能。

⑦ 数据挖掘模块。从大量的、有噪声的、模糊的、随机的数据中，提取隐含的、具有潜在利用价值的信息和知识，包括数据整理、数据集成、数据筛选、数据转换、数据挖掘等。

（2）CRM 系统的结构

一个完整的 CRM 系统可以分为三个层次：界面层、功能层与支持层。界面层是 CRM 系统同用户或客户进行交互、获取或输出信息的接口，包含呼叫中心和电子商务两个模块。功能层由执行 CRM 基本功能的各个系统构成，包含销售、营销和客户服务三个模块。支持层则是指 CRM 系统所用到的数据仓库、数据挖掘等，是保证整个 CRM 系统正常运作的基础。

与这三个层次相对应，CRM 系统分为如下三类，如图 10-12 所示。

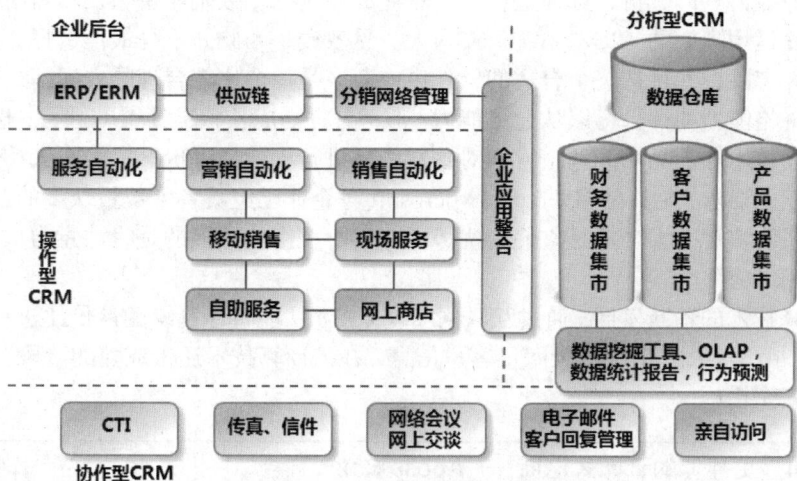

图 10-12　CRM 系统的类型

① 对应功能层：对销售、营销和客户服务三部分业务流程的信息化——操作型 CRM。操作型 CRM 可让这些部门的业务人员在日常工作中能够共享客户资源、减少信息滞留，是 CRM 系统中最基本的应用模块。操作型 CRM 使企业作为一个统一的信息平台面对客户，大大减少客户在与企业的接触过程中产生的种种不协调。

② 对应界面层：与客户进行沟通所需要的手段（如电话、传真、网络、E-mail 等）的集成和自动化处理——协作型 CRM。协作型 CRM 一般有呼叫中心、客户多渠道联络中心、帮助台以及自助服务帮助导航，具有多媒体多渠道整合能力的客户多渠道联络中心是其主要发展趋势。它将市场、销售和服务三个部门紧密地结合在一起，支持它们之间的协作，使企业各个部门之间协作顺利，数据一致。例如，支持中心人员通过电话指导客户修理设备，这个修理活动要员工和客户共同参与，因此是协同的。

③ 对应支持层：对前面两个功能层所积累下的信息进行加工处理，产生客户智能，为企业的战略战术决策做支持——分析型 CRM。分析型 CRM 以数据仓库和数据挖掘为基础，支持、发掘和理解客户行为。分析型 CRM 将交易操作所积累的大量数据进行过滤，然后存贮到数据仓库中，再利用数据挖掘技术建立各种行为预测模型，最后利用图表、曲线等将企业各种关键运行指标以及客户/市场情况向操作型模块发布，达到成功决策的目的。

（3）CRM 系统的选择

CRM 是一个与企业战略发展密切相关的信息管理项目，企业在分析 CRM 需求时必须做好战略研究工作。

首先，对企业战略规划进行有效的调整或修改，以保证项目目标与战略规划的一致性。在挑选战略规划之后，企业还需要思考执行这些战略的具体措施。例如，假设某企业选择的规划是"提高客户满意度"，则必须围绕思考提高客户满意度的各项具体措施。当各项具体措施明确之后，企业需要思考保证这些具体措施成功实施的工作流程。假设某企业计划通过"缩短客户等待时间"来"提高客户满意度"，就必须进一步思考如何规划工作流程才能缩短客户等待的时间。

一旦这些基本问题得以明确，企业就可以开始寻求解决这些基本问题的技术了。CRM 系统的实现途径往往有三个，即自主开发、购买软件产品、与软件服务提供商联合开发。企业应该根据实际需求及财务能力具体分析，选择适合自身企业的系统。多数企业要想在较短时间内靠自己的力量自主开发并运用高效的 CRM 系统，投入大、见效慢，因此并不是最佳选择。选择一个适合自身情况的软件产品，并挑选一个合适的软件供应商，是一个比较合理的方案。

对供应商资格能力的评价可以从业务能力、服务体系、成长状况等维度进行；选择软件产品，企业可以从产品技术和产品功能两个方面对备选产品进行有效的评价。一般中大型的供应商基本都能满足各类型的要求，尤其是像 Oracle、Microsoft 等企业已经具备了数量众多的各类应用软件，通过集成各类系统实现强大功能是它们的优势之一。小型企业更多的是将注意力放在良好的用户交互及系统易用性方面。

随着云计算技术的不断发展，通过互联网实现 CRM 功能将使系统的性价比进一步得到提高。不可忽视的是，由于 CRM 系统涉及海量客户信息，在云计算技术还未成熟的阶段，运用 CRM 系统要有充分的安全措施。

实例 10-4　更懂你的订阅式电商——Apollo Box

在我国，相当一部分电商仍处于"减法"阶段，即优化或削减中间环节以获取产品的更低价格来吸引客户。而在硅谷，科学家们已经开始利用大数据技术玩"加法"游戏，实现客户价值的提高、产品的溢价。

能想象到不用逛电商网站，心仪的商品直接就跳进你"盒子"里的感觉吗？位于硅谷的以大数据挖掘技术为基础的订阅式电商 Apollo Box 就在干这样的事情（见图 10-13）。用户每个月缴纳 10 美元的订阅费即能获得 Apollo Box 的服务。每个月，Apollo Box 会根据大数据分析及匹配给用户寄送一个装有个性化产品的盒子。收到盒子后，如果用户喜欢其中的产品，就可以选择买下它；若不喜欢，就给盒子贴上 Apollo Box 预先准备好的已经付费的邮递单，实现免费退货。

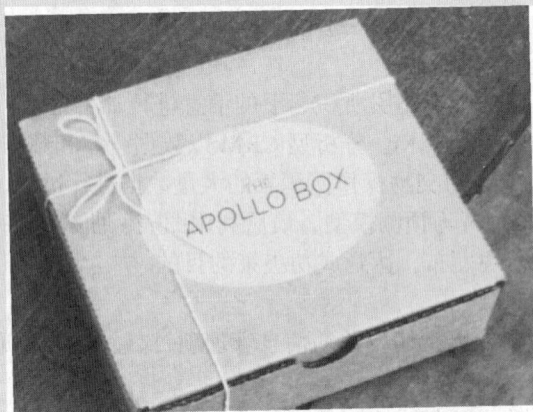

图 10-13　Apollo Box

Apollo Box 是基于大数据学习的个人定制化购物。通过对大数据的挖掘，不断学习和了解用户个人的喜好和行为，然后根据积累的数据来对用户进行精准的购物推荐，提供"比情人更懂你"的电商服务。

不少客户说，Apollo Box 卖的不仅是商品，还是每个月一次的惊喜和贴心。通过持续地给用户提供未知的产品惊喜体验，Apollo Box 实现了客户价值的提高和产品的溢价。

第三部分 | 课题实践页

一、实训题

实训 10-1　运用销售易 CRM

1. 销售易 CRM 系统说明

销售易利用先进的移动互联（Mobile）、社交网络（Social）以及云计算（Cloud）技术彻底重构了 CRM，具体实现市场活动、销售线索管理、客户信息管理、销售机会管理、合同/回款管理等功能。

2. 实训目的

熟悉销售易 CRM 各模块功能，学会使用软件进行市场活动管理、客户信息管理、销售机会管理等操作。

3. 实训操作指导

（1）新建市场活动。进入销售易 CRM 网页版面，单击导航菜单"市场活动"，进入市场活动列表页面，单击右上方的"新建市场活动"按钮，填写内容保存即可，如图 10-14 所示。

图 10-14　新建市场活动

（2）市场活动关联销售线索。单击任意市场活动，进入该市场活动详细信息页面，单击右上方的"添加"按钮，可以添加该市场活动所产生的销售线索，如图 10-15 所示。

图 10-15　市场活动关联销售线索

（3）管理销售线索。单击导航菜单"销售线索"，进入线索列表页面，可选择"新建销售线索"——"导入销售线索"——"去线索池领取"。销售线索页面默认显示销售线索必填项目和常用项目。单击"展开更多信息"链接，填写销售其他信息，保存即可，如图10-16所示。

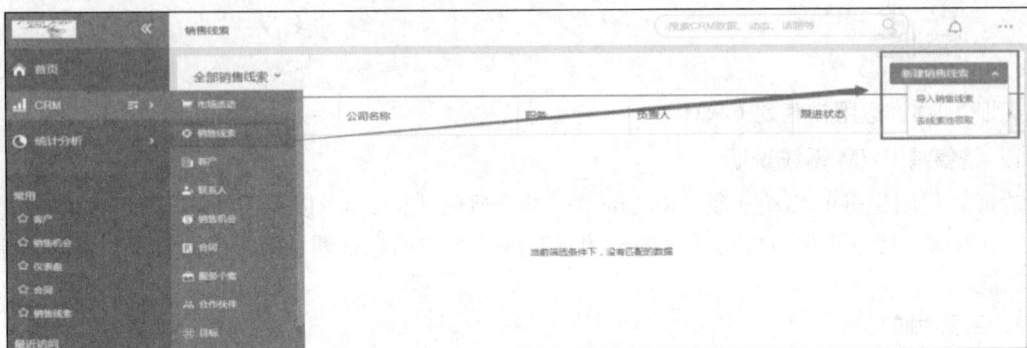

图10-16　管理销售线索

（4）管理客户。单击左侧导航菜单"客户"，进入客户列表页面，可选择"新建客户""导入客户""去客户池领取"。填写客户常用信息，保存即可，如图10-17所示。

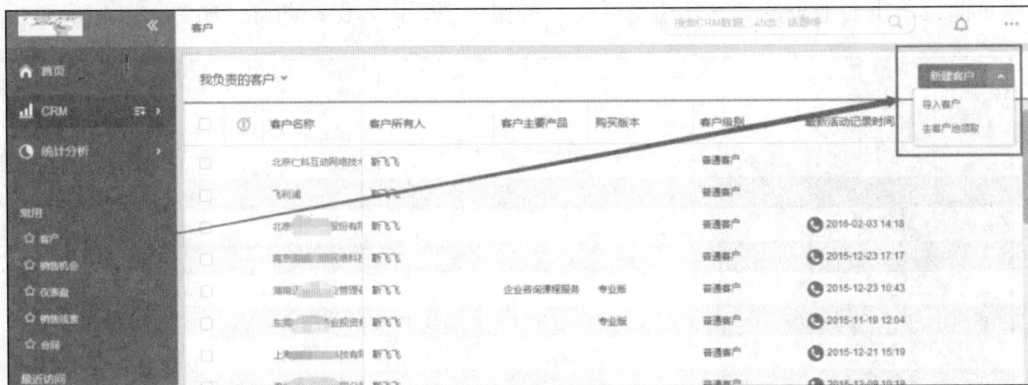

图10-17　管理客户

（5）管理销售机会。单击左侧导航菜单"销售机会"，进入销售机会列表页面，选择"新建销售机会"——"导入销售机会"按钮，如图10-18所示。

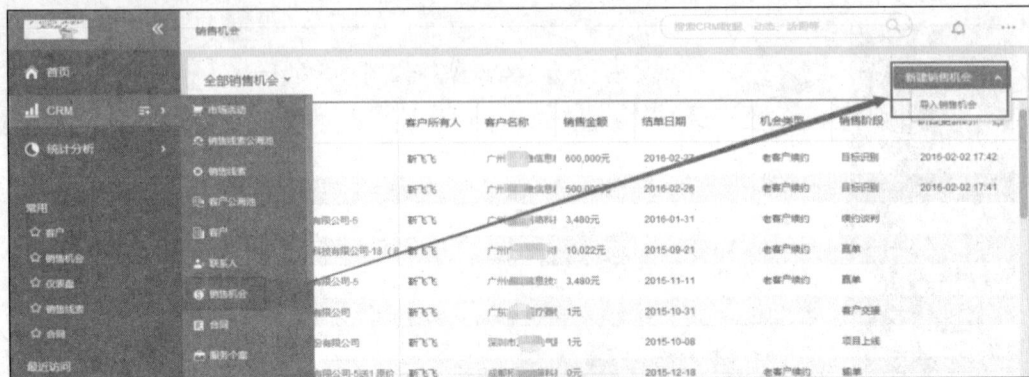

图10-18　管理销售机会

实训 10-2 设置淘宝老客户优惠活动

1．淘宝优惠活动说明

卖家可对淘宝"卖家中心"——"营销中心"——"客户管理"一项，根据买家的购买情况，对不同特点的买家（如累计销累金额、加购情况、近半年消费情况等）设置不同的优惠活动（满减优惠、折扣优惠、优惠券活动等），从而更好地对客户进行分级管理。

2．实训目的

熟悉淘宝"卖家中心"的市场营销模块中"客户管理"项的功能，会查看客户分析；掌握设置活动的方法。

3．实训操作指导

（1）登录淘宝账号，进入卖家中心，如图 10-19 所示。

（2）进入"营销中心"——"客户运营平台"。

图 10-19 进入淘宝卖家中心

（3）进入"客户管理"——"客户分析"，查看"访客支付转化率"等指标，分析浏览页面的潜在客户有多少可以与店铺建立直接或潜在关系；查看"访客人群洞察"中的性别、年龄分布、地理位置、访客行为、折扣敏感度等信息，分析店铺潜在客户的特征，如图10-20所示。

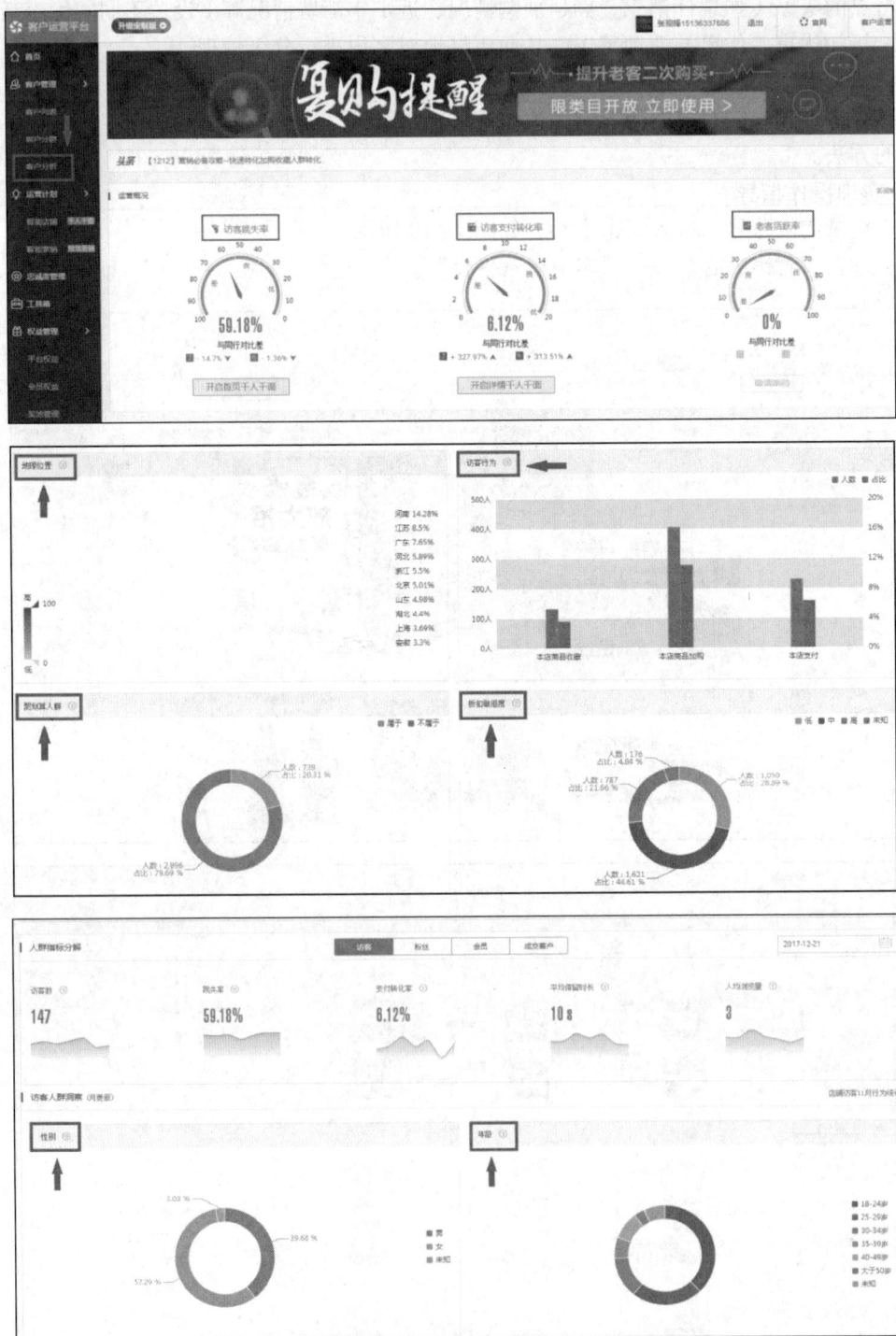

图 10-20　进行客户管理

（4）进入"营销工作台"——"店铺宝"，单击"自选商品活动"为客户设置反馈活动，单击"新建活动"按钮，如图 10-21 所示。

图 10-21　新建活动

（5）选择"日常活动"——"优惠"——"专属优惠活动"选项，如图 10-22 所示。

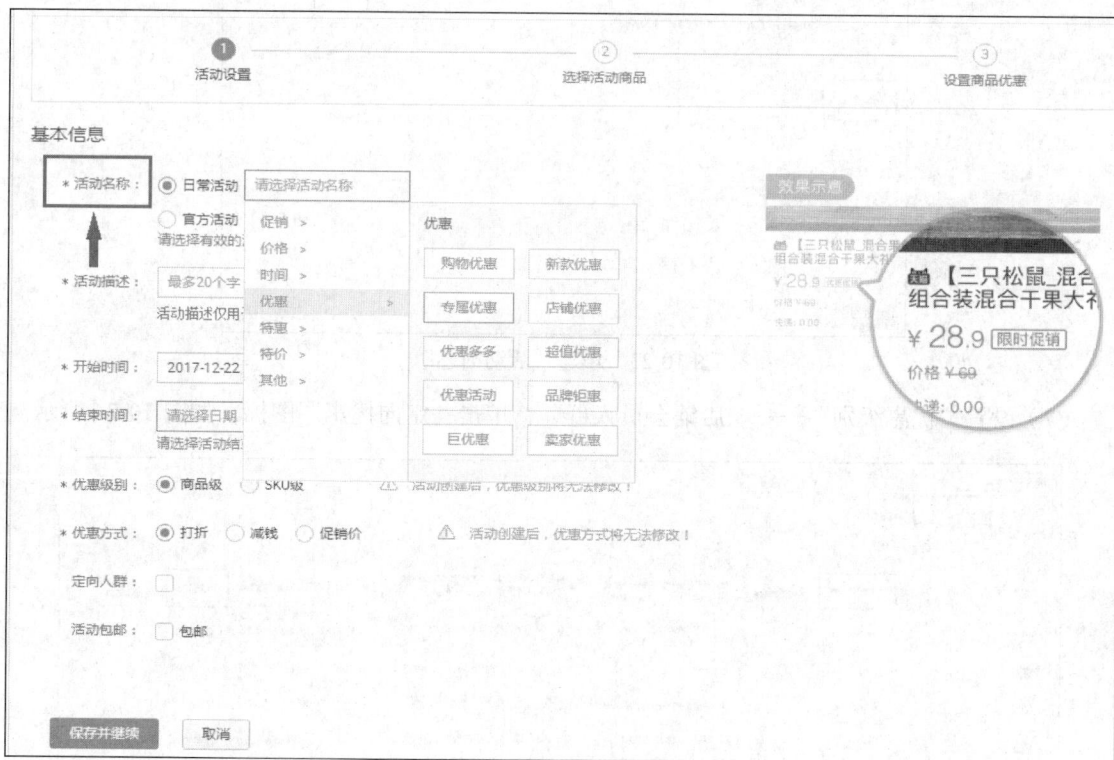

图 10-22　设置优惠活动

（6）填写"活动描述"，如图 10-23 所示。

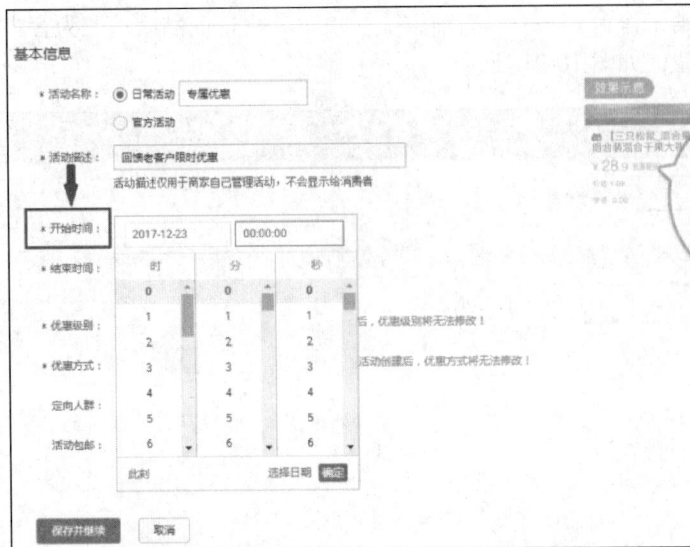

图 10-23　填写"活动描述"

（7）设置"优惠级别"——"店铺会员人群"，单击"定向优惠"图标，如图 10-24 所示。

图 10-24　设置"优惠级别"

（8）选择活动产品，设置产品优惠方式。本实训选择商品折扣为 7 折。单击"保存"按钮，完成活动设置，如图 10-25 所示。

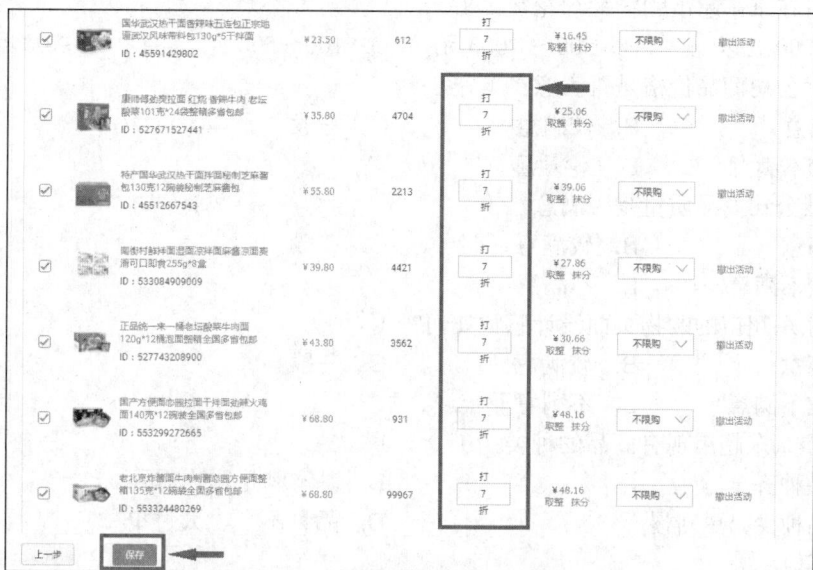

图 10-25　设置产品优惠方式

实训 10-3　完成客户满意度问卷调查与分析

1．客户满意度问卷调查说明

客户满意度问卷调查是根据调查问卷的设计、发放与回收，测量一家企业或一个行业在满足客户购买产品的期望方面所达到的程度。通过调查，可以找出导致客户满意或不满意的关键因素。

2．实训目的

选择销售机会阶段，并及时根据实际情况将其推进到正确的阶段，以保障每个项目都处于正确的阶段。

3．实训操作指导

（1）确定调查内容

调查的内容主要包括以下几个方面：产品内在质量；产品功能需求；产品服务需求；产品外延需求；产品外观、包装、防护需求；产品价格需求等。

（2）设计调查问卷

根据调查内容，设计调查问卷的问项。本实训以"京东超市"为例，设计如下调查问卷。

① 您的性别：（　　　）。

　　A．男　　　　　　　　B．女

② 您所处的年龄段：（　　　）。

　　A．20 岁及以下　　　B．21～30 岁　　　C．31～40 岁

　　D．41～50 岁　　　　E．50 岁及以上

③ 您是通过何种途径知道本公司的？（　　　）

　　A．电视媒体　　　　　B．网络　　　　　　C．朋友介绍　　　　D．其他 _____

④ 您在线上超市购物的频率：（　　　）。

　　A．一周 3 到 4 次　　B．一周 1 到 2 次　　C．两周 1 次　　　　D．基本不去

⑤ 您对京东品牌的熟知程度：（　　　）。

　　A. 不了解　　　　　B. 不太熟悉　　　　　C. 一般熟悉　　　　　D. 非常熟悉

⑥ 您每月在京东超市购物大约花费：（　　　）。

　　A. 1 000元以上　　B. 500～1 000元　　C. 100～500元　　　D. 0～100元

⑦ 您对我公司商品价格是否满意？（　　　）

　　A. 满意　　　　　　B. 较满意　　　　　C. 一般

　　D. 较不满意　　　　E. 不满意

⑧ 您对我公司商品质量是否满意？（　　　）

　　A. 满意　　　　　　B. 较满意　　　　　C. 一般

　　D. 较不满意　　　　E. 不满意

⑨ 您对京东超市的购物页面设计感觉如何？（　　　）

　　A. 满意　　　　　　B. 较满意　　　　　C. 一般

　　D. 较不满意　　　　E. 不满意

⑩ 您觉得京东超市现有商品的种类：（　　　）

　　A. 品种齐全　　　　　　　　　　　B. 基本满足购物需要

　　C. 品种少，更新慢　　　　　　　　D. 品种不全，太过单一

　　E. 其他＿＿＿＿＿＿＿

⑪ 您对我公司产品的包装是否满意？（　　　）

　　A. 满意　　　　　B. 较满意　　　　　C. 一般

　　D. 较不满意　　　E. 不满意

⑫ 您觉得为京东超市客服的总体的服务态度：（　　　）。

　　A. 态度极好，服务周到　　　　　　B. 态度一般，勉强可以接受

　　C. 态度恶劣，缺乏耐心　　　　　　D. 其他＿＿＿＿＿＿＿

⑬ 您对购物过程中商品的查找与选购操作方便性的感受如何？（　　　）

　　A. 满意　　　　　B. 较满意　　　　　C. 一般

　　D. 不太满意　　　E. 不满意

⑭ 您是否会向亲朋好友推荐京东超市？（　　　）

　　A. 不会　　　　　B. 偶尔　　　　　C. 经常

⑮ 意见与建议 [填空题] ＿＿＿＿＿＿＿＿＿＿＿＿＿＿＿＿

（3）发放与回收问卷。可以现场向企业客户发放纸质问卷，可以通过问卷星在线发放问卷。

（4）提出改进计划。在对收集的客户满意度信息进行分析后，根据统计结果，提出有利于企业改进的方案。

二、思考练习题

阅读教材与课外资料，以小组为单位对以下问题进行思考与讨论，小组间分享观点。

（1）要建立良好的客户关系管理是否维持好企业与客户的交易关系就足够了？

（2）是否应该对所有客户一视同仁，投入相同的精力？

（3）客户满意与客户忠诚之间具有怎样的关系？客户满意是否一定会导致客户忠诚？

（4）请总结不同客户生命周期的客户关系管理策略。

（5）社交媒体盛行的时代，客户对企业的需求是否发生改变？企业与客户的沟通方式与内容

发生了怎样的转变？

（6）一线客服人员应具备怎样的技能？

（7）客户投诉是企业的麻烦吗？

（8）企业应该怎样看待与处理流失的客户？

（9）如何看待 CRM 系统对客户关系管理的作用与意义？

（10）企业应该"盘剥"客户，还是"取悦"客户？

三、实践练习题

（1）比较两家银行的信用卡忠诚度计划，分析奖励积分对于客户持续使用信用卡的影响。

（2）深入社会和相关企业，调查不同行业客户细分的情况：移动通信行业、金融行业、汽车行业、手机行业、餐饮行业，自选一个感兴趣的行业（可多选）。

（3）参与在线客服工作，体验与总结客服技巧（可选）。

（4）联系 2~3 家企业，调研其处理客户投诉的方法，根据实际调研的结果，进行分析。

附录
电子商务常用词汇

英文术语	英文	中文
AES	Advanced Encryption Standard	高级加密标准
AI	Artificial Intelligence	人工智能
APP	Application	移动应用程序
ATM	Automated Teller Machine	自动出纳（柜员）机
B2B	Business to Business	企业对企业的电子商务
B2C	Business to Consumer	企业对消费者的电子商务
B2G	Business to Government	企业对政府的电子商务
BBS	Bulletin Board System	电子公告版
BCA	Brand CA	品牌认证中心
C2C	Consumer to Consumer	消费者对消费者的电子商务
CA	Certificate Authority	认证中心，认证权威机构
CAT	Credit Authorization Terminal	信用卡授权终端
CBEC	Cross-Border Electronic Commerce	跨境电子商务
CCA	Card Holder CA	持卡人
CEO	Chief Executive Officer	首席执行官
CFCA	China Financial Certification Authority	中国金融认证中心
CFO	Chief Financial Officer	首席财务官
CIMS	Computer Integrated Manufacturing System	计算机集成制造系统
CNFN	China National Financial Network	中国国家金融网络
CNNIC	China Internet Network Information Center	中国互联网络信息中心
CP	Certificate Processor	证书操作部门
CRL	Certificate Revocation List	证书作废表
CRM	Customer Relationship Management	客户关系管理
CTI	Computer and Telephone Integration	计算机电话综合运用
DDN	Digital Data Network	数字数据网
DES	Data Encryption Standard	数据加密标准
DNS	Domain Name Server	域名服务器
DSA	Digital Signature Algorithm	DSA 算法
DTS	Digital Time-Stamp	数字时间戳

续表

英文术语	英文	中文
EB	Electronic Business	电子商务
EC	Electronic Commerce	电子商务
E-cash	Electronic Cash	电子现金
ECC	Elliptic Curve Cryptography	椭圆曲线加密算法
E-check	Electronic Check	电子支票
ECR	Effective Customer Response	有效的客户反映
EDI	Electronic Data Interchange	电子数据交换
EDM	Email Direct Marketing	电子邮件营销
EDP	Electronic Data Processing	电子数据处理
EFT	Electronic Fund Transfer	电子资金转账
EM	Electronic Market	电子交易市场
EOS	Electronic Order System	电子订货系统
E-purse	Electronic Purse	电子钱包
ERP	Enterprise Resource Planning	企业资源计划
ET	Electronic Trade	电子贸易
FMS	Flexible Manufacturing System	弹性制造系统
FPL	Fourth Party Logistics	第四方物流
FTP	File Transfer Protocol	文件传输协议
FW	Fire Wall	防火墙
GCA	Geographical CA	地域性认证中心
GIS	Geographical Information System	地理信息系统
GPS	Global Positioning System	全球卫星定位系统
HTML	Hypertext Markup Language	超文本标注语言
HTTP	HyperText Transfer Protocol	超文本传输协议
HTTPS	HTTP over SSL	安全超文本传输协议
IAP	Internet Access Provider	互联网接入服务商
IC	Integrated Circuit	集成电路
ICP	Internet Content Provider	互联网内容提供商
ICT	Information and Communications Technology	信息和通信技术
IDC	International Data Company	国际数据公司
IMAP	Internet Message Access Protocol	互联网邮件访问协议
IMC	Integrated Marketing Communication	整合营销传播
IP	Internet Protocol	网际协议
IPP	Internet Presence Provider	网络平台服务商
IQR	Interactive Query Response	交互式应答系统
ISDN	Integrated Services Digital Network	综合业务数字网
ISO	International Standards Organization	国际标准化组织

英文术语	英文	中文
ISP	Internet Service Provider	互联网服务提供商
ITS	Intelligent Transport System	智能交通系统
ITU	International Telecommunication Union	国际电信联盟（联合国）
IVP	Internet Value-added Provider	互联网增值服务商
JIT	Just In Time	及时生产
LAN	Local Area Network	局域网
MB	Mobile Business	移动商务
MCA	Merchant CA	商家认证中心
MIS	Management Information System	管理信息系统
MRP	Manufacturing Requirement Planning	制造资源系统
O2O	Online to Offline	线上订购、线下消费
OAS	Office Automation System	办公自动化系统
OTA	Online Travel Agent	在线旅行社
ODBC	Open Database Connectivity	开放式数据库连接
PCA	Payment Gateway CA	支付网关认证中心
PG	Payment Gateway	支付网关
PGCA	Payment Gateway CA	支付网关认证中心
PKI	Public Key Infrastructure	公钥基础设施
POP	Post Office Protocol	邮局协议
POS	Point Of Sales	销售点
PPP	Peer-Peer Protocol	端对端协议
PSTN	Pubic Switched Telephone Network	公用电话网
QR	Quick Response	快速反应
RA	Registration Authority	注册机构
RCA	Root CA	根认证中心
RF	Radio Frequency	射频识别技术
RS	Registry Server	证书授理服务器
S/MIME	Secure Multipurpose Internet Mail Extentions	安全多媒体互联网邮件扩展协议
SCM	Supply Chain Management	供应链管理
SET	Security Electronic Transaction	安全电子交易
SEM	Search Engine Marketing	搜索引擎营销
SEO	Search Engine Optimization	搜索引擎优化
SHA	Secure Hash Algorithm	安全 Hash 编码法
S-HTTP	Secure HyperText Transfer Protocol	安全超文本传输协议
SMS	Stores Management System	存储管理系统
SMTP	Simple Message Transfer Protocol	简单邮件传输协议
SSL	Security Socket Layer	安全套接层协议

续表

英文术语	英文	中文
STT	Secure Transaction Technology	安全交易技术协议
TCP	Transfer Control Protocol	传输控制协议
TDCC	Transportation Data Coordinating Committee	美国运输数据协调委员会
TDI	Trade Data Interchange	贸易数据互换系统
TPL	Third Party Logistics	第三方物流
TSA	Time Stamp Authority	时间戳权威
URL	Universal Resource Locator	统一资源定位器
VAN	Value-Added Network	增值网络
VPN	Virtual Private Network	虚拟专用网络
WAN	Wide Area Network	广域网
WAP	Wireless Application Protocol	无线应用协议
WWW	World Wide Web	万维网
XML	eXtensible Markup Language	可扩展标识语言